Ansiedade Para leigos

A ansiedade ocorre de maneiras diferentes para pessoas diferentes. Algumas têm pensamentos ansiosos, outras a sentem no corpo. A maioria das pessoas com ansiedade tenta evitar o que as deixa ansiosas, mas isso só piora as coisas. Em vez disso, adote uma abordagem ponderada para confrontar o que quer que esteja causando sua ansiedade.

©ivector/Shutterstock.com

COMO IDENTIFICAR A ANSIEDADE EM SEUS PENSAMENTOS, SENTIMENTOS E EM SEU COMPORTAMENTO

Uma parte de lidar com a ansiedade envolve identificar como ela afeta o que você pensa e sente e a maneira como se comporta. Dê uma olhada nas três listas a seguir e observe se alguma das experiências se aplica a você.

Você está com pensamentos ansiosos se...

- Preocupa-se demais em agradar outras pessoas.
- Pensa constantemente "E se?"
- Acredita que precisa ser perfeito.
- Acha que não sabe o que fazer.
- Faz previsões terríveis sobre o futuro.

Ansiedade Para leigos

Você está com sentimentos ansiosos se...

- Sente **borboletas no** estômago.
- Sente tensão muscular no pescoço e nos ombros.
- Sente-se indisposto e tonto.
- Tem sensação de tremor.
- Sente taquicardia.
- Transpira nas palmas das mãos.

Você está com comportamentos ansiosos se...

- Frequentemente recusa convites.
- Chega tarde e sai cedo de eventos sociais.
- Evita coisas que o deixam nervoso.
- Não dá início a projetos porque se preocupa com a possibilidade de fracassar.
- Tem dificuldade em começar a fazer algo para combater a ansiedade.

QUESTIONE SEUS PENSAMENTOS ANSIOSOS

As palavras que usa para pensar em si e no mundo podem contribuir para a ansiedade. Quando você reserva um tempo para analisar seus pensamentos ansiosos, a ansiedade diminui. Se sua cabeça está cheia de preocupações, faça as seguintes perguntas a si mesmo:

- Como pensarei nessa questão daqui a seis meses? E daqui a um ano?
- Eu já tive essa preocupação antes, apenas para descobrir que aquilo com que me preo-cupei nunca aconteceu de verdade?
- Tenho alguma evidência real e sólida que corrobore minha preocupação? E alguma evidência que sugira que minha preocupação é descabida?
- Que conselho eu daria a um amigo próximo que tivesse a mesma preocupação?
- Se o que gera minha preocupação realmente acontecesse, eu conseguiria descobrir um meio de lidar com isso? Se sim, como?

Ansiedade

para leigos

Ansiedade

Para leigos

Charles H. Elliott
Laura L. Smith

ALTA BOOKS
GRUPO EDITORIAL
Rio de Janeiro, 2022

Ansiedade Para Leigos

Dados Internacionais de Catalogação na Publicação (CIP) de acordo com ISBD

E46a   Elliott, Charles H.

       Ansiedade Para Leigos / Charles H. Elliott, Laura L. Smith ; traduzido por Maíra Meyer. - Rio de Janeiro : Alta Books, 2022.
       368 p. : il. ; 16cm x 23cm. – (Para Leigos)

       Tradução de: Anxiety For Dummies
       Inclui índice e apêndice.
       ISBN: 978-65-5520-900-6

       1. Saúde mental. 2. Ansiedade. I. Smith, Laura L. II. Meyer, Maíra. III. Título. IV. Série.

2022-3211   CDD 616.89
                            CDU 613.86

Elaborado por Vagner Rodolfo da Silva - CRB-8/9410

Índice para catálogo sistemático:
1. Saúde mental 616.89
2. Saúde mental 613.86

Produção Editorial
Editora Alta Books

Diretor Editorial
Anderson Vieira
anderson.vieira@altabooks.com.br

Editor
José Ruggeri
j.ruggeri@altabooks.com.br

Gerência Comercial
Claudio Lima
claudio@altabooks.com.br

Gerência Marketing
Andréa Guatiello
andrea@altabooks.com.br

Coordenação Comercial
Thiago Biaggi

Coordenação de Eventos
Viviane Paiva
comercial@altabooks.com.br

Coordenação ADM/Finc.
Solange Souza

Direitos Autorais
Raquel Porto
rights@altabooks.com.br

Produtor Editorial
Thiê Alves

Produtores Editoriais
Illysabelle Trajano
Maria de Lourdes Borges
Paulo Gomes
Thales Silva

Equipe Comercial
Adenir Gomes
Ana Carolina Marinho
Daiana Costa
Everson Rodrigo
Fillipe Amorim
Heber Garcia
Kaique Luiz
Luana dos Santos
Maira Conceição

Equipe Editorial
Andreza Moraes
Beatriz de Assis
Betânia Santos
Brenda Rodrigues
Caroline David
Gabriela Paiva
Henrique Waldez
Kelry Oliveira
Marcelli Ferreira
Mariana Portugal
Matheus Mello
Milena Soares

Marketing Editorial
Amanda Mucci
Guilherme Nunes
Jessica Nogueira
Livia Carvalho
Pedro Guimarães
Talissa Araújo
Thiago Brito

Atuaram na edição desta obra:

Tradução
Maíra Meyer

Copidesque
Carolina Palha

Revisão Técnica
Daniela Sopezki
Mestra em Psicologia Clínica

Revisão Gramatical
Alessandro Thomé
Thaís Pol

Diagramação
Lucia Quaresma

Sobre os Autores

Os Drs. Smith e Elliott são psicólogos clínicos que trabalharam juntos em várias publicações. Eles são coautores de *Quitting Smoking & Vaping For Dummies* (Wiley); *Anger Management For Dummies* (Wiley); *Transtorno da Personalidade Borderline Para Leigos* (Alta Books); *Child Psychology & Development For Dummies* (Wiley); *Obsessive Compulsive Disorder For Dummies* (Wiley); *Seasonal Affective Disorder For Dummies* (Wiley); *Anxiety & Depression Workbook For Dummies* (Wiley); *Depressão Para Leigos* (Alta Books); *Hollow Kids: Recapturing the soul of a generation lost to the self-esteem myth* (Prima Lifestyles); e *Why Can't I Be the Parent I Want to Be?* (New Harbinger). Eles dedicaram a carreira a tornar a ciência da psicologia relevante e acessível para o público leigo.

Agradecimentos dos Autores

Queremos agradecer à nossa equipe fantástica da Wiley. Como sempre, seu conhecimento, seu apoio e suas orientações foram de imensurável ajuda. Desde o início, nossa editora de aquisições, Kelsey Baird, nos auxiliou a formular e executar um plano para elaborar o *Ansiedade Para Leigos*. Tim Gallan, magistral editor de projetos, garantiu que nosso texto ficasse coerente e no ponto. Também agradecemos a Joseph Bush, nosso editor técnico, pelas contribuições.

Agradecimentos especiais a Latasha Seliby Perkins, membro da diretoria da American Academy of Family Physicians, pelos insights perspicazes e conselhos para o capítulo sobre ansiedade e racismo.

Sumário Resumido

Introdução 1

Parte 1: Detectando e Expondo a Ansiedade 5

CAPÍTULO 1: Analisando e Atacando a Ansiedade 7
CAPÍTULO 2: Ansiedade: Um Exame de Cabo a Rabo 17
CAPÍTULO 3: Investigando o Cérebro e a Biologia 35
CAPÍTULO 4: Removendo os Obstáculos à Mudança 47

Parte 2: Combatendo a Ansiedade 67

CAPÍTULO 5: Compreendendo os Sentimentos 69
CAPÍTULO 6: Repensando os Pensamentos 83
CAPÍTULO 7: Destruindo Suas Suposições Ansiosas 109
CAPÍTULO 8: Aceitação Consciente 129
CAPÍTULO 9: Encarando o Medo 143
CAPÍTULO 10: Remédios e Outras Opções Biológicas .163

Parte 3: Libertando-se da Batalha 181

CAPÍTULO 11: Considerando o Estilo de Vida 183
CAPÍTULO 12: Meditação como Parte de uma Vida Saudável 199

Parte 4: Mirando Preocupações Específicas 211

CAPÍTULO 13: O Preparo Emocional em uma Pandemia 213
CAPÍTULO 14: Enfrentando uma Crise na Carreira e Problemas
Financeiros 227
CAPÍTULO 15: Calmo como um Terremoto 239
CAPÍTULO 16: Racismo e Ansiedade 253
CAPÍTULO 17: Ficando Fora de Perigo 269

Parte 5: Ajudando Outros Ansiosos 279

CAPÍTULO 18: Quando um Familiar ou um Amigo Sofre de Ansiedade 281
CAPÍTULO 19: Reconhecendo a Ansiedade em Crianças 297
CAPÍTULO 20: Ajudando as Crianças a Vencerem a Ansiedade 307

Parte 6: A Parte dos Dez.. 323

CAPÍTULO 21: Dez Métodos que Simplesmente Não Funcionam............325

CAPÍTULO 22: Dez Maneiras para Lidar com Recaídas......................329

CAPÍTULO 23: Dez Sinais de que Você Precisa de Ajuda Profissional 333

Apêndice: Recursos para Você 339

Índice 343

Sumário

INTRODUÇÃO..1
    Sobre Este Livro.......................................1
    Penso que...2
    Ícones Usados Neste Livro............................2
    Além Deste Livro.......................................3
    Daqui para Lá, de Lá para Cá......................3

PARTE 1: DETECTANDO E EXPONDO A ANSIEDADE.........5

CAPÍTULO 1: **Analisando e Atacando a Ansiedade**.................7
    Ansiedade: A Gente Vê por Aqui....................8
    Catalogando os Custos da Ansiedade..............9
        Qual é o custo da ansiedade para você?........9
        O custo para a sociedade...................10
    Reconhecendo os Sintomas da Ansiedade.........11
        Pensamentos ansiosos.......................11
        Comportamentos ansiosos...................11
        Descobrindo a ansiedade no seu corpo......13
    Buscando Ajuda para a Ansiedade.................13
        Combinando sintomas e terapias.............14
        Encontrando a ajuda certa..................16

CAPÍTULO 2: **Ansiedade: Um Exame de Cabo a Rabo**............17
    Ansiedade: Ela Ajuda ou Atrapalha?...............19
    A Cara da Ansiedade................................21
        Preocupados crônicos.......................21
        Evitando pessoas............................23
        Além da ansiedade cotidiana................25
        A companhia do pânico......................28
        Fobias: Aranhas, cobras, aviões e outras coisas
          assustadoras..............................30
        Sintomas raros de ansiedade em adultos......32
    Como a Ansiedade Difere de Outros Transtornos
      Emocionais..32

CAPÍTULO 3: **Investigando o Cérebro e a Biologia**.................35
    Examinando o Cérebro Ansioso.....................36
        Como os circuitos do cérebro se conectam......36
        Neurotransmissores........................37
    Preparando para Lutar ou Fugir....................38

Imitando a Ansiedade: Drogas, Dietas e Doenças 41
    Explorando as drogas que imitam a ansiedade. 41
    Ingerindo calma como alimento. 44
    Investigando os impostores médicos da ansiedade 45

CAPÍTULO 4: **Removendo os Obstáculos à Mudança** 47
Desenterrando as Raízes da Ansiedade. .48
    Está nos meus genes! 49
    Foi minha criação! 49
    A culpa é do mundo! 51
Descobrindo a Autoaceitação 52
Tendo Dúvidas sobre Mudanças 54
Decidindo Colocar a Mão na Massa. 56
    Argumentando com os argumentos. .56
    Um passo de cada vez 57
Observando o Ir e Vir das Preocupações. 60
    Acompanhando seus medos 60
    Escrevendo sobre as preocupações. .61
Obtendo Ajuda Alheia 63
    Em busca das terapias certas. 64
    Buscando o terapeuta adequado 65

PARTE 2: COMBATENDO A ANSIEDADE .67

CAPÍTULO 5: **Compreendendo os Sentimentos** 69
O que Você Sente? E por quê? 70
    Sentimentos são sensacionais!. 71
    Os sentimentos dizem o que fazer 72
    Muitas vezes, os sentimentos provêm dos pensamentos . . .72
Distinguindo Pensamentos de Sentimentos. 74
    Bloqueando a tristeza. 74
    Entrando em contato com os sentimentos 75
    Entrando em contato com os pensamentos 77
Analisando o Ciclo de Sentimentos em Ação 81

CAPÍTULO 6: **Repensando os Pensamentos** 83
Enfrentando os Pensamentos. 84
    Pesando as evidências 85
    Repensando riscos. 87
    Desconstruindo cenários preocupantes 90
Cultivando Pensamentos Tranquilos. 96
    Considerando a perspectiva de um "amigo". 96
    Muita calma nessa hora 97

Cuidado com Palavras de Preocupação......................99

    Botando lenha na fogueira da ansiedade.................99

    De frente com palavras extremistas.....................100

    Representação incorreta com palavras do tipo "tudo ou nada", "preto ou branco"......................101

    Deparando com palavras de julgamento.................102

    A vez das vítimas.................................103

Refutando e Substituindo Palavras de Preocupação.........104

    Aos diabos com as palavras extremistas................104

    Contestando o "tudo ou nada"........................105

    Julgando o julgador.................................106

    Vencendo palavras vitimistas.........................107

CAPÍTULO 7: **Destruindo Suas Suposições Ansiosas**............109

Compreendendo Suposições Ansiosas......................110

Avaliando Suposições Ansiosas.........................111

    Reconhecendo suposições ansiosas....................111

    Avaliando suas suposições ansiosas...................112

Adoecendo com um Caso de Suposição Ansiosa.............114

    Adquirindo suposições na infância....................115

    Destruindo suas suposições racionais.................116

Encarando as Suposições Desagradáveis: Fazendo uma Análise Custo-Benefício..........................116

    Analisando a perfeição.............................117

    Catalogando a aprovação...........................119

    Analisando a vulnerabilidade........................120

    Somando os controles.............................120

    Debatendo a dependência..........................121

    Enfrentando suas suposições ansiosas.................122

Elaborando Suposições Calmas e Equilibradas.............123

    Moderando tendências perfeccionistas.................123

    Equilibrando um dependente de aprovação.............125

    Equilibrando a vulnerabilidade.......................126

    Afrouxando o controle.............................126

    Diminuindo a dependência..........................127

Acima de Tudo: Seja Gentil Consigo Mesmo!...............128

Elaborando Suposições Calmas e Equilibradas.............123

    Moderando tendências perfeccionistas.................123

    Equilibrando um dependente de aprovação.............125

    Equilibrando a vulnerabilidade.......................126

    Afrouxando o controle.............................126

    Diminuindo a dependência..........................127

Acima de Tudo: Seja Gentil Consigo Mesmo!...............128

CAPÍTULO 8: **Aceitação Consciente** ... 129

Aceitando a Ansiedade? Ei, que Virada! ... 130

Assumindo uma visão calma e imparcial ... 130

Tolerando a incerteza ... 132

Sendo paciente consigo mesmo ... 133

Apreciando suas imperfeições ... 134

Conectando-se com o Aqui e Agora ... 137

Fazendo contato com o presente ... 138

Deixando de lado as preocupações com o futuro ... 140

Sendo tolerante e flexível ... 140

Recebendo Mindfulness em Sua Vida ... 141

Um Gostinho de Espiritualidade ... 142

CAPÍTULO 9: **Encarando o Medo** ... 143

Tudo sobre a Evitação ... 144

Evitando as emoções ... 144

Rompendo o ciclo de evitação ... 146

Aceitando o desconforto e a aflição ... 147

Exposição: Confrontando Seus Medos ... 148

Compreendendo seus medos ... 149

Elaborando uma lista de exposição ... 151

Encarando os medos (Glup!) ... 153

Vencendo Tipos Diferentes de Medos ... 155

Declarando guerra contra as preocupações ... 155

Lutando contra fobias ... 157

Atravessando o pânico ... 159

Na Expectativa do Impossível ... 161

CAPÍTULO 10: **Remédios e Outras Opções Biológicas** ... 163

Remédios: Tomar ou Não Tomar, Eis a Questão ... 164

O lado ruim dos remédios ... 165

O lado bom dos remédios ... 165

Entendendo as Opções de Remédios ... 166

Antidepressivos ... 168

Benzodiazepínicos ... 171

Calmantes variados ... 172

Betabloqueadores ... 172

Estabilizadores de humor ... 173

Maconha medicinal ... 173

Em Busca de Vitaminas e Suplementos ... 173

Viva as vitaminas! ... 177

Peneirando a vasta gama de suplementos ... 177

Estimulando o Cérebro ... 179

Estimulação magnética transcraniana (EMT) ... 179

Estimulação do nervo vago (VNS) ... 180

PARTE 3: LIBERTANDO-SE DA BATALHA 181

CAPÍTULO 11: **Considerando o Estilo de Vida** 183

Amigos e Familiares — Ruim com Eles, Pior sem Eles 184

Mantendo-se conectado com os outros 184

Delegando tempo livre 185

Apenas diga "não". 186

Exorcismo em 3, 2, 1... Já! 187

Não espere ter força de vontade — Vá lá e faça! 189

Trabalhando no treino 191

Dormindo com os AnjoZZZzzz 192

Criando um refúgio para o sono 192

Seguindo algumas rotinas relaxantes. 193

Entrando em ação quando o sono simplesmente não
vem 196

Elaborando Dietas que Acalmam. 197

Coma porções pequenas e frequentes 197

Seguindo o bom-senso nutricional 198

CAPÍTULO 12: **Meditação como Parte de uma Vida
Saudável** 199

O Básico da Meditação 200

O que Há de Tão Bom na Meditação?. 201

Métodos de Meditação 202

Meditação da respiração 203

Meditação de escaneamento corporal. 204

Comer consciente 205

Caminhada meditativa 206

Mais métodos meditativos. 208

Descobrindo Outros Recursos para Meditar 208

Por Sua Conta e Risco, Comprador: Os Mitos da
Meditação. 209

PARTE 4: MIRANDO PREOCUPAÇÕES ESPECÍFICAS. 211

CAPÍTULO 13: **O Preparo Emocional em uma Pandemia** 213

Atravessando a Ansiedade e o Estresse Relacionados à
Pandemia 214

Aceitando as emoções 215

Diferenciando a ansiedade útil e a inútil relacionadas à
pandemia. 216

Reunindo suprimentos de emergência 218

Definindo metas diárias 219

Permanecendo conectado. 221

Descobrindo o que É Fato e o que É Ficção 222

É o apocalipse? 224

É seguro sair de casa?. 225

CAPÍTULO 14: Enfrentando uma Crise na Carreira e Problemas Financeiros 227

Enfrentando Preocupações com o Trabalho de Cabeça Erguida 228

Dando um tapa no currículo 228

Encontrando flexibilidade em sua perspectiva de carreira 229

Considerando carreiras estáveis 231

Mantendo o foco certo 232

Fazendo um Balanço de Seus Recursos 233

Calculando seu balanço financeiro 233

A par dos ativos e passivos pessoais 235

Comprometendo-se com uma Nova Jogada 236

Definindo metas de curto prazo 236

Planos para o longo prazo 238

CAPÍTULO 15: Calmo como um Terremoto 239

Avaliando Seus Riscos 240

Examinando a probabilidade de morrer de um desastre natural 240

Classificando riscos pessoais 242

Avaliando riscos da mudança climática 243

Elaborando um Plano para Preocupações Reais 245

Imaginando e Lidando com o Pior 247

Repensando a incerteza e a ansiedade 247

Repensando sua capacidade de enfrentamento 248

Dando cabo das preocupações 250

Fazendo Sua Parte para Melhorar o Mundo 251

Ajudando o ambiente 252

Trabalhando como voluntário em desastres 252

CAPÍTULO 16: Racismo e Ansiedade 253

Racismo: O Elefante na Sala e a Cobra no Gramado 254

Racismo estrutural 256

Racismo interpessoal 257

Racismo internalizado 259

Como o Racismo Leva à Ansiedade 260

Enfrentando o Racismo 263

Encontrando empoderamento 263

Mantendo conexões 264

Aceitando as emoções 265

Cuidando de si mesmo 265

Combatendo o Racismo 266

    Tornando-se um aliado. 266

    Instruindo-se 267

    Pronunciando-se 267

    Educando bem os filhos. 268

    Explorando o desconhecido 268

CAPÍTULO 17: Ficando Fora de Perigo. 269

Avaliando Seus Riscos Verdadeiros e Pessoais. 270

Evitando Riscos Desnecessários. 271

    Atitudes para manter baixos os riscos à saúde. 271

    Atitudes para manter baixos os riscos do cotidiano 272

Lidando com Traumas Relacionados à Ansiedade 273

    Pensando no que aconteceu 274

    Expondo-se ao incidente 275

Aceitando um Certo Nível de Incerteza 276

    Escolhendo se colocar em situações de risco elevado 276

    Vivenciando o perigo em lugares cotidianos 276

PARTE 5: AJUDANDO OUTROS ANSIOSOS 279

CAPÍTULO 18: Quando um Familiar ou um Amigo Sofre de Ansiedade. 281

Quando um Ente Querido Sofre de Ansiedade 282

Conversando Juntos sobre Ansiedade 285

    Ajudando sem tomar o fardo para si 285

    Evitando a culpa 286

    Dando garantias: Quando a ajuda atrapalha 286

Indicando o Caminho. 289

    Orientando da maneira correta. 289

    Analisando um orientador em ação 292

Unindo-se Contra a Ansiedade. 293

Aceitando a Ansiedade com Amor. 294

CAPÍTULO 19: Reconhecendo a Ansiedade em Crianças. 297

Distinguindo o Normal do Anormal. 298

Analisando as Ansiedades Mais Comuns em Crianças. 300

    Ansiedade de separação 301

    Preocupações constantes 304

    Fobias. 305

    Problemas de conexão com outras pessoas 305

    Ansiedade silenciosa 306

CAPÍTULO 20: **Ajudando as Crianças a Vencerem a Ansiedade** 307

Cortando a Ansiedade pela Raiz. 308

Experiências iniciais de domínio 308

Afinando as emoções 309

Vacinando-se contra a ansiedade 310

Resistindo ao desejo de consolar e tranquilizar 311

Tomando precauções de acordo com o estilo de parentalidade 313

Ajudando Crianças Já Ansiosas 315

Ajudando a si mesmo em primeiro lugar 315

Dando exemplos mais maduros 315

Guiando crianças através da ansiedade 316

Exorcizando a ansiedade por meio de exercícios. 319

Obtendo Ajuda Alheia 320

A quem pedir ajuda. 320

O que esperar na primeira sessão 321

O que acontece na terapia?. 322

PARTE 6: A PARTE DOS DEZ 323

CAPÍTULO 21: **Dez Métodos que Simplesmente Não Funcionam** 325

Evitar o que O Deixa Ansioso. 325

Choramingar e Reclamar 326

Buscar Consolo 326

Procurar uma Solução Rápida. 326

Beber Chá 327

Afogar as Mágoas 327

Tentar Demais 327

Ficar Esperando por um Milagre. 328

Tomar Remédio como Solução. 328

Buscar Ajuda no Divã 328

CAPÍTULO 22: **Dez Maneiras para Lidar com Recaídas** 329

À Espera da Ansiedade 329

Contar as Andorinhas 330

Verificar por que a Ansiedade Voltou 330

Visitar um Médico 330

Repensar o que Já Funcionou 331

Mais do Mesmo? Não! 331

Conseguir Apoio 331

Considerar Sessões de Reforço 332

Dobrar a Exposição 332

Ansiedade: Aceita, que Dói Menos. 332

CAPÍTULO 23: Dez Sinais de que Você Precisa de Ajuda Profissional 333

Pensamentos ou Planos Suicidas 334

Sem Esperanças 334

Lidar com Ansiedade e Depressão 334

Tentar e Morrer na Praia 335

Problemas em Casa 335

Lidar com Problemas Importantes no Trabalho 335

Sofrer de Obsessões ou Compulsões Graves 336

Entendendo o Transtorno do Estresse Pós-Traumático 336

Noites Insones 336

É na Marvada Pinga... 337

Buscar Ajuda 337

APÊNDICE: RECURSOS PARA VOCÊ 339

Livros sobre Ansiedade 339

Livros sobre Racismo 340

Recursos para Ajudar Crianças Ansiosas 340

Sites para Descobrir Mais sobre Ansiedade 341

ÍNDICE 343

Introdução

E screvemos nosso primeiro livro da série *Para Leigos*, *Overcoming Anxiety For Dummies* [sem tradução no Brasil], pouco depois dos acontecimentos do 11 de Setembro, em 2001. As pessoas estavam bem ansiosas, sobretudo em relação ao terrorismo. Escrevemos a segunda edição em 2010, quando a Grande Recessão estava terminando. Na época, as pessoas se sentiam particularmente ansiosas por conta das próprias finanças e carreiras. Hoje, apresentamos *Ansiedade Para Leigos*, já que o mundo luta para lidar com uma pandemia global, uma explosão de revoltas civis, racismo, mudanças climáticas e outra recessão ou depressão maciça à espreita.

Portanto, o mundo atual, bem como as duas décadas anteriores, nos proporciona muito com o que nos preocupar. Porém, assim como não queremos ser vítimas de uma pandemia, de um retrocesso financeiro, de desastres naturais ou de violência, não podemos nos tornar vítimas da ansiedade. A ansiedade turva nossos pensamentos e enfraquece nossa decisão de viver a vida ao máximo. Reconhecemos que um pouco de ansiedade é válido e inevitável, no entanto, podemos evitar que ela domine nossa vida. Mesmo sob pressão, podemos manter um nível de serenidade; podemos nos apegar à nossa humanidade, ao vigor e à alegria de viver. Podemos amar e dar risada.

Por acreditarmos na resiliência coletiva, assumimos uma abordagem bem-humorada, e às vezes irreverente, para vencer a ansiedade. Nossa mensagem se baseia em métodos sólidos, cientificamente comprovados. Mas não vamos chateá-lo com detalhes científicos. Em vez disso, apresentamos um conjunto de estratégias claras e rápidas para combater a ansiedade e vencer a guerra contra a preocupação.

Sobre Este Livro

Temos três objetivos neste livro. Primeiro, queremos que você entenda o que é a ansiedade e quais são as diferentes formas que ela assume. Segundo, acreditamos que é útil você saber o que ela tem de bom e o que tem de ruim. Por fim, abordamos aquilo em que provavelmente você esteja mais interessado: descobrir as técnicas mais recentes para superar a ansiedade e ajudar uma pessoa querida que a tenha.

Ao contrário da maioria dos livros, você não precisa começar na página 1 e lê-lo de forma linear. Use o sumário para escolher o que deseja ler. Não se preocupe em ler as partes em uma ordem específica. Por exemplo, se realmente não quiser muita informação sobre quem, o quê, quando, onde e os porquês da ansiedade, e se você a tem, vá em frente e pule a Parte 1. Porém, incentivamos você a pelo menos folhear a Parte 1, porque ela contém fatos e informações fascinantes, bem como ideias pelas quais começar.

Ao longo deste livro, há exemplos de casos e histórias que ilustram princípios e técnicas importantes. Embora esses exemplos tenham como base relatos de pessoas reais, eles não representam nenhuma pessoa de verdade. Quaisquer semelhanças com casos ou pessoas reais são puramente coincidências.

Penso que...

Quem escolheria este livro? Nossa suposição, provavelmente tola, é a de que você ou alguém a quem ama sofre de algum tipo de problema com ansiedade ou preocupação. Porém, também é possível que você ache interessante o tema da ansiedade, simples assim. Imaginamos que tenha curiosidade sobre várias estratégias úteis que se encaixem em seu estilo de vida e em sua personalidade. Por fim, talvez você seja um profissional da saúde mental interessado em encontrar um recurso agradável para seus clientes que sofrem de ansiedade ou com preocupações.

Ícones Usados Neste Livro

Os livros da *Para Leigos* têm nas margens pequenas imagens, os *ícones*, para chamar sua atenção. Estes são seus significados:

LEMBRE-SE

O ícone Lembre-se aparece quando queremos sua atenção. Leia o texto associado a ele para obter informações cruciais.

DICA

O ícone Dica o alerta para insights importantes, esclarecimentos ou maneiras de melhorar o que faz.

CUIDADO

Ícones de Cuidado aparecem quando você precisa ser cauteloso, evitar potenciais riscos ou buscar ajuda profissional.

PAPO DE ESPECIALISTA

O ícone Papo de Especialista destaca informações que alguns leitores acharão interessantes, mas que não são necessárias para o entendimento geral da ansiedade.

Além Deste Livro

Além deste livro que está em suas mãos, há uma **Folha de Cola** grátis com dicas para identificar pensamentos, comportamentos e sentimentos decorrentes da ansiedade. Acesse `www.altabooks.com.br` e busque na caixa de pesquisa pelo título ou ISBN do livro.

Daqui para Lá, de Lá para Cá

Ansiedade Para Leigos oferece a você as melhores e mais atualizadas orientações baseadas em pesquisas científicas sobre transtornos de ansiedade. Se quer ajuda para controlar pensamentos negativos, vá para os Capítulos 6 e 7. Se está preocupado em viver bem durante a pandemia, dê uma olhada no Capítulo 13. Se sua preocupação é com o trabalho e as finanças, no Capítulo 14 damos dicas para encontrar o próximo emprego e poupar uns trocados. O Capítulo 16 traz o tema ainda pouco debatido da ansiedade relacionada ao racismo.

Para algumas pessoas, este livro poderia ser um guia completo para combater o delírio e o medo. Entretanto, algumas formas persistentes de ansiedade precisam de mais cuidado e atenção. Se sua ansiedade e suas preocupações atrapalham o trabalho ou o lazer de maneira significativa, busque ajuda. Comece com uma consulta ao seu médico para eliminar causas físicas. Depois, consulte um profissional da saúde mental. É possível vencer a ansiedade, portanto, não desista.

1

Detectando e Expondo a Ansiedade

Entenda os prós e contras da ansiedade.

Descubra o que a ansiedade faz com seu corpo.

Descubra quando a ansiedade é boa para você.

Dê uma olhada mais de perto nas causas da ansiedade.

NESTE CAPÍTULO

» Crescendo a passos largos:
  A proliferação da ansiedade

» Pagando a conta da ansiedade

» Entendendo os sintomas

» Obtendo a ajuda de que precisa

Capítulo **1**

Analisando e Atacando a Ansiedade

Uma em cada quatro pessoas que cruza seu caminho ao andar pelas ruas tem problemas sérios de ansiedade. E quase metade das pessoas que você encontra lutará contra ela, em maior ou menor grau. No mundo todo, o índice de ansiedade subiu por várias décadas, e não se vê luz no fim do túnel.

O mundo inteiro observa, no limite, enquanto desastres, terrorismo, colapso financeiro, pandemias, revoltas sociais, crimes e guerras ameaçam a segurança dos lares e das famílias. A ansiedade gera danos nas casas, destrói relacionamentos, acaba com a saúde, faz funcionários perderem tempo no trabalho e impede as pessoas de levarem uma vida plena e produtiva.

Neste capítulo, você descobre como reconhecer os sinais e sintomas da ansiedade. Esclarecemos seu custo — em termos pessoais e sociais — e fornecemos um breve panorama dos tratamentos apresentados com mais detalhes nos últimos capítulos. Você também terá uma ideia de como ajudar se alguma pessoa querida ou seu filho tiver ansiedade. Se você se preocupa ou se importa com alguém que tem problemas sérios de ansiedade, este livro está aqui para ajudar!

Ansiedade: A Gente Vê por Aqui

A ansiedade envolve sensações de inquietação, preocupação, apreensão e/ou medo, e é o mais comum de todos os transtornos emocionais. Em outras palavras, se você tem ansiedade, definitivamente não é o único. E a quantidade de pessoas com esse problema cresceu ao longo dos anos. Em nenhum momento da história a ansiedade atormentou mais gente do que hoje. Por quê?

A vida sempre foi ameaçadora. Mas, hoje, no mundo todo, as pessoas ficam grudadas às telas assistindo aos horrores mais recentes em tempo real. Feeds de notícias, blogs, tuítes, a imprensa e as mídias sociais relatam crimes, guerras, doenças, discriminação e corrupção. O retrato midiático dessas pragas modernas inclui imagens coloridas, com uma clareza gráfica sem precedentes.

Além disso, crises financeiras recorrentes abalam a estabilidade frágil de pessoas pobres e também da classe média. O não atendimento a necessidades básicas como comida, abrigo, educação, sistema de saúde, água potável e condições sanitárias ameaça muitas vidas pelo mundo. Não admira que a ansiedade seja uma pandemia mundial.

Infelizmente, por mais estressante e cheio de ansiedade que seja o mundo atual, apenas uma minoria de quem sofre desse transtorno busca tratamento profissional. Isso é um problema, porque a ansiedade não apenas causa dano e estresse emocionais, mas também tensão física e até morte, considerando que a condição resulta em efeitos graves sobre o corpo e, às vezes, até contribui para o suicídio. Além disso, a ansiedade custa a exorbitante quantia de bilhões à sociedade como um todo.

Quando as pessoas falam sobre as sensações da ansiedade, é provável que você ouça uma das descrições a seguir, ou todas elas:

» Quando meus ataques de pânico começam, sinto um aperto no peito. É como se eu estivesse me afogando ou sufocando, e começo a suar; o medo é avassalador. Sinto como se fosse morrer e tenho de me sentar, porque posso desmaiar.

» Sempre fui terrivelmente tímido. Quero amigos, mas sou envergonhado demais para ligar para qualquer pessoa. Acho que sinto que qualquer um para quem eu telefonar achará que não vale a pena conversar comigo. Me sinto realmente sozinho, mas não consigo nem pensar em me aproximar. É arriscado demais.

>> Acordo preocupado todos os dias, até nos fins de semana. Desde que perdi o emprego, estou sempre preocupado. Às vezes, quando fica ruim demais, sinto que estou enlouquecendo e sequer consigo dormir.

>> Tenho tanto medo de tudo que mal consigo sair de casa. Parei até de procurar emprego. Minha família tem que me trazer as compras do mercado.

Como você vê, a ansiedade resulta em toda sorte de pensamentos, comportamentos e sentimentos. Quando ela começa a interferir no cotidiano, é preciso encontrar um meio de acalmar os medos e as preocupações.

Catalogando os Custos da Ansiedade

A ansiedade tem um custo. Para quem a sofre, ela custa em termos emocionais, físicos e financeiros. Mas não para por aqui. Ela incorre em um fardo financeiro para todo mundo. Estresse, preocupações e ansiedade arruínam relacionamentos, trabalho e família.

Qual é o custo da ansiedade para você?

É óbvio que, se você tem problemas de ansiedade, sente na pele o custo de sentimentos estressantes e ansiosos. Ansiedade é algo péssimo. Não é preciso ler um livro para saber disso. Mas você sabia que a condição não tratada também cobra dívidas de outras formas? Esses custos incluem:

>> **Um preço físico:** Maior pressão arterial, cefaleias tensionais e sintomas gastrointestinais podem afetar seu corpo. Pesquisas recentes descobriram que certos tipos de transtornos de ansiedade crônica modificam a constituição das estruturas cerebrais.

>> **Um preço para seus filhos:** Pais e mães com ansiedade têm filhos ansiosos com maior frequência. Isso se deve em parte à genética, mas também porque as crianças aprendem com a observação. Crianças ansiosas podem ser tão estressadas a ponto de não conseguirem prestar atenção às aulas.

>> **Gordura:** A ansiedade e o estresse aumentam o hormônio do estresse, o cortisol. O cortisol causa acúmulo de gordura na área abdominal, aumentando, assim, o risco de doenças cardiovasculares e AVC. O estresse também leva a comer mais.

- **Mais idas ao médico:** Isso porque pessoas ansiosas muitas vezes sentem sintomas físicos preocupantes. Além disso, gente ansiosa com frequência se preocupa muito com a saúde.

- **Problemas de relacionamento:** Pessoas ansiosas muitas vezes se sentem irritadiças. Às vezes elas se afastam emocionalmente ou fazem o oposto, apegando-se aos parceiros de forma dependente.

- **Inatividade:** Pessoas com transtorno de ansiedade faltam ao trabalho com mais frequência que as outras, em geral como um esforço para acalmar temporariamente a própria angústia.

O custo para a sociedade

A ansiedade custa bilhões ao mundo todo a cada ano. A maior parte desse custo se deve à perda de produtividade. Às vezes, a queda na produtividade é causada por problemas que pioram com a condição. Mas a perda financeira com a inatividade e os cuidados com a saúde não inclui o dinheiro perdido em abuso de drogas, a que muitas pessoas com o transtorno recorrem como alívio. Assim, direta e indiretamente, a ansiedade cobra uma taxa colossal tanto da pessoa que a vivencia quanto da sociedade em geral.

O CORAÇÃO PARTIDO DA ANSIEDADE

Doenças cardiovasculares continuam sendo a primeira causa de mortes no mundo todo, e pesquisas vêm demonstrando que a ansiedade crônica é uma das principais responsáveis pela má saúde do coração. Portanto, diagnóstico e tratamentos precoces para ansiedade ajudam a prevenir algumas doenças cardiovasculares.

Quando pacientes são diagnosticados com doenças cardiovasculares, muitas vezes a ansiedade aumenta, mesmo entre pessoas que não têm histórico desse transtorno. Vários estudos demonstraram que a ansiedade não tratada em pacientes cardiopatas está ligada a resultados adversos. Entre eles, problemas cardiovasculares recorrentes e até taxas mais elevadas de morte.

Portanto, recomenda-se que todos os pacientes cardiopatas sejam avaliados para detectar a presença de problemas com ansiedade. Já que ela pode ser tratada com êxito, faz sentido incluir avaliação e tratamento para ansiedade quando ela ocorre em pacientes cardiopatas. Tais intervenções tendem a aliviar a ansiedade e também a contribuir para melhorar a saúde cardiovascular, mas são necessárias mais pesquisas para determinar com segurança essa relação.

Reconhecendo os Sintomas da Ansiedade

Talvez você não saiba se sofre de ansiedade clínica. Isso porque a ansiedade envolve um amplo leque de sintomas. Cada pessoa experiencia um conjunto ligeiramente diferente deles. Por ora, você deve saber que alguns sinais surgem na forma de pensamentos ou crenças. Outros indicativos se manifestam por meio de sensações corporais, e outros sintomas, ainda, dão as caras por meio de vários tipos de comportamentos ansiosos. Algumas pessoas vivenciam sinais das três formas, enquanto outras percebem a própria ansiedade em apenas uma ou duas áreas.

Pensamentos ansiosos

Em geral, pessoas que têm ansiedade pensam de forma diferente das outras. É provável que você tenha pensamentos ansiosos se sofre por:

» **Vício por aprovação:** Se você é viciado em aprovação, preocupa-se demais com o que outras pessoas pensam a seu respeito.

» **Viver no futuro e prever o pior:** Quando você faz isso, pensa em tudo o que está à frente e presume os piores resultados possíveis.

» **Dependência:** Algumas pessoas acreditam que precisam de ajuda alheia e são incapazes de conseguir as coisas por conta própria.

» **Perfeccionismo:** Se você é perfeccionista, assume que qualquer erro significa fracasso total.

» **Baixa concentração:** É comum pessoas ansiosas relatarem dificuldades em focar os pensamentos. Às vezes, a memória de curto prazo também é afetada.

» **Pensamentos acelerados:** Pensamentos atravessam sua mente em um fluxo quase incontrolável de preocupações e angústias.

Discutimos os pensamentos ansiosos com mais detalhes nos Capítulos 5, 6 e 7.

Comportamentos ansiosos

Descrevemos o comportamento ansioso em três palavras — fuga, fuga e fuga. É inevitável que pessoas com ansiedade tentem ficar longe das coisas que as deixam ansiosas. Podem ser cobras, altura, multidões, rodovias, festas, pagar contas, lembranças de tempos ruins ou falar em público, os ansiosos procuram saídas.

DÊ NOME A ESSA FOBIA!

Fobias são um dos tipos mais comuns de ansiedade, e no Capítulo 2 nós as discutimos com mais detalhes. *Fobia* é um medo excessivo e desproporcional de uma situação ou de uma coisa relativamente inofensiva. Às vezes, o objeto da fobia oferece certo risco, mas a reação da pessoa claramente excede o perigo. Você conhece os nomes técnicos das fobias? Com setas, ligue o nome comum de cada fobia ao termo técnico correspondente. Veja quantas você acerta. As respostas estão na base do box.

Tome cuidado se tiver *triscaidecafobia* (medo do número treze), porque estamos dando a você treze fobias para corresponder!

Termo Técnico	Significa Medo de/do/da
1. Ofidiofobia	A. Ficar velho
2. Zoofobia	B. Dormir
3. Gerontofobia	C. A mente
4. Acrofobia	D. Imperfeição
5. Lachanofobia	E. Cobras
6. Hipnofobia	F. Medo
7. Atelofobia	G. Coisas novas
8. Fobofobia	H. Animais
9. Sesquipedalofobia	I. Coisas pequenas
10. Neofobia	J. Espelhos
11. Psicofobia	K. Altura
12. Microfobia	L. Palavras compridas
13. Eisoptrofobia	M. Vegetais

Respostas:

1.	2.	3.	4.	5.	6.	7.	8.	9.	10.	11.	12.	13.
E	H	A	K	M	B	D	F	L	G	C	I	J

Em curto prazo, fugir reduz a ansiedade. Isso o faz se sentir um pouco melhor. Porém, em longo prazo, fugir, na verdade, a mantém e aumenta. No Capítulo 9, oferecemos a você maneiras de confrontar a fuga.

Um dos exemplos mais comuns e óbvios da fuga induzida pela ansiedade é a maneira como as pessoas reagem às próprias fobias. Você já viu a reação de um aracnofóbico ao se deparar com uma aranha? Geralmente, essa pessoa grita, pula e se afasta depressa.

Descobrindo a ansiedade no seu corpo

Quase todas as pessoas com ansiedade severa sofrem de uma série de efeitos físicos. Essas sensações não são coisas da sua cabeça, elas são tão reais quanto este livro que você está segurando. As reações à ansiedade variam consideravelmente de pessoa para pessoa, e incluem o seguinte:

>> Batimentos cardíacos acelerados.

>> Respiração curta e rápida.

>> Pico na pressão arterial.

>> Vertigem.

>> Fadiga.

>> Incômodos gastrointestinais.

>> Dores e sofrimentos generalizados.

>> Tensão muscular ou espasmos.

>> Transpiração.

CUIDADO

Esses são apenas os efeitos temporários causados no seu corpo. A ansiedade crônica não tratada também acarreta sérios riscos à saúde. No Capítulo 2, discutimos com mais detalhes os efeitos gerais causados à saúde.

Buscando Ajuda para a Ansiedade

Como dissemos anteriormente neste capítulo, a maioria das pessoas tão somente escolhe viver com ansiedade, em vez de buscar ajuda profissional. Algumas se preocupam que o tratamento não funcione, ou acreditam que o único tratamento eficaz são os medicamentos e temem a possibilidade de efeitos colaterais. Outras se preocupam com os custos de procurar ajuda. Outras, ainda, ficam preocupadas com a hipótese de que mexer com a ansiedade faça seus medos aumentarem tanto a ponto de não conseguirem os suportar.

DICA

Bem, pare de acrescentar preocupações à preocupação. Você pode reduzir significativamente a ansiedade por meio de várias estratégias interessantes. Muitas delas não custam nem um centavo. E, se uma não funcionar, pode tentar outra. A maioria das pessoas descobre que pelo menos algumas das abordagens que analisamos funcionam para elas. As seções a seguir oferecem uma visão geral de opções de tratamentos e lhe dão orientações sobre o que fazer se suas tentativas de ajudar a si mesmo falharem.

CUIDADO

Não tratar a ansiedade pode causar problemas de saúde no longo prazo. Não faz sentido evitar fazer alguma coisa em relação à sua ansiedade.

Combinando sintomas e terapias

Sintomas de ansiedade surgem em três esferas diferentes, como mostramos a seguir (veja a seção anterior, "Reconhecendo os Sintomas da Ansiedade", para mais detalhes sobre esses sintomas):

>> **Sintomas de pensamentos:** Os pensamentos que passam por sua cabeça.

>> **Sintomas de comportamentos:** As coisas que você faz em reação à ansiedade.

>> **Sintomas de sentimentos:** Como seu corpo reage à ansiedade.

O tratamento corresponde a cada uma dessas três áreas, conforme abordamos nas três seções a seguir.

Terapias com foco no pensamento

Um dos tratamentos mais eficazes para uma vasta gama de problemas emocionais, conhecido como *terapia cognitiva*, lida com a maneira como você pensa, percebe e interpreta tudo o que é importante para você, incluindo:

>> Sua opinião sobre si mesmo.

>> Os eventos que acontecem na sua vida.

>> Seu futuro.

LEMBRE-SE

Quando as pessoas se sentem anormalmente ansiosas e preocupadas, é quase inevitável distorcerem o modo como pensam nessas coisas. Na verdade, essa distorção é a causa de boa parte de sua ansiedade. No exemplo a seguir, Luann apresenta sintomas físicos e cognitivos de ansiedade. Sua terapeuta optou por uma abordagem cognitiva para ajudá-la.

Luann, caloura de faculdade, fica fisicamente doente antes de provas. Ela vomita, tem diarreia e seu coração acelera. Imagina que se sairá mal em todo e cada teste que fizer e que, mais cedo ou mais tarde, a faculdade a expulsará. No entanto, até então sua nota mais baixa foi um 8.

A abordagem cognitiva que sua terapeuta usa a ajuda a captar as previsões negativas e os resultados catastróficos que passam por sua mente. Em seguida, essa abordagem a orienta a buscar evidências a respeito de seu real desempenho e uma avaliação mais realista das chances que ela realmente tem de fracassar.

Por mais simples que essa abordagem pareça, centenas de estudos descobriram que ela funciona bem para reduzir a ansiedade. A Parte 2 deste livro descreve várias técnicas terapêuticas de pensamento ou cognitivas.

Terapias com foco no comportamento

Outro tipo de terapia altamente eficaz é conhecido como *terapia comportamental*. Como o nome sugere, essa abordagem lida com atitudes que você pode tomar e comportamentos que pode incorporar para aliviar a ansiedade. Algumas atitudes são bastante diretas, como fazer mais exercícios, dormir mais e administrar responsabilidades. No Capítulo 11, você obtém boas ideias para essas atitudes.

Por outro lado, um tipo mais decisivo de atitude mira diretamente a ansiedade. Chama-se *exposição* e soa um pouco assustador. A exposição envolve dividir seus medos em pequenas etapas e encará-los um de cada vez. Abordamos a exposição no Capítulo 9.

DICA

Algumas pessoas, por recomendação médica, escolhem tomar remédios contra a ansiedade. Se você está considerando essa opção, não deixe de consultar o Capítulo 10 para ajudá-lo a tomar uma decisão fundamentada.

Terapias com foco nas emoções: Aplacando a tempestade interna

A ansiedade desencadeia um turbilhão de sintomas físicos angustiantes, como batimentos cardíacos acelerados, incômodos estomacais, tensão muscular, suor, vertigem, e assim por diante. Fazer alguns ajustes no estilo de vida, como mais exercícios, uma dieta melhor e sono adequado, ajuda um pouco. Mas nossa primeira recomendação é descobrir como abordar sintomas físicos angustiantes com uma atitude de aceitação. O Capítulo 8 oferece orientações sobre a chamada aceitação consciente.

Encontrando a ajuda certa

Supomos que não seja prepotente demais presumir que, por estar lendo este livro, você ou algum conhecido seu sofra de ansiedade, e que provavelmente você deseja lidar com esse transtorno. Este livro é um ótimo lugar para começar a lidar com sua ansiedade.

DICA

A boa notícia é que um sem-número de estudos respalda a ideia de que as pessoas podem lidar com problemas sérios e difíceis sem buscar os serviços de um profissional. As pessoas claramente se beneficiam com a autoajuda. Elas melhoram e permanecem melhores.

Ainda assim, às vezes os esforços de autoajuda falham, sobretudo quando a ansiedade é de intensidade de moderada a severa. O Capítulo 23 disponibiliza dez sinais críticos que indicam uma provável necessidade de ajuda profissional. Veja o Capítulo 4 para informações sobre como encontrar o profissional certo para você.

Se realmente precisar de conselho profissional, muitos terapeutas qualificados trabalharão com você as ideias contidas neste livro. Isso porque a maioria dos profissionais da saúde mental gostará do caráter abrangente do material e do fato de que a maior parte das estratégias se baseia em métodos comprovados. Se pesquisas ainda não comprovaram o valor de uma abordagem específica, tomamos o cuidado de informá-lo. Acontece que acreditamos que é muito melhor você se ater a estratégias que funcionam e evitar as que não funcionam.

Nos Capítulos 18, 19 e 20, abordamos como ajudar um ente querido, criança ou adulto, que tenha ansiedade. Se está trabalhando com um amigo ou familiar, talvez ambos queiram ler a Parte 5 do livro, e provavelmente mais. Às vezes, amigos e familiares podem ajudar quem também está trabalhando em conjunto com um profissional e fazendo os próprios esforços.

Independentemente das fontes, técnicas ou estratégias que você escolher, superar a ansiedade será um dos desafios mais gratificantes que já enfrentou. A empreitada pode assustá-lo no início, e o andamento pode começar devagar e ter seus altos e baixos. Mas, se continuar firme, acreditamos que você conseguirá sair da areia movediça da ansiedade e pisar no solo firme da aceitação.

Capítulo **2**

Ansiedade: Um Exame de Cabo a Rabo

entimentos ansiosos brotam aqui e ali na maioria das pessoas, e são completamente normais. Em certas situações, a ansiedade é uma reação 100% compreensível. Por exemplo, se você está dirigindo no meio de uma tempestade de neve e seu carro começa a girar sem controle, faz sentido se sentir ansioso. Ou, se está no meio de uma pandemia e a quantidade de infecções continua subindo, bem, se não sentisse um pouquinho de ansiedade, ficaríamos preocupados com você. Mas, às vezes, ela indica algo mais sério. Quando o transtorno não está estreitamente ligado a preocupações reais e interfere em sua habilidade de trabalhar no dia a dia, é uma boa hora para se preocupar com ele.

Para conhecer a diferença entre uma coisa séria como um transtorno de ansiedade e uma reação normal, leia a descrição a seguir e imagine dez minutos da vida de Viktoria.

> **Viktoria** se sente inquieta e transfere o peso de um pé para o outro. Andando um pouco à frente, nota um leve aperto no peito. Sua respiração acelera. Ela sente um misto de agitação e tensão crescente. Ela se senta e faz o melhor que consegue para relaxar, mas a ansiedade continua a se intensificar. De repente, seu corpo cai para a frente; ela agarra as laterais do assento e cerra os dentes para sufocar um grito. Parece que o estômago vai sair pela garganta. Ela sente o coração acelerar e o rosto ficar vermelho. As emoções correm soltas. Vertigem, medo e um frisson tomam conta dela. Os sentimentos vêm em ondas — um após o outro.

Talvez você se pergunte o que há com a coitada da Viktoria. Talvez ela tenha transtorno de ansiedade. Ou, possivelmente, esteja sofrendo um colapso nervoso. Talvez esteja enlouquecendo. Não, Viktoria de fato *quis* sentir medo e ansiedade!

Veja, ela estava em um parque de diversões. Ela deu seu ingresso ao funcionário e se afivelou em uma montanha-russa. Depois disso, provavelmente você conhece o restante da experiência. Viktoria não tem problemas de ansiedade, não está sofrendo um colapso nervoso ou enlouquecendo. Como sua história ilustra, sintomas de ansiedade podem ser reações comuns na vida e, às vezes, até desejadas.

Neste capítulo, ajudamos você a descobrir se está sofrendo de ansiedade problemática, cotidiana ou outra coisa. Analisamos de perto todas as formas e sintomas diferentes. Depois, discutimos alguns dos outros transtornos emocionais que muitas vezes acompanham a ansiedade.

LEMBRE-SE

Profissionais de saúde mental chamam os problemas emocionais de transtornos. Por exemplo, em vez de dizer que você está deprimido, eles dizem que tem um transtorno depressivo, ou algum outro tipo de transtorno de humor. Pode-se defender racionalmente o uso do termo "transtorno". Embora usemos a palavra de vez em quando, preferimos pensar nos chamados transtornos como reações normais a uma combinação de fatores biológicos, genéticos, ambientais e interpessoais, assim como de comportamentos adquiridos e pensamentos problemáticos.

Ansiedade: Ela Ajuda ou Atrapalha?

Imagine uma vida sem nenhuma ansiedade. Que maravilha! Todas as manhãs, você acorda sem esperar nada além de experiências agradáveis. Não tem medo de nada. O futuro contém somente segurança e doces alegrias.

Pense de novo. Sem ansiedade, quando o cara no carro à sua frente pisar no freio, a reação será mais lenta, porque seu corpo não reage com rapidez ao perigo, e é mais provável que você colida. Sem preocupações com o futuro, sua aposentadoria pode acabar mal, pois a falta de preocupação faz com que você não poupe para o futuro. A ausência total de ansiedade pode fazê-lo comparecer despreparado a uma apresentação no trabalho, ou não se preocupar em estudar para uma prova importante.

A ansiedade faz bem para você! Ela o prepara para tomar uma atitude. Mobiliza seu corpo para emergências. Alerta-o sobre perigos. Fique *contente* por ter um pouco de ansiedade. Ela o ajuda a ficar fora de problemas. Veja o box "Ansiedade e condução de carros quando se é negro" para sugestões sobre como a ansiedade normal ajuda a proteger jovens motoristas negros.

LEMBRE-SE

Ela se torna um problema quando:

» **Dura muito tempo ou ocorre com muita frequência.** Por exemplo, se você tem níveis inquietantes de ansiedade na maior parte dos dias, durante mais que algumas semanas, há motivo para se preocupar.

» **Ela interfere nas coisas que você quer fazer.** Assim, se a ansiedade o acorda de madrugada, o faz cometer erros no trabalho ou o impede de ir aonde quer ir, ela o está atrapalhando.

» **Ela excede o nível do verdadeiro perigo ou risco.** Por exemplo, se seu corpo e sua mente sentem que uma avalanche está prestes a soterrá-lo, mas tudo o que você está fazendo é uma prova escolar, sua ansiedade foi longe demais.

» **Você luta para controlar as preocupações, mas elas continuam vindo.** Mesmo quando está relaxando na praia ou em sua espreguiçadeira mais confortável, pensamentos ansiosos continuam passando pela sua cabeça.

ANSIEDADE E CONDUÇÃO DE CARROS QUANDO SE É NEGRO

Todos os pais e mães de jovens aprendendo a dirigir são ansiosos. Se você já andou de carro com um motorista recém-habilitado, sabe do que estamos falando. Quando o jovem enfim consegue a carteira, o medo persiste por alguns meses. Minha filha se lembrará de parar nas placas de "pare"? Fará um retorno sem bater no meio-fio? Meu filho andará mais rápido ou tentará se exibir ao dirigir com os amigos?

Porém, se seu jovem é um motorista negro (especialmente do sexo masculino), suas preocupações se multiplicam. Meu filho será parado e saberá exatamente o que dizer e fazer? O que posso dizer a ele para deixá-lo seguro? Embora não seja justo ou razoável, pais e mães de jovens negros precisam ter "a conversa". Em geral, a conversa contém alguns elementos importantes e úteis para a maioria das pessoas que são paradas, mas sobretudo para as racializadas. Aqui estão alguns itens geralmente abordados na conversa:

- Quando o policial se aproximar do carro, baixe o vidro, desligue o motor e coloque as mãos na parte de cima do volante.
- Não mexa as mãos a não ser que o instruam a fazer isso.
- Quando pedirem a carta e o documento, faça movimentos lentos e diga ao policial o que você está fazendo, sobretudo se precisar acessar o porta-luvas.
- Seja educado e colabore.
- Faça o que o policial pedir.
- Brigar ou ficar na defensiva não é uma boa ideia.
- Não corra nem resista à prisão.
- Não preste depoimento sobre o que aconteceu ou não aconteceu até conseguir falar com um advogado.

Repetimos, é injusto pessoas racializadas precisarem tomar mais cuidado durante paradas policiais do que as outras. Mas estatísticas revelam que pessoas racializadas têm mais chance de serem feridas ou mortas em uma abordagem policial no trânsito. Esse é um momento em que uma boa dose de ansiedade pode salvar uma vida.

A Cara da Ansiedade

A ansiedade tem várias formas. A palavra "ansioso" deriva do termo em latim *angere*, que significa restringir ou sufocar. Uma sensação de sufocamento ou aperto na garganta ou no peito é um sintoma comum. Porém, outros sintomas fazem parte do transtorno, como transpiração, tremores, náusea e batimentos cardíacos acelerados. Medos também podem fazer parte — medo de perder o controle e de ficar doente ou morrer. Além disso, quem tem ansiedade excessiva evita várias situações, pessoas, animais ou objetos de um jeito desnecessário.

Pessoas ansiosas tendem a ser extremamente suscetíveis ao perigo, à rejeição, ao desconhecido e à incerteza. Elas podem prestar muita atenção a pensamentos, sentimentos e sensações físicas desagradáveis. Com frequência, também ficam remoendo a possibilidade de calamidades futuras. Sintomas como esses tendem a se agrupar. As seções a seguir descrevem alguns desses grupos principais.

PAPO DE ESPECIALISTA

Os seguintes subtítulos correspondem aproximadamente a alguns dos principais diagnósticos abordados no DSM-5-TR, mas achamos mais produtivo focar sintomas do que categorias técnicas de diagnóstico. (Para mais informações, veja o box "Manual Diagnóstico e Estatístico-5 (DSM-5-TR)".)

Preocupados crônicos

A maioria das pessoas já ouviu falar da expressão "preocupado crônico" e imediatamente imaginou uma pessoa constantemente preocupada. Preocupados crônicos vivem em um estado constante de tensão e preocupação. Muitas vezes, relatam que se sentem inquietos, no limite e estressados. Podem se cansar com facilidade e têm problemas para se concentrar ou dormir. Quando dormem, podem acordar às 3h da manhã com pensamentos acelerados e preocupados. Essas pessoas também relatam frequentes dores musculares, sobretudo nas costas, nos ombros ou no pescoço.

Nem todo mundo vivencia preocupações crônicas exatamente da mesma forma. Alguns preocupados crônicos se queixam de outros problemas — como convulsões, tremores, respiração curta, suor, boca seca, incômodos estomacais, sensação de instabilidade, assustar-se com facilidade e dificuldade para engolir. Independentemente de como você experiencia a preocupação, se ela o está impedindo de viver a vida que quer, é um problema.

O perfil a seguir mostra uma faceta da preocupação excessiva.

No metrô, **Brian** bate os pés com nervosismo. Ele dormiu poucas horas na noite anterior, agitado, virando-se de um lado para o outro e ruminando sobre a economia. Tem certeza de que é o próximo da fila a perder o emprego. Embora o chefe diga que ele está a salvo, Brian não consegue parar de se preocupar. Acredita que pode acabar falido e sem teto.

Suas costas o estão matando; ele encolhe os ombros, tentando relaxar os músculos contraídos. Tem dificuldade para se concentrar no blog que está lendo e percebe que não consegue se lembrar do que acabou de ler. Ele nota que sua camisa parece úmida. Acha que pode estar doente. Ele *está* doente — de preocupação.

Brian vem trabalhando direto na mesma empresa desde que se formou na faculdade, seis anos atrás. Seu trabalho é altamente técnico. A maioria dos executivos seniores depende de seu conhecimento tecnológico. Ele acumulou uma boa quantia de dinheiro para emergências. Entretanto, no último ano, sua ansiedade aumentou a ponto de ele perceber que está cometendo erros. Ele não consegue pensar; sente-se um caco e em um constante estado de aflição.

Vez ou outra, a economia pode deixar qualquer um ansioso, mas as preocupações de Brian parecem desproporcionais à sua situação real. Parece improvável que ele corra perigo de perder o emprego. Porém, sua ansiedade extrema de fato pode fazê-lo se encrencar no trabalho. Pessoas com ansiedade além da conta muitas vezes cometem erros descuidados por causa da falta de atenção e de concentração.

DICA

Algumas preocupações são perfeitamente normais. Se você perder o emprego, é bastante natural se preocupar com dinheiro. Mas, se seu nome é Bill Gates ou Jeff Bezos e você está preocupado com grana, talvez tenha problemas de ansiedade.

PAPO DE
ESPECIALISTA

Quando estávamos escrevendo esta seção, nos perguntamos de onde vinha a expressão original "preocupado crônico [worrywart, em inglês]". Então pesquisamos. Acontece que Worry Wart era o personagem de uma história em quadrinhos dos anos 1920. O menino era uma praga incansável e irritava o irmão, que o batizou de Worry Wart. O significado evoluiu para alguém que está sempre assolado de preocupações. O motivo por que o termo "wart [verruga, em português]" foi usado é que verrugas causam uma coceira incômoda que não acaba. Na verdade, quanto mais se coça, pior fica a verruga, o que é um pouco parecido com a preocupação.

Evitando pessoas

Pessoas que sentem fobia social temem se expor à avaliação pública. Gente assim tem medo de se apresentar, falar, ir a festas, conhecer pessoas novas, entrar em grupos, usar o telefone, preencher um cheque na frente dos outros, comer em público e/ou interagir com figuras de autoridade. Elas veem essas situações como dolorosas porque esperam receber julgamentos humilhantes ou vergonhosos da parte dos outros.

MANUAL DIAGNÓSTICO E ESTATÍSTICO-5 (DSM-5-TR)

De tantos em tantos anos, grupos de profissionais da saúde mental apresentam experiências clínicas e pesquisas para desenvolver uma lista de transtornos emocionais. Eles publicam as descobertas em um manual conhecido como *DSM*. Atualmente, o guia está na quinta edição. Os diagnósticos permitem aos profissionais que se comuniquem em uma linguagem comum. No entanto, há quem não seja a favor do diagnóstico formal. Muitos profissionais acreditam que é mais producente focar sintomas do que transtornos específicos. Para sua informação, o *DSM-5-TR* atualmente lista as seguintes categorias principais de transtornos de ansiedade:

- Transtorno de ansiedade generalizada (TAG).
- Fobia social.
- Síndrome do pânico.
- Agorafobia.
- Fobias específicas.
- Transtorno de ansiedade da separação.
- Mutismo seletivo.
- Transtorno de ansiedade causado por outra condição médica.

As edições anteriores do *DSM* categorizavam o transtorno obsessivo-compulsivo (TOC) e o transtorno do estresse pós-traumático (TEPT) como transtornos de ansiedade. Não mais. Hoje, o TOC tem sua própria seção, Transtornos Obsessivo-Compulsivos Relacionados, e o TEPT é categorizado como um Transtorno Relacionado a Traumas e Estressores. As polêmicas relacionadas a essas mudanças são complexas, e a maioria das pessoas com problemas emocionais quase sempre apresenta sintomas sobrepostos. Em outras palavras, uma pessoa com ansiedade tende a ter pelo menos alguns sintomas de uma categoria de diagnósticos e outros de uma categoria diferente.

Pessoas portadoras de ansiedade social acreditam que são, de certa forma, incorretos e inadequados; elas presumem que esquecerão as próprias falas, derramarão a bebida, trocarão apertos de mãos com as palmas úmidas ou cometerão qualquer tipo de gafe social e, portanto, ficarão envergonhadas. Ironicamente, por serem tão ansiosas, de fato fazem o que temem. Mãos trêmulas e suadas derramam bebidas. A falta de contato visual afasta as pessoas. Elas se preocupam com o que os outros estão pensando a seu respeito — a ponto de não ouvirem bem o bastante para continuar uma conversa.

LEMBRE-SE

Todo mundo se sente desconfortável ou nervoso de vez em quando, sobretudo em situações novas. Por exemplo, se você vem experimentando medos sociais de uma situação nova desafiadora, pode ser normal. O medo da socialização por um período curto pode ser uma reação temporária a um novo estresse, como mudar-se para um bairro novo ou conseguir um novo emprego. Porém, talvez você tenha um problema de ansiedade social se experiencia os seguintes sintomas por um período prolongado:

» Você teme situações com pessoas desconhecidas ou em que, de alguma forma, possa ser observado ou avaliado.

» Quando obrigado a estar em uma situação social desconfortável, sua ansiedade aumenta consideravelmente. Por exemplo, se tem medo de falar em público, sua voz oscila, e seus joelhos tremem assim que dá início ao discurso.

» Você percebe que seu medo é maior do que a situação realmente exige. Por exemplo, se tem medo de conhecer pessoas novas, em termos lógicos, você sabe que nada de terrível acontecerá, mas ondas gigantes de adrenalina e medo por antecipação correm por suas veias.

» Você evita situações temíveis o máximo possível ou só as enfrenta com muita aflição. Por causa de seus medos, você pode perder vários eventos a que, de outra forma, gostaria de ir (por exemplo, reuniões familiares, oportunidades de trabalhou ou festas).

Confira a seguir o excelente exemplo de ansiedade social e veja se alguma coisa lhe parece familiar.

> **Maurice,** um solteiro de 35 anos, quer um relacionamento sério. As mulheres o consideram atraente, e ele tem um emprego bem-remunerado. Os amigos de Maurice o convidam para festas e outros eventos sociais, na tentativa de entrosá-lo com as mulheres. Infelizmente, ele detesta a ideia de sair. Maurice inventa um sem-número de desculpas para recusar. Porém, no fim, seu desejo de conhecer possíveis parceiras vence. Sempre que imagina cenas encontrando mulheres, ele sente uma expectativa intensa e ansiosa.

Quando Maurice chega à festa, ele vai até o bar para reprimir a ansiedade crescente. Suas mãos tremem enquanto ele escolhe a primeira bebida. Engolindo-a depressa, pede outra, na esperança de entorpecer as emoções. Após uma hora bebendo sem parar, ele se sente muito mais corajoso. Interrompe um grupo de mulheres atraentes e desfere uma série de piadas que memorizou para a ocasião. Então, ele se aproxima de várias mulheres ao longo da noite, às vezes fazendo comentários galanteadores e sugestivos. Seu comportamento bobo de bêbado não consegue nenhum encontro para ele. No dia seguinte, sente vergonha e constrangimento.

Maurice tem ansiedade social. Muitas vezes, o abuso de álcool e drogas anda junto com a fobia social, porque pessoas que apresentam fobia social se sentem desesperadas para aplacar as sensações ansiosas, e álcool e drogas são uma solução rápida. Infelizmente, com frequência essa solução causa mais constrangimentos e pode levar ao vício.

Além da ansiedade cotidiana

É claro que, de vez em quando, todo mundo sente um pouco de pânico. Muitas vezes, as pessoas dizem que estão em pânico por conta de um prazo que se aproxima, de uma apresentação iminente ou dos planos para uma festa. É provável que você ouça esse termo sendo usado para descrever preocupações relacionadas a eventos bem comuns como esses.

SOCORRO! ESTOU MORRENDO!

Sintomas de ataques de pânico, como dor no peito, respiração curta, náusea e medo intenso, muitas vezes são parecidos com os de ataques cardíacos. Alarmadas, pessoas que vivenciam esses episódios terríveis saem procurando a sala de emergência mais próxima. Então, depois de vários testes negativos, médicos sobrecarregados dizem à vítima de um ataque de pânico, com todas as letras, que "é tudo coisa da sua cabeça". Muitos pacientes com ataque de pânico duvidam da opinião do médico e suspeitam fortemente que alguma coisa importante passou despercebida ou não foi encontrada.

Na próxima vez que um ataque acontecer, vítimas de crises de pânico provavelmente voltarão ao PS em busca de outra opinião. Mesmo uma segunda ou terceira visita não as convencem de que a sensação não foi causada por um problema no coração. As visitas constantes frustram essas pessoas e também a equipe do PS. Porém, uma simples intervenção psicológica de vinte ou trinta minutos na sala de emergência diminui drasticamente as visitas. A intervenção é bem simples — fornecer informações sobre o que é o transtorno e descrever algumas técnicas de relaxamento profundo para experimentar quando o pânico surgir.

Mas pessoas que sofrem de *pânico* estão falando de um fenômeno totalmente diferente. Elas têm períodos de medo e ansiedade surpreendentemente intensos. Se você nunca teve um ataque de pânico, acredite, não vai querer ter um. Em geral, o ataque dura cerca de dez minutos, e muitas pessoas que o têm acreditam piamente que morrerão durante a crise. Não são exatamente os melhores dez minutos da vida. Em geral, ataques de pânico incluem uma gama de sintomas vigorosos e que chamam a atenção, como:

» Batimentos cardíacos irregulares, rápidos ou aos pulos.

» Transpiração.

» Sensação de engasgo, asfixia ou respiração curta.

» Vertigem ou tontura.

» Dor ou outro desconforto no peito.

» Sensação de que os eventos são irreais ou impressão de descolamento.

» Dormência ou formigamento.

» Ondas de calor ou de frio.

» Sensação de morte iminente, embora sem base em fatos.

» Náusea ou incômodo estomacal.

» Pensamentos sobre enlouquecer ou perder completamente o controle.

Ataques de pânico começam com um evento que ativa algum tipo de sensação, como esforço físico ou variações normais em reações psicológicas. Esse evento de ativação induz reações psicológicas, como aumento nos níveis de adrenalina. Até aqui, nenhum problema.

Mas o processo, em geral normal, dá errado na etapa seguinte — quando a pessoa que sofre de ataques de pânico interpreta mal o significado dos sintomas físicos. Em vez de vê-los como uma coisa normal, quem tem transtorno de pânico os enxerga como um sinal de que algum perigo está ocorrendo, como um ataque cardíaco ou um AVC. Essa interpretação faz o medo aumentar e, portanto, causa mais estímulos físicos. Felizmente, o corpo só consegue sustentar essas reações físicas elevadas por um instante, logo, mais cedo ou mais tarde, ele se acalma.

PAPO DE ESPECIALISTA

Profissionais dizem que, para que haja um diagnóstico formal de transtorno de pânico, os ataques precisam ocorrer mais de uma vez. Pessoas com transtorno de pânico se preocupam com quando o próximo ataque virá e se perderão o controle. Muitas vezes, elas começam a mudar a própria vida evitando certos lugares ou atividades.

A boa notícia: muitas pessoas têm um único ataque de pânico e nunca mais têm outro. Então, não entre em pânico se tiver um ataque desses. A história de Maria é um bom exemplo de um ataque que ocorreu apenas uma vez.

Maria resolve perder 10kg exercitando-se e cuidando da alimentação. Na terceira ida à academia, ela configura a esteira no nível seis com uma inclinação íngreme. Quase imediatamente, seus batimentos cardíacos aceleram. Alarmada, ela desce para o nível três. Começa a respirar rápida e superficialmente, mas sente que não consegue ar o bastante. Transpirando em abundância e sentindo náuseas, ela desliga a máquina e cambaleia até o vestuário. Ela se senta; os sintomas se intensificam, e sente um aperto no peito. Quer gritar, mas não consegue respirar o suficiente. Tem certeza de que desmaiará e espera que alguém a encontre antes que morra de infarto. Ela ouve alguém e, com a voz fraca, chama por ajuda. Uma ambulância a leva para um pronto-socorro próximo.

No PS, os sintomas de Maria vão embora, e o médico explica o resultado do exame. Ele diz que, aparentemente, ela teve um ataque de pânico e pergunta o que pode tê-lo desencadeado. Ela responde que estava se exercitando por conta de preocupações com o peso e a saúde.

"Ah, está explicado", garante o médico. "Sua preocupação com a saúde a deixou hipersensível a qualquer sintoma físico. Quando seus batimentos cardíacos aumentaram naturalmente na esteira, você ficou alarmada. Esse medo fez seu corpo produzir mais adrenalina, o que, por sua vez, gerou mais sintomas. Quanto mais sintomas você tinha, mais seu medo e sua adrenalina aumentavam. Saber como isso funciona pode ajudá-la; se tudo der certo, no futuro, as variações físicas normais de seu corpo não a assustarão. Seu coração está em ótima forma. Volte a se exercitar.

"Você também pode tentar algumas técnicas simples de relaxamento; mandarei a enfermeira entrar e contarei sobre elas. Tenho todos os motivos para acreditar que você não terá outro episódio como esse."

Maria teve um único ataque de pânico, e talvez nunca mais experiencie outro. Se ela acreditar no médico e aceitar seu conselho, da próxima vez que o coração acelerar, provavelmente não ficará tão assustada. Talvez decida ver como as coisas se desenrolam antes de buscar tratamento para o problema. Porém, se ele for recorrente, tratamentos funcionam muito bem.

DO QUE AS PESSOAS TÊM MEDO?

Várias enquetes e pesquisas coletam informações sobre coisas de que as pessoas mais têm medo. A lista a seguir é nossa compilação dos medos mais comuns. Você tem algum deles?

- Cachorro.
- Escuro.
- Falar em público.
- Altura.
- Afogamento.
- Dentista.
- Raios e trovões.
- Estranhos.
- Lugares pequenos, fechados.
- Palhaços, fantasmas e zumbis.
- Avião.
- Sangue e agulhas.
- Insetos, cobras e outros bichos esquisitos rastejantes.

A companhia do pânico

Cerca de metade das pessoas que sofrem de ataques de pânico tem um problema que os acompanha: *agorafobia*. Ao contrário da maioria dos medos ou fobias, esse problema de ansiedade geralmente começa na fase adulta. Pessoas com agorafobia têm pavor de ficarem aprisionadas e não conseguirem escapar. Evitam a qualquer custo situações de que não possam fugir imediatamente, e também temem lugares em que a ajuda pode não estar prontamente disponível caso necessitem.

O agorafóbico pode começar com um medo, como estar no meio da multidão, mas, em muitos casos, situações temidas se multiplicam a tal ponto que a pessoa sente medo até de sair de casa. Quando a agorafobia se junta ao pânico, os medos duplos de não conseguir ajuda e de se sentir enterrado sem saída levam ao isolamento paralisante.

Você ou algum ente querido pode estar sofrendo de agorafobia se:

» Fica preocupado ao estar em um lugar do qual não consiga sair ou em que não consiga ajuda caso algo ruim aconteça, como um ataque de pânico.

» Treme diante de coisas cotidianas, como sair de casa, estar em grupos grandes de pessoas ou viajar.

» Por causa da ansiedade, evita os lugares de que sente medo a ponto de isso tomar conta de sua vida, e você se torna prisioneiro do medo.

Você pode ter preocupações em se sentir preso ou ter ansiedade, ou se sentir ansioso por conta de multidões e sair de casa. Muitas pessoas as têm. Mas, se sua vida continua sem grandes mudanças ou restrições, provavelmente você não é portador de agorafobia.

Imagine, por exemplo, que você trema só de pensar em entrar em estádios esportivos grandes. Vê imagens de multidões no empurra–empurra, fazendo você cair do parapeito, lá embaixo, sendo pisoteado pelas pessoas enquanto grita. Talvez consiga passar uma vida inteira evitando estádios esportivos. Por outro lado, se adora assistir a eventos de esportes ao vivo, ou acabou de conseguir um trabalho de repórter esportivo, esse medo pode ser *realmente ruim*.

A história a seguir, de Luciana, demonstra a ansiedade avassaladora que muitas vezes encurrala os portadores de agorafobias.

> **Luciana** comemora seu quadragésimo aniversário sem ter experienciado problemas emocionais significativos. Ela passou pelos obstáculos normais da estrada da vida, como perder um dos pais, o filho ter dificuldades de aprendizado e um divórcio, dez anos atrás. Ela se orgulha de lidar com todas as cartas que a vida lhe oferece.
>
> Ultimamente, ela vem se sentindo estressada ao fazer compras no shopping aos fins de semana por causa das multidões. Ela encontra uma vaga de estacionamento no fim de uma fila. Ao entrar no shopping, suas mãos suadas deixam uma marca na porta de vidro giratória. A sensação é a de que a multidão de consumidores a está esmagando, e ela se sente aprisionada. Fica preocupada com a possibilidade de desmaios e de não haver ninguém perto para ajudá-la. Está tão assustada que sai correndo da loja.
>
> Ao longo dos meses seguintes, seus medos se expandem. Embora tenham começado no shopping, o medo e a ansiedade agora a assolam também em supermercados lotados. Mais tarde, o mero fato de pegar trânsito a assusta. Luciana sofre de agorafobia. Cada vez mais, ela sente vontade de ficar em casa.

Muitas vezes, pânico, agorafobia e ansiedade acometem pessoas que, de outra forma, não têm problemas emocionais sérios e arraigados. Portanto, se você sofre de ansiedade, isso não necessariamente quer dizer que precisará de anos de psicoterapia. Você pode não gostar da ansiedade, mas não precisa pensar que está ficando louco!

Fobias: Aranhas, cobras, aviões e outras coisas assustadoras

Muitos medos parecem projetados no cérebro humano. Homens e mulheres das cavernas tinham bons motivos para ter medo de cobras, estranhos, altura, escuro, espaços abertos e de ver sangue — cobras podiam ser venenosas, estranhos podiam ser inimigos, uma pessoa podia cair de um lugar alto, a escuridão podia abrigar perigos ocultos, espaços abertos podiam deixar uma tribo primitiva vulnerável a ataques de todos os lados, e ver sangue podia indicar uma emergência, inclusive uma possível morte. O medo estimula a cautela e a prevenção de danos. Pessoas que têm esses medos têm mais chance de sobreviver do que as ingenuamente corajosas.

É por isso que muitos dos medos mais comuns de hoje em dia refletem os perigos do mundo há milhares de anos. Mesmo hoje, faz sentido identificar com cuidado uma aranha antes de pôr a mão nela. Porém, às vezes o medo chega a níveis incapacitantes. Você tem uma *fobia* se:

>> Sente um medo exagerado de uma situação ou de um objeto específico.

>> Quando está em uma situação assustadora, vivencia imediatamente ansiedade excessiva. Sua ansiedade *pode* incluir transpiração, taquicardia, vontade de fugir, aperto no peito ou na garganta ou imagens de algo terrível acontecendo.

>> Você sabe que o medo é irracional. Porém, crianças com fobias específicas nem sempre sabem que as próprias fobias são irracionais. Por exemplo, elas realmente acreditam que *todos* os cachorros mordem. (Veja o Capítulo 19 para saber mais sobre fobias em crianças.)

>> Você evita o máximo possível o objeto ou a situação temida.

>> Por seu medo ser intenso demais, você chega ao ponto de mudar seu comportamento diário no trabalho, em casa ou em relacionamentos. Assim, seu medo traz inconvenientes para você, e, talvez, para outras pessoas, e limita sua vida.

Quase dois terços das pessoas têm medo de uma coisa ou outra. Na maioria das vezes, esses medos não interferem de forma significativa no cotidiano. Por exemplo, se você tem medo de cobras, mas não dá de cara com muitas delas, seu medo não pode ser considerado uma fobia de fato. No entanto, se seu medo de cobras o impede de caminhar pelo bairro, ir a um piquenique ou desfrutar outras atividades, pode ser uma fobia verdadeira.

A descrição a seguir da vida de Dylan é um retrato de primeira linha das coisas que alguém com uma fobia específica enfrenta.

> **Dylan** sobe oito lances de escada toda manhã para chegar ao escritório e diz a todos que adora o exercício. Quando passa pelos elevadores, a caminho das escadas, seu coração dispara, e ele tem a sensação de algo trágico iminente. Dylan se imagina encurralado dentro do elevador — as portas se fecham, e não há como escapar. Em sua mente, o box do elevador sobe por cabos enferrujados, dá solavancos súbitos para cima e para baixo, despenca em queda livre e colide contra o porão.
>
> Dylan nunca teve nenhuma experiência semelhante a esse devaneio, nem alguém que ele conheça. Ele nunca gostou de elevadores, mas só começou a evitá-los nos últimos anos. Parece que, quanto mais evita andar neles, mais fortes seus medos ficam. Ele costumava se sentir bem nas escadas rolantes, mas agora se pega evitando-as também. Várias semanas atrás, no aeroporto, ele não teve alternativa a não ser tomar as escadas rolantes. Ele conseguiu subir por elas, mas ficou tão assustado que teve de se sentar um pouco após chegar ao segundo andar.
>
> Uma tarde, depois do trabalho, Dylan desceu correndo as escadas, atrasado para um compromisso. Ele escorregou e caiu, quebrando a perna. Engessado, ele enfrenta o desafio de sua vida — com a perna quebrada, agora precisa pegar o elevador para chegar ao escritório. Dylan tem uma fobia.

A história de Dylan ilustra como uma fobia muitas vezes começa pequena e vai se expandindo. Essas fobias aumentam aos poucos e, com o tempo, afetam cada vez mais a vida da pessoa.

Sintomas raros de ansiedade em adultos

Alguns sintomas de ansiedade que geralmente ocorrem na infância continuam na idade adulta. Assim como outros grupos de sintomas da ansiedade, muitas vezes eles se manifestam ao lado de algum nível de preocupação, pânico, medos sociais, e assim por diante. Dois transtornos interessantes, embora raros, incluem:

» **Transtorno de ansiedade da separação:** Pessoas que ficam apavoradas com a possibilidade de que algum ente querido seja morto, sequestrado, ferido ou morra de uma doença e, consequentemente, se recusam a se separar dele. Quando separados, muitas vezes sentem pânico, angústia extrema e desespero. O diagnóstico técnico chama-se *transtorno de ansiedade da separação.*

» **Mutismo seletivo:** Embora esse padrão geralmente comece na infância, alguns adultos são incapazes de falar em várias situações que despertam ansiedade. Eles podem deixar de dizer coisas básicas, como "obrigado" ou "olá", não porque sejam grosseiros, mas por conta do medo extremo. Essa forma de ansiedade pode causar imensas limitações sociais e ocupacionais. Essa forma de ansiedade é tecnicamente conhecida como *mutismo seletivo.*

Sintomas de ansiedade também podem ser uma consequência direta de certas condições médicas. Condições comuns que podem levar a sensações ansiosas significativas incluem transtornos endócrinos; problemas cardiovasculares, sobretudo arritmia; doença pulmonar obstrutiva crônica (DPOC); e certos transtornos cerebrais.

Como a Ansiedade Difere de Outros Transtornos Emocionais

Às vezes, sintomas de ansiedade viajam com companhia. Assim, talvez você tenha ansiedade com outros transtornos emocionais. De fato, cerca de metade das pessoas com transtornos de ansiedade desenvolve depressão, sobretudo se não tratam a ansiedade. Reconhecer a diferença entre ansiedade e outros problemas emocionais é importante, porque os tratamentos são diferentes em alguns aspectos.

» **Transtorno obsessivo-compulsivo:** Uma pessoa com TOC pode exibir comportamentos que incluem obsessão, compulsão ou ambas. *Obsessões* são imagens, impulsos ou pensamentos indesejados, perturbadores e repetitivos que pulam para dentro da mente. A maioria das pessoas com

TOC sabe que suas obsessões não são 100% realistas, mas não consegue parar de acreditar nelas. Compulsões são ações repetitivas ou estratégias mentais realizadas para reduzir temporariamente a ansiedade ou a angústia. Às vezes, um pensamento obsessivo causa a ansiedade; em outras, a ansiedade se relaciona a um evento ou situação temida que ativa a compulsão.

O TOC era considerado um transtorno de ansiedade. Embora sem dúvida o TOC envolva certa ansiedade, pesquisas recentes indicam que ele afeta partes diferentes do cérebro. O TOC também acarreta impulsividade, que é menos comum na ansiedade.

» **Transtorno de estresse pós-traumático (TEPT):** Você pode ter TEPT se vivencia ou testemunha um evento que percebe como ameaçador, causando ferimentos sérios ou violência sexual, e sente pavor, horror ou vulnerabilidade. Você também pode adquirir TEPT por ser o primeiro a testemunhar um trauma ou por estar perto de alguém que ficou traumatizado. Você se lembra do evento por meio de flashbacks ou memórias e tenta evitar coisas que lembram o evento. Seus pensamentos e humores podem ser sombrios, irritáveis e facilmente acionados.

O TEPT era considerado um transtorno de ansiedade, mas foi movido para a categoria de transtornos do trauma. Embora geralmente inclua sintomas de ansiedade, muitas vezes também é acompanhado de raiva, comportamento autodestrutivo e sensações de irrealidade.

» **Depressão:** A sensação da depressão é a de ter uma vida em câmera lenta. Você perde o interesse por atividades que costumavam lhe dar prazer. Sente-se triste. É muito provável que sinta cansaço, e o sono fica irregular. O apetite pode diminuir, e os impulsos sexuais podem despencar. De maneira semelhante à ansiedade, talvez ache difícil se concentrar ou fazer planos. Mas, ao contrário da ansiedade, a depressão mina seus impulsos e sua motivação. Para mais informações, veja nosso livro *Depressão Para Leigos* (Alta Books).

» **Transtorno bipolar:** Se você tem transtorno bipolar, alterna entre altos e baixos. Às vezes, sente-se no topo do mundo. Acredita que suas ideias são excepcionalmente importantes e sente pouca necessidade de dormir por dias. Talvez se sinta mais especial que as outras pessoas. Pode investir em esquemas arriscados, comprar compulsivamente, envolver-se em aventuras sexuais ou perder o bom senso de outras formas. Pode começar a trabalhar com frenesi em projetos importantes ou descobrir um fluxo de ideias percorrendo sua mente. Então, de uma hora para outra, você cai no fundo do poço. Seu humor fica amargo, e a depressão se instala. (Para mais sobre esse transtorno, verifique *Bipolar Disorder For Dummies*, de Candida Fink e Joe Kraynak [Wiley, sem tradução no Brasil].)

- **Psicose:** A psicose não somente pode deixá-lo ansioso, como também os sintomas podem perturbar profundamente sua vida. A psicose leva alucinações ao cotidiano. Por exemplo, algumas pessoas ouvem vozes falando com elas ou veem vultos sombrios quando não há ninguém por perto. O delírio, outra característica da psicose, também distorce a realidade. Delírios psicóticos comuns incluem acreditar que a CIA ou alienígenas estão rastreando seu paradeiro. Outros delírios envolvem megalomania e crenças exageradas, como acreditar que você é Jesus Cristo ou que tem a missão especial de salvar o mundo.

LEMBRE-SE

Se você pensa ter ouvido o telefone tocar quando está secando o cabelo ou tomando banho e descobre que não estava tocando, você não é psicótico. Vez ou outra, a maioria das pessoas ouve ou vê coisas comuns que não estão lá. A psicose se transforma em uma preocupação somente quando essas percepções se afastam seriamente da realidade. Felizmente, transtornos de ansiedade não levam à psicose.

- **Abuso de substâncias:** Quando as pessoas desenvolvem dependência de álcool ou drogas, a abstinência pode gerar uma ansiedade séria. Sintomas de abstinência de drogas ou álcool incluem tremores, sono interrompido, suor, aceleração dos batimentos cardíacos, agitação e tensão. Porém, se esses sintomas só surgem em resposta a uma interrupção recente do uso da substância, eles não constituem um transtorno de ansiedade.

CUIDADO

Pessoas com transtornos de ansiedade às vezes abusam de substâncias em uma tentativa equivocada de controlar a ansiedade. Se você acha que tem algum transtorno de ansiedade, tome muito cuidado com o uso de álcool ou drogas. Converse com o médico se estiver preocupado.

Capítulo **3**

Investigando o Cérebro e a Biologia

A maioria das pessoas com ansiedade descreve sintomas físicos desconfortáveis que acompanham suas preocupações. Elas podem experienciar palpitações, náusea, vertigem, suor ou tensão muscular. Esses sintomas são a evidência de que a ansiedade é, de fato, um transtorno mental e físico.

Neste capítulo, avaliamos algumas das raízes biológicas da ansiedade, bem como as consequências do estresse crônico para a saúde, e, então, informamos a você sobre remédios ou alimentos que, na verdade, podem deixá-lo ansioso. Por fim, discutimos como algumas doenças podem causar ou imitar a ansiedade.

Examinando o Cérebro Ansioso

O cérebro absorve informações sobre o mundo pela visão, pelo paladar, pelo olfato, pela audição e pelo tato. Constantemente escaneando o mundo em busca de significado, o cérebro integra informações do passado com o presente e planeja as atitudes a tomar. Para a maioria das pessoas, na maior parte do tempo, o cérebro faz um ótimo trabalho. Mas, para quem tem ansiedade crônica, algo dá errado.

Há bilhões de células nervosas (*neurônios*) no cérebro, que estão organizadas em uma variedade de estruturas complexas, ou circuitos. Algumas dessas estruturas estão particularmente envolvidas na produção de sensações de ansiedade, medo e estresse. Essas estruturas cerebrais comunicam-se umas com as outras enviando mensageiros químicos, conhecidos como *neurotransmissores*, de um lado para outro entre si.

Nas seções a seguir, explicamos como o cérebro interpreta informações e qual é o papel das substâncias químicas em deixar você ansioso.

Como os circuitos do cérebro se conectam

Pense no cérebro como um órgão que tem muitos circuitos interconectados. Um circuito envolve o *sistema límbico* e os *lobos frontais.* Simplificando, o sistema límbico é uma região primitiva do cérebro e é responsável por reações reflexivas imediatas à ameaça. O tálamo e a amídala constituem parte do sistema límbico. Os lobos frontais, que manipulam o julgamento e o raciocínio, reagem de forma mais lenta e ponderada.

Quando o cérebro percebe que algo é perigoso, ele imediatamente registra isso no centro de controle cerebral conhecido como tálamo. O tálamo rapidamente envia um sinal direto para a amídala, que ativa reações reflexivas de medo. Essas reações preparam o corpo para fugir ou lutar. O tálamo também libera um sinal de alerta através dos lobos pré-frontais. Os lobos pré-frontais, onde ocorre o pensamento racional, levam um pouco mais de tempo e usam a razão e a lógica para determinar a veracidade da ameaça iminente. É por isso que, quando você percebe algo assustador, seu corpo imediatamente responde com batimentos cardíacos rápidos, tensão e medo. Se, e quando, os lobos pré-frontais racionais descobrem que a coisa assustadora não oferece de fato uma ameaça relevante, você se acalma. É assim que o cérebro deveria funcionar.

Por exemplo, quando o Dia da Independência se aproxima, você ouve sons de estalidos altos. No início, seu sistema límbico pode interpretá-los como tiros, mas seus lobos pré-frontais demoram mais alguns segundos e concluem que é provável que os sons sejam de fogos de artifício. No entanto, os cães, que não entendem calendários e nem têm lobos pré-frontais bem desenvolvidos, continuam com medo.

ESTRESSE E VULNERABILIDADE A INFECÇÕES

Um grupo significativo de pesquisas que abrangem décadas de trabalho relacionou estresse e suscetibilidade a infecções. Essa descoberta aparentemente se deve a reduções na resposta imunológica e ao aumento de inflamações em indivíduos extremamente estressados. Um estudo recente relatado no *British Medical Journal* analisou grupos grandes de pessoas com transtornos do estresse, seus irmãos e um grupo de pessoas com transtornos do estresse da população geral da Suécia.

Após acompanhar os indivíduos por mais de 25 anos, pesquisadores descobriram que pessoas com transtorno de estresse eram significativamente mais propensas a infecções, inclusive graves. O estudo controlou fatores econômicos, ambiente familiar, histórico de saúde e um leque de outras variáveis.

O estudo pode ter implicações para novas infecções virais conforme elas inevitavelmente surgem. Pessoas com altos níveis de estresse podem ser mais suscetíveis a contrair infecções, bem como a ter mais dificuldade para se recuperar do que gente com níveis de estresse mais baixos. Além disso, algumas pesquisas sugerem que pessoas com altos níveis de estresse podem não extrair tantos benefícios de vacinas quanto outras. Assim, manejar estresse e ansiedade melhora resultados importantes de saúde. Essas pesquisas acabaram se revelando particularmente relevantes durante épocas de pandemias.

Em transtornos de ansiedade, o sistema límbico ou os lobos pré-frontais (ou ambos) podem não conseguir funcionar adequadamente. Assim, o sistema límbico pode ativar reações de medo com muita facilidade e frequência, ou os lobos pré-frontais podem não conseguir usar a lógica para aplacar medos desencadeados pelo sistema límbico. Quando o cérebro sinaliza perigo, o corpo reage ficando pronto para a ação. A seção a seguir explica os aspectos químicos do medo.

Neurotransmissores

Os *neurotransmissores* ajudam as células nervosas a comunicar sentimentos, medos, emoções, pensamentos e ações por meio de uma orquestra intricada. Os quatro principais sistemas neurotransmissores e algumas de suas funções incluem:

» O *sistema noradrenérgico*, que produz noradrenalina e adrenalina. Ele também estimula os órgãos necessários na reação fugir ou lutar (veja a seção a seguir).

» O *sistema colinérgico*, que ativa os neurotransmissores noradrenérgicos e facilita a formação de memórias.

>> O *sistema dopaminérgico,* envolvido no movimento e também relacionado a sensações de prazer e recompensa. A dopamina desregulada causa problemas de atenção, motivação e estado de alerta, e parece bem importante no desenvolvimento de reações de medo.

>> O *sistema serotoninérgico,* estimulado pela serotonina, relacionado a humores, ansiedade e agressão.

Quando esses neurotransmissores pulsam pelo seu cérebro, o circuito cerebral envolvido no medo e na ansiedade se ativa. Seu corpo, então, reage com um sistema completo de alerta, conhecido como reação de lutar ou fugir.

Preparando para Lutar ou Fugir

Quando o perigo se apresenta, seu reflexo é se preparar para ficar e lutar ou correr como nunca na vida. Seu corpo se mobiliza para o perigo de maneiras complexas e fantásticas. A Figura 3-1 dá o exemplo.

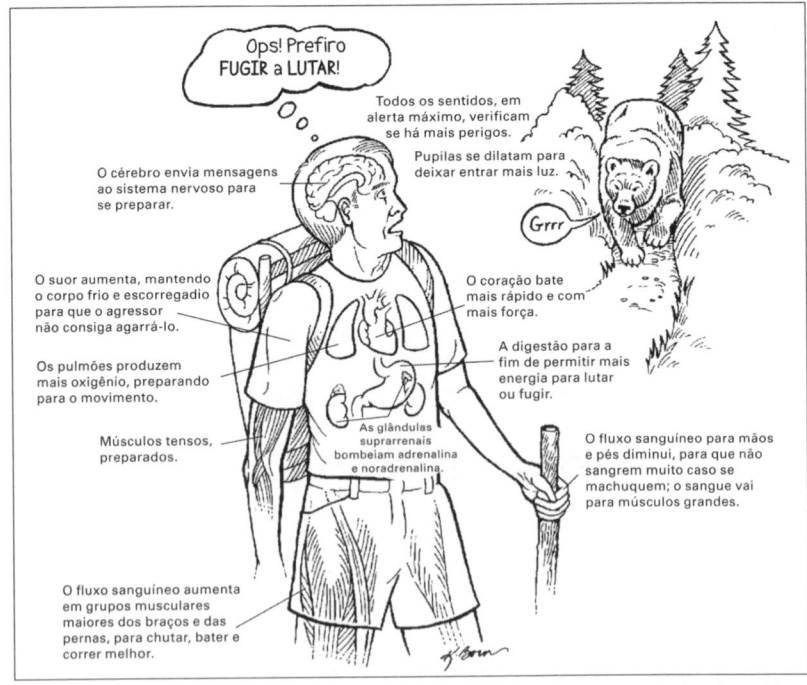

FIGURA 3-1: Quando, diante do perigo, seu corpo se prepara para fugir ou para ficar e lutar.

Seu corpo reage a ameaças preparando-se para a ação de três maneiras diferentes: física, mental e comportamental.

> **Fisicamente:** O cérebro envia sinais através do sistema nervoso para ficar em alerta máximo. Ele informa às glândulas suprarrenais que turbinem a produção de adrenalina e noradrenalina. Esses hormônios estimulam o corpo de várias maneiras. Seu coração bate mais rápido, e você começa a respirar mais depressa, enviando mais oxigênio aos pulmões, enquanto o sangue flui para músculos grandes, preparando-os para lutar ou para fugir do perigo.
>
> A digestão fica mais lenta, a fim de preservar energia para o desafio, e as pupilas se dilatam para melhorar a visão. O fluxo sanguíneo para mãos e pés diminui, a fim de minimizar a perda de sangue no caso de ferimentos e de manter o suprimento sanguíneo para os músculos grandes. A transpiração aumenta para manter o corpo frio e deixar você escorregadio, para que os agressores não o agarrem. Todos os músculos se tensionam para entrar em ação.

> **Mentalmente:** De forma automática, você verifica intensamente seus arredores. Sua atenção foca a ameaça próxima. De fato, você não consegue prestar muita atenção a outras coisas.

> **Comportamentalmente:** Agora está pronto para lutar ou fugir. Diante do perigo, você precisa dessa preparação. Quando tem de enfrentar um urso, um leão ou um combatente, é melhor ter todos os recursos em alerta máximo.

É preciso reconhecer que, no mundo atual, não é muito provável que você se depare com leões e ursos. Infelizmente, seu corpo reage com muita facilidade com a mesma preparação para enfrentar o trânsito, cumprir prazos, falar em público e lidar com outras preocupações diárias.

Quando os seres humanos não têm nada contra o qual lutar ou do que fugir, toda essa energia precisa ser liberada de outras formas. Logo, talvez você sinta desejo de se mexer, movendo pés e mãos. Talvez sinta vontade de pular fora da própria pele. Ou talvez faça discursos impulsivos ou se enfureça com as pessoas ao redor.

CUIDADO

A maioria dos especialistas acredita que vivenciar esses efeitos físicos da ansiedade de forma crônica e frequente não faz nenhum bem a você. Estudos variados sugeriram que a ansiedade e o estresse crônico contribuem para um sem-número de problemas físicos, como arritmias cardíacas anormais, alta pressão arterial, síndrome do intestino irritável, asma, úlceras, incômodos estomacais, refluxo ácido, espasmos musculares crônicos, tremores, dor nas costas crônica, cefaleias tensionais, sistema imunológico deprimido e até perda de cabelo. A Figura 3-2 ilustra o custo da ansiedade crônica para o corpo.

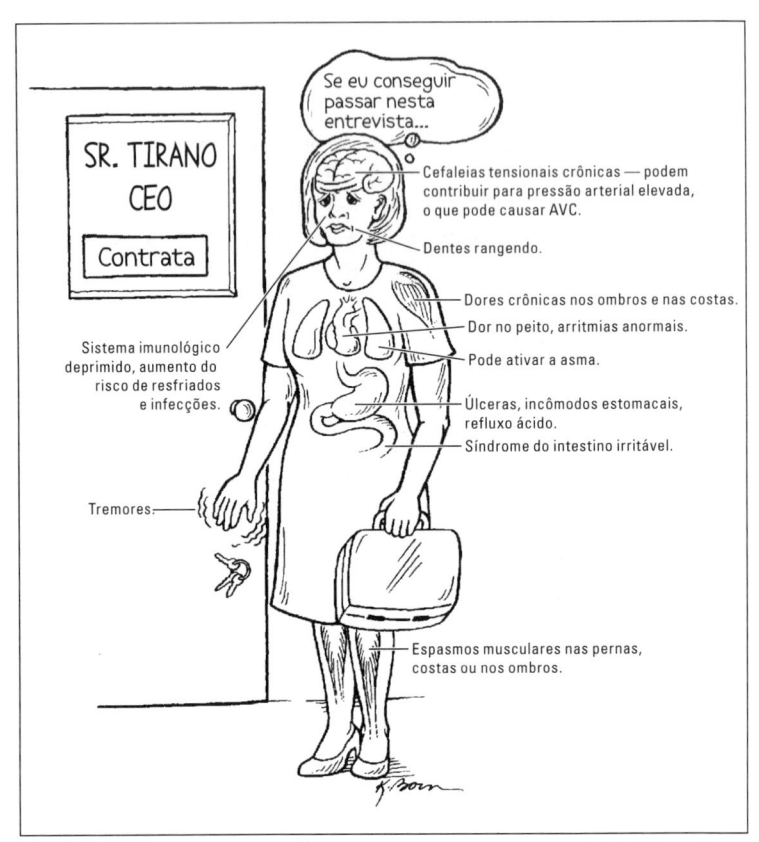

FIGURA 3-2:
Os efeitos
crônicos da
ansiedade.

Antes de ficar ansioso demais com sua ansiedade, perceba que a ansiedade crônica contribui para muitos desses problemas, mas não sabemos com certeza se ela é a causa principal de todos eles. Não obstante, uma quantidade suficiente de estudos sugeriu que a ansiedade ou o estresse piora esses transtornos para garantir que a ansiedade crônica seja levada a sério. Em outras palavras, fique atento, mas sem pânico.

PAPO DE
ESPECIALISTA

Quando as pessoas percebem o perigo, a reação mais comum é lutar ou fugir. Porém, às vezes há outra reação: ficar paralisado. Essa reação é comum em animais, mas menos compreendida em seres humanos. A famosa expressão "fulano congelou" é um exemplo de reação paralisante. Durante esse estado, os batimentos cardíacos diminuem e o corpo fica imobilizado. Em geral, o estado é breve e pode se transformar imediatamente em luta ou em fuga. Esse fenômeno explica por que certas pessoas ficam paralisadas durante uma emergência ou se percebem incapazes de reagir em uma situação ameaçadora. No entanto, não se sabe muita coisa sobre a reação de paralisação em seres humanos, e é preciso mais pesquisa para explicar as nuanças de por que e quando isso ocorre.

Imitando a Ansiedade: Drogas, Dietas e Doenças

Por mais comuns que sejam os transtornos de ansiedade, é muito fácil acreditar que está sofrendo dessa condição quando, na verdade, não está. Remédios controlados têm vários efeitos colaterais, alguns dos quais reproduzem os sintomas da ansiedade. Às vezes, o que você come ou bebe o faz se sentir ansioso. Várias condições clínicas também produzem sintomas que imitam os sinais da ansiedade. Analisamos esses plagiadores da ansiedade nas seções a seguir.

Explorando as drogas que imitam a ansiedade

Remédios controlados para tratar condições comuns, como asma, processos inflamatórios e depressão, muitas vezes têm efeitos colaterais. Às vezes, esses efeitos se parecem com sintomas de ansiedade. Na Tabela 3-1, listamos alguns dos tipos mais amplamente prescritos de remédios e seus efeitos colaterais que imitam a ansiedade. Esses medicamentos têm muitos outros efeitos colaterais que não listamos aqui.

TABELA 3-1 ## Angústia no Armário de Remédios

Nome do Remédio ou Categoria	Finalidade	Efeitos Colaterais que Imitam a Ansiedade
Inibidores da enzima conversora de angiotensina (ECA)	Reduzir a hipertensão arterial	Nervosismo, tontura, insônia, cefaleias, náusea, vômito, fraqueza
Corticoesteroides	Tratar artrite, inflamações e dores	Fadiga, ansiedade, tontura, nervosismo, insônia, náusea, vômito, transpiração, tremores, confusão, respiração curta, irritabilidade
Broncodilatadores	Tratar a asma	Tremores, nervosismo, transpiração, instabilidade, sensações de pânico
Benzodiazepínicos	Tratar a ansiedade	Tontura, cefaleia, ansiedade, tremores, excitação, insônia, náusea, diarreia, irritabilidade
Beta bloqueadores	Reduzir angina e hipertensão arterial, tratar disritmia	Tontura, náusea, palpitações, insônia, transpiração excessiva, desorientação
Novocaína	Ainda usada por alguns dentistas como anestésico, mas produtos mais novos estão se tornando mais populares devido aos efeitos colaterais reduzidos.	Efeitos colaterais raros incluem ansiedade, batimentos cardíacos irregulares e tontura, especialmente preocupantes para pacientes que já têm ansiedade relacionada a clínicas dentárias.
Inibidores seletivos de recaptação de serotonina (ISRSs)	Tratar depressão, ansiedade e bulimia	Cefaleia, insônia, ansiedade, tremores, tontura, nervosismo, fadiga, baixa concentração, agitação, náusea, diarreia, falta de apetite, transpiração, ondas de calor, palpitações, formigamento, impotência
Remédios estimulantes	Tratar transtorno de deficit de atenção	Nervosismo, taquicardia, distúrbios do sono, sensações de pânico
Remédios para tratar a tireoide	Tratar hipotiroidismo	Alergias, dor no peito, batimentos cardíacos irregulares, nervosismo, respiração curta

O OVO OU A GALINHA: SÍNDROME DO INTESTINO IRRITÁVEL

A síndrome do intestino irritável (SII) é uma condição comum que envolve vários problemas relacionados, geralmente incluindo pontadas ou dores abdominais, diarreia e/ou constipação. Eles ocorrem em pessoas sem nenhum problema físico no sistema digestório. A SII impacta negativamente a qualidade de vida de 10% a 20% da população, sobretudo mulheres, que sofrem disso. Por muitos anos, médicos disseram à maioria de seus pacientes que a síndrome do intestino irritável era causada por estresse, preocupação e ansiedade.

Pesquisas na área da genética descobriram vários genes que podem contribuir com o surgimento da SII, porém, a função exata que os genes desempenham nessa síndrome ainda não é clara. São necessárias mais pesquisas.

Não há nenhuma cura conhecida para a SII, e os tratamentos miram os sintomas. Descobriu-se que vários remédios diminuem alguns dos sintomas piores da SII. Além disso, psicoterapias que ensinam técnicas de relaxamento, biofeedback e técnicas para lidar com ansiedade e estresse também aliviam os sintomas da SII. Então, por ora, ninguém sabe com exatidão até que ponto a SII é causada por problemas físicos, ansiedade ou estresse. No entanto, é mais provável que corpo e mente interajam de formas significativas que nem sempre podem ser separadas.

Interessante, não? Mesmo remédios para tratamento da ansiedade podem produzir efeitos colaterais semelhantes à ansiedade. É claro que a maioria das pessoas não vivencia tais efeitos colaterais com esses remédios, mas eles ocorrem. E muitos outros medicamentos de uso controlado têm efeitos colaterais semelhantes à ansiedade. Se você está tomando um ou mais desses medicamentos e se sente ansioso, consulte seu médico.

LEMBRE-SE

Além disso, vários medicamentos sem receita às vezes têm efeitos colaterais que imitam a ansiedade. Entre eles, anti-histamínicos, que podem causar tanto sonolência quanto insônia, e também agitação e taquicardia. Descongestionantes também podem causar taquicardia e suor, tontura e vista embaçada. Da mesma forma, muitos tipos de aspirinas contêm cafeína, que podem produzir sintomas de ansiedade se consumidas em excesso. Esses remédios podem causar agitação, palpitações, tensão, respiração curta e irritabilidade.

Ingerindo calma como alimento

Muitas vezes, o estresse e a ansiedade fazem as pessoas se entupirem de alimentos e substâncias não saudáveis, que podem levar a um aumento da ansiedade em longo prazo. No Capítulo 11, apresentamos alimentos que o ajudam a acalmar os ânimos e a aliviar a ansiedade. Aqui, informamos como evitar alimentos e bebidas que pioram problemas de ansiedade.

DICA

Observe se você tem alguma sensibilidade particular a certos tipos de alimentos. Sempre que se sentir mal-humorado ou, sobretudo, ansioso sem nenhum motivo especial, pergunte-se o que comeu nas últimas horas. Faça anotações durante algumas semanas. Embora a sensibilidade a alimentos não seja, de forma geral, uma causa importante da ansiedade, algumas pessoas têm reações adversas a certos alimentos, como oleaginosas, trigo, laticínios, frutos do mar ou soja. Se suas anotações afirmam que isso vale para você, evite esses alimentos!

O álcool pode ser muito tentador para pessoas ansiosas. Embora em pequenas quantidades ele possa deixá-lo relaxado, muitas pessoas ansiosas tentam se medicar se embebedando. Quem tem transtorno de ansiedade fica facilmente viciado em álcool. Além disso, em excesso, o álcool leva a um sem-número de sintomas semelhantes à ansiedade. Por exemplo, depois de uma noitada bebendo demais, o álcool pode fazê-lo se sentir mais ansioso, pois sai rapidamente do organismo, e o corpo anseia por mais. Com o tempo, essa ânsia leva ao vício. Mesmo algumas taças de vinho à noite o ajudam a dormir no início, mas perturbam a qualidade do sono, causando fadiga matinal. Logo, pessoas ansiosas precisam tomar cuidado com o uso de álcool.

A cafeína também pode causar problemas. Algumas pessoas parecem se dar bem com expressos triplos, mas outras se pegam acordadas a madrugada toda com tremores. A cafeína se esconde na maioria das bebidas energéticas e no chocolate, portanto, tome cuidado se for sensível aos efeitos dessa substância.

CUIDADO

Por falar em bebidas energéticas, às vezes elas contêm quantidades excepcionalmente grandes não apenas de cafeína, mas também de outros estimulantes. Você verá estimulantes de origem vegetal, como taurina, guaraná (cheio de cafeína), ginseng e ginkgo biloba, entre outras. Efeitos adversos relatados incluem nervosismo, insônia, arritmias anormais e convulsões. Se sua ansiedade for excessiva, nada de ficar bebendo essas misturas!

Por fim, muita gente fica nervosa após ingerir açúcar demais. Observe crianças em festas de aniversário ou no Halloween. Adultos podem ter a mesma reação. Além disso, o açúcar causa vários males ao corpo, disparando os níveis de glicose no sangue e contribuindo para a síndrome metabólica (condição que muitas vezes leva à hipertensão arterial e diabetes).

Investigando os impostores médicos da ansiedade

LEMBRE-SE

Não são poucos os tipos de doenças e condições médicas que criam sintomas parecidos com os da ansiedade. É por isso que recomendamos fortemente que você consulte o médico, sobretudo se estiver vivenciando uma ansiedade significativa pela primeira vez. O médico o ajudará a descobrir se você tem um problema físico, uma reação a um medicamento, um problema emocional com base na ansiedade, ou uma combinação disso tudo. A Tabela 3-2 lista algumas das condições médicas que produzem sintomas de ansiedade.

TABELA 3-2   Impostores Médicos

Condição Médica	O que É	Sintomas Relacionados à Ansiedade
Hipoglicemia	Hipotensão arterial; às vezes associada a outros distúrbios, ou pode ocorrer sozinha. Complicação comum da diabetes.	Confusão, irritabilidade, tremores, transpiração, taquicardia, fraqueza, sensação de resfriado e umidade
Hipertireoidismo	Quantidade excessiva do hormônio da tireoide. Várias causas.	Nervosismo, inquietação, transpiração, fadiga, distúrbios do sono, náusea, tremor, diarreia
Outros desequilíbrios hormonais	Várias condições associadas a oscilações hormonais, como tensão pré-menstrual (TPM), menopausa ou pós-parto. Sintomas altamente variados.	Tensão, irritabilidade, cefaleias, oscilações de humor, comportamento compulsivo, fadiga, pânico
Lúpus	Doença autoimune em que o sistema imunológico do paciente ataca certos tipos das próprias células.	Ansiedade, baixa concentração, irritabilidade, cefaleias, batimentos cardíacos irregulares, memória prejudicada
Prolapso da válvula mitral	A válvula mitral do coração não se fecha adequadamente, permitindo que o sangue volte a fluir para o átrio esquerdo. Muitas vezes confundida com ataques de pânico ao se fazer o diagnóstico.	Palpitações, respiração curta, fadiga, dor no peito, dificuldade para respirar

(continua)

(continuação)

Condição Médica	O que É	Sintomas Relacionados à Ansiedade
Cardiopatias (incluindo arritmias e taquicardia)	Condições que envolvem vasos sanguíneos estreitos ou bloqueados, problemas com músculos, válvulas ou ritmo	Respiração curta, mudanças perceptíveis no ritmo ou batidas disparadas, aperto ou dor no peito
Condições pulmonares crônicas (p. ex., DPOC, asma)	Irritação ou danos pulmonares	Respiração curta, aperto no peito, sensação de não inspirar o suficiente, pânico
Síndrome de Ménière	Distúrbio do ouvido interno que inclui vertigem, perda da audição e zumbido ou outros ruídos no ouvido.	Vertigem que inclui sensações anormais associadas a movimento, tontura, náusea, vômitos e transpiração

Ficar doente também pode causar ansiedade. Por exemplo, se você recebe um diagnóstico grave de uma doença cardiovascular, câncer ou um transtorno progressivo crônico, pode desenvolver ansiedade para lidar com as consequências do que lhe informaram. As técnicas que lhe mostramos ao longo deste livro para lidar com a ansiedade o ajudarão a administrar esse tipo de ansiedade também.

LEMBRE-SE

Ao notar novos sinais de ansiedade, pondere quais mudanças você fez em sua vida. Começou um remédio novo? Tem alguma coisa anormalmente estressante acontecendo? Como está sua saúde? Fez mudanças importantes na dieta ou na rotina de exercícios? Responder a essas perguntas lhe dará pistas sobre o que está fazendo a ansiedade aumentar. Mas, para garantir, nunca é má ideia verificar esses sintomas com seu principal profissional de saúde.

Capítulo **4**

Removendo os Obstáculos à Mudança

Supomos que, se você está lendo este livro, tem certo interesse no tópico da ansiedade e, talvez, você ou alguém com quem se importa esteja lutando contra o problema. Veio ao lugar certo. Este livro apresenta estratégias que ajudam as pessoas a administrarem a própria ansiedade. No entanto, é preciso saber que, às vezes, as pessoas dão início à jornada da mudança com as melhores intenções, porém, conforme vão prosseguindo, de repente se deparam com neve e gelo, perdem a tração, giram as rodas e derrapam para fora da estrada.

Este capítulo dá a você recursos para jogar sal e areia no gelo e continuar em frente. Primeiro, explicamos de onde vem a ansiedade. Quando compreende as origens desse transtorno, você pode passar da culpa para a aceitação, permitindo-se, assim, desviar sua energia do autoabuso e direcioná-la a atividades mais produtivas. Em seguida, mostramos as outras barreiras principais que bloqueiam o caminho para a mudança, damos a você estratégias eficazes para se manter a salvo na estrada para vencer a ansiedade e, por fim, se precisar de ajuda externa, informamos como encontrar ajuda profissional.

Desenterrando as Raízes da Ansiedade

A ansiedade não vem do nada; ao contrário, tipicamente provém de alguma combinação de três importantes fatores contribuintes. Os principais vilões por trás da ansiedade são:

» **Genética:** Sua herança biológica.

» **Educação:** A maneira como você foi criado.

» **Experiências que despertaram a ansiedade:** Eventos imprevisíveis, incômodos ou assustadores.

Estudos revelam que, entre as pessoas que vivenciam traumas inesperados ou eventos imprevisíveis, apenas uma minoria termina com ansiedade severa. Isso porque a ansiedade provém de uma combinação de causas. Logo, alguém com genes resilientes pode experienciar uma educação ruim e uma série de eventos que despertam a ansiedade e, ainda assim, não sofrer de crises sérias posteriormente. Outra pessoa, com genes menos resilientes, poderia desenvolver problemas sérios de ansiedade. Além disso, alguém com propensão genética à ansiedade pode ter tido uma infância excelente e relativamente poucos eventos que despertassem a ansiedade e uma vida sem problemas significativos relacionados a esse transtorno.

LEMBRE-SE

De vez em quando, todo mundo vivencia um pouco de ansiedade. Ela só é um problema quando prejudica seu bem-estar geral e sua qualidade de vida.

Algumas pessoas parecem quase imunes ao desenvolvimento da ansiedade, no entanto, é possível que a vida lhes aplique um golpe que desafie suas habilidades de enfrentamento de uma forma que elas não esperariam. Na história a seguir, Liz mostra como uma pessoa pode demonstrar resiliência por muitos anos e, não obstante, perder as estribeiras por atitudes nocivas de bullying por parte dos colegas.

> **Liz** consegue crescer em uma zona de combate às drogas sem desenvolver sintomas terrivelmente angustiantes. Uma noite, balas atravessam a janela de seu quarto, e uma perfura seu abdômen. Ela mostra uma resiliência surpreendente durante a recuperação. Sem dúvida, deve ter genes antiansiedade sólidos e, talvez, pais muito bons, para enfrentar com êxito uma experiência como essa. Porém, no ensino médio, ela é alvo de valentões por seu sucesso na banda da escola. Desafetos postam em mídias sociais fotos comprometedoras e com Photoshop de Liz. Ela se fecha e começa a evitar amizades. Sua ansiedade a faz sair da banda, e suas notas despencam. Ela não tem recursos para enfrentar esse estresse massacrante.

Dessa forma, como ilustra o exemplo de Liz, nunca se sabe ao certo a causa exata da ansiedade de alguém. Porém, ao analisar a relação de uma criança com seus pais, o histórico familiar e os vários acontecimentos de sua vida (como relacionamentos, acidentes, doenças, e assim por diante), geralmente se tem boas ideias sobre por que a ansiedade causa problemas agora. Se você tem ansiedade, pense em qual (ou quais) causa desse transtorno contribuiu para seus problemas.

Que diferença faz a origem de sua ansiedade? Vencê-la não exige, de forma alguma, saber de onde ela veio. Os remédios mudam pouco se você nasceu com ansiedade ou se a adquiriu muito mais tarde na vida.

A vantagem de identificar a fonte de sua ansiedade está em ajudá-lo a perceber que esse transtorno não é algo que você trouxe dentro de si. A ansiedade se desenvolve por uma série de motivos sólidos e consistentes, que detalhamos nas seções a seguir. A culpa não é da pessoa a sente.

LEMBRE-SE

A culpa e a autoculpabilização só tiram sua energia. Elas drenam recursos e afastam seu foco do esforço necessário para enfrentar a ansiedade. O autoperdão e a autoaceitação, por sua vez, energizam e até motivam seus esforços (abordamos essa ideia mais adiante neste capítulo).

Está nos meus genes!

Se você sofre de preocupações e tensão excessivas, observe seus outros familiares. Entre os que têm transtorno de ansiedade, geralmente um quarto dos parentes sofre junto com eles. Logo, seu tio Ralph pode não lutar contra a ansiedade, mas sua tia Melinda ou sua irmã Charlene talvez lute.

Talvez você argumente que tio Ralph, tia Melinda e sua irmã Charlene tiveram que viver com o vovô, que deixa todo mundo ansioso. Em outras palavras, eles moraram em um ambiente que induzia à ansiedade. Talvez não tenha nada a ver com os genes.

Várias pesquisas vêm estudando irmãos e gêmeos que moram juntos para verificar que genes têm, sim, um papel importante na maneira como as pessoas vivenciam e lidam com a ansiedade. Como previsto, gêmeos idênticos eram muito mais parecidos um com o outro em termos de ansiedade do que gêmeos fraternos ou outros irmãos. Porém, mesmo que você tenha nascido com predisposição genética para a ansiedade, outros fatores — como ambiente, colegas e a maneira como seus pais o criaram — entram na mistura.

Foi minha criação!

É fácil culpar os pais por quase tudo que o aflige. Em geral, os pais fazem o melhor que podem. Criar filhos é uma tarefa e tanto. Logo, na maioria dos casos, os pais não merecem ser tão culpabilizados quanto são. No entanto, eles são responsáveis pela maneira como você foi criado, a ponto de isso poder ter contribuído para seus sofrimentos.

Três estilos de educação parental parecem causar ansiedade em crianças:

» **Superprotetora:** Pais superprotetores protegem os filhos de qualquer estresse ou dano imaginável. Se os filhos tropeçam, eles os pegam no colo antes mesmo de atingirem o chão. Quando os filhos estão chateados, eles dão um jeito no problema. Não surpreende que as crianças não consigam descobrir como tolerar o medo, a ansiedade ou a frustração.

» **Supercontroladora:** Pais supercontroladores microgerenciam todas as atividades dos filhos. Eles direcionam todos os detalhes, desde como devem brincar, como devem se vestir até como resolver problemas de matemática. Eles não estimulam a independência e fomentam a dependência e a ansiedade.

» **Contraditória:** Pais do grupo dos contraditórios impõem regras e limites irregulares aos filhos. Um dia, reagem compreensivos quando as crianças têm problemas com a lição de casa; no dia seguinte, explodem quando os filhos pedem ajuda. Essas crianças não conseguem descobrir a conexão entre os próprios esforços e um resultado previsível, portanto, percebem que têm pouco controle sobre o que acontece na vida. Não é de admirar que se sintam ansiosas.

Se você reconhece algum dos estilos de educação parental em qualquer uma das descrições e se preocupa com que seu comportamento possa estar afetando seu filho, pule para o Capítulo 20 para ver como pode ajudá-lo a superar a ansiedade.

DICA

Em tempos imprevisivelmente duros, como em uma pandemia, talvez os pais se peguem controlando demais e/ou protegendo demais. Pais também podem parecer inconsistentes durante uma pandemia quando as regras mudam, por conta das informações sanitárias que se modificam. Essas reações são perfeitamente compreensíveis. Quando decisões de vida e morte estão em jogo, uma dose extra de precaução é justificada. Logo, controle e proteja quando se trata de ameaças críticas à saúde. Ao mesmo tempo, tente descobrir decisões que seus filhos podem tomar por conta própria de forma segura. É importante dar a eles um senso de independência e autonomia durante tempos estressantes. Você pode fazer isso dando opções de escolha de roupas, tipos de máscara, filmes para assistir ou jogos para jogar em família.

A culpa é do mundo!

O mundo atual se move em um ritmo mais acelerado do que nunca, e a semana de trabalho aumentou gradualmente, e não o contrário. A vida moderna está cheia de complexidades e perigos, talvez seja por isso que profissionais da saúde mental vejam mais pessoas com problemas relacionados à ansiedade do que nunca. Quatro tipos específicos de eventos podem ativar um problema de ansiedade, mesmo em alguém que nunca sofreu tanto com isso anteriormente:

» **Ameaças imprevistas:** A previsibilidade e a estabilidade são o contraponto da ansiedade; a incerteza e o caos, o combustível. Por exemplo, **Calvin** trabalha muitas horas para levar uma vida decente. Mesmo assim, ele passa de um salário para outro e sobra pouco para poupar. Uma escorregadela bizarra em uma calçada gelada o incapacita por seis semanas, e ele não tem licença médica suficiente para cobrir sua ausência. Agora ele se preocupa de forma obsessiva se terá dinheiro para pagar as contas. Mesmo quando volta ao trabalho, ele se preocupa mais do que nunca com a próxima armadilha financeira que o aguarda.

» **Exigências crescentes:** Ter muitas responsabilidades com que lidar pode deixá-lo ansioso. **Jake**, no início, acha que não há nada melhor do que uma promoção quando seu supervisor lhe dá uma oportunidade raríssima para comandar a nova pesquisa de alto risco e o setor de desenvolvimentos no trabalho. Jake nunca esperou um cargo tão grandioso ou o dobro do salário tão cedo na carreira. É claro que novas tarefas, expectativas e responsabilidades vêm junto. Agora ele começa a ficar preocupado e angustiado. E se ele não conseguir dar conta do desafio? A ansiedade começa a tomar conta de sua vida.

» **Sabotadores da autoconfiança:** Críticas e rejeições inesperadas podem ativar a ansiedade. **Tricia** está nas nuvens. Ela tem um bom emprego e está empolgadíssima com o casamento, que se aproxima. Porém, fica estupefata quando o noivo volta atrás no pedido. Agora ela se preocupa sem parar que haja algo errado com ela; talvez nunca tenha a vida que sonhou para si mesma.

» **Ameaças relevantes:** Ninguém deseja passar por uma experiência terrível ou mesmo potencialmente fatal. Infelizmente, esses desgostos acontecem. Acidentes pavorosos, atos de terrorismo, pandemias, desastres naturais, ferimentos de guerra e violência vêm ocorrendo há séculos, e suspeitamos que sempre ocorrerão. Quando acontecem, muitas vezes emergem problemas graves de ansiedade. Assim, sobreviventes de tsunamis com frequência têm ansiedade residual por anos, por conta da natureza totalmente inesperada do evento.

Descobrindo a Autoaceitação

Inúmeras vezes, vemos nossos clientes preocupados e tensos sofrendo de outras fontes de dor desnecessárias. A ansiedade já é ruim o bastante, mas eles também se martirizam *porque* têm ansiedade. Esse autoabuso envolve julgamentos duros e críticos. Se você faz isso consigo mesmo, sugerimos tentar a seguinte abordagem de autoaceitação.

DICA

Comece fazendo uma lista de todas as causas prováveis de seus problemas de ansiedade. Primeiro, liste quaisquer contribuições genéticas possíveis em que conseguir pensar de seus parentes que talvez sofram de ansiedade. Depois, analise como seus pais podem ter moldado a ansiedade ou a atiçado por causa da educação parental hipercontroladora, hiperprotetora ou difícil e imprevisível. Em seguida, examine eventos de sua vida, desde o passado remoto até o recente, que despertaram fortemente a ansiedade. Por fim, após listar os prováveis culpados que causaram sua agonia, faça a si mesmo algumas perguntas, como as seguintes:

>> Eu pedi para ter ansiedade?

>> Houve um momento em minha vida em que realmente quis me sentir ansioso?

>> Sou o principal culpado por minhas preocupações?

>> Qual porcentagem da culpa posso atribuir a mim, de forma realista, e não aos genes, à educação parental e aos acontecimentos, novos e antigos?

>> Se alguns amigos meus tivessem problemas de ansiedade, o que eu diria a eles?

- Eu pensaria que eles são culpados?

- Eu pensaria mal deles, como penso de mim?

>> Pensar mal sobre mim mesmo me ajuda a superar a ansiedade?

>> Se eu decidisse parar de me martirizar, teria mais energia para lidar com os problemas?

Essas perguntas podem ajudá-lo a caminhar rumo à autoaceitação e a descobrir que ter ansiedade nada tem a ver com seu valor como ser humano. Assim, você pode ter alguma luz. Recomendamos fortemente. Veja só, às vezes as pessoas se rebaixam, mas o autoabuso crônico e incessante é outra questão. Se você se descobrir totalmente incapaz de abandonar o autoabuso, talvez queira buscar ajuda profissional (veja a seção relacionada no fim deste capítulo). Leia mais sobre autoaceitação no Capítulo 8.

RICOS, FAMOSOS E ANSIOSOS

Um sem-número de nossos clientes parece acreditar que são as únicas pessoas no mundo que lutam contra a ansiedade, mas nós os avisamos que muitos milhões de norte-americanos sofrem desse transtorno. Talvez você não se sinta tão sozinho se pensar em algumas pessoas famosas ao longo da história que sofreram de um ou mais transtornos de ansiedade abordados neste livro.

Aparentemente, Albert Einstein e Eleanor Roosevelt sofriam por medo de situações sociais. Além disso, Charles Darwin acabou se tornando um potencial eremita por causa da agorafobia incapacitante (veja o Capítulo 2). Robert Frost também lutou contra a ansiedade.

O príncipe Harry enfrentou as tradições reais e admitiu ter problemas de saúde mental, inclusive ataques de pânico. Após perder a mãe aos 12 anos, tentou evitar o sofrimento não lidando com o estresse e o trauma em sua vida. Infelizmente, em geral, evitar só piora a ansiedade, e piorou para o príncipe Harry até ele buscar ajuda profissional. Revelar as próprias batalhas foi uma atitude corajosa, e hoje ele trabalha para incentivar outras pessoas a buscar ajuda para suas dificuldades emocionais. Por fim, uma busca na internet mostra que centenas de celebridades supostamente sofrem de todos os tipos de problemas graves de ansiedade. Use um mecanismo de busca e digite: "pessoas famosas e ansiedade". Você ficará surpreso com as descobertas. Mas esteja ciente de que a internet também está cheia de informações tolas e incorretas. Logo, analise com olhar crítico o que encontrar.

A história de Gavin é um exemplo de como analisar as causas da própria ansiedade, além de fazer essas perguntas importantes a si mesmo, pode ajudar a adquirir autoaceitação.

> **Gavin** desenvolveu síndrome do pânico de forma gradativa ao longo dos últimos anos. Suas crises de sensação de falta de ar, náusea, tontura e acreditar que está ficando louco recentemente aumentaram. Sente vergonha por alguém como ele ter esse problema. Quando começa a ter ataques de pânico no trabalho, ele busca ajuda. Diz ao psicólogo que um homem de verdade nunca teria esse tipo de problema. O psicólogo ajuda Gavin a se perdoar mais. Ele pede a Gavin que escreva as causas de sua ansiedade e diz a ele que analise sua vida toda e anote a maior quantidade possível de itens que contribuem para a ansiedade. A Tabela 4-1 mostra as descobertas de Gavin.
>
> Ao analisar as causas de sua ansiedade e fazer as perguntas listadas anteriormente nesta seção, Gavin passa do autoabuso para a autoaceitação. Agora ele está pronto para trabalhar a superação da ansiedade.

TABELA 4-1 Causas da Ansiedade de Gavin

Possíveis Influências Genéticas	Educação Parental	Eventos: Antigos e Novos
Minha tia Mary mal sai de casa. Talvez ela tenha alguma coisa, como eu tenho.	Bem, meu pai tinha um humor imprevisível. Eu nunca sabia quando ele explodiria.	Aos 6 anos, sofri um acidente de carro terrível e passei três dias no hospital. Estava muito assustado.
Minha mãe é muito irritável.	O humor de minha mãe mexia com todas as coisas ao redor. Eu nunca sabia como ela reagiria quando eu perguntava algo a ela.	Fiz o ensino médio em um bairro terrível. Gangues dominavam. Tinha que olhar para trás a cada esquina que eu dobrava.
Minha prima Margarite parece muito tímida. Talvez tenha muita ansiedade.		Meu primeiro casamento acabou quando peguei minha esposa me traindo. Embora confie na minha segunda esposa, eu me preocupo demais com a fidelidade dela.
Meu irmão vive preocupado. Parece totalmente estressado.		Dois anos atrás, fui diagnosticado com diabetes. Eu me preocupo muito com minha saúde.

Tendo Dúvidas sobre Mudanças

Evidentemente, ninguém gosta de se sentir ansioso, tenso e nervoso, e às vezes a ansiedade atinge um nível que sobrecarrega recursos pessoais e a capacidade de enfrentamento. Não raro, a ansiedade crônica e grave é um prelúdio para a depressão severa. Obviamente, qualquer um que vivenciasse esse tormento agarraria uma chance de fazer algo a respeito.

Com boas intenções, as pessoas compram livros de autoajuda, frequentam palestras e até buscam terapia. Elas têm total intenção de fazer mudanças significativas na vida. Mas você já foi a uma academia em janeiro? Está lotada de membros novos, entusiasmados. Em meados de março, as academias voltam ao normal. Assim como várias resoluções de Ano-Novo, a manifestação inicial repentina de resolver o problema esmorece com muita frequência. O que acontece com toda aquela determinação? Em geral, as pessoas acham que perderam a força de vontade, simples assim. Na verdade, pensamentos sabotadores se insinuam na mente delas e roubam a motivação. Elas começam a pensar que não têm tempo ou dinheiro, ou que podem ficar em forma mais tarde. Esses pensamentos as seduzem a abandonar os objetivos.

Pensamentos relacionados a abandonar sua busca em superar a ansiedade podem arruinar seus esforços em algum momento. Em caso afirmativo, o primeiro passo é identificar os pensamentos que estão passando por sua cabeça. O próximo passo é combater esses pensamentos contraproducentes, e, na seção a seguir, damos dicas para você fazer exatamente isso. Mas, primeiro, aqui estão as dez principais desculpas para não se mexer:

» **Número 10:** A ansiedade não é, na verdade, um problema grande para mim. Achei que era quando comprei este livro, mas minha ansiedade não é tão ruim quanto a das pessoas sobre quem eu venho lendo. Talvez não seja grande coisa.

» **Número 9:** Se eu tentar e fracassar, farei papel de bobo. Meus amigos e familiares pensarão que sou estúpido até por tentar.

» **Número 8:** Minha ansiedade parece muito massacrante para enfrentar. Simplesmente não sei se conseguiria lidar com o estresse de sequer pensar nisso.

» **Número 7:** Tenho medo de tentar e não chegar a lugar nenhum. Isso me faria sentir pior do que se eu não fizesse nada. Eu me sentiria um fracasso.

» **Número 6:** A verdade é que sentimentos não podem ser controlados. Você está apenas se enganando se pensa que sim. Você sente o que sente.

» **Número 5:** Farei algo com minha ansiedade quando me sentir motivado. Neste exato instante, eu não me sinto. Tenho certeza de que a motivação virá; só preciso esperá-la.

» **Número 4:** Quem eu seria sem minha ansiedade? É assim que sou. Sou uma pessoa ansiosa; isso sou eu.

» **Número 3:** Não acredito que posso mudar de verdade. Afinal, fui assim a vida toda. Livros como este não funcionam.

» **Número 2:** Estou ocupado demais para fazer algo a respeito de minha ansiedade. Essas atividades parecem tomar tempo. Nunca conseguiria encaixá-las na minha agenda caótica.

» **E o motivo número 1 por que as pessoas não se mexem:** Sou ansioso demais para fazer algo a respeito de minha ansiedade. Sempre que penso em confrontá-la, fico ainda mais ansioso. Para que me incomodar?

Examine várias vezes a lista anterior. Reflita sobre cada desculpa e circule alguma que pareça familiar ou razoável para você. Concordar com qualquer uma delas atravancará seu progresso. Agora apresentamos algumas formas de desafiar essas desculpas, não importa quão razoáveis elas possam parecer.

Decidindo Colocar a Mão na Massa

Se você se identificar com qualquer uma das dez principais desculpas para não se mexer (veja a seção anterior), sua decisão de superar a ansiedade não é sólida. Esses pensamentos podem sabotar suas melhores intenções. Não subestime o poder que eles têm.

As duas próximas seções mostram a você algumas estratégias para ajudá-lo a transformar intenções em ações.

LEMBRE-SE

Se começar a perder a motivação ou a crença em sua capacidade de fazer alguma coisa a respeito da ansiedade, volte para esta seção! Ela pode ajudá-lo a voltar ao eixo.

Argumentando com os argumentos

DICA

Considere começar a fazer anotações ou manter um arquivo para realizar os exercícios variados deste livro. Independentemente de usar um caderno de anotações, seu celular ou outro aparelho, divida a página em duas colunas. Na coluna esquerda, escreva "Desculpas", e na direita, "Argumentos contra minhas desculpas". Embaixo de "Desculpas", anote cada uma das dez principais desculpas (veja a seção anterior, "Tendo Dúvidas sobre Mudanças") que se apliquem a você. Em seguida, como forma de argumentar contra as desculpas, faça a si mesmo as perguntas a seguir:

» Minha desculpa presume que uma catástrofe está chegando?

» Estou exagerando a verdade?

» Consigo achar alguma evidência que desminta minha desculpa?

» Consigo pensar em pessoas a quem minha desculpa não se aplique? E, se não se aplica a elas, por que se aplicaria a mim?

» Estou tentando prever o futuro com pensamentos negativos, sendo que ninguém é capaz de saber do futuro?

Usando essas perguntas para orientar sua iniciativa, anote os melhores argumentos que conseguir para deixar as desculpas de lado. O exemplo a seguir mostra como Miguel enfrentou suas desculpas mais persistentes para não mudar.

Miguel sofre de ansiedade, e durante anos resistiu a lidar com o problema. Ele lista suas principais desculpas para não fazer nada e usa as perguntas anteriores para elaborar argumentos contra cada uma dessas desculpas. A Tabela 4-2 mostra o que ele criou para lidar com as desculpas que considerava mais convincentes.

TABELA 4-2 **Desculpas de Miguel versus Argumentos Contra as Desculpas**

Desculpa para Não Se Mexer	Argumentos contra Minha Desculpa
Se eu tentar e fracassar, farei papel de bobo. Meus amigos e familiares pensarão que sou estúpido até por tentar.	O que quero dizer com "fazer papel de bobo"? Um bobo de verdade nem sequer tentaria. Meus familiares e amigos aplaudiriam qualquer tentativa positiva, não importa se eu conseguisse ou não.
A verdade é que sentimentos não podem ser controlados. Você está apenas se enganando se pensa que sim. Você sente o que sente.	Há evidências de que fiz outras mudanças em minha vida. Muitas pessoas vão à terapia por algum motivo; sem dúvida isso faz com que se sintam melhores, ou não haveria zilhões de terapeutas no mundo. Meu melhor amigo superou a ansiedade, então por que eu não posso?

Miguel descobriu que argumentar contra as desculpas finalmente lhe deu coragem para começar a mudar. Você pode fazer o mesmo. Reserve um tempo para analisar as desculpas que o fazem adiar ou parar de aprimorar o trabalho com a ansiedade. Perceba que, com o tempo, esse trabalho compensará.

Um passo de cada vez

Se você achar que a ideia de lidar com a ansiedade é muito massacrante, talvez esteja diante da desculpa número 8 para não se mexer (veja a seção anterior, "Tendo Dúvidas sobre Mudanças"): "Minha ansiedade parece muito massacrante para enfrentar. Simplesmente não sei se conseguiria lidar com o estresse de sequer pensar nisso." Nesse caso, talvez ajude se você começar a caminhar devagar — um passo de cada vez.

Pare de ruminar a tarefa completa. Por exemplo, se você pensasse em todos os passos que dará nos próximos cinco anos, estaria imaginando uma caminhada e tanto. Centenas de quilômetros, se não milhares, estão à sua espera. Só de pensar em todos eles, você ficaria estressado.

Como muita gente, há dias em que você poderia acordar cedo de manhã e encarar listas imensas de coisas que precisa fazer na semana seguinte. Eca. Uma sensação de derrota se instala, e você sente vontade de ficar na cama o resto do dia. O horror substituiu o entusiasmo. Se, ao contrário, você esquece a agenda completa e se concentra apenas no primeiro item da lista, é provável que sua angústia diminua pelo menos um pouco.

Para dar um passo de cada vez, é uma boa ideia anotar seu objetivo final integral. Por exemplo, talvez você espere finalmente conseguir dar uma palestra de uma hora diante de uma multidão sem ser vencido pelo medo, ou talvez queira dominar o medo de altura pegando um teleférico até o topo de uma montanha.

DICA

Sente-se e trace sua meta principal, depois, trace uma meta que não seja tão ambiciosa para servir como trampolim — uma meta intermediária. Em seguida, trace a atitude que seria necessária para atingir aquela meta. Se a meta intermediária parecer factível, você pode começar por ela. Se não, continue dividindo-a em metas menores, inclusive com um passo de cada vez. Não importa que o primeiro passo seja bem pequeno. Qualquer coisa que o mova só um pouco na direção certa pode fazê-lo continuar e aumentar sua autoconfiança com um passo de cada vez. Foi assim que Alaina pôs esse plano em ação:

> **Alaina** tem fobia social. Ela não tolera a ideia de cumprir funções sociais. Sente que, no instante em que entra em um grupo, todos os olhares se fixam nela, o que faz sua ansiedade atingir níveis estratosféricos. Está desesperada para mudar, mas a ideia de participar de festas grandes ou de cargos na empresa a deixa desesperada de pavor. Veja a Tabela 4-3 para ver como Alaina dividiu a tarefa em um passo de cada vez.
>
> Ela descobriu que começar mandando mensagem para uma amiga a fim de pedir conselhos durante o almoço ajudou-a a se mexer. Ela continuou saindo para almoçar e buscando conselhos de mais algumas amigas. A partir daí, deu o próximo passo e compareceu a um evento social do trabalho por trinta minutos. Alaina se divertiu tanto que continuou indo a eventos. Após ficar mais próxima de amigos e colegas de trabalho, achou fácil ir a uma festa grande.

TABELA 4-3   ## Um Passo de Cada Vez para o Sucesso de Alaina

Metas	Divisão Passo a Passo das Ações
Meta final	Ir a uma festa grande, ficar até o fim e conversar sem medo com várias pessoas.
Meta intermediária	Ir a uma festa pequena, ficar por um tempo e conversar com algumas pessoas, embora com um pouco de medo.
Meta pequena	Ir a um evento do trabalho, ficar trinta minutos e conversar com pelo menos uma pessoa, apesar de um pouco de ansiedade.
Primeiro passo	Enviar mensagem a uma amiga, convidá-la para almoçar e falar sobre os problemas dela, apesar da ansiedade.

DICA

A maioria das pessoas acha que dividir tarefas em vários pequenos passos é útil, sobretudo para metas ambiciosas. No início, faça com que os passos sejam fáceis, dificultando um pouco mais a cada sucesso.

PERSISTINDO EM MEIO AOS ALTOS E BAIXOS

Muitos psicólogos conduziram pesquisas exaustivas sobre como as pessoas fazem mudanças importantes, como parar de fumar, perder peso e superar dificuldades emocionais. Eles descobriram que a mudança não é um processo linear. Ela inclui várias etapas:

- **Pré-contemplação:** Nesta etapa, as pessoas sequer começaram a pensar em fazer algo a respeito do problema. Talvez neguem que tenham alguma dificuldade. Não estão preocupadas com possíveis efeitos negativos que a ansiedade pode causar à saúde ou à capacidade de desempenhar bem as funções cotidianas.

- **Contemplação:** Aqui as pessoas começam a pensar em enfrentar o problema. Elas têm um vislumbre da ideia de que a ansiedade está impedindo sua felicidade. Porém, nesta etapa, a sensação é a de que fazer algo a respeito está meio fora de alcance.

- **Preparação:** Na etapa de preparação, as pessoas elaboram um plano para a mudança. Elas reúnem recursos e tomam decisões. Podem ler livros como este, conversar com amigos sobre os problemas e, provavelmente, consultar indicações de profissionais de saúde mental.

- **Ação:** Tem início o trabalho real, e o plano entra em ação. Seja por meio de grupos de apoio, seja por terapia individual, seja por autoajuda, pessoas na etapa da ação começam a fazer algo ativo em relação à ansiedade. Elas permanecem nesta etapa até que a maioria das metas seja cumprida.

- **Manutenção:** Chegou a hora de cravar os pés no chão. As pessoas precisam aguentar firme para evitar deslizes. Durante esta etapa, é bom elaborar um plano para lidar com eventos problemáticos esperados e inesperados.

- **Término:** A mudança virou hábito, tanto que recaídas são menos prováveis e não é exatamente necessário fazer mais esforços. Nem todo mundo atinge a etapa completa do término. A maioria das pessoas continua com dificuldades de vez em quando. Isso é normal e, inclusive, esperado.

Essas etapas parecem uma linha reta da pré-contemplação ao término, mas o que os psicólogos descobriram é que as pessoas hesitam de várias maneiras entre as etapas. Elas podem ir da contemplação à ação sem terem feito a preparação adequada. Outras podem chegar à etapa da manutenção, ter uma recaída e desistir de tentar, voltando para a etapa da pré-contemplação.

Muitas pessoas que têm êxito em mudar oscilam várias vezes nessas etapas antes de finalmente atingirem as metas. Então, não desanime se isso acontecer com você. Tenha sua meta em mente e recomece os esforços se houver deslizes. Isso aí. Tente de novo, de novo e de novo.

Observando o Ir e Vir das Preocupações

Às vezes, parece que a ansiedade nunca irá embora. Fica fácil acreditar que não se tem controle algum sobre ela e que o estresse o invade a cada minuto. Esta seção o ajuda a perceber que, na verdade, a ansiedade vai e vem. Mostramos como reservar alguns minutos para anotar seus sentimentos a cada dia pode aliviar um pouco da ansiedade e, provavelmente, melhorar sua saúde. Também o ajudamos a compreender que o progresso, assim como a ansiedade, vai e vem.

Acompanhando seus medos

Um dos melhores primeiros passos que você pode dar para gerenciar a ansiedade é tão somente acompanhá-la todos os dias de maneiras diferentes. Por que faria isso? Afinal, você já está careca de saber que é ansioso. Observar suas preocupações é uma boa ideia, porque isso dá início ao processo de mudança. Você descobre padrões, gatilhos e insights importantes de sua ansiedade.

Observar a ansiedade engloba várias funções úteis. Primeiro, o monitoramento o obriga a ficar ciente de suas emoções. Evitar e fugir de emoções perturbadoras só as faz aumentarem. Segundo, você verá que sua ansiedade aumenta e diminui ao longo do dia — o que não incomoda tanto quanto pensar que ela rege cada momento de sua vida. E é provável que você descubra que registrar suas avaliações pode ajudá-lo a assumir as rédeas e se sentir mais no controle do que acontece dentro de você. Por fim, fazer registros o ajuda a ver como seus esforços em lidar com a angústia estão progredindo.

DICA

Faça registros de sua ansiedade no celular ou em um caderno de anotações durante algumas semanas. Observe padrões ou diferenças de intensidade. Preencha sua tabela no mesmo horário todos os dias. Em uma escala de um a dez, em que dez é pânico total e um é calmaria total, classifique o nível de ansiedade que vivencia por volta da mesma hora de manhã, depois à tarde, e então à noite. A história de Virginia mostra a você como pode ser útil registrar a ansiedade.

> **Virginia** se queixa aos amigos de que ela é a pessoa mais nervosa do planeta e que está perto de um colapso nervoso. Recentemente, seu pai fez uma cirurgia no coração e seu marido perdeu o emprego. Virginia se sente totalmente fora de controle e diz que sua ansiedade nunca para. Quando o terapeuta sugere que comece a registrar a ansiedade, ela diz a ele: "Você deve estar brincando. Não preciso fazer isso. Posso afirmar neste exato instante que fico ansiosa o tempo todo. Não há trégua." Ele a incita a ir em frente e tentar mesmo assim. A Tabela 4-4 mostra o que Virginia descobre na primeira semana fazendo registros.

Virginia faz algumas descobertas. Primeiro, repara que sua ansiedade geralmente é menos intensa de manhã. Ela aumenta à tarde e atinge o ápice à noite. Com registros de apenas uma semana, não consegue discernir se o nível de ansiedade está diminuindo, aumentando ou estabilizando. No entanto, ela nota que está se sentindo um pouco melhor tão somente porque percebe que está começando a assumir as rédeas do problema. Também se dá conta de que alguns dias são melhores que outros e que sua ansiedade, em vez de sempre sobrecarregá-la, é variável.

TABELA 4-4   Níveis de Ansiedade Diária de Virginia

Dia	Manhã	Tarde	Noite	Média Diária
Domingo	4	6	8	**6**
Segunda-feira	6	7	9	**7,3**
Terça-feira	5	6	6	**5,7**
Quarta-feira	4	5	7	**5,3**
Quinta-feira	3	8	8	**6,3**
Sexta-feira	5	9	9	**7,7**
Sábado	3	5	5	**4,3**
Média	**4,3**	**6,6**	**7,4**	**6,1**

Escrevendo sobre as preocupações

Milhões de pessoas fazem um diário em algum momento da vida. Algumas desenvolvem a escrita diária como um hábito permanente. Fazer um diário dos acontecimentos emocionalmente significativos da vida tem vantagens surpreendentes:

» Escrever em um diário parece diminuir a quantidade de visitas que as pessoas fazem ao médico por conta de queixas físicas.

» Escrever aumenta a produção de células T, benéficas para o sistema imunológico.

» Fazer um diário sobre acontecimentos emocionais melhorou as notas de um grupo de alunos de faculdade, em comparação aos que escreveram sobre assuntos triviais.

» Recentemente, descobriu-se que desempregados que escreviam sobre o trauma de perder o emprego conseguiam uma nova colocação mais depressa do que aqueles que não escreviam.

O PODER DA PSICOLOGIA POSITIVA

A psicologia focou emoções negativas durante a maior parte do século XX. Psicólogos estudaram depressão, ansiedade, esquizofrenia, transtornos comportamentais e uma série de outros males. Apenas recentemente essa área passou a analisar os pontos fortes das emoções positivas, as características das pessoas felizes e os componentes do bem-estar. Pessoas que sentem gratidão em geral se sentem mais felizes também.

Um estudo destinou pessoas a três grupos. O primeiro grupo escreveu somente sobre preocupações do dia a dia. Os pesquisadores pediram ao segundo grupo que escrevesse sobre eventos emocionalmente neutros. O terceiro grupo fez um diário sobre experiências pelas quais eram gratos. Todos os grupos executaram a tarefa apenas uma vez por semana, durante dez semanas. No fim do experimento, o grupo que escreveu sobre gratidão se exercitou mais, teve menos queixas físicas e se sentiu mais otimista que os outros dois grupos. O fato de que uma tarefa tão fácil e simples pode ser tão benéfica é surpreendente.

Estudos recentes descobriram que fazer um diário ajuda a diminuir a ansiedade associada à esclerose múltipla, bem como a outros problemas de saúde. Além disso, a atividade diminui o estresse relacionado a pressões escolares e à ansiedade cotidiana.

Jogando fora o manual

Não existe manual para fazer um diário. Você pode escrever sobre qualquer coisa, em qualquer lugar, a qualquer hora. Entretanto, se quiser ter todas as vantagens de escrever um diário, o incentivamos a anotar sentimentos e eventos emocionalmente importantes de sua vida. Escreva sobre qualquer coisa que o incomode durante o dia e/ou dificuldades do passado. Dedique um tempo a isso.

DICA

A maioria dos smartphones lhe permite ditar o que está pensando, em vez de digitar. Isso é ótimo para quem não gosta de digitar em um teclado pequeno. Como em um diário, registre suas reflexões em um arquivo e reveja-o de vez em quando.

CUIDADO

Escrever sobre traumas do passado pode trazer um alívio considerável. Porém, se descobrir que a tarefa o deixa profundamente assolado de ansiedade, é provável que ache útil buscar ajuda profissional.

Contando as bênçãos: Um antídoto para a ansiedade

Escrever sobre sentimentos dolorosos é um ótimo começo. Porém, se quiser um custo-benefício melhor, reserve alguns minutos a mais e escreva sobre coisas pelas quais se sente grato todos os dias. Por quê? Porque emoções positivas ajudam a equilibrar as negativas. Escrever sobre bênçãos e dádivas melhora o humor, aumenta o otimismo e pode beneficiar sua saúde.

À primeira vista, talvez você pense ter poucas coisas pelas quais agradecer. A ansiedade pode facilmente turvar a visão. Sua mãe já insistiu para que você limpasse o prato por causa das "crianças famintas na África"? Por mais que achemos má ideia forçar crianças a comer, essa ideia de pensar nos menos favorecidos é valiosa. Reserve um tempo para refletir sobre os eventos e pessoas positivas em sua vida.

» **Gentilezas:** Pense nas pessoas que foram gentis com você.

» **Educação:** Obviamente você sabe ler; isso é uma bênção, diante de milhões de pessoas no mundo que não têm chance de estudar.

» **Alimentação:** Provavelmente você não está morrendo de fome (como sua mãe notou), enquanto milhões estão.

» **Moradia:** Você mora em uma caixa de papelão ou tem um teto acima da cabeça?

» **Prazeres:** Você pode cheirar as flores, ouvir o canto dos pássaros ou tocar o pelo macio de um animal de estimação?

Há um sem-número de fontes possíveis de gratidão — liberdade, saúde, companheirismo, e assim por diante. Cada pessoa tem uma lista diferente. Comece a sua agora.

DICA

A tendência do cérebro é focar o que há de errado ou ameaçador na vida. Observar e apreciar de forma ativa o que existe de bom ajuda a equilibrar essa tendência e fará com que você se sinta melhor.

Obtendo Ajuda Alheia

Se problemas de ansiedade estão interferindo em sua vida de maneira substancial, é provável que você queira trabalhar com um profissional da saúde mental, além de ler este livro. Nas duas seções a seguir, informamos a você que tipo de tratamento buscar e disponibilizamos uma série de perguntas para fazer a um terapeuta em potencial antes de iniciar o tratamento.

Em busca das terapias certas

Profissionais da saúde mental oferecem um amplo leque de tratamentos. Fizemos pesquisas exaustivas sobre o que funciona contra transtornos de ansiedade para que você não precisasse fazê-las. Os melhores tratamentos para a ansiedade tiveram como base conhecimento científico sobre o que é a ansiedade e como ela funciona. Estudos revelam *consistentemente* que tratamentos com essa base científica são, sobretudo, eficazes. Quatro tratamentos demonstraram eficácia ao longo do tempo:

» **A terapia cognitiva (TC)** foca ensinar novas maneiras de *pensar.* Pessoas com ansiedade muitas vezes distorcem a maneira como percebem os acontecimentos, e essa abordagem as ajuda a corrigir essas distorções. Por exemplo, uma paciente ansiosa pode estar superestimando os riscos de voar de avião. Uma abordagem cognitiva a ajudaria a descobrir que os riscos são pequenos o bastante para garantir que ela lide com o medo.

» **A terapia metacognitiva (TMC)** vai além da terapia cognitiva e mira a forma como as pessoas pensam a respeito dos próprios pensamentos. Logo, não se relaciona apenas a distorções de pensamento; em vez disso, também foca o nível de incômodo que uma pessoa sente com esses pensamentos distorcidos. Por exemplo, uma pessoa ansiosa pode superestimar o risco de ser rejeitada. A terapia cognitiva pode ajudá-la a reavaliar esse risco. A TMC a ajudaria a perceber que boa parte do incômodo tem a ver com a visão do pensamento distorcido em si como algo horrível, em vez de apenas um pensamento aleatório.

» **A Terapia Comportamental (TC)** funciona com base na premissa de que mudar a maneira de *agir* ou de *se comportar* muda a forma como uma pessoa se sente em relação ao que acontece na vida. Usando o exemplo anterior da mulher com medo de avião, um terapeuta behaviorista provavelmente a ajudaria a percorrer uma série de etapas relacionadas a voar, como assistir a filmes que contenham aviões, ir ao aeroporto e, por fim, reservar e tomar um voo. A terapia de exposição é uma ferramenta primordial usada por terapeutas behavioristas ao tratar problemas relacionados à ansiedade. (Veja o Capítulo 9 para mais informações.)

» **A terapia de aceitação e compromisso (ACT)** orienta os pacientes a se tornarem mais cientes do momento presente. Pensamentos e emoções têm de ser aceitos, não evitados. A própria tentativa de evitar pensamentos e emoções as torna piores, de acordo com a ACT. A ACT também incentiva as pessoas a identificar seus valores centrais e viver a vida em conformidade com eles.

Outra terapia da qual você pode ouvir falar chama-se terapia cognitivo-comportamental (TCC), que representa, basicamente, uma combinação da TC e da TC. Escrevemos sobre esses tipos específicos de terapias para informar nossos leitores sobre qual pesquisa se revelou bem-sucedida. Em geral, todas essas abordagens parecem funcionar. Muitas técnicas dessas terapias são similares e coincidentes. Esse fato pode explicar por que estudos clínicos não revelaram superioridade clara de uma abordagem sobre as outras.

Tratamentos que funcionam têm estratégias semelhantes. Logo, selecionamos alguns dos melhores elementos de cada tipo de terapia para lidar com sintomas comuns da ansiedade, conforme analisado na Parte 2.

Buscando o terapeuta adequado

Além de conhecer a terapia certa, você precisa saber a quem procurar. Comece se certificando de que o profissional que você está buscando tem licença para oferecer serviços de saúde mental, seja ele um terapeuta, seja psiquiatra, seja enfermeiro psiquiátrico, seja psicólogo, seja assistente social. Entre as fontes de busca por um desses profissionais licenciados, estão associações de profissionais locais (como associações de psicologia estaduais, associações de terapeutas estaduais, e assim por diante), seu principal provedor de saúde, companhia de convênios ou amigos de confiança e familiares que possam recomendar alguém.

Após encontrar um profissional que pareça se encaixar, certifique-se de fazer a ele as seguintes perguntas:

» Quanto você cobra pelo serviço? Meu seguro cobre?

» Quais são seus horários?

» Quando pode me ver?

» Qual é sua experiência no tratamento de transtornos de ansiedade?

» Qual é sua abordagem terapêutica para tratar a ansiedade?

» Está disposto(a) a trabalhar em colaboração com meu médico?

Você deve se sentir à vontade ao conversar com o terapeuta. Após algumas sessões, deve se sentir ouvido e compreendido e sentir que o terapeuta tem empatia genuína e se preocupa com seu bem-estar. Não hesite em perguntar sobre a natureza do plano de seu tratamento — o plano deve fazer sentido para você. A maioria dos terapeutas leva algumas semanas para conhecer você antes de formular um plano completo. Se, por qualquer motivo, você se sentir desconfortável, trate de procurar uma segunda opinião de outro terapeuta. Pesquisas revelam que a maneira como você se sente em relação ao terapeuta faz enorme diferença na forma como a terapia flui.

2
Combatendo a Ansiedade

NESTA PARTE...

Reconheça a diferença entre pensamentos e sensações.

Descubra como repensar pensamentos ansiosos.

Investigue hipóteses que o deixam ansioso.

Aprenda a acolher sentimentos ansiosos.

Explore os prós e os contras da medicação.

Capítulo **5**

Compreendendo os Sentimentos

A o passar por alguém passeando com o cachorro, talvez você pergunte: "Como você está?" A maioria das pessoas responderá algo como "bem", "legal" ou "ótimo".

Será que é isso o que elas sentem? Talvez a pessoa que disse "legal" tenha recém-descoberto um câncer em estágio quatro. Ou a que disse "bem" tenha acabado de ganhar 1 milhão de reais na loteria. Os termos "bem" ou "legal" dificilmente captam suas experiências emocionais verdadeiras. Muitas vezes, há discrepância entre a maneira como as pessoas demonstram emoções e como de fato experienciam os sentimentos. Às vezes essa discrepância é adaptativa, outras vezes, problemática.

Neste capítulo, investigamos a fundo as emoções. Falamos de expressão emocional e consciência emocional. Mostramos a você como desvendar, compreender e avaliar suas emoções genuínas. Emoções são rótulos atribuídos a sensações psicológicas que ocorrem em resposta a acontecimentos.

As emoções de fato vivenciadas dependem imensamente de como você pensa, interpreta e percebe os acontecimentos. Por sua vez, a maneira como você pensa e sente influencia como se comporta ou reage ao que está acontecendo. Descrevemos como sentir, pensar e se comportar interagem, e mostramos a estratégias para registrar suas emoções perturbadoras e os gatilhos que as ativam. Registrar as emoções abre portas para se relacionar com os sentimentos de um modo novo e mais saudável.

Repare que usamos os termos emoções e sentimentos de forma intercambiável. Poderíamos distinguir nuances entre ambos, mas, para simplificar, evitamos essa tentação.

O que Você Sente? E por quê?

Cientistas que estudam emoções reconheceram ao menos seis emoções primárias que ocorrem em todas as culturas humanas. Outras emoções, como ansiedade ou depressão, provêm dessas emoções primárias. É provável que você consiga pensar em centenas de termos adicionais que descrevem outras emoções (como constrangimento, melancolia, orgulho, desprezo, vergonha, alegria, pavor, culpa, e assim por diante). No entanto, as seis emoções primárias incluem:

» Felicidade.

» Tristeza.

» Raiva.

» Medo.

» Nojo.

» Surpresa.

Definir o que é uma emoção pode ser surpreendentemente difícil. Filósofos, psicólogos e acadêmicos debateram por séculos a definição de emoção. Existem tantas definições de emoção quanto sabores de bala. Para fins de clareza, gostamos de pensar nas emoções como um misto de sensações físicas e os rótulos que usamos para organizá-las ou descrevê-las. Tais emoções ou sentimentos são amplamente determinados por pensamentos e comportamentos.

Por exemplo, uma emoção pode ajudá-lo a se proteger ao dar de cara com uma cascavel em uma trilha. Você ouve o chocalho. A emoção do medo o alerta para a necessidade de tomar uma decisão rápida em relação à ameaça. Psicologicamente, seu corpo reage com adrenalina, que gera medo, ansiedade e tensão. Você pensa coisas como "Oh, meu Deus! É uma cascavel, e posso morrer!"

Então vêm os comportamentos. Fulano fica ofegante, depois recua devagar. Beltrano grita. O que acontece com fulano e beltrano? A resposta emocional do medo pode ter consequências boas ou ruins.

Caso você não saiba, é uma ideia bem ruim fazer barulhos e movimentos repentinos ao reagir a uma cascavel!

As emoções têm um papel crucial em mantê-lo informado sobre o que acontece no mundo. Elas captam sua atenção e focam sua mente no que é importante. Em alguns casos, as emoções o levam a comportamentos produtivos; em outras situações, elas pioram as coisas.

Emoções são sinais de alerta a eventos ou lembranças significativos. A maneira como você reage a elas determina se sua resposta é adaptativa ou mal orientada.

Sentimentos são sensacionais!

O corpo humano é uma ferramenta fantástica, que responde a milhões de informações ao longo do dia. Em geral, o primeiro sinal de uma reação emocional é uma sensação física ou corporal, antes mesmo que a mente consciente saiba que há alguma coisa acontecendo. O corpo reage a ameaças (reais ou supostas) por meio de uma das sensações a seguir, ou mais:

>> Respiração acelerada.

>> Respiração fraca.

>> Respiração curta.

>> Tensão muscular.

>> Ranger de dentes.

>> Aperto no peito.

>> Incômodos estomacais.

>> Pulsação rápida.

>> Transpiração.

>> Fadiga.

>> Tontura.

>> Ânsia de vômito.

>> Rubor.

Em geral, essas reações ocorrem de repente, sem avisar. Preste atenção quando elas surgirem. Elas sinalizam que várias emoções podem estar em jogo. Analise esses sentimentos e observe o contexto em que eles ocorrem. É provável que você consiga pensar em um rótulo que descreva a emoção que está sentindo (por exemplo, ansiedade, medo, angústia).

CUIDADO

As reações psicológicas na lista anterior indicam emoções quando são relativamente breves e surgem durante certos tipos de eventos (como encontros com cobras, tiros e provas finais). Porém, se você as está vivenciando de forma crônica ou fora de um acontecimento claramente estressante, é importante passar por um clínico geral. Se constatar que você não tem problemas de saúde, essas reações psicológicas podem indicar estresse excessivo ou ansiedade.

Os sentimentos dizem o que fazer

Os sentimentos influenciam muito o comportamento. Às vezes, sem nem sequer pensar, seu corpo tem uma sensação, e suas atitudes a acompanham. Aqui estão alguns exemplos para esclarecer essa afirmação:

- » Quando seu corpo sente medo, você tenta ir embora ou fugir da situação.
- » Quando se sente triste, você se afasta de pessoas e eventos.
- » Quando se sente feliz, você se aproxima das pessoas.
- » Quando sente raiva, pode reclamar, gritar ou bater em alguma coisa.
- » Quando está ansioso, tenta evitar correr riscos.

As emoções que emergem do seu corpo o levam à ação ou à inação. Entretanto, é a maneira como você pensa, percebe ou interpreta seus sentimentos a principal influência que determina como lida com esses sentimentos. (Veja o Capítulo 8 para informações sobre emoções e comportamentos.)

Muitas vezes, os sentimentos provêm dos pensamentos

Os pensamentos influenciam fortemente as emoções. Ao mesmo tempo, os sentimentos também influenciam os pensamentos. Para combater a ansiedade, você precisa estar atento aos pensamentos e sentimentos.

A história real a seguir, de nossa vida, ilustra a profundidade com que os pensamentos influenciam como as pessoas se sentem.

> Alguns anos atrás, fizemos um cruzeiro como recompensa por finalizar um projeto importante. Certa noite, nos sentamos nas cadeiras do convés para ver um pôr do sol maravilhoso: nuvens brilhantes, vermelhas e alaranjadas, se misturavam ao mar profundamente azul. O vento chegava aos poucos, e o navio navegava devagar. Ficamos relaxados, desfrutando em silêncio da paisagem e do leve balanço. Refletimos que, durante toda a vida, raramente havíamos nos sentido tão em paz.
>
> O anúncio do clima feito pelo capitão interrompeu nosso estado de calmaria. Desculpando-se pela inconveniência, ele nos informou que, por causa de um furacão, teria que desviar ligeiramente do curso, e poderíamos sentir o mar um pouco agitado. Porém, ele garantiu que a tempestade não apresentava nenhuma ameaça.
>
> De repente, a brisa ficou fria. As nuvens, antes tão espetaculares, pareciam sinistras. O navegar suave que nos relaxara agora causava nervosismo. No entanto, nada no céu ou no mar havia mudado desde os instantes anteriores.
>
> Nossos pensamentos nos empurraram de um relaxamento gostoso para uma ansiedade crescente. Fechamos as jaquetas e comentamos que o tempo parecia ruim e que talvez seria melhor entrarmos.

Ficou claro que nossos pensamentos, ou a forma como interpretamos o clima, afetaram imensamente o que sentimos. Um estado de relaxamento se transformou em nervosismo ansioso, embora o tempo em si não tivesse mudado.

LEMBRE-SE

A reação total das pessoas a eventos consiste de respostas, pensamentos e comportamentos psicológicos. A maioria dos sentimentos são adaptações ao que está de fato acontecendo. Porém, surgem algumas emoções problemáticas de más interpretações, percepções equivocadas e reações mal orientadas a eventos.

Distinguindo Pensamentos de Sentimentos

Muitas vezes, psicólogos questionam seus clientes para descobrir como eles se sentem em relação aos acontecimentos recentes da vida. Frequentemente os clientes respondem o que *pensam* em relação aos acontecimentos, e não o que *sentem*. Outros sabem como se sentem, mas ficam empacados quando se trata de saber o que estão pensando. Na próxima seção, abordamos por que as pessoas muitas vezes acabam não conseguindo se conectar com o que pensam, o que sentem, ou com ambos. Depois, examinamos como sintonizar com os próprios pensamentos e sentimentos.

Bloqueando a tristeza

Muitas vezes, as pessoas têm dificuldade para identificar e rotular pensamentos e emoções, sobretudo os negativos. Na verdade, essa dificuldade faz sentido por dois motivos.

Primeiro, emoções são frequentemente dolorosas. Ninguém quer sentir tristeza, luto, ansiedade ou medo profundos. Uma solução simples é *evitar* por inteiro os sentimentos, e há muitas maneiras criativas disponíveis para evitar emoções. Infelizmente, a maioria desses métodos pode ser destrutiva:

» **Trabalho em excesso:** Algumas pessoas trabalham o tempo todo, em vez de pensar no que as está incomodando.

» **Alcoolismo e abuso de drogas:** Quando as pessoas se sentem mal, entorpecer as emoções com drogas e álcool fornece um estímulo emocional temporário e artificial. É claro que fazer isso com frequência pode levar ao vício, a agravos à saúde e, às vezes, até à morte.

» **Negação e repressão:** Uma estratégia para não sentir é se enganar, fingindo que não há nada errado. A negação é muitas vezes considerada um processo consciente, enquanto a repressão foge ao conhecimento das pessoas, mas o resultado é bastante parecido.

» **Busca de sensações:** Atividades arriscadas, como promiscuidade sexual e apostas desenfreadas, podem afastar a angústia por um tempo.

» **Distrações:** Esportes, lazer, hobbies, televisão, navegar em mídias sociais e muitas outras atividades podem disfarçar sentimentos ruins. Ao contrário das estratégias anteriores, a distração pode ser uma coisa boa. As distrações se tornam problemáticas apenas quando usadas em excesso para disfarçar e evitar sentimentos.

O segundo motivo pelo qual identificar, expressar e rotular sentimentos é uma batalha para as pessoas é porque elas são ensinadas, desde a infância, que não "devem" se sentir assim ou assado. Pais, professores, amigos e parentes bombardeiam crianças com mensagens do tipo "não se sinta". Veja os seguintes exemplos de mensagens "não se sinta" que provavelmente você já ouviu:

> Meninos crescidos não choram; não seja um bebê!

> Você não devia se sentir assim!

> Supere isso!

> Não pode ser tão ruim assim.

> Não seja covarde.

> Pare de chorar ou lhe darei um motivo para chorar!

Não admira que tanta gente seja descrita como "desligada dos próprios sentimentos". O problema com a tendência habitual de evitar sentimentos é que você não descobre como lidar com a questão subjacente ou resolvê--la. A evitação crônica gera uma espécie de estresse de nível baixo que se acumula com o tempo.

Entrando em contato com os sentimentos

Observar suas emoções pode ajudá-lo a adquirir insights e descobrir como lidar com elas de forma mais eficaz. Se você não sabe quais são seus sentimentos, quando eles ocorrem e o que os traz à tona, não pode fazer muita coisa para mudá-los.

Para exemplificar problemas de identificação de sentimentos, vamos à Dra. Patel e seu paciente, Jim, que está com dificuldades no casamento.

Dra. Patel: Como se sentiu quando sua esposa disse que você era irresponsável?

Jim: Achei que ela passou dos limites.

Dra. Patel: Entendo. Mas como você se *sentiu* com o que ela disse?

Jim: Ela é pelo menos tão irresponsável quanto eu.

Dra. Patel: Acredito que seja possível. Mas, repito, quais foram seus *sentimentos*, sua reação emocional ao que ela disse? Você ficou ansioso, com raiva ou chateado?

Jim: Bem, não consegui acreditar que ela me acusou disso.

Dra. Patel: Que tal se reservarmos um tempo para ajudá-lo a se conectar com seus sentimentos?

Talvez Jim esteja extremamente ansioso e preocupado que sua esposa possa deixá-lo, ou esteja com raiva dela. Talvez sua crítica mordaz o machuque. Qualquer que seja o sentimento, Jim e a Dra. Patel poderiam descobrir muitas coisas se soubessem qual emoção acompanha o incômodo dele.

Esse exemplo mostra que nem sempre as pessoas sabem descrever o que estão sentindo. Se nem sempre você sabe o que está sentindo, tudo bem. Percebemos que algumas pessoas estão cientes dos próprios sentimentos e sabem muito bem quando sentem o mínimo de ansiedade ou preocupação. Se você é uma delas, fique à vontade para pular ou ler por alto o restante da seção.

Se precisa ter mais consciência dos próprios sentimentos, você pode começar agora mesmo. Reserve um tempo neste exato instante para avaliar seu humor. Então pergunte-se qual *sentimento* capta a essência dessas sensações. É claro que, neste momento, talvez você não tenha nenhum sentimento marcante. Se não tem, sua respiração é linear, e sua postura, relaxada. Mesmo se for esse o caso, observe a sensação de estar calmo. Em outras vezes, repare nas sensações mais marcantes.

Emoções descrevem sua reação física a eventos e rótulos que você usa para defini-las.

A lista de termos a seguir descreve sentimentos ansiosos. A próxima vez que você não conseguir encontrar as palavras certas para descrever como se sente, um ou mais destes termos pode ajudá-lo a começar:

Receoso	Amedrontado
Agitado	Assustado
Ansioso	Inseguro
Apreensivo	Intimidado
Incomodado	Tenso
Com medo	Nervoso

Obcecado	Rígido
Fora de mim	Aterrorizado
Em pânico	Tímido
Apavorado	Inquieto
Constrangido	Irritado
Trêmulo	Preocupado

Estamos cientes de que deixamos de lado algumas dezenas de possibilidades na lista de palavras, e talvez você tenha uma forma favorita de descrever sua ansiedade. Tudo bem. O que o incentivamos a fazer é começar a prestar atenção aos sentimentos e às sensações físicas. Talvez você queira analisar a lista várias vezes e perguntar a si mesmo se sentiu alguma dessas emoções recentemente. Tente não julgar seus sentimentos. Talvez eles estejam tentando lhe dizer alguma coisa.

LEMBRE-SE

Sentimentos ruins só causam problemas quando você se sente mal de forma crônica e repetida na ausência de uma ameaça patente. A ansiedade e o medo também têm uma função positiva: eles alertam sua mente e seu corpo para o perigo e o preparam para reagir (veja o Capítulo 3 para mais sobre o conceito de lutar ou fugir). Por exemplo, se o Coringa bate à sua porta, a adrenalina inunda seu corpo e o mobiliza ou para lutar ou para correr como se sua vida dependesse disso, porque ela depende! Isso é bom em situações como essa. Porém, se você sente que o Coringa está batendo à sua porta com regularidade e ele sequer está no bairro, seus sentimentos ansiosos lhe causam mais danos que benefícios.

LEMBRE-SE

Independentemente de o Coringa estar ou não batendo à sua porta, identificar sentimentos de ansiedade, medo ou preocupação pode ajudar você a lidar com eles com muito mais eficácia do que os evitando. Quando você sabe o que está acontecendo, pode se concentrar no dilema com mais facilidade do que se o ignorasse.

Entrando em contato com os pensamentos

Assim como certas pessoas não fazem muita ideia do que estão sentindo, outras têm dificuldades para saber no que estão pensando quando ansiosas, preocupadas ou estressadas. Por conta de os pensamentos terem uma influência forte sobre os sentimentos, psicólogos gostam de perguntar a seus clientes no que eles estavam pensando quando começaram a se sentir incomodados. Às vezes os clientes descrevem sentimentos, em vez de pensamentos. O Dr. Baker, por exemplo, teve o seguinte diálogo com Susan, uma cliente com ansiedade severa:

Dr. Baker: Então, quando seu supervisor a repreendeu, você disse que se sentiu em pânico. Quais pensamentos passaram pela sua cabeça?

Susan: Bem, eu me senti péssima. Não conseguir suportar.

Dr. Baker: Eu sei; deve ter sido realmente horrível. Mas estou curioso sobre os pensamentos que passaram pela sua cabeça. O que você disse a si mesma sobre os comentários de seu supervisor?

Susan: Senti meu coração saltando no peito. Na verdade, não acredito que tenha pensando em alguma coisa.

Dr. Baker: É possível. Às vezes os pensamentos nos escapam por um momento. Mas eu me pergunto, se você pensar nisso agora, o que esses comentários significaram para você. O que achou que aconteceria?

Susan: Estou tremendo neste exato instante só de pensar nisso.

Como o exemplo ilustra, nem sempre as pessoas sabem o que lhes passa pela cabeça quando se sentem ansiosas. Vez ou outra, talvez você não tenha pensamentos claros e identificáveis ao se sentir preocupado ou estressado. Isso é perfeitamente normal.

O desafio é descobrir o que o acontecimento estressante *significa* para você. Isso lhe dirá o que seus pensamentos são. Considere o exemplo anterior. Susan pode ter se sentido em pânico porque teve medo de perder o emprego, ou talvez tenha pensado que a crítica do supervisor quis dizer que ela era incompetente. A repreensão do chefe também pode ter ativado lembranças de seu pai abusivo. Conhecer os pensamentos que estão por trás dos sentimentos pode ajudar tanto o Dr. Baker quanto Susan a planejar o próximo passo.

Explorando os gatilhos

Nem sempre você consegue saber o que está acontecendo em sua mente quando se sente ansioso. Para descobrir, primeiro você precisa identificar a *situação* que antecedeu o incômodo. Concentre-se no que acabou de acontecer momentos antes das sensações perturbadoras. Você pode ter:

» Aberto a correspondência e descoberto que a fatura do cartão de crédito disparou.

» Ouvido alguém dizer algo que o incomodou.

» Se preocupado em pegar alguma doença terrível porque alguém perto de você espirrou.

» Lido a notificação de faltas da escola de seu filho.

> » Perguntado-se por que seu parceiro demorou tanto para voltar para casa.

> » Subido na balança e visto um número de que não gostou.

> » Notado um aperto no peito e que seu coração estava acelerado por nenhum motivo aparente.

Por outro lado, às vezes o evento desencadeador da ansiedade nem sequer aconteceu. Você pode apenas estar sentado e *bum* — estoura uma avalanche de ansiedade. Outras pessoas acordam às quatro da manhã com preocupações marchando pela mente. Qual é o gatilho, portanto? Bem, pode ser uma imagem ou medo de todos os tipos de acontecimentos futuros. Veja a seguir exemplos de pensamentos e imagens que desencadeiam a ansiedade:

> » Nunca terei dinheiro suficiente para me aposentar.

> » Desliguei o fogão antes de sair de casa?

> » Nunca terminarei de escrever este livro a tempo!

> » Ninguém gostará de meu discurso amanhã.

> » Será que meu novo chefe é racista?

> » E se eu for despedido na semana que vem?

> » E se meu parceiro me deixar?

DICA

Quando você ficar chateado ou ansioso, reserve um momento para refletir. Pergunte-se o que acabou de acontecer ou quais pensamentos ou imagens lhe ocorreram antes de notar que estava ansioso. Bingo! Você perceberá o que desencadeou os sentimentos de ansiedade. Na próxima seção, depois que você vir como captar pensamentos ansiosos, mostramos como juntar pensamentos e sentimentos.

Laçando/Apanhando os pensamentos ansiosos

Se você conhece seus sentimentos e os gatilhos para eles, está pronto para começar a analisar os pensamentos de uma nova maneira. Pensamentos são fortes influências para emoções. Um evento pode servir como gatilho, mas não é isso que o leva diretamente à ansiedade. É o *significado* que esse evento tem para você, e seus pensamentos refletem esse significado.

Por exemplo, suponha que seu marido/esposa esteja 45 minutos atrasado para voltar do trabalho para casa. Você pode ter pensamentos *ansiosos*:

» Talvez ele(a) tenha sofrido um acidente.

» Provavelmente está tendo um caso.

» Deve estar no bar de novo.

Ou pode ter pensamentos diferentes, que não causam ansiedade alguma:

» Adoro passar um tempo sozinho(a) com as crianças.

» Oh, que ótimo, posso surpreendê-lo(a) servindo o jantar.

» Gosto de ter momentos a sós para trabalhar em projetos da casa.

» O trânsito deve estar muito ruim esta noite.

Alguns pensamentos geram ansiedade; outros são bons; outros, ainda, não despertam muitos sentimentos. É importante captar seus pensamentos e perceber como eles desencadeiam a ansiedade e se conectam com os sentimentos. Se não tem certeza dos pensamentos que passam pela sua cabeça quando está ansioso, você pode fazer algumas coisas para descobri-los.

Primeiro, concentre-se no gatilho de sua ansiedade — o evento ou imagem que parece piorar as situações. Pense nisso por um momento; não fuja. Em seguida, faça a si mesmo algumas perguntas sobre o gatilho. A lista a seguir, do que chamamos de *perguntas sua-mente-não-mente*, pode ajudá--lo a identificar seus pensamentos ou o que o evento significa para você:

» O que, especificamente, acho incômodo nesse evento?

» O que de pior poderia acontecer?

» Como esse evento poderia afetar minha vida?

» Como isso poderia afetar a maneira como as outras pessoas me veem?

» Isso me lembra alguma coisa do passado que me incomodava?

» O que meus pais diriam desse evento?

» Como isso poderia afetar a maneira como me enxergo?

A história de Andrew ilustra como as perguntas sobre um evento desenca-deador podem ajudar a esclarecer a natureza de como os pensamentos de uma pessoa influenciam os sentimentos.

Andrew adora seu trabalho. Ele gerencia sistemas de computador e cria páginas da web para pequenas empresas em sua comunidade. Andrew acredita em serviços práticos e com frequência visita clientes só para ver se as coisas estão fluindo bem. Em uma sexta-feira, ele estaciona em frente a um dos escritórios de advocacia para o qual trabalha e vê três viaturas de polícia paradas na porta da frente. O coração de Andrew acelera, e ele sua em bicas só de ver os policiais. Ele se sente aterrorizado, mas não sabe ao certo no que está pensando.

A fim de captar o que está passando pela cabeça, ele responde a algumas das perguntas sua–mente–não–mente:

» **O que, especificamente, acho perturbador nesse evento?**

Algo violento pode estar acontecendo. Sempre tive medo de violência.

» **Como esse evento poderia afetar minha vida?**

Eu poderia ser morto.

» **Como isso poderia afetar a maneira como outras pessoas me veem?**

Outras pessoas pensarão que sou covarde.

» **Como isso poderia afetar a maneira como me enxergo?**

Como o covarde que sempre pensei que sou.

Andrew só viu três viaturas da polícia em frente a um escritório de advo-cacia. Você consegue ver onde sua mente levou esse evento? Embora possa ocorrer violência no ambiente de trabalho, muitas outras interpretações desse evento são mais prováveis, na verdade. Mesmo assim, Andrew pre-cisa saber quais pensamentos passam por sua cabeça quando se sente ansioso se pretende mudar sua reação a eventos como esses.

DICA

Ao trabalhar com as perguntas sua-mente-não-mente, use a imaginação. Faça um brainstorming e vá no seu ritmo. Embora o exemplo de Andrew não responda a todas as perguntas, talvez você o ache útil.

Analisando o Ciclo de Sentimentos em Ação

Uma vez que você compreende no que consistem as emoções, é hora de descobrir o que o leva a ter esses sentimentos. Monitorar pensamentos, sentimentos e os gatilhos para a ansiedade abre caminho para a mudança. Essa estratégia simples ajuda você a focar seu padrão pessoal de estresse e preocupação. O mero ato de prestar atenção traz à luz seu processo de raciocínio, e esse esclarecimento o ajuda a adquirir uma nova perspectiva.

Tente usar um Quadro do Ciclo de Sentimentos como o da Tabela 5-1 para conectar seus pensamentos, sentimentos e gatilhos de ansiedade. Ao monitorar os gatilhos, inclua o dia, o horário, o local, as pessoas envolvidas e tudo o que aconteceu. Ao registrar pensamentos ansiosos, use as perguntas sua-mente-não-mente na seção anterior deste capítulo, "Laçando/Apanhando os pensamentos ansiosos". Por fim, anote os sentimentos ansiosos e sensações físicas.

TABELA 5-1   ## Quadro do Ciclo de Sentimentos

Gatilhos para a Ansiedade	Pensamentos Ansiosos	Sentimentos e Sensações
Terça de manhã, a caminho do trabalho, ouvi uma sirene de polícia a distância.	Fiquei preocupado que uma perseguição perigosa estivesse acontecendo atrás de mim.	Ansioso, com medo, coração acelerado
Na quarta, no trabalho, ouvi um estalido agudo.	Dei um pulo e pensei que uma arma tinha sido disparada ou que algo terrivelmente destrutivo havia ocorrido.	Nervoso e assustado
Tive que andar por um estacionamento escuro na sexta à noite.	Eu me imaginei assaltado por alguém pulando de trás de quase todos os carros pelos quais eu passava.	Tenso, respiração acelerada

Para mostrar a você como usar o gráfico, nós o preenchemos com as anotações que Andrew fez por alguns dias após começar a terapia para tratar a ansiedade por conta da violência.

DICA

Você pode usar essa técnica simples para monitorar sentimentos ansiosos, pensamentos e gatilhos. É só elaborar seu próprio Quadro do Ciclo de Sentimentos usando os descritores da Tabela 5-1. Faça registros e procure padrões. Às vezes, o mero fato de ficar ciente dos sentimentos, pensamentos e gatilhos alivia a ansiedade.

LEMBRE-SE

Se registrar pensamentos, sentimentos e gatilhos o deixa mais ansioso, tudo bem. Isso é comum. Muitas outras técnicas deste livro devem ajudar, sobretudo as que desafiam seus pensamentos no Capítulo 6. Mas, se as técnicas deste livro não o ajudarem, considere buscar ajuda profissional.

Capítulo **6**

Repensando os Pensamentos

É verão no Novo México. Há uma onda de calor. As chuvas das monções que geralmente nos refrescam à noite ainda não começaram. Passeamos com o cachorro todas as manhãs. Com essa onda de calor, se não saímos às 7h, fica muito quente. É domingo de manhã; ficamos enrolando com o jornal, e já são quase 7h45. Estamos pensando o seguinte:

> "Não deveríamos ter lido o jornal antes de caminhar. Poderíamos ter lido depois, e aí não estaria tão quente. Se não caminharmos trinta minutos, nossa rotina de exercícios já era. Em pouco tempo, estaremos fora de forma. E gordos também. Se não caminharmos hoje, provavelmente pularemos as caminhadas o tempo todo. Então ficaremos doentes, e talvez o colesterol suba, assim como a pressão arterial. E, se não estivermos em dia com as caminhadas, será difícil continuar a escrever. Ficaremos de mau humor de novo. Como foi que ficamos tão preguiçosos?"

Enquanto isso, nosso cão, Ollie, está esperando pela coleira. Perguntamos se ele quer sair para passear. Ele salta e joga o corpo contra a perna mais próxima. Ao que parece, a resposta é sim. Ele não está preocupado com o calor nem estressado com o horário. Aproveitará o passeio. Palavras podem arruinar uma excelente caminhada.

Neste capítulo, analisamos como o pensamento (uma forma de linguagem internalizada) afeta profundamente as emoções e os sentimentos, além do comportamento. Todo mundo pode aprender com os cães. Eles não ruminam nem remoem arrependimentos passados ou possíveis resultados negativos futuros. Em vez disso, concentram-se no momento presente.

Ao contrário dos cães, seres humanos pensam, interpretam e antecipam. Porém, você pode treinar sua mente para enfrentar pensamentos inúteis e inadequados que contribuem para gerar ansiedade e sofrimento emocional. As seções a seguir lhe oferecem ferramentas para repensar os pensamentos.

Enfrentando os Pensamentos

Ao se sentir ansioso, pare por um momento e pense no que você está pensando. Aqui estão alguns exemplos do que estamos querendo dizer:

» **André** tem um encontro. Ele está se sentindo muito nervoso. Então, no que ele está pensando? Que a pessoa com quem se encontrará (que ele ainda não conhece) o achará sem graça e sem traquejo social.

» **Juan** planeja uma viagem pelo país para visitar um velho amigo. Passou a última semana obsessivamente preocupado com o que poderia dar errado. Ele também se preocupa com acontecimentos cotidianos, como receber amigos, fazer planos para a aposentadoria ou trabalhar em qualquer projeto em casa.

» **Luna** teve duas crises de pânico no ano passado. Ela tem a chance de ir a uma peça na Broadway a que vinha querendo assistir há um bom tempo. Ela recusa o convite, porque seus pensamentos lhe dizem que se sentirá aprisionada no teatro e poderá perder o controle, causando um tumulto humilhante.

Como Luna, Juan e André lidam com seus sentimentos e pensamentos? Temos três estratégias simples para enfrentar pensamentos ansiosos:

> **Procurar evidências:** Analisar objetivamente os pensamentos e separar o joio do trigo.

> **Repensar riscos:** Recalcular as probabilidades de pensamentos ansiosos se tornarem realidade — a maioria das pessoas superestima as probabilidades.

> **Imaginar os piores cenários:** Reexaminar a capacidade de enfrentar — se, de fato, o pior acontecer. Muita gente subestima a própria capacidade de enfrentamento.

Registrar acontecimentos e pensamentos ansiosos é um passo importante para trabalhar a ansiedade. Mas as estratégias a seguir o levam mais longe — examinando seus pensamentos e os testando com lógica e bom senso, você pode se relacionar com eles de um jeito diferente. Ao enfrentar seus pensamentos, você se descobrirá menos ansioso.

DICA

O objetivo não é parar de ter pensamentos ansiosos, ou, por falar nisso, parar de ter quaisquer sentimentos de ansiedade. Queremos que você continue pensando e sentindo. No entanto, queremos que acredite menos em seus pensamentos e perceba que sentir um pouco de ansiedade não é o fim do mundo. O resultado desejado é uma forma diferente de se relacionar com pensamentos e sentimentos.

Pesando as evidências

É provável que os pensamentos que geram sentimentos ansiosos já estejam por aí há um bom tempo. A maioria das pessoas considera verdadeiros os próprios pensamentos. Elas não os questionam. Talvez você fique surpreso ao descobrir que muitos de seus pensamentos não se sustentam se forem analisados. Se você reunir as evidências e pesá-las com cuidado, talvez descubra que seus pensamentos repousam em um alicerce de areia.

DICA

Lembre-se de que nem sempre é fácil reunir evidências quando se está excessivamente ansioso. Em momentos assim, é difícil ponderar que seus pensamentos podem ser infundados. Quando for esse o caso, é melhor esperar se acalmar antes de sair à caça de evidências. Outras vezes, você pode conseguir descobri-las imediatamente, se sua ansiedade não estiver descontrolada demais.

Você pode avaliar a validade de seus pensamentos anotando, em primeiro lugar, um pensamento desencadeador da ansiedade que você percebe passar pela sua mente. Anote-o ou dite-o para um aparelho eletrônico. Em seguida, reúna evidências que respaldem a probabilidade de seu pensamento ansioso ser verdadeiro ou que contestem essa probabilidade. Use as perguntas a seguir para contestar as evidências:

» Tive pensamentos como esses outras vezes na vida? Minhas previsões calamitosas se realizaram?

» Tenho experiências que poderiam contradizer meus pensamentos de alguma forma?

» Essa situação é realmente tão pavorosa quanto aparenta?

» Daqui a um ano, até que ponto ela me deixará preocupado?

» Estou pensando que isso acontecerá só porque me sinto ansioso e preocupado? Minhas conclusões se baseiam mais em sentimentos ou em evidências reais?

» Estou presumindo algo sem nenhuma evidência sólida para meu pensamento negativo?

Sentimentos são sempre válidos no sentido de que você sente o que sente, mas não são evidências para respaldar pensamentos ansiosos. Por exemplo, se você se sente extremamente ansioso ao fazer uma prova, a ansiedade não é evidência de como será seu desempenho.

Essas perguntas para reunir evidências o ajudam a descobrir evidências relacionadas a seus pensamentos ansiosos ou preocupantes, porque uma mente ansiosa já conhece as evidências que respaldam pensamentos ansiosos.

Para verificar como isso funciona, lembre-se de que André (na abertura desta seção) estava nervoso com o encontro iminente. Ele receava que a pessoa com quem se encontraria o achasse sem graça e sem traquejo social. Primeiro André preencheu a evidência que respaldava seu pensamento ansioso, o que ele achou fácil de fazer. Em seguida, na segunda coluna da tabela, usou as perguntas para reunir evidências desta seção a fim de listar evidências contra seus pensamentos ansiosos.

Após finalizar a tarefa, André julga seu pensamento ansioso de outra maneira. Ele percebe que a evidência por trás do pensamento ansioso não se sustenta quando analisada. Ele entende que sua preocupação e o estresse relacionados a encontros têm um longo histórico sem fundamento real. Percebe que já teve vários encontros divertidos e só precisa continuar procurando a pessoa certa. Ainda tem pensamentos ansiosos e sente ansiedade antes de encontros, mas suas preocupações o deixam menos preocupado.

Considere preencher seu próprio quadro para que consiga pesar com cuidado as evidências. Use os mesmos subtítulos das colunas e o formato mostrados na Tabela 6-1. Seja criativo e reúna o máximo possível de evidências que respaldem e contestem pensamentos ansiosos.

TABELA 6-1   **Pesando as Evidências**

Pensamento Ansioso: Acredito que a pessoa com quem me encontrarei me achará perdedor e sem graça.	
Evidências que Respaldam Meus Pensamentos Ansiosos	Evidências que Contestam Meus Pensamentos Ansiosos
Certo dia, fui a um encontro, e ela disse, de uma hora para outra, que precisava ir para casa. Nunca mais voltei a vê-la.	Tive pelo menos uns dez encontros com mulheres que pareceram interessadas, mas, na verdade, não gostei delas.
Minha ex-esposa disse que eu nunca encontraria alguém que me amasse.	Desde o divórcio, tive dois relacionamentos duradouros com parceiras atraentes. Uma delas sempre dizia que eu era sexy.
Eu me acho bem sem graça.	Não pareço ter nenhum problema para marcar um segundo encontro com mulheres. Se eu fosse uma lástima, isso não aconteceria.
Nunca sei qual é a coisa certa a dizer.	Na maioria das vezes, não tenho muita dificuldade para fazer a conversa fluir; apenas me preocupo demais com isso.

LEMBRE-SE

Não se esqueça de usar as perguntas para reunir evidências listadas anteriormente nesta seção se precisar de ajuda para ter ideias.

Decida se você realmente acha que seus pensamentos ansiosos têm fundamento. Se não têm, é só começar a levá-los menos a sério, e sua ansiedade recuará um pouco.

DICA

Embora anotar pensamentos ansiosos e pesar as evidências uma só vez seja útil, a prática aprimora os resultados. Dominar qualquer habilidade nova exige prática. Quanto mais tempo você passa nela e quanto mais contrapõe os pensamentos ansiosos às evidências reais, mais vantagens obtém.

Repensando riscos

Outra forma importante de enfrentar pensamentos ansiosos é analisar como você avalia a probabilidade de um evento ocorrer. Quando você se sente ansioso, pode, como muitas pessoas, *superestimar as probabilidades* de eventos indesejados ocorrerem de fato. É fácil acontecer isso. Por exemplo, quando foi a última vez que você ouviu notícias reportando que ninguém foi mordido por uma cobra naquele dia ou que milhões de aviões levantaram voo e pousaram, e nenhum caiu? Não surpreende que as pessoas superestimem tragédias. Pelo fato de tragédias chamarem a atenção, as pessoas tendem a se concentrar nos acontecimentos drásticos, e não nos comuns. É por isso que é útil pensar nas probabilidades reais e objetivas da catástrofe que você previu.

Pensamentos são só pensamentos. Submeta-os a um teste de realidade.

Quando você se pegar fazendo previsões negativas sobre o futuro — como os momentos terríveis que terá em uma festa, a probabilidade de se sair mal em uma prova ou de acabar arruinado financeiramente —, faça consigo mesmo a seguinte reavaliação de questões de riscos:

» Quantas vezes previ esse resultado e quantas vezes ele realmente aconteceu comigo?

» Com que frequência isso acontece com pessoas que conheço?

» Se alguém que conheço fizesse essa previsão, eu concordaria?

» Estou assumindo que isso acontecerá só porque receio que aconteça, ou há uma chance razoável de realmente acontecer?

» As pessoas me pagariam para prever o futuro?

» Tenho alguma experiência do passado que sugira que minha previsão drástica é improvável de ocorrer?

Além de fazer essas perguntas, analise, sempre que possível, as evidências estatísticas relacionadas a seus medos. É claro que nem sempre você consegue encontrar estatísticas que o ajudem. Mesmo assim, as respostas às perguntas anteriores o ajudarão a reavaliar os riscos reais e parar com o hábito de fazer previsões drásticas sobre o futuro.

Juan, sobre quem escrevemos no início deste capítulo, sempre se preocupou com que as coisas dessem errado. A história a seguir mostra como Juan superestima a probabilidade de desfechos terríveis.

> **Juan**, com grosseria, toma a panela de sua esposa, Linda. Ele grita com ela: "Eu termino de dourar a carne. Vá arrumar a mesa." Seu comportamento brusco mexe com os sentimentos de Linda, mas ela sabe como ele fica ansioso quando tem companhia para o jantar. Juan segura firme a panela no fogão, observando com cuidado a cor da carne. Sente-se irritado e ansioso, "sabendo" que o jantar acabará mal. Ele receia que a carne fique dura demais, e os legumes, empapados pelo excesso de cozimento. O estresse é contagioso, e, quando a visita chega, Linda também está preocupada.

QUAIS SÃO AS PROBABILIDADES?

Todos morreremos (pelos nossos últimos cálculos). Logo, você tem uma chance em uma de morrer de alguma coisa, mais cedo ou mais tarde. Agora, sejamos mais específicos. Nos Estados Unidos, durante toda a vida, a probabilidade de alguém ser atingido por um raio é de cerca de 1 em 180 mil. As probabilidades de ser morto por outros meios, nos Estados Unidos, são as seguintes:

- Por um cão: Cerca de 1 em 119 mil.

- Por uma abelha ou vespa: Cerca de 1 em 54 mil.

- Viagem aérea: Há mortes insuficientes para se fazer previsões razoáveis!

- Por uma arma de fogo: Cerca de 1 em 300.

- Disparo acidental de arma de fogo: Por volta de 1 em 9.100.

- Em um acidente de carro: Por volta de 1 em 110.

- Engasgado com comida: Cerca de 1 em 2.600.

- Suicídio: Cerca de 1 em 85.

- Doença cardiovascular: Por volta de 1 em 6.

Repare como as probabilidades reais não batem muito com o que as pessoas mais temem. Muito mais gente *tem medo* de tempestades, cobras, aranhas e de voar de avião do que de dirigir ou de ser morto por uma arma de fogo. Não faz sentido, faz? Por fim, é bom notar que as probabilidades individuais variam. Se você fica ao ar livre com regularidade durante tempestades, segurando seus tacos de golfe no ar, suas chances de ser atingido por um raio são um pouco maiores do que as da média.

O que Juan está prevendo? Quase sempre que ele e Linda recebem amigos, Juan acredita que a comida que fazem ficará péssima, que os convidados ficarão horrorizados, e que ele será humilhado. Não se pode analisar os resultados desse jantar em uma tabela ou um livro. Então, como Juan pode avaliar as probabilidades de forma realista? Naturalmente, ele responde à reavaliação das perguntas de risco e começa a mudar os pensamentos ansiosos.

Ao proceder assim, Juan começa a perceber que ele e a esposa nunca estragaram de fato um jantar, embora ele tenha previsto isso várias vezes antes. Além disso, ele testou a segunda previsão, de que os convidados ficariam horrorizados se o jantar acabasse mal. Juan se lembrou de que, certa vez, ele e Linda foram a um churrasco em que a carne queimou a ponto de ficar intragável. Todos demonstraram uma empatia genuína e compartilharam histórias sobre os próprios desastres culinários. Acabaram pedindo pizza e consideraram aquela noite uma das mais agradáveis que haviam passado havia um bom tempo. Os anfitriões, longe de se sentirem humilhados, adoraram a demonstração de boa vontade.

Luna, também do início deste capítulo, fica preocupada em ter um ataque de pânico em uma peça da Broadway. Ao analisar as probabilidades, ela se dá conta de que nunca teve uma crise de pânico durante alguma apresentação de teatro, no cinema ou em algum evento esportivo. De posse dessa nova informação, ela está pronta para correr o pequeno risco e se divertir no teatro. Ela ainda tem ansiedade, mas acredita que vale a pena levar o plano adiante. Recalcular riscos lhe permite fazer isso.

Desconstruindo cenários preocupantes

Mesmo que seja evidente a improbabilidade de os eventos que você teme acontecerem, talvez esteja pensando que coisas ruins, de fato, ainda acontecem. Raios caem. Chefes entregam avaliações ruins. Aviões caem. Em alguns dias, o cabelo simplesmente "acorda ruim". Navios afundam. Pessoas tropeçam, e outras riem delas. Algumas perdem o emprego. Namorados terminam a relação.

O mundo nos dá vários motivos para ficarmos preocupados. Recalcular as probabilidades reais muitas vezes nos ajuda. Mas você ainda pode ficar preso, preocupado com o "e se" — e se sua preocupação de fato acontecer? Primeiro, mostramos a você como lidar com preocupações menores do dia a dia, depois, abordamos a situação no pior cenário possível.

Café-pequeno

Com o que as pessoas se preocupam? Na maior parte do tempo, com coisas irrelevantes, *café-pequeno*. Em outras palavras, consequências que, mesmo desagradáveis, não chegam nem perto de serem ameaçadoras. No entanto, essas situações corriqueiras conseguem gerar níveis consideráveis de estresse, apreensão e preocupação.

Veja o que preocupa Gerald, Sammy e Carol. Suas histórias são exemplos de preocupações comuns que levam certas pessoas a se sentirem extremamente ansiosas.

> **Gerald** se preocupa com muitas coisas. Sobretudo, com cometer erros em ambientes sociais. Antes de festas, fica obcecado pelo que vestir. Ele ficará bem-vestido demais ou informal demais? Saberá o que dizer? E se disser algo estúpido e as pessoas derem risada? Como você pode imaginar, Gerald se sente péssimo em eventos sociais. Quando entra no meio da multidão, sente como se um holofote estivesse virado em sua direção e todos no recinto estivessem olhando para ele. Gerald não só imagina que as pessoas estão concentradas nele, mas também o julgando de maneira negativa.
>
> **Sammy** é tão preocupado quanto Gerald; as preocupações são apenas diferentes. Sammy é obcecado pela ideia de que perderá o controle e terá de fugir de onde quer que esteja. Se está em uma sala de aula,

ele se pergunta se ficará ansioso a ponto de ter que sair e, é claro, presume que todos saberão por que ele saiu e pensa que tem algo de muito errado consigo. Se está em um shopping lotado, ele teme "enlouquecer" e começar a gritar e a correr descontrolado.

Carol é jornalista. Ela sente ansiedade quase todos os dias. Sente pressão no peito a cada vez que um prazo se aproxima e teme o dia em que não conseguirá entregar seu texto a tempo. Para piorar as coisas, às vezes ela tem bloqueios criativos e, por quinze ou vinte minutos, não consegue pensar na próxima palavra que digitará; ao mesmo tempo, o relógio avança, e o prazo se aproxima. Várias vezes, ela viu colegas perdendo o emprego ao não conseguirem cumprir o prazo, e teme que um dia tenha o mesmo destino. É difícil para Carol parar de pensar nos prazos.

O que Gerald, Sammy e Carol têm em comum? Primeiro, todos têm ansiedade, estresse e tensão consideráveis. Ficam preocupados quase todos os dias. Não conseguem imaginar o horror de lidar com a possibilidade de os próprios medos se realizarem. Mas o mais importante é que eles se preocupam com coisas que acontecem o tempo todo e que as pessoas tentam enfrentar quando acontecem.

Gerald, Sammy e Carol subestimam a própria capacidade de enfrentamento. E se Gerald cuspir alguma coisa em uma festa e as pessoas ao redor perceberem? Ele se jogaria no chão, incapaz de se mexer? As pessoas apontariam para ele e dariam risada? Improvável. Provavelmente ele ficaria vermelho, com vergonha, e limparia a bagunça. A festa e a vida de Gerald continuariam. Mesmo que algumas pessoas grosseiras rissem dele, a maioria se esqueceria do incidente e certamente não o veria de maneira diferente.

Sammy entra em pânico com a possibilidade de seus sentimentos o assolarem. Fica preocupado com ter que sair correndo de onde quer que esteja e parecer estúpido ao fazer isso. O fato de essa situação nunca ter acontecido com ele não o impede de se preocupar.

Carol, por sua vez, tem uma preocupação maior. Seu pior cenário envolve a perda do emprego. Isso parece sério. O que ela faria se perdesse seu trabalho?

Seja sua experiência uma preocupação pequena ou média (situações café--pequeno ou não), você pode usar as seguintes *perguntas de enfrentamento* para descobrir sua capacidade real de enfrentá-la. As respostas a estas perguntas o ajudarão a lidar com seus piores medos.

1. **Já lidei com algo parecido com isto no passado?**

2. **Como isto afetará minha vida daqui a um ano?**

3. **Conheço pessoas que lidaram com algo semelhante e a maneira como procederam?**

4. Conheço alguém a quem eu poderia recorrer pedindo ajuda ou apoio?

5. Consigo pensar em uma nova possibilidade que resultaria deste desafio?

Carol, que ficou preocupada com a perda do emprego, recorre a essas perguntas para ajudá-la a se acertar com os próprios medos. Carol escreve estas respostas às perguntas de enfrentamento:

1. Já lidei com algo parecido com isto no passado?

> Não, nunca perdi um emprego. Essa primeira pergunta não me ajuda a descobrir nenhuma forma melhor de enfrentamento, mas me auxilia a enxergar a possibilidade de que andei superestimando os riscos de perder meu emprego.

2. Como isto afetará minha vida daqui a um ano?

> Se eu realmente perder o emprego, provavelmente terei alguns problemas financeiros por um tempo, mas tenho certeza de que conseguiria encontrar outro trabalho.

3. Conheço pessoas que lidaram com algo semelhante e a maneira como procederam?

> Bem, minha amiga Janet perdeu o emprego há alguns meses. Janet recebeu seguro-desemprego e pediu aos pais que a ajudassem um pouco. Agora ela tem um emprego de que realmente gosta.

4. Conheço alguém a quem eu poderia recorrer pedindo ajuda ou apoio?

> Odiaria fazer isso, mas minha mãe sempre me ajudaria se eu precisasse de verdade.

5. Consigo pensar em uma nova possibilidade que resultaria deste desafio?

> Quando penso a respeito, vejo que sinto certo ódio desses prazos diários no jornal. Tenho licenciatura. Com a atual carência de professores, eu poderia ensinar inglês para o ensino médio e ter os verões livres. Melhor ainda: poderia usar esses verões para escrever o romance que sempre sonhei em compor. Talvez eu deixe meu emprego agora e comece já!

É maravilhoso ver como fazer com frequência essas perguntas a si mesmo pode eliminar as consequências catastróficas que você associa aos piores cenários imaginados. Responder a essas perguntas o ajudará a ver que você pode lidar com a maioria de suas preocupações — ao menos, com os problemas café-pequeno ou médio. Mas e as hipóteses piores (os baldes de café, por assim dizer)? Você conseguiria enfrentar desastres grandes?

Na pior das hipóteses

Os medos de certas pessoas envolvem questões que vão além da falta de traquejo social ou perda financeira temporária. Doença grave, morte, pavor, desastres naturais, deformação, deficiências consideráveis e a perda de um ente querido são as piores das hipóteses. Como seria possível enfrentar uma delas? Não diremos a você que seria fácil, pois não seria.

> A mãe e a avó de **Marilyn** morreram de câncer de mama. Ela sabe que suas probabilidades de ter câncer de mama são maiores que as de outras pessoas. Quase todos os dias, desde que se tornou adulta, ela se preocupa com a saúde. Ela insiste em fazer checapes mensais, e qualquer incômodo estomacal, crise de exaustão ou dor de cabeça se transforma em um tumor imaginário.
>
> Seu estresse preocupa familiares e o médico. Primeiro o médico a ajuda a ver que está superestimando o risco. Ao contrário da mãe e da avó, Marilyn faz mamografias anuais e autoexames regulares. Como se não bastasse, faz exercícios com frequência e adota uma dieta muito mais saudável do que a mãe ou a avó adotavam.

Marilyn, de fato, tem chance de ter câncer de mama. Como poderia enfrentar a pior das hipóteses? Talvez você fique surpreso ao descobrir que as mesmas perguntas usadas para lidar com problemas café-pequeno o ajudam a lidar com as piores hipóteses. Dê uma olhada em como Marilyn respondeu às nossas cinco perguntas de enfrentamento:

1. **Já lidei com algo parecido com isto no passado?**

> Infelizmente, sim. Ajudei minha mãe quando ela fazia quimioterapia. Era horrível, mas me lembro de ter rido com ela quando seus cabelos caíram. Sei que a quimioterapia não é nem um pouco ruim como antes. Nunca me senti tão próxima de minha mãe quanto naquela fase. Conversávamos sobre muitos assuntos importantes.

2. **Como isto afetará minha vida daqui a um ano?**

> Bem, se de fato eu tiver câncer de mama, isso afetará drasticamente a minha vida daqui a um ano. Posso ainda estar em tratamento ou me recuperando da cirurgia.
>
> As primeiras duas perguntas fazem Marilyn focar a possibilidade de ter câncer. Mesmo que ela seja obcecada e preocupada com a doença, a intensidade da ansiedade a impediu de sequer contemplar como lidaria com o câncer se de fato ele ocorresse. Embora sem dúvida ela odeie pensar em quimioterapia ou cirurgia depois de imaginar a possibilidade, percebe que conseguiria enfrentá-las.
>
> Quanto mais você evita um medo, mais terrível ele se torna.

LEMBRE-SE

3. Conheço pessoas que lidaram com algo semelhante e a maneira como procederam?

É claro, minha mãe morreu de câncer de mama. Mas, durante seus últimos três anos de vida, ela aproveitou cada momento. Ela se aproximou dos filhos e fez muitos novos amigos. É engraçado, mas, agora que reflito sobre isso, acredito que ela foi mais feliz durante essa fase do que em qualquer outro período de que consigo me lembrar.

4. Conheço alguém a quem eu poderia recorrer pedindo ajuda ou apoio?

Conheço um grupo de apoio ao câncer na cidade. E meu marido e minha irmã fariam qualquer coisa por mim.

5. Consigo pensar em uma nova possibilidade que resultaria deste desafio?

Nunca pensei no câncer como um desafio; era uma maldição. Mas acho que agora percebo que posso escolher ficar ansiosa e preocupada com isso ou apenas me cuidar e viver a vida por inteiro. Se de fato eu tiver câncer, minha esperança é poder ajudar outras pessoas, como minha mãe ajudou, e usarei o tempo que tiver de maneira positiva. Além disso, há uma boa chance de que eu poderia vencer o câncer, e, com os avanços na medicina, essas chances aumentam com o tempo. Percebo que, nos últimos anos, passei tanto tempo me preocupando em ter câncer que negligenciei minha família e até a vida. Eu me comprometo a não esperar até meus últimos dias para me aproximar de minha família. É hora de começar a viver hoje, agora.

DICA

Quando você fica ansioso, com medo de alguma coisa terrível acontecer, é importante parar de evitar o fim da história. Siga em frente. Quanto mais você evita contemplar o pior, maior o medo fica. Em nosso trabalho, sempre descobrimos que nossos clientes descobrem estratégias de enfrentamento para as piores hipóteses, mesmo em situações bem importantes. Considere o caso de George.

George tem medo de avião. Ele recalcula os riscos de voar e percebe que são baixos. Ele diz: "Sei que é relativamente seguro, e isso ajuda um pouco, mas ainda me assusta." Recentemente, George foi promovido. Infelizmente para ele, o novo cargo exige viagens consideráveis. O pior pesadelo de George é o avião cair. Ele faz a si mesmo as perguntas de enfrentamento e as responde assim:

1. Já lidei com algo parecido com isto no passado?

Não. Obviamente, nunca estive em uma queda de avião.

2. Como isto afetará minha vida daqui a um ano?

Não muito, eu estaria morto!

3. **Conheço pessoas que lidaram com algo semelhante e a maneira como procederam?**

Nenhum amigo, conhecido, parente ou colega meu sofreu uma queda de avião.

4. **Conheço alguém a quem eu poderia recorrer pedindo ajuda ou apoio?**

É óbvio que não. Quer dizer, o que as pessoas poderiam fazer?

5. **Consigo pensar em uma nova possibilidade que resultaria deste desafio?**

Como? Nos poucos minutos que eu teria durante a queda, duvido que pensaria em muitas possibilidades criativas.

Hum. George pareceu não ter conseguido muita coisa com nossas perguntas de enfrentamento, não? Essas perguntas não adiantam muito para uma ou outra hipótese pior. Para essas situações, temos as *perguntas de enfrentamento final*, seguidas pelas respostas de George a elas:

1. **O que há nessa eventualidade que o faz pensar que não poderia enfrentar de maneira alguma e, possivelmente, não poderia suportar?**

Certo, consigo imaginar dois tipos diferentes de acidentes de avião. Em um deles, o avião explodiria, e provavelmente eu sequer saberia o que aconteceu. No outro, alguma coisa aconteceria com o motor, e eu vivenciaria vários minutos de terror absoluto. É disso que de fato tenho medo.

2. **É possível que você consiga realmente lidar com isso?**

Eu conseguiria lidar? Acho que nunca pensei nisso antes; parecia assustador demais pensar. Se de fato eu entrasse no avião, provavelmente apertaria o cinto, talvez até gritaria, mas acho que isso não duraria muito. Acredito que poderia aguentar qualquer coisa por pouco tempo. Se eu sofresse um acidente de avião, pelo menos sei que cuidariam bem da minha família. Quando penso nisso de fato, por mais desagradável que pareça, acho que conseguiria lidar. Eu teria que lidar.

De certa forma, a maioria das pessoas tem medo de morrer — mesmo as que têm fortes convicções religiosas (o que pode ajudar) raramente acolhem bem a ideia. No entanto, a morte é uma experiência universal. Embora a maior parte das pessoas tivesse preferido partir sem dor durante o sono, muitas mortes não são fáceis assim.

Se uma forma específica de morte o deixa assustado, contemplá-la de maneira ativa funciona melhor do que a bloquear da mente. Se você fizer isso, provavelmente descobrirá que, assim como George, pode lidar com e aceitar quase todas as eventualidades.

Se você se descobrir excepcionalmente ansioso ou incomodado ao pensar nisso, é útil buscar ajuda profissional.

CUIDADO

Cultivando Pensamentos Tranquilos

Pensamentos ansiosos captam sua atenção. Eles mantêm sua mente racional como refém. Como resgate, exigem toda sua calma e serenidade. Logo, quando você tiver pensamentos ansiosos, é útil persegui-los e destruí-los, pesando as evidências, reavaliando as probabilidades e revendo sua real capacidade de enfrentamento (veja como nas seções anteriores).

Outra opção é repelir os pensamentos ansiosos com pensamentos tranquilos. Faça essa tarefa usando uma das três técnicas. Tente o que chamamos de perspectiva do amigo; elabore pensamentos novos e tranquilos para substituir os antigos e ansiosos, ou tente fazer afirmações positivas.

Considerando a perspectiva de um "amigo"

Às vezes, estratégias simples fazem maravilhas. Esta pode ser uma delas. Quando seus pensamentos ansiosos fazem boa parte de sua mente racional como refém, você ainda tem um amigo de reserva que pode ajudá-lo a encontrar uma nova perspectiva. Onde? Dentro de si mesmo.

Experimente esta técnica quando estiver sozinho — isto é, sem contar seu amigo interior. Imagine que um bom amigo real está sentado à sua frente e fale em voz alta. Imagine que seu amigo tem exatamente o mesmo problema que você. Vá no seu ritmo e realmente tente ajudá-lo. Faça um brainstorming com ele. Você não precisa propor soluções instantâneas ou perfeitas. Busque todas as ideias que puder, mesmo que à primeira vista pareçam bobas — elas podem levá-lo a uma solução criativa. Essa abordagem funciona porque o ajuda a afastar as emoções avassaladoras que bloqueiam os pensamentos bons e racionais. Não dispense esta estratégia só porque ela é simples!

DICA

O exemplo de Julian demonstra essa técnica em ação.

Julian se preocupa com os boletos. O saldo de seu cartão de crédito é de alguns milhares de dólares. O seguro do carro está algumas semanas atrasado, e ele não tem dinheiro para pagá-lo. Quando Julian contempla sua preocupação, ele acha que talvez vá à falência, que o carro será confiscado e, por fim, perderá a casa. Ele sente que não tem opção e que está em um mato sem cachorro. Julian perde o sono por causa da preocupação. A ansiedade detona sua capacidade de raciocinar e analisar o dilema.

Agora, pedimos a Julian que ajude um velho amigo. Dizemos a ele que imagine Richard, um amigo seu, sentado em uma cadeira à sua frente. O amigo está passando por um aperto financeiro e precisa de conselhos sobre o que fazer. Richard teme perder tudo se não conseguir dinheiro para pagar o seguro do carro. Pedimos a Julian que dê algumas ideias a Richard.

Surpreendentemente para Julian, mas não para nós, ele surge com uma cornucópia de boas ideias. Ele diz a Richard: "Converse com seu agente da seguradora sobre fazer pagamentos mensais, em vez de semestrais. Você também pode obter um adiantamento no cartão de crédito. Além disso, será que não dá para fazer umas horas extras? Fale com um consultor financeiro. Algum parente não poderia emprestar uns cem dólares? Em longo prazo, você precisa desgastar essa dívida do cartão de crédito e controlar um pouco os gastos."

Muita calma nessa hora

Outra maneira de gerar pensamentos tranquilos é analisar seus pensamentos ansiosos e desenvolver uma perspectiva mais racional. A chave desse método é colocá-los no papel. Deixá-los na cabeça não traz muitos benefícios.

Essa estratégia não se equipara ao mero pensamento positivo, porque criar uma alternativa Poliana não ajuda — isto é, um pensamento exageradamente otimista. Garanta que sua perspectiva racional seja algo em que você pode acreditar pelo menos parcialmente. Trocando em miúdos, seu lado emocional talvez não compre a visão alternativa logo de cara, mas a nova perspectiva deve ser algo que uma pessoa racional acharia crível.

DICA

Sua tarefa será mais fácil se você já forçou os pensamentos ansiosos a pesar as evidências, repensar os riscos e reavaliar seus recursos de enfrentamento para lidar com as piores hipóteses imaginárias, conforme descrevemos em seções anteriores.

A Tabela 6-2 fornece alguns exemplos de pensamentos ansiosos e alternativas racionais para eles. Também damos a você uma perspectiva Poliana que *não* achamos útil.

TABELA 6-2   ## Desenvolvendo uma Perspectiva Racional

Pensamento Ansioso	Alternativa Racional	Perspectiva Poliana
Se eu usar uma gravata e ninguém mais estiver usando, ficarei com cara de idiota.	Se ninguém mais usa gravata, sem dúvida algumas pessoas notarão. Porém, não acharão grande coisa. Mesmo que uma ou outra pessoa ache, isso não me importará nem um pouco daqui a algumas semanas.	Todo mundo me achará ótimo, não importa o que faça!
Se eu tirar C nesta prova, ficarei humilhado. Preciso ser o primeiro da turma. Não suportaria se não fosse.	Se eu tirar C, certamente não ficarei contente. Mas ainda tenho uma boa média de notas e uma boa chance para ganhar uma bolsa. Apenas me esforçarei mais da próxima vez. Adoraria ser o primeiro da turma, mas a vida continuará mesmo que eu não consiga ser.	Não tem como eu não conseguir um A. Preciso e vou tirar um.
Se eu perder o emprego, estarei falido em questão de semanas.	Se eu perder o emprego, isso trará algumas dificuldades. Porém, há boas probabilidades de eu conseguir outro. E minha esposa se ofereceu para fazer hora extra se eu precisar.	Eu jamais poderia perder o emprego!
Prefiro subir vinte lances de escada a pegar o elevador. Só de pensar nas portas se fechando, fico apavorado.	É hora de enfrentar esse medo, porque as chances de um elevador cair são infinitamente pequenas. Pegar o elevador é um pouco assustador, mas talvez eu possa começar simplesmente subindo ou descendo alguns andares e seguindo em frente a partir daí.	Preciso deixar de ser tão patife. Pularei dentro dessa coisa e a levarei até o topo, simples assim!

CUIDADO

Mostramos a você a perspectiva Poliana porque é importante não lançar mão dela. Talvez você pense que o último exemplo da referida perspectiva — superar o medo em um instante — parece ótimo. Seria bom, acreditamos, se ao menos a coisa funcionasse dessa maneira. O problema dessa abordagem é que tentá-la é se jogar no colo do fracasso. Imagine alguém que morre de medo de elevador tentando pular dentro dele e levá-lo até o andar de cima de uma só vez. Muito provavelmente, a pessoa faria isso só dessa vez, sentiria pavor e pioraria ainda mais o medo.

LEMBRE-SE

Seja gentil consigo mesmo; vá devagar ao confrontar pensamentos ansiosos e medos.

Cuidado com Palavras de Preocupação

Pense na tagarelice mental que passa pela sua cabeça. Você exagera? Coloca a si mesmo para baixo? Prevê desfechos terríveis? Por exemplo, se seu computador não está funcionando, você fica com raiva de si mesmo, prevê que não conseguirá terminar nada e deduz que o dia certamente ficará arruinado? Esses falatórios internos podem desencadear um turbilhão de ansiedade. As seções a seguir ajudam você a descobrir quais palavras contribuem para deixá-lo ansioso. Elas vêm em vários formatos e categorias, e mostramos a você como detectar essas palavras. Em seguida, oferecemos estratégias para descobrir termos e frases alternativos para suprimir a ansiedade desnecessária.

Botando lenha na fogueira da ansiedade

"Paus e pedras podem quebrar meus ossos, mas palavras nunca podem me ferir." Talvez você tenha ouvido esse provérbio quando criança. Muitas vezes, pais e mães tentam aliviar as mágoas dos filhos com esse bordão, mas geralmente não funciona, porque palavras, de fato, têm poder. Palavras podem assustar, julgar e ferir.

Se essas palavras fossem ditas apenas por outras pessoas, machucariam o suficiente. Mas as palavras que você usa para descrever a si mesmo, seu mundo, suas atitudes e seu futuro podem ter um impacto ainda maior sobre si do que as que ouve da boca dos outros. O exemplo de Jason e sua esposa Beverly ilustra essa afirmação. O que começa com uma simples conversa entre marido e esposa leva a um bocado de ansiedade e estresse conjugal.

> **Beverly, esposa de Jason,** que está um pouco preocupada com a pressão arterial do marido, menciona durante o café da manhã que ele parece ter ganhado um pouco de peso. "Ah, é mesmo?", pergunta Jason.
>
> "Talvez só um pouquinho; não é grande coisa. Estou preocupada com sua saúde, só isso", responde ela.
>
> Durante as próximas horas, Jason começa a ruminar o que a esposa disse. "Sou um *porco*... Ela *morre de nojo* de mim... Ela *nunca mais* vai querer fazer sexo comigo... Perder peso é *impossível* para mim... Tenho *certeza* de que ela vai me deixar; isso seria *insuportável*."
>
> À tarde, Jason sente uma ansiedade intensa e tensão. Ele está tão chateado que se afasta e fica amuado o resto do dia. Beverly sabe que há algo errado e se preocupa que Jason esteja perdendo o interesse por ela.

O que aconteceu? Primeiro, Beverly fez uma afirmação bem delicada a Jason. Então, em vez de pedir esclarecimentos a Beverly, Jason jogou em si mesmo uma avalanche de palavras que despertam ansiedade — *porco, morre de nojo, nunca, impossível, certeza* e *insuportável*. A mente de Jason se inundou de palavras marcantes que distorceram fortemente a intenção original de Beverly. Os pensamentos internos dele não têm mais conexão alguma com a realidade.

CUIDADO

As palavras de preocupação que você usa inflamam facilmente a ansiedade e raramente têm respaldo de evidências ou da realidade. Elas se tornam maus hábitos que as pessoas usam de forma indiscriminada. Porém, temos boas notícias: como qualquer hábito, esse de usar palavras que despertam ansiedade também pode ser eliminado.

Existem quatro categorias principais de palavras de preocupação. Nas próximas seções, analisamos com cuidado cada uma delas:

» **Extremistas:** Palavras que exageram ou transformam um acontecimento pequeno em uma catástrofe.

» **Ou tudo, ou nada:** Polos opostos sem nenhum meio-termo.

» **Julgar, impor e rotular:** Avaliações severas e xingamentos.

» **Vítimas:** Subestimam sua habilidade de enfrentamento.

De frente com palavras extremistas

É incrível como selecionar certas palavras para descrever eventos pode transformar um montinho em uma montanha. Palavras extremistas aumentam ou exageram totalmente situações problemáticas. Agindo assim, elas agravam emoções negativas. Leia sobre Emily, que transforma uma batidazinha de nada em uma catástrofe.

> **Emily,** saindo de uma vaga apertada no supermercado, ouve um barulho de metal arranhando. Seu para-choque amassa o painel lateral de uma SUV de última geração estacionada ao lado dela. Emily pisa forte no freio, enfia o carro na vaga e sai para avaliar o estrago — um arranhão de dez centímetros.
>
> Usando o celular, ela telefona para o marido, Ron. Histérica, grita: "Houve um acidente *horrível*. Eu *destruí* o outro carro. Me sinto *péssima*; eu não *aguento isso*." Ron tenta acalmar a esposa e corre do trabalho até o local. Ao chegar, não fica tão surpreso ao descobrir que o dano é bem menor. Ele conhece bem o hábito de Emily de usar palavras extremistas, mas isso não significa que ela não esteja chateada. Ela está. Nem Emily nem Ron percebem como o linguajar dela acende o pavio de suas reações emocionais.

A maior parte da linguagem problemática de Emily entra na categoria das palavras extremistas. A lista a seguir lhe dá uma pequena amostra de termos extremistas: *agonizante, aterrador, pavoroso, devastador, desastroso, horrível* e *insuportável*.

Naturalmente, a realidade pode ser horrível, aterradora e absolutamente pavorosa. Seria difícil descrever o Holocausto, o 11 de Setembro, a fome ou a pandemia mundial em termos delicados. No entanto, com muita frequência, palavras extremistas como essas remodelam a realidade. Pense em quantas vezes você ou seus conhecidos usam essas palavras para descrever eventos que, ainda que sem dúvida sejam desagradáveis, não podem ser descritos como catastróficos.

A vida apresenta desafios. Perdas, frustrações, aborrecimentos e dores aparecem dia após dia como convidados chatos e indesejados. Você pode tentar expulsá-los de sua vida, mas, por mais que se esforce, não conseguirá impedi-los de fazer uma paradinha — como sempre, sem serem convidados. Quando eles chegam, você tem duas escolhas. Uma é aumentá-los e dizer a si mesmo o quanto eles são *horríveis, pavorosos, insuportáveis* e *intoleráveis*. Mas, ao fazer isso, você só consegue intensificar a ansiedade e a angústia. Sua opção é pensar em termos mais realistas. (Para mais opções realistas, veja a seção "Aos diabos com as palavras extremistas", mais adiante neste capítulo.)

Representação incorreta com palavras do tipo "tudo ou nada", "preto ou branco"

Pegue alguma fotografia em preto e branco. Olhe com cuidado e verá muitos tons de cinza que provavelmente dominam o retrato. A maioria das fotos contém muito pouco preto ou branco puros. Chamar uma foto de preto e branco simplifica demais e deixa de captar a complexidade e a riqueza da imagem. Assim como chamar uma fotografia de preto e branco deixa muitos detalhes de fora, descrever um evento em termos de preto ou branco ignora a ampla gama da experiência humana. Assim como na foto, poucas coisas da vida são pretas ou brancas.

Mesmo assim, as pessoas facilmente escorregam na linguagem hipersimplista. Tal como a linguagem extremista, essa abordagem "tudo ou nada" intensifica sentimentos negativos. O exemplo a seguir mostra como categorizar a vida em termos "tudo ou nada" pode gerar sensações incômodas.

> **Thomas** larga o jornal, sem conseguir se concentrar, e diz à esposa que é melhor ele ir embora. "Não preguei o olho ontem à noite. Tenho surtado *totalmente* com minha quota de vendas este mês. Eu *nunca* vou conseguir. De maneira *alguma*. As vendas diminuíram *por inteiro* com a economia mais desacelerada, mas o chefe tem tolerância *zero* por circunstâncias atenuantes. Tenho *certeza* de que ele vai me dispensar. Seria *absolutamente* impossível encontrar outro emprego se ele me despedir."

Thomas distorce a realidade afirmando que *nunca* cumprirá a quota de vendas. Então, sua ansiedade dispara. No processo, ele se concentra na negatividade, em vez de buscar soluções positivas. Se Thomas não consegue encontrar palavras tudo ou nada adicionais, ele pode pegar emprestado da lista a seguir: *tudo, sempre, sem parar, completo, constante, todo mundo, para sempre, invariavelmente, ninguém, nada...* você entendeu.

Poucas coisas (além de morte, impostos e mudanças) ocorrem com certeza absoluta. Talvez você se lembre de implorar a seus pais para chegar um pouco mais tarde em casa. Aposto que disse a eles que *todo mundo* fica até mais tarde que você. Se sim, você o fez por um bom motivo, na esperança de que a palavra *todo mundo* seria uma afirmação mais marcante. Mesmo assim, provavelmente seus pais perceberam seu truque. Vez ou outra, todo mundo hipersimplifica; nossa língua tem muitas palavras para distorcer a realidade. (Para um antídoto para o "tudo ou nada", veja mais adiante neste capítulo a seção "Contestando o 'tudo ou nada'".)

Deparando com palavras de julgamento

Você *precisa* ler este livro com mais cuidado do que tem lido. Não só isso, mas *teria que* ter lido mais a esta altura. E *deveria* ter levado mais a sério os exercícios. Você é um *idiota ridículo. Que vergonha!*

Foi só uma brincadeira.

Quais autores no mundo questionariam seus leitores desse jeito? Até onde sabemos, nenhum. Esse tipo de crítica é abusivo. Pessoas reagem com espanto quando testemunham pais humilhando os filhos chamando-os de *estúpidos* ou *inúteis.* Muita gente consideraria igualmente abusivo um professor que chama seus alunos de *burros* e descreve seus esforços como *péssimos* ou *patéticos.* Esse tipo de julgamento duro dificilmente é inspirador; repreensões acabam com a boa vontade.

No entanto, é assim que muitas pessoas falam consigo mesmas, ou até pior. Algumas ouvem um fluxo fixo de comentários críticos passando pela cabeça. Talvez você seja seu pior crítico. Muita gente pega a voz da crítica que ouviram na infância e a transforma em sua própria essência, muitas vezes aumentando a crítica no processo. Há três variedades de palavras críticas, embora se sobreponham, e, às vezes, um termo específico pode pertencer a mais de uma categoria:

- » **Julgamentos:** Julgamentos duros sobre si mesmo ou suas atitudes. Por exemplo, quando você comete um erro humano e o chama de fracasso total, está julgando suas atitudes, em vez de apenas descrevê-las. Termos como *ruim, inadequado, estúpido, patético* ou *desprezível* são julgamentos.

- » **Imposições:** Essa categoria contém palavras que ditam regras absolutas, inflexíveis sobre seu comportamento ou sentimentos. Se você diz a si mesmo que *deve* ou *precisa* tomar determinada atitude, está dando ouvidos a um sargento interno. Esse sargento interno punitivo não tolera nenhum desvio de um conjunto estrito de regras.

- » **Rótulos:** Por fim, rótulos autocríticos são a cereja do bolo. Palavras como *perdedor, porco, monstro, idiota* e *fracassado* vêm à mente como rótulos perturbadores que às vezes as pessoas atribuem a si mesmas como uma etiqueta de nome usada em uma festa.

Veja a seção "Julgando o julgador" para saber como substituir essas palavras por termos mais positivos.

A vez das vítimas

Talvez você se lembre da história *A Pequena Locomotiva*, de Watty Piper, sobre um trem que precisava subir uma colina íngreme. O autor do livro sabiamente escolheu não fazer o trem dizer: "Acho que *não posso*; nunca conseguirei fazer isso; esta colina é impossível."

O mundo parece um lugar muito mais assustador quando você tem o hábito de pensar que é uma vítima das circunstâncias. Certas palavras podem servir de bandeira para esse tipo de pensamento, como estes termos vitimizantes: *não posso, indefeso, frágil, desprotegido, impossível, impotente, incapacitado, sobrecarregado, sem poder* e *vulnerável.*

CUIDADO

Palavras vitimistas desmoralizam. Não oferecem esperança alguma. Sem esperança, há poucos motivos para atitudes positivas. Quando as vítimas se acreditam indefesas, sentem-se vulneráveis e com medo.

Porém, pessoas que se intitulam vítimas têm algumas vantagens: elas não se sentem com vontade de fazer muita coisa sobre quaisquer situações difíceis que enfrentam; os outros demonstram ter pena delas; outros, ainda, se oferecem para cuidar delas. No entanto, em longo prazo, essas vantagens se tornam autodestrutivas. Para ajudá-lo a superar a mentalidade de vítima, pule para a seção "Vencendo palavras vitimistas".

Refutando e Substituindo Palavras de Preocupação

Pergunte a si mesmo como realmente deseja se sentir. Poucas pessoas gostam de sentir ansiedade, preocupação e estresse. Quem escolheria esses sentimentos? Logo, talvez você concorde que prefere se sentir calmo e sereno, em vez de tenso.

Uma boa maneira de começar a se sentir melhor é mudar suas palavras de preocupação. Porém, é improvável que você pare de usar essas palavras só porque dissemos que elas podem gerar ansiedade. Isso porque talvez ainda pense que essas palavras descrevem, com precisão, você e/ou seu mundo. Muitas pessoas passam a vida sem questionar as conversas internas, simplesmente assumindo que as palavras correspondem à realidade.

DICA

Para refutar a veracidade de sua tagarelice interna, considere uma pequena mudança de ideologia. Essa mudança envolve questionar a ideia de que pensamentos, linguagem e palavras automaticamente captam a verdade. Então substitua essa ideia por uma nova, usando lógica e evidências para estruturar sua realidade. Ao mesmo tempo, lembre-se de que seu objetivo é levar menos a sério os diálogos internos.

Nas seções a seguir, examinamos cada categoria de palavras de preocupação e mostramos a você como substituí-las por termos que representam com mais precisão a situação.

Aos diabos com as palavras extremistas

Na maioria das vezes em que as pessoas usam palavras extremistas, como *intolerável*, *agonizante*, *horrível*, *pavoroso*, *irremediável* e *horripilante*, é para descrever eventos cotidianos. Ao se ouvir usando essas palavras, submeta--as a uma análise lógica.

Por exemplo, poucos acontecimentos na vida são intoleráveis. Afinal, até agora você conseguiu superar cada fase difícil de sua vida, ou não estaria vivo e lendo este livro. Muitas circunstâncias são realmente ruins, mas, de algum modo, você dá conta delas. A vida continua.

Quando você pensa em termos extremos, como *insuportável, intolerável, não dá para aguentar, pavoroso* e *desastroso*, perde a esperança. A crença em sua capacidade de dar conta e continuar diminui. Considere se suas experiências desagradáveis são, na verdade, mais bem descritas de maneira diferente:

>> Difícil, mas não insuportável.

>> Desconfortável, mas não intolerável.

>> Desagradável, mas não devastador.

>> Estressante, mas não agonizante.

Quando você retira a linguagem extremista do vocabulário, muitas vezes suas emoções também se atenuam. Descritores moderados suavizam suas reações. Representações menos extremas levam você a acreditar em sua habilidade de enfrentamento. Seres humanos têm uma reserva surpreendente de resiliência. Ao ter esperança, você cultiva sua capacidade de resolver problemas e sobreviver.

Contestando o "tudo ou nada"

As pessoas usam palavras "tudo ou nada", como *nunca, sempre, absoluto, para sempre, incessante* e *constante*, porque são rápidas e fáceis, além de acrescentarem um impacto emocional. Mas esses termos têm inconvenientes traiçoeiros: eles o forçam a pensar em extremos, e suas emoções entram na dança. Além disso, palavras "tudo ou nada" prejudicam o enfrentamento e a resolução de problemas.

Raramente reunir evidências respalda o uso de palavras "tudo ou nada". Muitas pessoas usam essas palavras para prever o futuro ou descrever o passado. Por exemplo, "*nunca* serei promovido" ou "você *sempre* me critica". Seja falando consigo mesmo, seja com outra pessoa, dificilmente essas palavras geram calma, nem descrevem o que aconteceu ou o que é provável que aconteça no futuro. Então tente permanecer no presente. A Tabela 6-3 ilustra a mudança entre palavras "tudo ou nada" e termos calmos e que reúnem evidências que mantêm você *no presente sem distorção*.

TABELA 6-3 **Mudando para o Presente**

Tudo ou Nada	No Presente sem Distorção
Nunca serei promovido.	Neste momento, não sei se serei promovido. Porém, farei tudo o que puder para que isso aconteça.
Você sempre me critica.	Neste instante, sua crítica me faz me sentir mal.
Sempre entro em pânico quando estou no meio da multidão.	Agora não posso saber ao certo se entrarei em pânico da próxima vez em que estiver no meio da multidão. Pode ser que entre, pode ser que não. Em caso afirmativo, não é a pior coisa do mundo e não morrerei por causa disso.

Julgando o julgador

Palavras que julgam, impõem ou rotulam, como *deve, precisa, fracasso, tolo, não merecedor* e *anormal*, infligem dor desnecessária e vergonha a seus alvos. Você pode ouvir essas palavras de outras pessoas ou de seu próprio crítico interno.

Rótulos e julgamentos descrevem uma pessoa como um todo, mas, em geral, as pessoas os usam para descrever uma atitude específica. Por exemplo, se você comete um erro, talvez diga a si mesmo "Não acredito que consegui ser tão *idiota!*" Se procede assim, acabou de fazer uma avaliação global de todo o seu ser com base em uma única atitude. Isso é útil? Claramente não é verídico, e, o mais importante, o julgamento não o faz se sentir calmo ou sereno.

Assim como os outros tipos de palavras de preocupação, imposições não inspiram motivação e desempenho aprimorado. Mesmo assim, as pessoas usam essas palavras exatamente para esse fim. Elas pensam que dizer "Eu *preciso* ou *devo*" irá ajudá-las, mas é mais provável que essas palavras as façam se sentir culpadas ou ansiosas. A autorrepreensão apenas aumenta a culpa e a ansiedade, e estas inevitavelmente diminuem a motivação e o desempenho.

DICA

Tente substituir suas palavras de julgamento, imposição e rótulo por alternativas mais racionais, precisas e incentivadoras. Considere os exemplos a seguir:

>> **Julgamento:** Tive uma pontuação patética no exame da OAB. Devo ser burro demais para me tornar advogado.

Alternativa racional: Não foi a pontuação que eu queria, mas posso estudar mais e refazer o exame.

>> **Imposição:** Preciso ter um casamento feliz. Devo ter o necessário para torná-lo feliz.

Alternativa racional: Por mais que eu queira um casamento feliz, eu estava bem antes de conhecer meu marido/esposa, e posso aprender a ficar bem de novo se precisar. Ser feliz no casamento é apenas minha nítida preferência, e não tenho controle total sobre os resultados — é preciso duas pessoas, afinal.

Vencendo palavras vitimistas

Palavras vitimistas, como *impotente*, *indefeso*, *vulnerável*, *sobrecarregado* e *desprotegido*, o colocam em um buraco profundo e o enchem de vulnerabilidade e medo. Elas podem fazer você se sentir que é impossível encontrar uma saída e que a esperança está fora de alcance. No entanto, assim como em relação a outras palavras de preocupação, elas raramente contêm a verdade absoluta.

Não obstante, palavras vitimistas podem se tornar o que se chama de autoprofecias realizáveis. Se você *pensa* que um objetivo é impossível, é improvável que o realize. Se *pensa* que é impotente, não lançará mão de seus recursos de enfrentamento. Como alternativa, considere a lógica de suas palavras vitimistas. Existe algo, afinal, que você pode fazer para remediar ou, pelo menos, atenuar o problema?

Reúna evidências para refutar palavras vitimistas que apareçam em suas conversas consigo mesmo. Pergunte-se se já conseguiu lidar com uma situação semelhante antes. Pense em um amigo, um conhecido ou qualquer pessoa que tenha lidado com sucesso com um fardo como o seu.

Após considerar a lógica e as evidências, pergunte se palavras vitimistas o fazem se sentir melhor, mais calmo ou menos ansioso. Se não, substitua essas palavras por outras, como nos exemplos a seguir:

» **Vitimista:** Tenho uma doença terminal e sou completamente impotente para fazer alguma coisa a respeito.

Alternativa racional: Tenho uma doença que, de fato, muitas vezes é fatal. Porém, posso explorar cada chance, desde novos tratamentos experimentais até tratamentos alternativos. Se não funcionar, ainda posso encontrar sentido no que me resta de vida.

» **Vitimista:** Sinto-me sobrecarregado pelas dívidas. Sinto-me indefeso e não tenho outra opção senão declarar falência.

Alternativa racional: Realmente, tenho dívidas consideráveis. No entanto, poderia ir a uma agência de aconselhamento de crédito especialista em renegociar taxas de juros e pagamentos. Também posso conseguir um segundo trabalho de meio período e liquidar todas as contas. Se no fim eu tiver que declarar falência de fato, aos poucos posso restabelecer meu crédito.

Capítulo **7**

Destruindo Suas Suposições Ansiosas

lgumas pessoas adoram falar na frente de multidões; outras tremem só de pensar em falar em público. Já notou como as pessoas reagem às críticas? Algumas ignoram, outras ficam bravas, outras morrem de vergonha. Enquanto uma pessoa fica ansiosa por causa de trânsito, aviões ou saúde, outra fica ansiosa por conta de finanças, e outras, ainda, sentem-se ansiosas só de haver insetos por perto. Poucas pessoas raramente ficam ansiosas.

Este capítulo explica por que pessoas diferentes reagem ao mesmo evento de maneiras totalmente distintas. Mostramos a você como certas crenças ou suposições sobre si mesmo e sobre o mundo fazem com que se sinta da maneira como se sente com os acontecimentos. Uma forma de encarar essas crenças é pensar nelas como lentes ou óculos através dos quais você está olhando. Como sabe, às vezes as lentes podem estar embaçadas, sujas, esfumaçadas, quebradas ou distorcidas, fazendo o mundo parecer escuro, sombrio e perigoso. Outras lentes são cor-de-rosa ou limpas, refletindo uma perspectiva otimista ou realista.

Lentes escuras ou distorcidas deixam as pessoas com medo ou ansiosas quando olham pelo mundo através delas. Gente que está sempre olhando através de lentes distorcidas desenvolve visões enviesadas da realidade. Chamamos essas visões distorcidas de suposições ansiosas. Mostramos a você como certas suposições ansiosas geram preocupação e ansiedade excessivas. Essas crenças provêm principalmente de suas experiências de vida — elas não o tornam incorreto. Naturalmente, conforme abordado no Capítulo 3 e em outros lugares, todos os aspectos da ansiedade também são influenciados por fatores biológicos. O questionário deste capítulo ajuda você a descobrir quais suposições podem deixá-lo agitado e ansioso. Disponibilizamos maneiras para você enfrentar essas suposições ansiosas. Substituir suas suposições perturbadoras por avaliações mais racionais pode reduzir sua ansiedade.

Compreendendo Suposições Ansiosas

Suposição é uma coisa que você presume ser correta sem questionar. Você não reflete sobre essas suposições ou crenças básicas; em vez disso, as toma como garantidas, como verdades fundamentais. Por exemplo, provavelmente você acredita que o outono vem depois do verão, que alguém que sorri para você é simpático e que alguém que lhe fecha a cara não é. Você supõe, sem refletir, que uma luz vermelha significa "pare" e uma luz verde quer dizer "siga". Suas suposições lhe fornecem um mapa para passar pela vida de forma rápida e eficiente.

E isso não necessariamente é ruim. Suas suposições o guiam com menos esforço pelos seus dias. Por exemplo, a maioria das pessoas supõe que seus pagamentos chegarão mais ou menos a tempo. A suposição lhes permite planejar com antecedência, pagar contas e evitar preocupações desnecessárias. Se as pessoas não fizessem essa suposição, checariam constantemente com o departamento de pagamentos ou o chefe para garantir o recebimento a tempo, para a chateação de todos os envolvidos. Infelizmente, a crença básica de esperar um pagamento é arruinada quando empregos são escassos ou as demissões aumentam. Compreensivelmente, pessoas que esperam pagamentos regulares ficam bem ansiosas quando suas suposições não se mostram verdadeiras.

De maneira semelhante, a maioria das pessoas faz suposições sobre alimentos. Elas supõem que a comida vendida no supermercado é segura para comer — apesar de notícias eventuais sobre alimentos estragados que dão as caras nos mercados. Por outro lado, pode-se supor que a comida vendida em uma esquina de um país em desenvolvimento seja menos segura para consumir. Muitos turistas a evitariam, mesmo se a comida estivesse boa. Logo, mesmo que as pessoas façam suposições, nem sempre elas são corretas.

Como pode ver, às vezes as suposições não conseguem fornecer informações úteis. Elas podem, inclusive, distorcer tanto a realidade que geram uma angústia considerável. Por exemplo, antes de fazer um discurso, você pode tremer, tiritar e suar. Pode ficar preocupado que tropeçará nas palavras, esquecerá suas anotações ou, pior ainda, desmaiará de medo. Embora essas coisas raramente tenham acontecido quando fez outros discursos, você sempre supõe que, desta vez, elas ocorrerão. Esse pavor de passar vergonha provém de uma suposição ansiosa de que, quando você precisa se apresentar, provavelmente se confundirá e se sentirá constrangido.

LEMBRE-SE

Suposições ansiosas presumem o pior sobre você mesmo ou o mundo — e geralmente estão equivocadas.

Quando ativadas, suposições ansiosas causam ansiedade e preocupação. Infelizmente, a maioria das pessoas sequer sabe que as tem. Assim, é possível que essas suposições não sejam enfrentadas por muitos anos, o que as deixa livres para catapultar a ansiedade.

Avaliando Suposições Ansiosas

Talvez você esteja curioso para saber se tem crenças ou suposições ansiosas. Em geral, as pessoas sequer sabem que têm essas crenças preocupantes, então não as questionam. O pontapé inicial para enfrentar essas suposições é saber quais delas você tem. Nas seções a seguir, identificamos cinco suposições ansiosas e, em seguida, disponibilizamos um questionário para ajudá-lo a definir se sofre de alguma delas.

Reconhecendo suposições ansiosas

Cinco principais suposições ansiosas captam muito daquilo com que as pessoas se preocupam:

» **Perfeccionismo:** Perfeccionistas supõem que devem fazer tudo certo ou fracassarão totalmente, e as consequências serão devastadoras. Essas pessoas ruminam os menores detalhes.

» **Necessidade de aprovação:** Viciados em aprovação supõem que precisam ganhar a aprovação dos outros a qualquer custo. Eles não suportam críticas.

» **Vulnerabilidade:** Pessoas que se afligem com a suposição da vulnerabilidade sentem-se à mercê das forças da vida. Elas se preocupam o tempo todo com possíveis desastres.

» **Controle:** Gente que tem a suposição do controle sente que não pode confiar ou acreditar em ninguém além de si próprias. Elas sempre querem ser o motorista — nunca os passageiros.

» **Dependência:** Os que têm a suposição da dependência sentem que não conseguem sobreviver por conta própria e recorrem aos outros para ajudar.

Essas suposições ansiosas influenciam fortemente a maneira como você reage às circunstâncias. Imagine, por exemplo, que a maioria dos comentários que você recebe em uma análise de desempenho no trabalho são bastante positivos, mas uma única frase descreve um pequeno problema. Cada suposição gera uma reação diferente:

» **Se você tem a crença do perfeccionismo,** severamente se repreende pela falha. Sequer enxerga os comentários positivos.

» **Se você tem a suposição da aprovação,** a obsessão é sobre se seu chefe ainda gosta de você.

» **Se tem a suposição da vulnerabilidade,** você acredita que está prestes a perder o emprego e, em seguida, a casa e o carro.

» **Se sua crença é a do controle,** você se concentra em como trabalhar para outra pessoa o faz se sentir sem controle e indefeso.

» **Se você tem a crença da dependência,** busca apoio e ajuda alheios. Você pede a seus colegas que falem com o chefe a seu favor.

Pessoas diversas reagem de forma totalmente diferente ao mesmo evento, dependendo de quais suposições elas detêm. Apenas imagine a reação de alguém que tem várias dessas crenças fundamentais ao mesmo tempo. Uma única frase em uma análise de desempenho poderia desencadear uma imensa avalanche emocional de ansiedade e angústia.

Talvez você tenha uma ou mais dessas suposições geradoras de ansiedade, em um nível ou em outro. Fazer o questionário na seção a seguir o ajuda a descobrir quais crenças ansiosas, se houver, você tem — quer saiba disso ou não.

Avaliando suas suposições ansiosas

Na Tabela 7-1, coloque uma marca de seleção na coluna "V" se a afirmação é verdadeira ou predominantemente verdadeira como descrição de você mesmo. Por outro lado, coloque uma marca de seleção na coluna "F" se a afirmação é falsa ou predominantemente falsa no que diz respeito a você. Não marque suas afirmações como "V" ou "F" com base apenas naquilo que pensa que *deveria* ser; em vez disso, responda com base na maneira como você realmente age e reage aos acontecimentos da vida.

TABELA 7-1   # Questionário das Suposições Ansiosas

V	F	Perfeccionismo
		Se não sou bom em uma coisa, prefiro não a fazer.
		Quando cometo um erro, eu me sinto péssimo.
		Acho que, se é para fazer algo, que seja feito com perfeição.
		Não suporto ser criticado.
		Não quero entregar meu trabalho a ninguém até que esteja perfeito.
V	F	*Aprovação*
		Muitas vezes me preocupo com o que as pessoas pensam.
		Sacrifico minhas necessidades para agradar aos outros.
		Odeio falar em frente a um grupo de pessoas.
		Preciso ser bonzinho o tempo todo ou as pessoas não gostarão de mim.
		Raramente consigo dizer não aos outros.
V	F	*Vulnerabilidade*
		Eu me preocupo que as coisas deem errado.
		Eu me preocupo demais com minha segurança, saúde e finanças.
		Muitas vezes, me sinto vítima das circunstâncias.
		Eu me preocupo demais com o futuro.
		Eu me sinto indefeso a maior parte do tempo.
V	F	*Controle*
		Odeio receber ordens alheias.
		Gosto de estar a par de tudo.
		Odeio deixar meu destino nas mãos de outras pessoas.
		Nada seria pior que perder o controle.
		Eu me saio muito melhor como líder do que como seguidor.
V	F	*Dependência*
		Não sou nada, a não ser que alguém me ame.
		Nunca conseguiria ser feliz sozinho.
		Peço conselhos para a maior parte das coisas que faço.
		Preciso de uma boa dose de segurança.
		Raramente faço coisas sem outras pessoas.

A maioria das pessoas confirma que um ou mais desses itens é verdadeiro, logo, não se preocupe tanto se descobrir que algumas afirmações se aplicam a você. Por exemplo, quem não odeia passar vergonha? E a maior parte das pessoas se preocupa ao menos um pouco com o futuro.

Então, como saber se você tem problema com uma dessas suposições? Comece a analisar cada uma delas, uma por vez. Se verificar que um ou mais itens são verdadeiros, isso levanta a possibilidade de essa(s) suposição(ões) estarem causando problemas a você. A quantidade de problema depende de quanta angústia você sente.

Pergunte-se o que, especificamente, faz você se sentir ansioso. Tem a ver com um ou mais itens que marcou como verdadeiros? Se sim, provavelmente você tem dificuldades com essa suposição ansiosa. Mais adiante neste capítulo, abordamos cada suposição ansiosa e as maneiras de superá-las.

CUIDADO

Se você tem várias dessas suposições, não seja duro consigo mesmo! É provável que tenha desenvolvido crenças ansiosas por bons motivos. Deveria se parabenizar por começar a descobrir o problema. Esse é o primeiro passo para se sentir melhor.

CUIDADO

Em alguns casos, crenças básicas refletem experiências reais desde o começo da vida, e esses eventos continuam a ocorrer. Por exemplo, a ansiedade associada ao racismo provavelmente se formou por conta de aprendizados ao longo da infância e da juventude. A ansiedade tem alguns benefícios protetivos para lidar com o atual mundo racista. Assim, mudar uma suposição de vulnerabilidade poderia ser perigoso. Isso porque preservar uma certa dose de vulnerabilidade pode ajudar uma pessoa racializada a continuar preparada diante da infeliz ocorrência de incidentes racistas.

Adoecendo com um Caso de Suposição Ansiosa

Se você tem ansiedade em excesso, sem dúvida uma ou mais crenças básicas que geram ansiedade contribuem com seus problemas. Mas é sobretudo importante saber que você não é louco por ter suposições que provocam ansiedade! As pessoas adquirem essas crenças de três formas perfeitamente compreensíveis:

» Quando experiências da infância impedem o desenvolvimento de um senso razoável de proteção, segurança, aceitação ou aprovação.

» Quando eventos estressantes crônicos, mesmo não traumáticos, aumentam com o tempo.

» Quando eventos traumáticos e chocantes rompem suposições previamente garantidas.

As seções a seguir explicam com mais detalhes como essas experiências levam a suposições ansiosas.

Adquirindo suposições na infância

Talvez você seja um dos sortudos que passaram pela infância se sentindo amado, aceito, protegido e seguro. Talvez tenha vivido em um lar com pai e mãe amorosos, um cão, uma caminhonete e uma cerca branca. Ou talvez não. Provavelmente você não teve uma infância perfeita. Muitas pessoas não tiveram.

Na maioria das vezes, provavelmente seus pais fizeram o melhor que podiam, mas eles eram humanos. Talvez tivessem temperamento ruim ou estivessem passando por dificuldades financeiras. Ou, talvez, tinham vícios ou não conseguiram cuidar de sua segurança tão bem quanto deveriam. Por esses e vários outros motivos, você pode ter adquirido uma ou mais hipóteses ansiosas.

O exemplo a seguir ilustra a fase mais comum da vida para o desenvolvimento de crenças básicas ansiosas: a infância.

> **Tanner** desenvolveu sua suposição ansiosa problemática quando criança. A mãe dele raramente o aprovava. Criticava com dureza quase tudo o que ele fazia. Por exemplo, seu quarto nunca estava limpo o bastante, e suas notas nunca eram suficientemente exemplares. Mesmo quando ele dava um presente à mãe, ela lhe dizia que a cor ou o tamanho estava errado. Ele sentia que não podia fazer quase nada certo.
>
> Devagar e sempre, Tanner adquiriu uma suposição — "Preciso ser 100% perfeito ou serei um fracasso total". Ser perfeito é bem difícil, logo, você pode imaginar por que ele se sente ansioso a maior parte do tempo.

Repare que a crença ansiosa de Tanner sobre perfeição não se originou de um único evento grave. Em vez disso, uma série de críticas e correções construiu, com o tempo, sua necessidade de perfeição. Infelizmente, sua convicção de que tudo precisa ser perfeito continua a assolá-lo na vida adulta.

Se tem suposições ansiosas, você não as questiona. Você acredita nelas com todo o coração. Assim como Tanner supõe que o céu seja azul, ele acredita que ou é perfeito ou um fracasso total. Quando assume um projeto, Tanner sente uma ansiedade intensa devido ao seu medo mórbido de cometer um erro. A suposição ansiosa de Tanner é a do perfeccionismo doloroso, e ela o deixa infeliz, mas ele não sabe o porquê.

Destruindo suas suposições racionais

Suposições ansiosas devem começar, na maioria das vezes, durante a infância (veja a seção anterior), mas nem sempre. Às vezes, o que parece uma ocorrência comum, mas infeliz, pode levar a uma nova crença básica geradora de ansiedade. O exemplo a seguir ilustra como a vida atual pode criar uma suposição que gera ansiedade.

> **Bill** sempre supôs, como a maior parte das pessoas, que trabalhar duro e guardar dinheiro garantiria uma vida financeira e aposentadoria seguras e sólidas no futuro. Ele trabalhou na loja de autopeças e de serviços de sua família por 25 anos. Segue o conselho de seu consultor financeiro e, aos 50 anos, aplica metade do dinheiro em ações. A economia sofre um golpe terrível, e sua loja despede a maioria dos funcionários. Com relutância, Bill investe uma parte substancial de suas economias para salvar o negócio. Então, o mercado de ações despenca, e Bill vê seus ganhos obtidos com tanto esforço evaporarem. Por fim, a loja fecha as portas, e Bill procura trabalho.
>
> Aos 50 anos, percebe que não é provável que encontre algo que pague o que ele costumava receber no negócio da família. Em vez de procurar meios para desenvolver novas habilidades ou opções, ele fica na frente da TV no canal de ações durante muitas horas do dia, esperançoso.
>
> Bill, antes confiante e seguro, sente-se inseguro, preocupado e obcecado por seu status financeiro. Ele constituiu uma nova suposição ansiosa — uma crença de vulnerabilidade focada em dinheiro. Constantemente, fica preocupado com como dará a volta por cima em termos financeiros.

Bill teve um motivo muito bom para constituir essa suposição, e, assim como a maioria das suposições ansiosas, a crença ansiosa de Bill tem um fundo de verdade — nunca se pode saber com garantia o que o futuro trará. Porém, assim como em relação a todas as suposições ansiosas, o problema reside no fato de que Bill subestima sua capacidade de se adaptar e enfrentar. Portanto, agora passa os dias envolvido em obsessões improdutivas, em vez de mudar suas metas e seu estilo de vida enquanto desenvolve novas habilidades ou possibilidades.

Encarando as Suposições Desagradáveis: Fazendo uma Análise Custo-Benefício

Após completar nosso questionário e descobrir crenças geradoras de ansiedade nas seções anteriores, agora você tem uma ideia melhor sobre quais podem estar lhe causando problemas. Antigamente, muitos terapeutas teriam dito a você que um insight é o suficiente. Discordamos. Suponha que faça um teste de vista e descubra que sofre de miopia severa. Uau, você tem um insight! Mas isso muda alguma coisa? Não muito. Você ainda anda por aí batendo nos móveis.

Você está prestes a obter uma receita para enxergar através de suas suposições problemáticas. Começa com uma análise de custo-benefício. Essa análise abre caminho para fazer mudanças.

Talvez você pense que sua suposição perfeccionista seja boa e apropriada. Talvez acredite que tenha tirado vantagem de seu perfeccionismo e que isso o ajudou a conseguir mais coisas na vida. Se sim, por que diabos iria querer enfrentá-lo ou mudá-lo? A resposta é simples: você não iria querer.

Portanto, precisa analisar fria e firmemente os custos e também outros benefícios possíveis do perfeccionismo. Só faz sentido fazer algo a respeito do perfeccionismo se os custos superarem os benefícios. Após examinar os exemplos nas próximas cinco seções, veja orientações na seção "Enfrentando suas suposições ansiosas" sobre como conduzir uma análise de custo-benefício para suas próprias crenças básicas ansiosas problemáticas.

Analisando a perfeição

Saber quais suposições ansiosas problemáticas permeiam sua mente é o primeiro passo para a mudança. No entanto, apenas saber não o fará chegar lá. Você precisa se sentir motivado para fazer mudanças. Mudar exige esforço, e, francamente, é muito difícil mudar. A história sobre Prudence mostra a você como uma pessoa que acredita que tem de ser perfeita encontra motivação para mudar sua suposição por meio de uma análise custo-benefício.

> **Prudence**, uma bem-sucedida advogada de tribunais, trabalha cerca de 70 horas por semana. Seu armário é cheio de ternos poderosos; ela veste seu perfeccionismo como um emblema de honra. Prudence malha para manter o corpo esbelto e consegue frequentar todos os eventos sociais certos. Ocupada demais para constituir família, ela mima sua sobrinha de nove anos e lhe dá presentes luxuosos nas férias.
>
> Prudence fica chocada quando seu médico lhe diz que sua pressão arterial está descontrolada. O médico pergunta sobre o estresse em sua vida. Ela diz que não é nada de que não dê conta. Ele questiona sobre seus hábitos de sono, e ela retruca: "Que sono?"
>
> Prudence está com problemas e sequer sabe disso. Ela acredita que sua renda alta se deve aos padrões incansáveis e que não pode afrouxar nem um pouco.

Ela tem pouca esperança em mudar sua convicção firme de que precisa ser perfeita se não encarar isso de cabeça erguida. O médico lhe sugere consultar um terapeuta, que diz a ela que faça uma análise de custo-benefício de sua suposição perfeccionista.

Uma análise custo-benefício começa por listar todos os benefícios imagináveis de qualquer suposição específica. Incluir qualquer benefício que sua imaginação puder conceber é importante. Então, e somente aí, você deve começar a pensar nos custos da suposição.

A predileção de Prudence por seu perfeccionismo não é de admirar. Preencher os benefícios na análise custo-benefício é fácil para ela, mas e os custos? Observe, na Tabela 7-2, o que ela escreve após trabalhar na tarefa e consultar amigos e colegas para ideias.

TABELA 7-2   **Análise Custo-benefício do Perfeccionismo de Prudence**

Benefícios	Custos
Minha renda é mais alta por causa de meu perfeccionismo.	Não tenho muito tempo para me divertir.
Raramente cometo erros.	Sou ansiosa, e talvez seja por isso que minha pressão arterial está tão alta.
Sou muito respeitada por conta de meu trabalho.	Não tenho muitos amigos.
Sempre me visto de forma profissional e fico bonita.	Gasto tempo e dinheiro demais com roupas e maquiagem.
Outras pessoas me admiram.	Fico muito irritada quando as pessoas não correspondem às expectativas.
Sou um modelo para minha sobrinha.	Algumas pessoas me odeiam por meus padrões e expectativas rígidas sobre elas. Perdi várias secretárias nos últimos seis meses.
	Dificilmente vejo minha sobrinha, pois estou ocupada demais.

A análise de custo-benefício o ajuda a saber se realmente deseja enfrentar suas suposições. Provavelmente você concordaria que o exemplo de Prudence apresenta mais custos que benefícios. Mas espere, ainda não acabou. O último passo é examinar com cuidado se você perderia todos os benefícios mudando de suposição.

Por exemplo, Prudence atribui sua renda alta à sua dedicação e longas horas de trabalho. Talvez em parte ela esteja certa, mas sua renda evaporaria se trabalhasse só um pouco menos? Muito provavelmente, se trabalhasse menos, talvez sua renda diminuísse um pouco, mas, com menos ansiedade, ela poderia aumentar sua eficiência para fazer a diferença. Se fosse menos irritável, conseguiria manter a equipe de secretárias e ganhar eficiência aí também.

Será que Prudence realmente passaria a cometer mais erros se relaxasse os padrões? Pesquisas sugerem que ansiedade em excesso diminui o desempenho. Em relação à sobrinha, Prudence não está de fato obtendo o benefício que pensa que está, porque não fica por perto o bastante para servir como modelo eficaz. Por fim, as pessoas mais a temem do que a admiram. Então, perceba que muitas vezes os aparentes benefícios de uma suposição evaporam quando analisados de perto.

Catalogando a aprovação

Viciados em aprovação constantemente almejam admiração e aceitação de outras pessoas. Preocupam-se com rejeição e críticas. Ficam sempre esquadrinhando o rosto das pessoas em busca de qualquer sinal de reprovação. Quem tem essa suposição ansiosa muitas vezes interpreta mal as intenções alheias, porém, reluta em abrir mão da sólida crença na necessidade de aprovação. Isso porque teme que abandonar o hábito de se preocupar resultará em abandono ou rejeição.

> **Anne**, formada em serviço social, precisa se encontrar toda semana com seu orientador para supervisionar sua atribuição de clientes. Ela tem pavor dessas sessões de supervisão, sempre temendo as críticas do assessor. Anne faz muito por seus clientes; faz qualquer coisa que acredita poder ajudá-los — passar horas do próprio tempo livre inclusive levando recados para eles, caso peçam. Seu supervisor tenta convencê-la a parar de ajudar excessivamente os clientes; ele afirma que fazer das tripas coração para auxiliar clientes não ajuda a si mesma ou aos clientes. Ela chora após ouvir os comentários do supervisor.
>
> Porém, os piores medos de Anne se relacionam às apresentações em frente aos colegas de graduação. Antes de dar palestras aos colegas, ela passa muito tempo no banheiro, sentindo-se mal. Durante discussões acaloradas em sala de aula, ela fica quieta e quase nunca toma partido. Anne é viciada em aprovação.
>
> Ela caminha silenciosamente pela vida. É raro receber críticas. Ela evita passar vergonha não correndo riscos. Tem bom coração, e as pessoas gostam dela. O que há de errado nisso?

Bem, uma análise custo-benefício da necessidade desesperada de Anne por aprovação revela que as pessoas fazem gato-sapato dela. Também mostra que os colegas não conseguem apreciar como ela é brilhante, pois Anne raramente fala em sala de aula. Ela negligencia as próprias necessidades e, às vezes, fica ressentida por fazer tanto pelos outros e, em troca, receber tão pouco. O vício de Anne em aprovação nem sempre lhe dá o que espera. Claro, ela raramente é criticada, mas, por se arriscar tão pouco, nunca obtém a aprovação e o elogio que de fato deseja.

Analisando a vulnerabilidade

Pessoas que acreditam com convicção que estão constantemente vulneráveis se preocupam com a própria segurança, subsistência e proteção. Elas passam pela vida em um estado de alerta constante e elevado. O exemplo a seguir ilustra uma pessoa com problema de vulnerabilidade.

> **Peter,** graduado em administração de empresas, recebe uma promoção que exige que ele se mude para a Califórnia, mas ele recusa por ter medo de cidades grandes e terremotos. Peter assiste ao canal do clima e ouve notícias antes de arriscar sair a qualquer distância de casa, e evita dirigir se o rádio relata qualquer chance de tempo inclemente. A preocupação de Peter restringe sua vida. Ele também se preocupa com a saúde e visita o médico com frequência, queixando-se de sintomas vagos como náusea, dores de cabeça e fadiga. O médico de Peter sugere que sua preocupação pode estar causando muitos de seus problemas físicos. Ele diz a Peter que preencha uma análise custo-benefício da crença de que está constantemente em risco.

Após finalizar sua análise de custo-benefício sobre a questão da vulnerabilidade, Peter percebe que está gastando muito tempo preocupado com coisas sobre as quais ele não tem controle algum. Embora evite riscos quando possível, ele percebe que não está vivendo uma vida plena e feliz. Alguém como Peter, tão arraigado em sua suposição de vulnerabilidade, não desistirá só por causa da análise de custo-benefício. Porém, a análise dá o pontapé inicial mostrando a ele que sua suposição está lhe custando muito tempo. O exercício o motiva a começar a pensar em fazer algumas coisas de um jeito diferente.

Somando os controles

Pessoas que têm uma necessidade ansiosa por controle só se sentem à vontade quando tomam as rédeas. Elas temem que os outros não farão o necessário para manter o mundo estável e seguro. Abrir mão do controle as faz se sentir indefesas. Ao mesmo tempo, muita gente que tem essa suposição teme perder o controle e passar vergonha se isso acontecesse.

Jeff, chefe de uma divisão em sua empresa de engenharia, gosta de ordem na vida. Seus funcionários o conhecem como um capataz que microgerencia. Jeff tem orgulho do fato de que, embora demande muita coisa, ele exige mais de si mesmo que dos funcionários. Ele dá ordens e espera resultados imediatos. Sua divisão lidera a empresa em termos de produtividade.

Talvez você pense que Jeff tem sucesso garantido. Sem dúvida parece que seu problema com o controle compensa demais. Mas vá além da superfície e verá um quadro diferente. Embora conhecido pela produtividade, sua divisão é considerada não criativa e está à frente de todas as outras em pedidos de transferência. O custo real da suposição de controle de Jeff desaba sobre ele quando, aos 46 anos, sofre seu primeiro ataque cardíaco.

Jeff passou muitos anos se sentindo estressado e ansioso, mas nunca analisou o problema mais de perto. A ânsia dele por controle lhe dá o oposto do que queria. Por fim, ele perde o controle de sua vida e saúde.

Se o controle é uma de suas suposições problemáticas, faça uma análise de custo-benefício. O destino de Jeff não precisa ser o seu também.

Debatendo a dependência

Pessoas que acreditam que dependem dos outros recorrem a amigos e familiares sempre que as coisas ficam minimamente mais complicadas. Elas não se enxergam como capazes. Acreditam que precisam dos outros para ajudá-las a passar por quase todas as dificuldades. Infelizmente, pessoas com essa carência muitas vezes perdem aquelas das quais mais dependem. Por quê? Elas as deixam esgotadas. A história a seguir, de Daniel, é típica.

Daniel morou com os pais até se casar com Dorothy aos 31 anos. Ele a conheceu na internet e, após apenas alguns encontros, decidiu se casar com ela. Dorothy parecia independente e segura, qualidades que Daniel apreciava, mas que não tinha. No início do relacionamento, Dorothy adorava a atenção constante de Daniel. Hoje, ele ainda liga para ela no trabalho de três a quatro vezes todos os dias, pedindo conselhos para coisas banais e, às vezes, buscando garantias de que ela ainda o ama. Se ela chega cinco minutos atrasada, ele fica fora de si. Com frequência, ele se preocupa que ela vai deixá-lo. Os amigos de Dorothy dizem a ela que não têm certeza se Daniel seria capaz de ir ao banheiro sozinho. Daniel acredita que não pode sobreviver sem ela. Após deixar vários empregos por serem "difíceis demais", Dorothy ameaça pedir o divórcio. Daniel finalmente consulta um terapeuta, que o faz preencher uma análise de custo-benefício sobre seus problemas de dependência, conforme mostrada na Tabela 7-3.

TABELA 7-3 **Análise Custo-Benefício da Dependência de Daniel**

Benefícios	Custos
Consigo pessoas para me ajudarem quando preciso.	Nunca descubro como lidar com problemas, tarefas, situações e pessoas difíceis.
Outras pessoas cuidam de mim.	Às vezes, as pessoas ficam ressentidas por terem que cuidar de mim.
A vida não é tão assustadora quando tenho alguém em quem me escorar.	Minha esposa odeia que eu ligue para ela o tempo todo.
Não é minha culpa quando surgem problemas ou os planos não dão certo.	Minha esposa fica com raiva quando não tomo a iniciativa.
Nunca estou sozinho, pois sempre me certifico de ter alguém por perto.	Afastarei minha esposa se continuar dependendo tanto dela.
Quando outras pessoas assumem as coisas, isso facilita a vida.	Às vezes eu gostaria de tomar conta de algo, mas acho que estragarei tudo.
	Não descobri muita coisa sobre a arte de dominar. Às vezes, me sinto o garotinho da mamãe.

É improvável que alguém como Daniel abra mão de sua suposição defeituosa de dependência sem se esforçar mais nisso. Porém, uma análise de custo-benefício pode fornecer um empurrão inicial. Mudanças significativas levam tempo e dão trabalho.

Enfrentando suas suposições ansiosas

Você pode fazer sua própria análise de custo-benefício. Veja a lista de suposições na seção "Avaliando Suposições Ansiosas", anteriormente neste capítulo. Quais o perturbam? Você tem tendência a perfeccionismo, aprovação, vulnerabilidade, controle, dependência ou, talvez, uma combinação dessas crenças básicas? Não se apresse. Pondere e reúna a maior quantidade de benefícios e custos que puder para cada crença. Quando terminar, questione a si mesmo se você se sente um pouco mais preparado para fazer algo a respeito dessas suposições problemáticas.

LEMBRE-SE

Suposições geradoras de ansiedade muitas vezes fazem você obter o *oposto* daquilo que quer. Elas causam preocupação e estresse, e raramente lhe dão algum benefício verdadeiro. Se vai abrir mão de suas suposições, você precisa equilibrá-las com uma perspectiva mais dinâmica.

Elaborando Suposições Calmas e Equilibradas

Então você acha que tem de ser perfeito ou que todos precisam gostar de você o tempo todo? Você sempre precisa estar no comando? Sente que não consegue cuidar da própria vida sozinho? Ou sente, às vezes, que o mundo é um lugar perigoso? Essas são as suposições difíceis que atiçam sua preocupação, seu estresse e sua ansiedade.

Outro problema com essas crenças é que elas, de fato, contêm um fundo de verdade. Por exemplo, *é* bom as pessoas gostarem de você, e *é* bom estar no comando às vezes. Vez ou outra, também precisamos depender dos outros. Esse fundo de verdade deixa as pessoas relutantes em abandonar suas suposições.

A solução é encontrar crenças novas e equilibradas que contenham ainda mais verdade, mas velhas suposições são como hábitos — difíceis de romper. Fazer isso exige que se encontre um novo hábito para substituir o antigo. Também é preciso muita prática e autocontrole, mas não é tão complicado assim. Você só precisa de um pouco de persistência.

Nas seções a seguir, percorremos cada uma das suposições e ajudamos você a ver como desenvolver uma suposição alternativa mais racional para substituir a antiga. Tente usar essas perspectivas racionais e equilibradas para responder às suposições ansiosas quando elas ocorrerem. Por fim, ao elaborar uma nova suposição, tente agir de forma coerente com essa nova crença.

CUIDADO

Se você descobrir que suas suposições ansiosas governam sua vida e lhe causam ansiedade e infelicidade extremas, talvez queira consultar um psicólogo ou um orientador na área da saúde mental. Mas comece, primeiro, com seu clínico geral, para descartar causas físicas. Às vezes, a ansiedade tem uma base física, e seu clínico geral pode lhe dar um encaminhamento após analisar essas causas físicas. Mesmo que veja um profissional, você ainda achará este livro útil, porque a maioria dos especialistas em ansiedade é familiarizada com essas ferramentas que disponibilizamos, e eles ajudarão você a implementá-las.

Moderando tendências perfeccionistas

Perfeccionistas acreditam que têm de ser os melhores em tudo o que fazem. Eles se sentem péssimos quando cometem erros, e, se não são incríveis em alguma coisa, geralmente se abstêm de tentar. Felizmente, uma boa análise de custo-benefício muitas vezes pode ajudá-los a enxergar que o perfeccionismo tem um preço terrível.

SEGREDOS MORTAIS DO PERFECCIONISMO

O perfeccionismo compensa... às vezes. Um pouquinho de perfeccionismo provavelmente pode melhorar a qualidade de seu trabalho, seu desempenho nos esportes e em outras empreitadas, contanto que você não o deixe ficar fora de controle. Até que ponto é ruim quando o perfeccionismo chega ao extremo? Pior do que você pensa. Com frequência, perfeccionistas se tornam procrastinadores radicais apenas para evitar cometer erros. Além disso, eles desenvolvem com mais frequência tipos variados de transtornos de ansiedade, depressão, dores físicas e distúrbios alimentares. Pior ainda, aparentemente a taxa de suicídios entre adolescentes que sofrem de perfeccionismo é mais elevada.

Mas, se não for perfeição, o que será então? Algumas pessoas acham que seria ir para o outro extremo. Assim, se não fossem perfeitas, elas presumem que se tornariam preguiçosas sem critério algum.

DICA

Se está preocupado em abrir mão do perfeccionismo, temos boas notícias para você. A alternativa não é o outro extremo! Talvez você ache útil copiar as afirmações a seguir, ou o que chamamos de "visões equilibradas", em uma ficha de arquivo. Ou talvez queira pensar nas próprias alternativas. É só garantir que elas estejam mirando o meio-termo. Carregue a ficha com você como um lembrete das vezes em que começou a se prender ao perfeccionismo.

> » Gosto de me sair bem nas coisas, mas é tolice pensar que tenho de ser o melhor em tudo.

> » Nunca serei bom em tudo, e às vezes é bem divertido apenas tentar alguma coisa nova.

> » Todo mundo comete erros; preciso lidar com isso quando acontecer comigo.

Trocando em miúdos, se atualmente você tem a suposição de que precisa ser perfeito e fazer tudo certo ou será um fracasso total, tente pensar menos em termos extremistas. Um ponto de vista mais equilibrado é que você gosta de fazer bem as coisas, mas que *todos os seres humanos cometem erros, e você também*. Você não quer estar acima dos outros humanos.

DICA

Reúna evidências que refutem seu perfeccionismo. Por exemplo, pense em todas as pessoas que admira e que, no entanto, cometem vários erros ao longo do tempo. Quando elas cometem erros, você as vê como defeituosas de uma hora para outra? Duvido. Use a mesma métrica para si mesmo.

Equilibrando um dependente de aprovação

Dependentes de aprovação querem ser apreciados o tempo todo, desesperadamente. Eles sacrificam as próprias necessidades para agradar aos outros. Defender os próprios pontos de vista é difícil, porque fazer isso seria arriscar ofender alguém. Quando criticados, mesmo injustamente, eles tendem a desabar.

Mas não é bom querer a aprovação das outras pessoas? Assim como em relação a todas as suposições ansiosas, é uma questão de intensidade. Em excesso, a suposição da aprovação pode arruinar sua vida.

Mas, se você parar de se preocupar em conseguir a aprovação dos outros, o que acontecerá? Acabará isolado, rejeitado e sozinho? A alternativa a ser bonzinho o tempo todo é um comportamento rude e arrogante?

DICA

Se está preocupado em abrir mão de sua dependência de aprovação, temos uma alternativa. Talvez você só queira guardar essas ideias no bolso. Sinta-se à vontade para elaborar as suas.

> » O que as outras pessoas pensam é importante, mas nem sempre é crucial.
>
> » Algumas pessoas não gostarão de mim, não importa o que eu faça. Isso vale para todo mundo.
>
> » Preciso começar a prestar atenção a minhas necessidades, ao menos tanto quanto presto às das outras pessoas.

DICA

Além disso, considere reunir evidências que refutem sua necessidade ansiosa de aprovação. Por exemplo, pense em pessoas de quem você gosta e a quem admira que conseguem dizer o que pensam e cuidar das próprias necessidades. Por que você gosta delas? Provavelmente não é porque dizem amém a qualquer capricho seu. Além do mais, alguém que fizesse isso possivelmente o afastaria.

Se você se sente dependente de aprovação e presume que precisa ser aprovado pelos outros o tempo todo a qualquer custo, considere uma perspectiva mais equilibrada. É claro, todos gostam de ser apreciados, mas perceba que, independentemente do que você faça, certas pessoas não gostarão de você em algum momento. Tente pensar que suas necessidades importam e que o que outras pessoas pensam de você não define seu valor.

Equilibrando a vulnerabilidade

Pessoas que acreditam fervorosamente que são vulneráveis se sentem inseguras e se preocupam constantemente com qualquer contratempo imaginável. Elas podem se preocupar com segurança, saúde, desastres naturais ou o futuro, e muitas vezes sentem-se vítimas das circunstâncias da vida. Elas se sentem impotentes para fazer muita coisa sobre seu destino. O mundo moderno, com notícias constantes sobre pandemias, catástrofes naturais, ruínas financeiras e terror provavelmente aumenta o senso de vulnerabilidade de qualquer pessoa. Não surpreende que as taxas de ansiedade tenham disparado.

Pessoas com essa suposição não conseguem entender que a preocupação nunca impediu uma única catástrofe. E a preocupação excessiva também não o ajuda a se preparar para a má sorte inevitável e os reveses que acontecem na vida de todo mundo.

DICA

Uma suposição melhor, alternativa, pode mantê-lo razoavelmente seguro sem toda essa preocupação. Se você quer abrir mão de sua suposição vulnerável, tente carregar essas ideias com você e use-as como mantras, repetindo-as com frequência para si mesmo:

>> Preciso tomar precauções racionais, mas parar de ficar obcecado por segurança. A quantidade de preparação que eu ou outra pessoa podemos ter é limitada.

>> Irei ao médico para um checape anual, ficarei atento à alimentação e me exercitarei, além de seguir os conselhos do médico. Além desse ponto, me preocupar com a saúde não faz sentido.

>> Alguns reveses infelizes são imprevisíveis e estão fora de meu c ontrole. Preciso aceitar que coisas ruins acontecem; a preocupação não é um escudo.

DICA

Mais uma vez, se você tem a suposição de vulnerabilidade e se sente à mercê das forças perigosas da vida, talvez queira considerar um ponto de vista mais equilibrado. Tente pensar que ninguém pode evitar os desafios e as adversidades da vida, mas que, no geral, pode-se lidar com eles quando ocorrem de fato. Reúna evidências sobre os vários incidentes desagradáveis com que você conseguiu lidar no passado. Por exemplo, quando teve pressão alta, talvez tenha se exercitado ou tomado remédio para controlá-la, ou, quando perdeu alguém de quem gostava, talvez tenha ficado triste, mas sobreviveu.

Afrouxando o controle

Certas pessoas sempre querem estar no comando. Elas não suportam receber ordens. Quando em grupo, dominam a conversa. Sempre querem saber tudo o que está acontecendo ao seu redor, na família e no trabalho. Não são boas para delegar. Algumas têm medo de voar de avião por não estarem na cabine.

Ser o louco do controle é cansativo e também causa muita ansiedade. Talvez você tenha problemas com essa crença ansiosa. Muita gente altamente bem-sucedida e inteligente tem, e não é fácil abrir mão dessa suposição. Mas o custo para a saúde, o bem-estar e os relacionamentos é assombroso.

Assim como para todas as suposições geradoras de ansiedade, temos uma visão alternativa e equilibrada que servirá melhor para você do que o controle já serviu. Analise nossas sugestões. E, se precisar assumir o controle e reescrevê-las, tudo certo também!

> » Em geral, posso confiar que as pessoas farão o que precisam fazer. Não tenho que mandar em ninguém, e provavelmente ficarão ressentidas comigo se eu o fizer.

> » Pedir ajuda ou delegar uma tarefa não é o fim do mundo, e às vezes delegar é muito mais eficiente.

> » Não preciso saber cada detalhe do que está acontecendo para me sentir no comando. Relaxar reduz o estresse.

> » Deixar que os outros liderem pode fazê-los se sentir melhores e tirar um peso das minhas costas.

Pense em uma época de sua vida em que outra pessoa estava no comando e as coisas se saíram muito bem. Em outras palavras, reúna evidências sobre ocasiões em que não ter controle funcionou.

Diminuindo a dependência

Pessoas que se sentem dependentes em excesso acreditam que não podem se dar bem sozinhas. Elas pedem conselhos quando não precisam deles de fato e buscam garantir que são amadas ou que o que fizeram está certo. Pensar em não ter relacionamentos íntimos as deixa assustadas. Elas mal podem imaginar tentar viver a vida sozinhas. Não é provável que você encontre alguém com suposição de dependência comendo sozinho em um restaurante.

Ironicamente, muitas suposições ansiosas saem pela culatra. Pessoas excessivamente dependentes, mais cedo ou mais tarde, chateiam e irritam aqueles de quem dependem. Parceiros de pessoas dependentes muitas vezes se distanciam da relação após ficarem cientes do apego e da impotência constantes.

Se está lutando contra a dependência, considere algumas de nossas ideias alternativas. Escreva-as em uma ficha e deixe-as à mão para revisão frequente. Sinta-se à vontade para incrementá-las ou trazer outras de sua autoria.

- » É bom ter alguém que me ama, mas posso sobreviver por conta própria e já fiz isso no passado.

- » Buscar conselhos pode ser útil; resolver um problema sozinho é uma satisfação.

- » Prefiro estar com outras pessoas, mas posso descobrir como apreciar momentos comigo mesmo.

Se você acredita na suposição equivocada da dependência — que não pode se sair bem sozinho e precisa de ajuda em tudo o que faz —, tente pensar de uma forma mais racional. Perceba que é legal ter alguém de quem depender, mas que você é capaz de muitas atitudes independentes.

Reúna evidências de suas capacidades. Você abastece o próprio carro? Cuida do próprio talão de cheques? Vai e volta sozinho do trabalho? Consegue se lembrar das vezes em que ficou bem sem outra pessoa? Perceber que tomou atitudes independentes com sucesso e se lembrar de que passou por muitas dificuldades por conta própria pode impulsionar sua confiança o bastante para ajudá-lo a tomar atitudes mais independentes no futuro.

Acima de Tudo: Seja Gentil Consigo Mesmo!

Crenças básicas ou suposições ansiosas são surpreendentemente comuns, e muitas pessoas bem-sucedidas, que sequer têm transtorno de ansiedade clínico, tendem a cair sob influência de uma ou mais dessas suposições. Logo, é importante não se flagelar por "ser influenciado".

As origens de suas suposições ansiosas podem estar na infância ou resultar de um evento traumático. É possível que seus pais o tenham metralhado de críticas e que isso o fez ansiar por aprovação. Talvez você tenha tido um acidente infeliz ou algum trauma que o tenha levado a se sentir vulnerável. Talvez seus pais não tenham conseguido lhe dar amor e carinho suficientes, levando-o a se sentir inseguro, e, como resultado, você almeja ajuda e afeto. Os exemplos representam meramente algumas de um sem-número de explicações por que se desenvolve suposições ansiosas. A questão é que você não pede para ter crenças problemáticas; elas o acometem naturalmente.

Você começou a percorrer a estrada para superar a ansiedade. Vá devagar; tenha prazer na jornada e perceba que mudar demanda tempo e prática. Seja paciente consigo mesmo.

» Aceitando as lutas da vida

» Abrindo mão do ego para facilitar a vida

» Focando o presente

» Praticando o mindfulness e cultivando a espiritualidade

Capítulo **8**

Aceitação Consciente

Seu carro já atolou em uma estrada enlameada? O que acontece se você pisa no acelerador com mais força quando as rodas começam a girar? Elas giram ainda mais, a lama voa para tudo que é lado e o buraco fica mais fundo. A ansiedade é parecida: quanto mais você tenta se libertar, mais preso fica.

Neste capítulo, explicamos como usar a *aceitação* como forma de sair da armadilha da ansiedade. Tópicos do que chamamos de aceitação *consciente* surgem ao longo deste livro. Unimos esses tópicos para formar um mosaico. Mostramos a você como a aceitação o ajuda a parar de girar as rodas para conseguir pensar com calma em alternativas produtivas. Discutimos como preocupações em excesso relacionadas ao ego e à autoestima podem dificultar enxergar a saída, e explicamos como viver no presente proporciona um caminho para uma vida mais equilibrada. Por fim, damos a você algumas ideias sobre o possível papel da espiritualidade para encontrar a serenidade.

DICA

Quando se encontrar preso no buraco da ansiedade, não pise fundo no acelerador. Sente-se, deixe as rodas se acalmarem um pouco, volte para o buraco e, então, empurre devagar para a frente. Mais cedo ou mais tarde, você descobrirá um ritmo para seguir em frente e recuar, e seus esforços o levarão a um terreno sólido.

Aceitando a Ansiedade? Ei, que Virada!

Logo, que tal se, após mostrarmos a você como se livrar da ansiedade, dissermos como aceitá-la de forma consciente? Será que *ficamos* loucos? Este livro não é para ensinar a *superar* a ansiedade?

Bem, sim, é claro que queremos que a supere. Mas o paradoxo da ansiedade é que, quanto mais você sente que precisa se livrar dela, mais ansioso se sente. Quanto mais sua ansiedade o perturba, mais o enlaça.

Imagine que você vai a um parque de diversões ou a uma festa de aniversário e alguém lhe dá uma armadilha de dedo chinesa — um pequeno cilindro decorativo de palha trançada. Você coloca os dois dedos indicadores dentro do cilindro, e então tenta tirá-los. O cilindro se aperta mais em torno de seus dedos. Quanto mais você puxa, mas apertada a armadilha fica; não parece haver uma saída. Logo, você puxa com ainda mais força. Por fim, percebe que o único jeito de sair é parar de tentar.

A ansiedade reproduz o apertão da armadilha chinesa. Quanto mais você luta, mais aprisionado se sente. Insistir que sua ansiedade vá embora neste segundo é uma forma certeira de aumentá-la! Em vez disso, sente-se e reflita sobre ela. Descrevemos como nas seções a seguir.

Assumindo uma visão calma e imparcial

Antropólogos estudam o comportamento e a cultura humanos. Eles fazem suas observações de forma objetiva, com uma perspectiva imparcial e científica. Queremos que você analise sua ansiedade como um antropólogo — friamente desapegado.

DICA

Aguarde a próxima vez em que ficar ansioso. Estude sua ansiedade e prepare um relatório que comunique qual a sensação que ela causa em seu corpo, como afeta seus pensamentos e o que faz com suas atitudes. Não julgue sua ansiedade — apenas a observe. Em seguida, com a maior objetividade possível, responda às seguintes perguntas em seu relatório:

» Onde sinto tensão no meu corpo? Nos ombros, nas costas, na mandíbula, mãos ou pescoço? Avalie e descreva a sensação da tensão.

» Minhas mãos estão transpirando?

» Meu coração está acelerado? Se sim, até que ponto?

» Sinto aperto no peito ou na garganta?

» Sinto tontura? Estude-a e descreva-a.

» No que estou pensando? Estou...

- Prevendo coisas negativas sobre o futuro?
- Fazendo tempestade em copo d'água?
- Transformando um evento desagradável em uma catástrofe?
- Aborrecido com algo que está fora de meu controle?

» O que a ansiedade está me dizendo?

- Que preciso evitar fazer algo que quero fazer?
- Que preciso ser perfeito?
- Que preciso esconder minha ansiedade?

A história a seguir, de Mel, fornece um bom exemplo de como seus poderes de observação podem ajudá-lo a dar um jeito nas sensações ansiosas.

Mel, um administrador hospitalar de 38 anos, teve o primeiro ataque de pânico três anos atrás. Desde então, suas crises vêm aumentando em frequência e intensidade, e ele começou, inclusive, a faltar no trabalho em dias em que receou ter de liderar reuniões de equipe.

Agora ele está trabalhando com um terapeuta para diminuir o pânico. O terapeuta repara que o perfeccionismo de Mel o leva a exigir melhorias instantâneas. Ele lê tudo o que lhe é atribuído e tenta fazer todas as tarefas com perfeição. O terapeuta, percebendo que Mel precisa diminuir o ritmo e recuar, lhe atribui, como tarefa, fingir que é um antropólogo em uma missão e escrever um relatório sobre sua ansiedade. Mel finaliza a tarefa desta maneira:

Comecei a notar que minha respiração estava um pouco curta. Pensei: está começando de novo! Então meu coração começou a acelerar. Reparei que ele estava batendo rápido e me perguntei quanto tempo aquilo duraria. Em seguida, notei que minhas mãos estavam transpirando. Senti náusea. Não quis ir trabalhar. Quase pude ouvir a ansiedade me dizendo que eu me sentiria muito melhor se ficasse em casa porque, se fosse trabalhar, teria de falar em uma sala cheia de cirurgiões irritados. Preciso contar a eles sobre os novos processos de faturamento. Eles não gostarão. Provavelmente farão picadinho de mim. Que interessante! Nunca fizeram picadinho de mim de verdade, mas a imagem é maravilhosa! Se eu ficar ansioso demais, minhas palavras se tornarão um amontoado de besteiras e parecerei um completo idiota. Isso também é interessante. Estou fazendo previsões incrivelmente negativas sobre o futuro. Que engraçado — ao dizer isso, eu me sinto um pouquinho menos ansioso.

Mel descobriu que relaxar e apenas observar a ansiedade ajudou. Em vez de atacar seus pensamentos e sentimentos ansiosos, ele observou e ponderou sua experiência tentando, de fato, emular o senso de curiosidade científica dos antropólogos.

DICA

Simplesmente observar a ansiedade como um antropólogo não livrará você do transtorno. Não é essa a questão. No entanto, proceder dessa forma o ajudará a dar um passo para trás e começar a se relacionar com a ansiedade de uma nova maneira. Em vez de enxergá-la como algo horrível, pavoroso e inaceitável, é possível olhar para ela com mais imparcialidade.

Tolerando a incerteza

Em geral, pessoas ansiosas detestam a incerteza. Se ao menos pudessem controlar tudo ao seu redor, talvez não se preocupassem tanto, e é provável que isto seja verdade: se você pudesse controlar tudo, não teria muitos motivos para se preocupar, teria?

O erro bem óbvio dessa abordagem reside no fato de que a vida consiste em incertezas constantes e um certo nível de caos. Na verdade, uma lei básica da física afirma que, mesmo nas chamadas ciências exatas, a certeza absoluta não existe. Acidentes e acontecimentos imprevistos acontecem.

Por exemplo, você não sabe o dia e a hora em que seu carro quebrará a caminho do trabalho. Não pode prever o mercado de ações, embora muitas pessoas tentem. Coisas ruins acontecem a pessoas boas o tempo todo. Mesmo que você tenha passado cada momento de sua vida tentando evitar doenças, dificuldades financeiras e perda dos entes queridos, não conseguirá.

A tarefa de evitar calamidades não apenas é impossível, como também você pode facilmente arruinar seus momentos presentes se tentar fazer isso. Pense a respeito. Se você verifica o motor de seu carro antes de sair para o trabalho todos os dias, se economiza e poupa cada moeda para a aposentadoria, se nunca toma sorvete por causa da gordura, se hiperprotege seus filhos porque se preocupa com que eles se metam em encrencas, se lava as mãos sempre que toca em uma maçaneta (bom, vá em frente e lave-as durante a pandemia), se nunca corre um risco, então como será sua vida? Provavelmente, não muito divertida.

LEMBRE-SE

A preocupação não muda o que acontecerá. Algumas pessoas pensam que, se ficarem preocupadas o bastante, coisas ruins não acontecerão. Pelo fato de coisas ruins não acontecerem com elas na maioria dos dias em que ficam preocupadas, sentem que sua preocupação compensou. Mas a preocupação em si nunca evitou, em toda a história da humanidade, que alguma coisa acontecesse. Nem uma única vez.

Descubra como abraçar a incerteza, que pode tornar a vida interessante e empolgante. Descubra como apreciar a adversidade e também um pouquinho de sofrimento. Sem algum sofrimento e adversidade, você não consegue valorizar os bons momentos.

Quando se pegar sentindo ansiedade, pergunte a si mesmo se sua preocupação é uma tentativa de controlar o imprevisível. Por exemplo, muitas pessoas se preocupam com seus fundos de aposentadoria no mercado de ações. Elas verificam como estão suas ações todo santo dia. Esquadrinham o jornal em busca de informações financeiras que possam ajudá-las a saber quando vender no momento exato. E sim, como os últimos anos demonstraram, não há garantias no mercado de ações.

Pais e mães de adolescentes são especialistas em preocupação. Eles esperam ansiosamente seus filhos e filhas voltarem de baladas. Preocupam-se com drogas, álcool, acidentes ou outros perigos. Nenhuma preocupação protege os jovens. O que de fato ajuda são os esforços que pais e mães fazem ao longo do crescimento dos filhos, ensinando-os a tomar decisões boas e seguras. Passar as madrugadas preocupados não ajuda a manter os filhos seguros, só faz os pais e mães sofrerem. Tome um chá calmante na hora de dormir e vá para a cama.

LEMBRE-SE

Abandone sua necessidade de prever e controlar. Evidentemente, tome precauções racionais em relação a saúde, família, finanças e bem-estar, porém, quando a preocupação com o futuro invadir a apreciação do presente em sua vida, ela foi longe demais. Aprecie a incerteza e viva bem o hoje.

Sendo paciente consigo mesmo

Quando você pensa em paciência, o que vem à sua mente? Calma, aceitação e tolerância. Quando ficar ansioso, tente ser paciente e gentil consigo mesmo e diga:

» Certo, estou me sentindo ansioso. É minha experiência.

» Como outros sentimentos, a ansiedade vem e volta.

» Permita-me estar presente com minha ansiedade.

No exemplo a seguir, as reações contraditórias de Jeanine, primeiro impaciente e depois paciente, fornecem uma imagem de como é possível, também para você, transformar sua impaciência em paciência.

Jeanine começa a se sentir ansiosa durante o trajeto matinal. Ela sai de casa às 7h15 e geralmente consegue chegar a tempo no trabalho, às 8h. Com frequência, ela chega uns cinco minutos adiantada, mas uma vez por mês ou mais, o trânsito para e ela se atrasa alguns minutos. Pelo jeito, esta manhã é uma dessas.

Jeanine impaciente: O trânsito está parado, e a ansiedade revira no estômago de Jeanine e vai aumentando. Suando e segurando o volante, ela começa a pensar em maneiras para mudar de faixa e conseguir andar um pouco mais rápido. Ela odeia começar o dia assim. Não suporta a ansiedade e tenta se livrar dela, mas não consegue. Visualiza o chefe notando seu atraso e as outras pessoas do escritório olhando para ela. A ansiedade se transforma em raiva quando ela se critica por não ter saído mais cedo.

Jeanine paciente: O trânsito está parado, e a ansiedade se revira no estômago de Jeanine. Segurando o volante, ela luta contra o afã de mudar de faixa. Ela nota e aceita a ansiedade em seu corpo, pensando: "Talvez me atrase, mas quase toda manhã chego na hora ou mais cedo. Meu chefe e meus colegas sabem disso. Posso sentir minha ansiedade, mas essa é minha experiência. Que interessante! Chegarei alguns minutos atrasada esta manhã, e tudo bem."

No segundo cenário, a ansiedade se dissipa porque Jeanine se permite sentir o momento presente sem julgamento ou intolerância. Ela se conecta com paciência à sua situação presente.

Como todas as outras coisas, tornar a paciência um hábito exige prática. Com o tempo, você constrói sua tolerância à paciência. Assim como quando levanta peso para ficar musculoso, você pode construir músculos da paciência em sua mente um pouquinho de cada vez.

Apreciando suas imperfeições

Com muita frequência, pessoas ansiosas sentem que precisam ser perfeitas para que os outros gostem delas e as apreciem. Não é de admirar que se sintam ansiosas. Ninguém é perfeito, e nunca será. Veja o caso de Kelly.

Kelly é, talvez, a coisa mais próxima da perfeição que se pode encontrar. Kelly sempre usa perfeitamente as roupas certas da moda, as cores certas, e seus acessórios estão sempre combinando. Ela faz aulas de design de interiores, logo, o visual de sua casa acerta na mosca. Faz exercícios quatro vezes por semana e só come alimentos saudáveis. Sua maquiagem, que ela aplica com enorme cuidado, parece impecável. Sempre sabe o que dizer, nunca tropeçando em uma única palavra ou falando palavrões. Sempre demonstra gentileza e tem uma atitude positiva.

Você gostaria de tomar uma cerveja com Kelly? Ela parece alguém com quem você gostaria de ir à piscina em um fim de semana de verão? Você se sentiria à vontade e espontâneo perto dela? Para sermos honestos, provavelmente abandonaríamos a ideia de tê-la como uma de nossas melhores amigas.

Pense em um de seus melhores amigos, com quem você gosta de ficar, de quem goste e a quem valorize, e que você conheça há um tempo. Imagine essa pessoa e lembre-se de alguns momentos bons que vocês passaram juntos. Permita-se aproveitar essas imagens. Pense em como você aprecia essa pessoa e como sua vida ficou mais rica com esse relacionamento.

Perceba que você sempre conheceu as características negativas e imperfeições de seu amigo ou amiga, no entanto, continuou a apreciá-lo(a). Talvez até ache alguns defeitos divertidos ou interessantes. Talvez eles deem cor a seu amigo ou amiga. É provável que pensar nos defeitos também não vá mudar sua opinião ou seus sentimentos.

Tente aplicar a mesma perspectiva a si mesmo. Aprecie seus pequenos defeitos, seus pontos fracos e suas excentricidades. Eles o tornam interessante e único. Seja amigo de si mesmo. Repare em seus dons e em suas imperfeições. Descubra como reconhecer que tudo isso está no mesmo pacote. Não repudie seus defeitos.

DICA

Experimente este exercício que chamamos de "Apreciando Amigos Imperfeitos". Provavelmente você notará que aceita seu amigo, seja bom ou ruim, positivo ou negativo.

1. No bloco de anotações ou no arquivo do computador, faça duas colunas.

2. Pense em um bom amigo ou amiga.

3. Na primeira coluna, escreva algumas qualidades positivas desse(a) amigo(a).

4. Na segunda coluna, descreva algumas características negativas ou imperfeições que seu(sua) amigo(a) tenha.

Ao prosseguir o exercício, perceba que provavelmente seus amigos têm uma imagem semelhante de você. O exemplo a seguir mostra como esse exercício específico funciona para Curtis.

Curtis tem problemas de autoestima e se sente ansioso em relação a cometer erros ou não conseguir ser perfeito. Ele tenta preencher o exercício "Apreciando Amigos Imperfeitos" da Tabela 8-1 ao pensar no amigo Jack. Nas respectivas colunas, escreve sobre as características positivas de Jack e sobre as imperfeições.

TABELA 8-1 **Apreciando Amigos Imperfeitos**

Características Positivas	Características Negativas e Imperfeições
Jack é um dos caras mais engraçados que conheço.	Às vezes Jack fala demais.
Ele sempre me apoia.	Embora inteligente, às vezes Jack toma decisões estúpidas, sobretudo em relação a dinheiro.
Jack me ajudará sempre que eu precisar, haja o que houver.	Jack está um pouco acima do peso e às vezes bebe além da conta.
Gosto de ir a eventos esportivos com ele.	Nem sempre ele me ouve.
Adoro o fato de Jack ser realmente inteligente.	Jack tem um gosto pavoroso para roupas.

Curtis aceita Jack, com defeitos e tudo. Não há outra pessoa com quem Curtis prefira passar o tempo, e Jack é o primeiro a quem ele recorreria em uma crise. Será que Curtis é capaz de se aceitar como aceita o amigo? Essa é a questão.

Se sua amiga preenchesse o mesmo formulário sobre você, sem dúvida ela escreveria sobre qualidades maravilhosas e alguns aspectos não tão incríveis assim. Mesmo assim, ela não desistiria de uma hora para outra da amizade por causa de suas imperfeições. É claro que não; ninguém é perfeito. Se todos desistíssemos de nossos amigos imperfeitos, não teríamos nenhum.

LEMBRE-SE

Perdoar a si mesmo é difícil. Talvez seja ainda mais difícil descobrir como derrubar barreiras defensivas em reação a críticas alheias. Descubra como ouvir as críticas. Considere o fato de que elas podem ter pelo menos um fundo de verdade. Aprecie essa parte da verdade.

Tente reconhecer um pouco de verdade que as críticas contêm. Talvez elas sejam verdadeiras *às vezes.* Talvez se apliquem parcialmente. Em vez de colocar barreiras à comunicação e à resolução de problemas, admitir imperfeições aproxima as pessoas.

Por fim, perceba que nem você nem ninguém que você conhece é perfeito. Aceite a realidade de que todos nós temos falhas. Isso nos torna humanos e dignos de amor!

Conectando-se com o Aqui e Agora

Em certos aspectos, a linguagem representa o ápice do desenvolvimento evolucionista. A linguagem nos torna humanos, nos proporciona a arte, nos permite expressar ideias complexas e nos fornece ferramentas para criar soluções a problemas. Ao mesmo tempo, a linguagem é o fundamento de muitas de nossas angústias emocionais. Como pode?

Talvez você pense que os cães não ficam ansiosos, mas ficam. Mas eles só se sentem ansiosos quando em contato direto com experiências que lhes causam dor ou desconforto. Por exemplo, são raros os cães que gostam de ir ao veterinário. Muitos tutores desses animais já tiveram de arrastá-los pela porta puxando-os pela coleira com todas suas forças.

No entanto, seres humanos fazem o que os cães nunca fariam. Humanos acordam com medo dos acontecimentos do dia à sua frente. Cães não acordam às três da manhã e pensam: "Oh, não! É hoje que tenho de ir ao veterinário? O que acontecerá comigo lá?"

E cães têm poucos arrependimentos. Oh, claro, às vezes eles parecem bem culpados ao serem pegos mastigando o sapato de seu dono. Mas uma palavra gentil e um tapinha na cabeça, e eles se esquecem de tudo. Algumas pessoas ansiosas ainda se lembram do bilhetinho de agradecimento que se esqueceram de escrever à tia Betty seis anos atrás.

Falando em termos gerais, os cães parecem muito mais felizes que a maioria de nós, humanos. A menos que um cão tenha sofrido abusos terríveis, geralmente ele vive contente, alegre e, é claro, com um pouco de sono. Por outro lado, humanos se preocupam demais; ficam obcecados por horrores futuros imaginários e remoem erros do passado.

Quando você traz para o presente possíveis catástrofes futuras e arrependimentos passados, está essencialmente usando a linguagem para se desconectar das experiências da vida real. Fazer isso pode arruinar por completo seus *momentos presentes* — o tempo em que você de fato *vive* toda a sua vida! Considere o exemplo a seguir, em que Reggie temia a quantidade de trabalho que, acreditava ele, teria de ser concluído em cinco dias.

> **Reggie,** advogado criminal de defesa, trabalha sozinho. Um julgamento importante está para acontecer em cinco dias. A pilha de trabalho que tem diante de si quase o sufoca de medo. Evidentemente, ele fica agoniado com a possibilidade de ter um desempenho inferior a cinco estrelas, mas se preocupa sobretudo com a preparação maciça de documentos, resumos, depoimentos e petições que precisam ser finalizados — e logo. Ele sabe que trabalhará do amanhecer ao anoitecer e que mal terá tempo para respirar.

O engraçado nessa situação, no entanto, é que, depois que o calvário terminou, ele percebeu que a maioria desses cinco dias se revelou bem agradável. Ele se preocupou com a possibilidade de não finalizar as tarefas, que nada tinham a ver com o trabalho real que desempenhou. A maior parte transcorreu muito bem. Nem um único momento particular pareceu *horrível* por si só.

Poucos momentos presentes são realmente insuportáveis. É nossa capacidade de arruinar o presente com pensamentos sobre o futuro ou o passado que nos perturba, simples assim.

Na próxima vez em que ficar obcecado por acontecimentos, tarefas ou desenlaces futuros ou passados, considere tentar o seguinte:

» Foque cada momento conforme ele se apresenta a você.

» Passe alguns minutos observando todas as sensações em seu corpo no momento — toque, aromas, visões e sons.

» Quando pensamentos sobre as tarefas tomarem conta de sua mente, é só reconhecer a presença deles e voltar sua atenção para o presente.

» Se pensamentos sobre falhas do passado ou arrependimentos entrarem na sua mente, note a presença desses pensamentos e volte sua atenção para o presente.

» Lembre-se de que *pensamentos* não refletem, necessariamente, a realidade e experiência; eles são apenas *pensamentos*.

» Ao notar pensamentos perturbadores sobre o futuro ou o passado, tente se limitar a observá-los, repare em como é interessante o fato de sua mente revolver pensamentos como esses e volte para o momento presente.

As seções a seguir contêm exercícios específicos que você pode usar para manter sua mente focada no momento presente. Também damos algumas dicas sobre como desacelerar e desfrutar refeições e caminhadas.

Fazendo contato com o presente

Neste exato momento, considere entrar em contato direto com a experiência. Isso é algo que as pessoas raramente fazem. Não tenha expectativas sobre o que este exercício *supostamente* deve fazer. Apenas examine o que acontece.

Se começar a pensar em julgamentos enquanto faz o exercício a seguir, observe como sua mente os gira para fora como a um reflexo. Não julgue nenhum desses pensamentos ou a si mesmo. Volte a focar toda a gama de sensações do momento presente.

1. **Repare nas sensações deste livro em suas mãos.**

   Sinta a capa lisa e a beirada das páginas. Ou sinta os botões e a superfície de seu leitor de e-book!

2. **Repare nas sensações de seu corpo e em sua postura, não importa se está sentado, de pé em um metrô, andando de ônibus ou deitado na cama.**

   Perceba as sensações de sua pele em contato com a cadeira, a cama, o piso, se você estiver em pé, e assim por diante.

3. **Sinta os músculos de sua perna, costas, mãos e braços ao segurar este livro.**

4. **Observe sua respiração.**

   Sinta o ar entrando e saindo por suas narinas.

5. **Observe todos os cheiros, agradáveis ou desagradáveis.**

   Pense em como você poderia escrever um relato sobre esses cheiros.

6. **Ouça todos os sons ao seu redor. Imagine como descreveria esses sons a um amigo.**

   Se ouvir sons altos e irritantes, tente *não* os julgar. Em vez de pensar em como são dissonantes, examine as nuanças deles.

Agora observe como se sente no final do exercício. Você vivenciou por inteiro as sensações? O que aconteceu com sua ansiedade? Muitas pessoas relatam que sentem pouca ansiedade, quando sentem, durante essa experiência. Outras afirmam que a ansiedade aumenta.

Se sua ansiedade aumentar durante suas primeiras tentativas de se conectar com a experiência do momento presente, não se preocupe. Isso acontece por vários motivos. O aumento da ansiedade não significa que você está fazendo algo errado. Muito provavelmente, isso pode ser atribuído a um ou mais dos fatores a seguir:

» Talvez você tenha pouca experiência em se conectar com o presente. Logo, a sensação é estranha.

» Pensamentos ansiosos podem interrompê-lo com frequência. Se sim, mais prática pode ajudar a reduzir a força deles.

» Talvez você esteja enfrentando um estressor tão avassalador neste exato instante, que pôr essa estratégia em prática não é realista. Se sim, talvez queira tentar primeiro as outras estratégias deste livro.

Qualquer que seja o caso, recomendamos a prática frequente de conexões com experiências do momento presente.

A maior parte da ansiedade e da angústia provém de pensamentos sobre o futuro ou o passado, não do que está acontecendo neste momento.

Deixando de lado as preocupações com o futuro

A maioria das pessoas nos afirma que ao menos 90% de suas preocupações nunca acontecem. Entre os eventos preocupantes que de fato ocorrem, menos de 10% são tão ruins quanto elas previram. É uma hiperabundância de preocupações e momentos presentes arruinados só para antecipar poucas ocorrências desagradáveis.

Aqui estão maneiras para você parar de dar ouvidos a esse fluxo ocasional de preocupações sobre acontecimentos futuros.

1. **Pense em quantas vezes no passado você fez previsões negativas sobre algum evento prestes a acontecer.**

2. **Em seguida, pergunte-se com que frequência essas previsões se provaram verdadeiras.**

   Se não sabe ao certo, mantenha um registro de suas previsões negativas e veja em que porcentagem elas ocorrem.

3. **Das previsões que de fato aconteceram, até que ponto elas são tão ruins quanto você previu?**

   Se você não tem certeza da frequência, mantenha um registro por um tempo.

Levar essas previsões a sério é quase como ouvir o homem do tempo na televisão dizendo que há previsões diárias de nevascas, frio rigoroso e tempestades de neve. Então você obedientemente coloca um casaco pesado, luvas e botas. Só há um problema, porém. Em 90% das vezes, o homem do tempo está redondamente enganado, e o tempo fica quente e ensolarado. Quando ele quase acerta, raramente as condições são tão ruins quanto descritas. Talvez seja hora de parar de dar ouvidos ao homem do tempo dentro de sua cabeça. Você não pode trocar de canal, mas pode, pelo menos, levar os relatos menos a sério!

Sendo tolerante e flexível

Imagine que foi mordido por um mosquito. A coceira está começando a deixá-lo maluco! Você quer coçar, mas "sabe" que é melhor não. Então, coça ao redor. É tudo em que você consegue pensar. Tá bom, só uma coçadinha

— a sensação é tão boa, mas a coceira aumenta. Isso é terrível, um horror, e tornará sua noite já bem chata ainda pior. Com a cara fechada, você vai até a geladeira, abre a porta e não acha nada de bom. Aff. Você alcança de novo o lugar mordido pelo mosquito.

Seu celular vibra, indicando uma mensagem de texto. Sua melhor amiga quer encontrá-lo para uma caminhada. Ela também está entediada. Você concorda em encontrá-la dali a meia hora. Vai ao banheiro, penteia os cabelos e pega um casaco. Será um belo alívio. Depois de uma caminhada agradável, você volta para casa. Está vendo as notícias e sente uma coceira voltando. Maldita mordida de mosquito!

Você percebe que o tempo todo, da leitura da mensagem até este último segundo, sequer notou a picada do mosquito. Você a tolerou e se permitiu, de forma flexível, envolver-se com algo mais importante. Reflita sobre como pode usar essa tolerância e flexibilidade para lidar com outras irritações ou coceiras menores em sua vida. Às vezes é só uma questão de prestar mais atenção a coisas mais importantes.

Quando você "não suporta" algo, inevitavelmente isso o deixa sobrecarregado. A aceitação flexível lhe permite aceitar esses incômodos pequenos e se envolver com prioridades mais elevadas no presente. Às vezes uma loção de calamina também ajuda!

Recebendo Mindfulness em Sua Vida

Algumas pessoas leem sobre mindfulness e se preocupam com o tempo que ela pode consumir. Elas afirmam que isso parece como viver a vida em câmera lenta e se queixam de que nada seria feito se tentassem viver desse jeito. Por mais que pensemos que levar uma vida mais devagar não seja má ideia para muita gente, a aceitação consciente não demanda tempo em excesso.

Mais do que tempo, mindfulness envolve uma mudança de filosofia que diminui o foco no ego, no orgulho e no controle, enfatizando, ao mesmo tempo, a aceitação do presente, com todas as suas dádivas e desafios. Estar consciente exige humildade, pois ela reconhece a incerteza inerente à vida.

LEMBRE-SE

Transformar a aceitação consciente em hábito não acontece da noite para o dia. Com a prática, permita que ela evolua lentamente em sua vida. Aceite que nem sempre você estará no presente. Não julgue suas tentativas de viver com mindfulness. Quando se pegar vivendo no passado cheio de culpa ou ansioso pelo futuro, lembre-se gentilmente de voltar ao presente.

Um Gostinho de Espiritualidade

Aceitar a ansiedade envolve várias atitudes relacionadas, como não julgar, tolerar a incerteza, abrir mão da necessidade de controle absoluto e ser paciente. Perceba que essa aceitação não é o mesmo que resignação ou entrega total.

Aceitação significa reconhecer que você, assim como todos os seres humanos, tem poderes e limitações. Muitas pessoas descobrem que o processo de adquirir aceitação as leva a um senso mais amplo de espiritualidade — uma sensação de que o propósito da vida transcende as próprias preocupações. A *Oração da Serenidade* capta com perfeição o espírito da aceitação:

Deus, concedei-me serenidade

para aceitar as coisas que não posso mudar,

coragem para mudar as coisas que posso

e sabedoria para reconhecer a diferença.

Vivendo um dia de cada vez;

aproveitando um momento de cada vez;

aceitando as dificuldades como um caminho para a paz.

Aceitando, como Ele, este mundo de pecados assim como ele é,

não como eu queria que fosse.

Confiando que Ele endireitará as coisas

se eu me entregar à Sua Vontade;

para ser razoavelmente feliz nesta vida,

e extremamente feliz ao Seu lado na eternidade.

— Reinhold Niebuhr, 1926

NESTE CAPÍTULO

» Compreendendo o problema
da evitação

» Descobrindo como funciona
a exposição

» Confrontando os medos de
cabeça erguida

» Aplicando a exposição em seus
problemas de ansiedade

Capítulo **9**

Encarando o Medo

S e a vida lhe dá limões, faça uma limonada. O conselho parece muito mais fácil de cumprir do que aparenta. Transformar uma situação para melhor após uma série de dores pode ser difícil. Mudando para outra metáfora, se você cai do cavalo, todo mundo sabe que é melhor pular de volta para a sela imediatamente. Mas voltar também nem sempre é fácil.

Este capítulo explica *como* você pode voltar para a sela e até fazer um pouco de limonada quando estiver lá (desculpe). Mostramos a você como superar seus medos em etapas viáveis. Não é preciso enfrentar todas de uma vez, pois dar passos pequenos resolve o problema. Este capítulo fornece uma receita chamada *exposição* para superar seu problema pessoal com a ansiedade em um passo de cada vez.

Mas primeiro queremos convencê-lo de que evitar sentimentos e coisas ruins que o deixam ansioso piora demais a vida. Pode parecer contraintuitivo, mas as seções a seguir mostrarão a você por que muitas vezes se considera a evitação uma contribuição significativa para o desenvolvimento e a manutenção da ansiedade.

Tudo sobre a Evitação

Pessoas que não têm problemas graves de ansiedade geralmente conseguem lidar bastante bem com o estresse do dia a dia. No entanto, circunstâncias desafiadoras, experiências e até problemas físicos de saúde alteram e podem até reduzir a capacidade de enfrentamento. Quando isso acontece, emoções que eram relativamente estáveis se tornam vacilantes e desagradáveis. Assim, em geral surge uma nova estratégia de enfrentamento. Ela se chama *evitação*. No começo, a evitação parece uma forma bem racional de solucionar sentimentos novos e desconfortáveis.

Entretanto, tal como um vírus perversamente maligno, a evitação ataca comportamentos saudáveis e destrói nossos esforços para nos sentirmos melhor. A vasta maioria das pessoas escolheria não sentir ansiedade, se isso fosse possível. Na verdade, parte de nossa motivação para comprar este livro pode ter sido descobrir como reduzir esses sentimentos tão desagradáveis. Só um problema: a evitação não faz nada além de piorar as coisas. Piorar muito. As seções a seguir abordam o que as pessoas evitam, como evitam e por que a evitação não funciona.

LEMBRE-SE

Pesquisas vêm mostrando vezes seguidas que as pessoas tentam evitar pensamentos, lembranças, emoções e experiências desagradáveis e, na verdade, vivenciam ainda mais angústia emocional, sobretudo ansiedade.

DICA

A evitação parece boa em curto prazo. Porém, com o tempo, ela raramente compensa. Sua disposição em sofrer um pouco de ansiedade no presente paradoxalmente a reduzirá ao longo da vida.

Evitando as emoções

Ninguém quer se sentir mal. Você já disse a si mesmo, quando prestes a entrar em uma reunião ou entrevista estressante, ou a fazer uma apresentação, "Acalme-se, pare de ser tão nervoso"? Será que dizer a si mesmo para parar de se sentir ansioso funciona de verdade para você? A maioria das pessoas descobre que não. De fato, quando não conseguem se acalmar, em geral sentem mais ansiedade do que se não tivessem feito absolutamente nada.

A evitação emocional envolve uma tentativa de abafar sentimentos indesejados, na esperança de que irão embora. Em geral, ela representa uma tentativa de eliminar emoções negativas, como ansiedade, medo, pânico ou até depressão.

DICA

Vez ou outra, evitar brevemente as emoções faz sentido, como durante uma emergência. Por exemplo, se seu filho cai em um lago, provavelmente você deixaria de lado o medo da água para tentar salvá-lo. Bombeiros correm para dentro de prédios pegando fogo apesar de conhecerem o perigo. Em épocas de crises significativas, ficar entorpecido pode ser uma estratégia adaptativa enquanto se descobre o que fazer.

Algumas pessoas ansiosas, na verdade, tentam evitar emoções positivas, como calma e serenidade. Por quê? Porque, quando elas sentem calma, acreditam que esses sentimentos resultarão em baixar a guarda. Ao baixar a guarda, elas relatam se sentir mais vulneráveis. Logo, surpreendentemente, tentam engendrar um aumento de medo e ansiedade para se defenderem de um ataque antecipado.

Evitação óbvia do que se teme

Pessoas ansiosas não tentam simplesmente evitar sentimentos desagradáveis, elas também se envolvem em comportamentos de evitação. Isso significa fazer tudo e qualquer coisa que puderem para evitar situações e eventos que tenham potencial para causar ansiedade. Por exemplo:

» Alguém que tem medo de elevadores sempre vai pelas escadas.

» Uma pessoa que teme falar em público trabalha com processamento de dados.

» Uma pessoa socialmente ansiosa evita festas ou grupos grandes mesmo quando não há uma pandemia acontecendo.

» Alguém que vivencia pânico em casas de espetáculos não vai a cinemas ou peças.

» Alguém que receia ficar preso na multidão fica em casa.

Tal como a evitação emocional, adotar um comportamento de evitação óbvio na verdade faz o medo aumentar, em vez de diminuir.

Mais estratégias sutis de evitação

É bem fácil identificar a evitação quando alguém toma as escadas para evitar o elevador ou uma pessoa com fobia de cães fica longe de parques para cachorros. No entanto, há muitas formas sutis de evitação. Algumas das estratégias mais comuns para contornar sutilmente a ansiedade incluem:

» Nem sequer tentar obter sucesso, por conta da preocupação com o fracasso.

» Vestir-se discretamente para evitar chamar a atenção.

» Carregar um amuleto da sorte para afastar problemas.

» Carregar medicamentos contra a ansiedade, "só para garantir".

» Evitar checapes e médicos para evitar ouvir más notícias.

» Sempre chegar na hora para evitar críticas.

» Evitar situações que ativem lembranças ruins.

- » Desligar-se e distrair-se de sentimentos ansiosos.

- » Evitar conflitos a qualquer custo.

- » Esconder sentimentos para evitar sentir dor.

- » Entorpecer-se com drogas, álcool ou comendo demais.

- » Ficar mexendo no celular para evitar interagir com as pessoas.

- » Adotar rituais como repetir uma série de números ou slogans.

- » Cochilar para se desligar.

- » Buscar distrações de quase todos os tipos.

- » Evitar sentimentos associados ao pânico evitando coisas como exercícios ou saunas.

Seja chegando tarde e saindo cedo, seja fingindo estar absorvido por mensagens fascinantes no celular, essas são formas simples de evitar a interação social. A evitação acaba deixando você mais nervoso e intolerante à ansiedade. As outras pessoas podem não fazer a menor ideia de que você está nervoso ou que está fazendo tudo o que pode para reduzir sua ansiedade. Na verdade, talvez não pensem nada ou achem que você é rude. Mas o ponto mais importante é que quase todas as estratégias de evitação — sejam sutis, sejam óbvias — saem pela culatra. Isso piora sua ansiedade.

Rompendo o ciclo de evitação

Por que a evitação piora a ansiedade? Se você está nervoso com alguma coisa e fica longe dela, sente um alívio imenso. Sejamos francos, a sensação de alívio é realmente boa. Você não precisa lidar com algo que o faz se sentir ansioso e amedrontado. Parabéns, você se recompensou por evitar esses sentimentos ruins. Só um problema: na próxima vez em que alguma coisa geradora de ansiedade acontecer, provavelmente você agirá da mesma forma. A evitação cria raízes e cresce.

Aqui está um exemplo de como funciona o ciclo da evitação.

Amihan tem três filhos em idade escolar. Ela é das Filipinas e mora nos Estados Unidos há mais de uma década. Aparentemente, não consegue se livrar de sua intensa timidez e ansiedade em situações sociais. Seu marido (um médico que trabalha à noite) geralmente participa dos eventos dos filhos, como reuniões de pais e mestres e vendas de bolos da escola.

Sempre que ele ajuda a esposa a evitar um evento social ou para crianças, ela se sente muito grata e aliviada. Ela também nota que sua ansiedade social vem aumentando devagar com o tempo. Ela costumava ao menos acompanhar os filhos até a parada de ônibus e conversar com alguns dos pais e mães. Ultimamente, vem evitando até isso.

O ciclo de evitação de Amihan funciona assim:

1. **Ela pensa em ir a uma escola, mas experiencia intensa ansiedade social. O simples fato de pensar nisso faz seu estômago doer, as mãos suarem, e ela sente falta de ar.**

2. **Ela diz ao marido que não se sente bem. Logo, decide ficar em casa e pede a ele que vá. Com relutância, ele concorda.**

3. **Imediatamente, ela sente uma forte onda de alívio.**

4. **Na próxima vez em que um evento semelhante ocorrer, ela repetirá o ciclo.**

Se Amihan não encontrar uma forma de romper o ciclo de evitação, sua ansiedade simplesmente se aprofundará e se espalhará para outros eventos similares. Mais cedo ou mais tarde, pode causar problemas com toda a família.

DICA

O ciclo de evitação é surpreendentemente potente. Mesmo pessoas que não têm grandes problemas de ansiedade às vezes caem na armadilha sedutora de evitar sensações ruins em curto prazo. A procrastinação é um exemplo comum de evitar uma tarefa desagradável. Em curto prazo, ela o faz se sentir melhor. Porém, mais cedo ou mais tarde, ela lhe dá um golpe na nuca.

Aceitando o desconforto e a aflição

Se você passa a maior parte da vida tentando evitar o desconforto e a aflição, é provável que se encontre bloqueado e que perca um sem-número de oportunidades, desafios, alegrias e agitação. Por exemplo, um esquiador novato que não progride após dominar a pista para iniciantes nunca sentirá a empolgação de dominar um declive mais complicado. Uma aluna promissora que teme o fracasso talvez não finalize sua tese — melhor não tentar do que tentar e falhar. Se ela prosseguir nesse padrão, nunca vivenciará a alegria de realizar os sonhos de sua vida.

DICA

A ansiedade só se aprofundará e intensificará se você não estiver disposto a *aceitar* uma certa dose de desconforto e aflição. As orientações a seguir mostram a você os passos para começar a aceitar um pouco de angústia na vida.

1. **Pare.**

    Quando sentir desconforto, pare; não corra. Não tome uma decisão imediata sobre o que fazer em seguida. Fique com sua inquietude por um tempo. Respire um pouco. Descubra uma perspectiva diferente. Em vez de pensar em como se sente péssimo, repare e observe. Prepare-se para fazer uma coisa diferente desta vez.

2. Avalie.

Pergunte-se por que está se sentindo ansioso. Agora, o que sua ansiedade está lhe dizendo para fazer ou para não fazer? Quais são suas opções? O que provavelmente acontecerá, dependendo da opção que você escolher? O que de pior poderia acontecer se você escolhesse uma opção e não a outra? Quanto desconforto está disposto a enfrentar?

3. Aja.

Uma vez que parou e avaliou sua situação, escolha a opção que parecer melhor para você. Isso não significa escolher a que o fará se sentir melhor; em vez disso, escolha a que tiver cara de realização e um passo adiante. Sua seleção não precisa ser colossal — apenas faça alguma coisa! Se sua escolha não fizer você conseguir o que esperava que conseguiria, fica a lição do aprendizado e aceitação. Toda ação o move para a frente.

As orientações anteriores abrem caminho para as tarefas mais árduas que estão nas seções seguintes.

Exposição: Confrontando Seus Medos

Nenhuma estratégia abordada neste livro funciona com mais eficácia na luta contra a ansiedade do que a exposição. Simplificando, a exposição envolve colocar-se em contato direto com o que quer que o deixe ansioso. Ora, isso pode parecer um pouco ridículo para você.

Afinal, é provável que o mero pensamento de olhar seus medos nos olhos o faça se sentir bem ansioso. Compreendemos a reação, mas, perceba que, se você tem pavor de altura, a exposição não lhe pede que se incline amanhã sobre a beira do Grand Canyon. Ou, se você se preocupa em ter um ataque de pânico no meio da multidão, não precisa se sentar nas arquibancadas do próximo Super Bowl como primeiro passo.

A exposição envolve um conjunto sistemático e gradual de etapas que você enfrenta uma de cada vez. Provavelmente você vai querer começar com uma exposição que não force seus limites — algo pouco difícil servirá bem. Não necessariamente você sai da etapa inicial até dominá-la, mas é legal se quiser tentar. Quando estiver razoavelmente à vontade com essa primeira etapa, você passa para a segunda, ou, se quiser, para a terceira. É provável que cada nova etapa lhe traga mais ansiedade, mas não em uma quantidade avassaladora.

As seções a seguir mostram a você como elaborar um plano de exposição para seu próprio medo. Por exemplo, uma pessoa que tem medo de sair de casa criaria um plano para ir primeiro até a caixa de correio e, em seguida, dar uma volta no quarteirão antes de ir mais longe de casa. De maneira semelhante, alguém que teme dirigir na estrada provavelmente escolheria um plano que começasse com ruas de várias faixas, mas sem engarrafamento, depois, ruas mais cheias e, em seguida, dirigir em uma estrada deserta domingo de manhã. O plano avançaria em dificuldade conforme cada etapa fosse bem-sucedida. Exposições são sempre individualizadas e seguem um ritmo que funciona para cada pessoa.

DICA

Se você se pegar procrastinando em relação às recomendações deste capítulo, leia o Capítulo 4 para construir a motivação e superar obstáculos à mudança. Se ainda acha difícil considerar essas ideias, talvez queira consultar ajuda profissional.

CUIDADO

Não tente a exposição se sua ansiedade é severa. Você precisará de auxílio profissional. Se alguma etapa fizer sua ansiedade subir a um nível extremo, não faça nenhuma outra tentativa sem ajuda. Da mesma forma, não tente a exposição se está no meio de uma crise ou atualmente tem problema com abuso de álcool ou drogas — primeiro, consiga ajuda para essas questões.

Compreendendo seus medos

É importante dividir o processo de exposição em etapas viáveis. Porém, antes de dividir seus medos em etapas, é útil compreender por inteiro a natureza daquilo que você tem medo. Tente as seguintes estratégias:

1. **Escolha uma de suas preocupações.**

Por exemplo, talvez você tenha medo de uma das coisas a seguir:

- Espaços fechados.

- Ruína financeira.

- Andar de avião.

- Preocupação excessiva com o bem-estar de entes queridos.

- Ter um ataque de pânico (ter medo de um medo).

- Eventos sociais.

2. **Pense em qualquer aspecto possível de seu medo ou sua preocupação.**

O que ativa seu medo? Inclua todas as atividades relacionadas a ele. Por exemplo, se você tem medo de avião, talvez tema dirigir até o aeroporto ou fazer as malas. Ou, se tem medo de cães, talvez evite andar perto deles, e provavelmente não visite pessoas que têm cachorro. Onde quer que o medo comece, faça algumas anotações sobre ele. Pense em todos as consequências antecipadas e temidas. No que está pensando; como está se sentindo? Inclua todos os detalhes, como reações de outras pessoas e cenário.

3. **Faça as seguintes perguntas a si mesmo e anote as respostas:**

- Como minha ansiedade começa?

- Quais atividades evito?

- Uso algumas estratégias sutis de evitação?

- Uso álcool, medicamentos ou outras drogas para entorpecer minha ansiedade?

- Quais são as coisas que eu teria de fazer se realmente encarasse meu medo de cabeça erguida?

- Que outras situações são afetadas por meu medo?

- Uso alguma muleta para superar meu medo? Se sim, qual ou quais?

- Quais consequências ruins prevejo se eu tivesse que enfrentar meu medo?

DICA

Usando o formato pergunta-resposta, você pode descrever do que sente medo. Use a imaginação. Não deixe que a vergonha o impeça de incluir os aspectos mais profundos e obscuros de seus medos, mesmo que ache que talvez pareçam tolos para outras pessoas.

A história de Leeann ilustra bem como uma pessoa pode completar o exercício para enriquecer a compreensão dos próprios medos.

> **Leeann,** representante farmacêutica de 32 anos, recebe uma promoção, o que significa um bom aumento de salário e várias viagens aéreas. Durante a entrevista, Leeann não menciona que morre de medo de voar, na esperança de que, de alguma forma, isso vá embora. Agora, em três semanas enfrenta seu primeiro voo, e sua preocupação faz com que busque ajuda.
>
> Ela lê sobre exposição e conclui que é a melhor abordagem para o problema. Para verificar como Leeann finaliza a primeira tarefa — compreendendo seu medo e todos os componentes —, veja a Tabela 9-1.

TABELA 9-1   ## Do que Eu Tenho Medo

Pergunta	Resposta
Como minha ansiedade começa?	Só de pensar em voar, fico ansiosa. Até dirigir pela mesma estrada que leva ao aeroporto me deixa nervosa.
Quais atividades evito?	Tenho evitado passar férias e viajar com amigos e familiares para evitar pegar um avião.
Uso algumas estratégias sutis de evitação?	Sim, finjo que a verdade é que não gosto de viajar, para evitar isso.

Pergunta	Resposta
Uso álcool, medicamentos ou outras drogas para entorpecer minha ansiedade?	Às vezes, mas não é regra geral.
Quais são as coisas que eu teria de fazer se realmente encarasse meu medo de cabeça erguida?	Eu teria que fazer uma reserva. Depois, arrumar a mala, ir ao aeroporto, passar pela segurança, ficar um tempo na área de espera, ouvir o chamado para o voo e embarcar no avião. Então eu me sentaria e enfrentaria a decolagem. Por fim, encararia o voo.
Que outras situações são afetadas por meu medo?	Se eu não superar isso, nunca conseguirei ser promovida no trabalho. Além disso, continuaria a ficar sem jeito perto de amigos e familiares sempre que o assunto surgisse.
Uso alguma muleta para superar meu medo? Se sim, qual ou quais?	Uma vez entrei em um avião e passei mal do estômago por ter bebido muito álcool para acalmar os nervos.
Quais consequências ruins prevejo se eu tivesse que enfrentar meu medo?	Tenho medo de ficar louca, vomitar nos passageiros perto de mim ou começar a gritar, e eles terem que me prender. É claro que o avião poderia cair, e então eu morreria ou sofreria queimaduras ou dores terríveis, sem conseguir sair do avião.

Você pode ver que o medo de voar de Leeann consiste em várias atividades, desde fazer uma reserva até decolar. Suas consequências antecipadas incluem um leque de possibilidades que ela considera desagradáveis.

Elaborando uma lista de exposição

A seção anterior ajuda você a compreender a natureza de seus medos. Depois que atingir esse nível de compreensão, você está pronto para destruir seu medo e elaborar uma lista de objetivos de exposição. Veja como proceder:

1. **Elabore uma lista de todas as coisas que você teria de fazer se tivesse que encarar seu medo de uma vez por todas.**

Considere incluir alguns itens que talvez você queira fazer antes de enfrentar seu principal medo (como olhar fotografias daquilo que você teme, imaginar-se na situação temida ou conversar com outras pessoas sobre seu medo).

2. **Dê uma nota de 0 a 10 para cada um.**

Zero representa ausência total de medo, e 10 indica um medo inimaginavelmente intenso e 100% debilitante.

3. **Organize os itens em uma lista, começando pelo item de nota mais baixa na base e terminando com o item mais difícil no topo.**

Essa é sua hierarquia de exposição. Só o fato de fazer a lista pode causar certa ansiedade. Mais uma vez, não se preocupe; o mais provável é que você opte por abordar um passo de cada vez. Além disso, o objetivo não é evitar por inteiro a ansiedade; na verdade, você *quer* convidá-la a entrar em sua vida e permitir que fique um pouco. Talvez você apenas descubra que ela não é tão pavorosa quanto pensava.

Leeann tem fobia de avião. (Veja a seção anterior, "Compreendendo seus medos".) Ela lista os seguintes passos que levam diretamente ao seu medo principal — pegar um voo sozinha. Começa por itens relativamente "fáceis" e, em seguida, passa para metas mais difíceis. Mais uma vez, a questão não é evitar toda a ansiedade, mas aceitar níveis modestos dela.

» Visitar um aeroporto sem pegar um voo (3).

» Ler sobre segurança e acidentes de avião (3).

» Conversar com pessoas sobre planos de viagens (3).

» Conversar com dez pessoas sobre suas piores experiências de voo (4).

» Conseguir alguns panfletos de viagem e pesquisar informações online (4).

» Assistir a vídeos de acidentes de avião (6).

» Reservar um voo (8).

» Fazer um voo curto com um amigo ou amiga (9).

» Fazer uma viagem mais longa sozinha (10).

Agora, portanto, você viu um exemplo de uma lista de exposição. Se não tentou elaborar uma, faça isso agora — o foco pode ser aviões ou qualquer outro medo que você tenha. Selecione um medo ou um grupo de preocupações de tema semelhante. Por exemplo, o medo da rejeição é um tema que envolve muita preocupação com críticas e avaliações de outras pessoas. De maneira similar, a ansiedade relacionada a se machucar é um tema que envolve uma gama de medos sobre segurança. Divida o medo em várias etapas sequenciais, em que cada uma delas seja ligeiramente mais difícil que o passo anterior. Se precisar de mais auxílio, damos mais exemplos ao longo deste capítulo.

Encarando os medos (Glup!)

Depois que fizer a lista, é hora de encarar os medos de cabeça erguida. Primeiro, selecione um item de sua lista de exposição que pareça viável para você. A Tabela 9-2 mostra como Leeann, com medo de voar, começou sua primeira exposição e levou a cabo nossas orientações sugeridas para o processo. Você pode fazer o mesmo.

TABELA 9-2 Procedimentos de Exposição de Leeann

Orientações	Resposta
Anotar a tarefa da exposição escolhida.	Visitar o aeroporto.
Pensamentos que eu tinha antes de iniciar de fato a exposição.	Não parece tão difícil. Mas em geral fico nervosa quando me aproximo do aeroporto. Odeio ficar ansiosa.
De 0 a 10, até que ponto acho que isso será difícil?	Acho que 3.
Fazer a tarefa.	Dirigi até o aeroporto e entrei nele.
Classifique a dificuldade da tarefa em uma escala de 0 a 10.	Eu daria um 6. Foi mais difícil do que pensei que seria.
Anotar pensamentos, sentimentos e comportamentos durante a exposição.	Segurei o volante com todas as forças e me senti suada e tensa. Quando entrei no aeroporto, meu estômago revirou.
Meus pensamentos, sentimentos e comportamentos após finalizar a tarefa.	Uau! Acho que percebi que estava em uma jornada para vencer o medo. Isso me deixou orgulhosa e assustada ao mesmo tempo. Acho que um pouco de medo é aceitável. Estou pronta para enfrentar o próximo item da minha lista de exposição!

DICA

Após finalizar o primeiro objetivo de exposição, planeje quando e como você quer enfrentar o próximo item. Continue até conseguir superar o objetivo final de forma consistente.

As dicas a seguir podem ajudá-lo a passar pelo processo de exposição:

>> Não fique muito tempo sem empreender outro item de exposição. Para algumas pessoas, uma vez por semana é o bastante, mas na base inferior. Encarar um item todo dia não é demais se você tiver tempo e se sentir bem com isso.

>> Peça ajuda de um parceiro de exposição, mas apenas se tiver alguém em quem confie 100%. Essa pessoa pode incentivá-lo e apoiá-lo. Utilize um parceiro apenas nas primeiras etapas de exposição. Mais cedo ou mais tarde, é bom aprender como dominar a exposição por conta própria.

>> Se necessário, recue apenas um pouco. Não desista totalmente, a não ser que se sinta 100% fora de controle.

>> Sua mente lhe dirá: "Pare! Você não pode fazer isso. De qualquer modo, não vai funcionar." Não dê ouvidos a esse falatório. Simplesmente examine as reações de seu corpo, bem como comportamentos e pensamentos. Perceba que essas reações, esses comportamentos e pensamentos são bons para você, que aprenderá com eles!

>> Descubra uma forma de se recompensar por cada passo bem-sucedido que você der. Permita-se, talvez, comprar um objeto de desejo ou se mimar de algum outro modo. Você poderia, por exemplo, colocar alguns reais em uma caixa de sapatos sempre que finalizasse uma etapa, com o objetivo de se premiar com um mimo maior após fazer progressos substanciais.

>> Entenda que, às vezes, você sentirá desconforto. Encare-o como um progresso; faz parte da superação do medo.

>> Pratique, pratique, pratique.

>> Lembre-se de continuar com cada etapa conforme sua ansiedade decai um pouco. Perceba que seu corpo não é capaz de manter a ansiedade para sempre. Provavelmente ela reduzirá se você lhe der um tempo. Mas é realmente útil experienciar e estar em contato com um nível razoável de ansiedade. Aceite essa emoção como parte de ser humano.

>> Não espere uma cura instantânea. Prossiga a um ritmo razoável. Siga adiante, mas não espere vencer o medo em poucos dias. Mesmo com a prática diária, a exposição pode levar vários meses.

Lembre-se de definir objetivos realistas. Por exemplo, digamos que você tenha medo de aranhas, a tal ponto que não consegue entrar em um recinto sem uma busca exaustiva por terrores escondidos. Você não precisa fazer exercícios de exposição a ponto de deixar tarântulas subirem e descerem por seus braços. Permita-se ficar satisfeito se conseguir entrar nos lugares sem verificações desnecessárias.

CUIDADO

Tente não usar muletas para evitar se expor totalmente à sua lista de exposições. Algumas das muletas populares que as pessoas usam incluem o seguinte:

» Beber álcool.

» Tomar calmantes, especialmente os benzodiazepínicos, que abordamos no Capítulo 10.

» Distrair-se com rituais, letras de música ou canto.

» Segurar-se em alguma coisa para evitar desmaios.

» Pedir a outra pessoa que lhes garanta que tudo dará certo se elas derem conta de um item da exposição.

Todas essas muletas, na verdade, interferem na eficácia da exposição. Porém, se você realmente sentir que é necessário lançar mão de uma delas, use o mínimo que puder. Além disso, não se apegue às muletas por muito tempo — elas são pedras no caminho. Faça sua própria caminhada.

Vencendo Tipos Diferentes de Medos

Confrontar seus medos de maneira direta é uma das formas mais poderosas de superá-los. Porém, seu plano de exposição pode ter uma aparência diferente, dependendo do tipo específico de ansiedade que você tenha. Esta seção destaca exemplos de planos para alguns dos tipos mais comuns de ansiedade. Sem dúvida, você terá que individualizá-los para lidar com seu problema. No entanto, eles devem ajudá-lo a começar.

DICA

Você pode encontrar mais exemplos de listas de exposição pesquisando online por "exemplos de hierarquias de exposição à ansiedade".

Declarando guerra contra as preocupações

Algumas pessoas se preocupam com quase tudo. Como consequência dessas preocupações, em geral, elas acabam evitando várias oportunidades e outras tarefas do cotidiano. Essas preocupações podem privar suas vítimas de prazeres e alegrias.

A história de Chloe mostra a você como uma pessoa com muitas preocupações lida com alguns de seus medos.

Os amigos de **Chloe** a chamam de preocupada crônica, e seus filhos, de "carcereira". Chloe está frequentemente angustiada, mas sua maior preocupação é a segurança de seus gêmeos de 16 anos. Infelizmente, a preocupação dela a faz restringir as atividades dos filhos muito mais que a maioria dos pais restringem. Ela não os deixa sair depois que escurece, logo, eles não podem participar de atividades extracurriculares. Chloe faz perguntas a eles sobre qualquer amigo novo. Conforme eles crescem, ficam rebeldes. Brigas e bate-bocas dominam o jantar, mas o maior pomo da discórdia gira em torno de tirar a carteira de motorista. Embora ambos sejam aptos a fazer aulas de condução, Chloe afirma que eles não podem dirigir até completarem ao menos 18 anos.

Chloe fica surpresa quando o psicólogo da escola liga para ela a fim de discutir as questões de seus filhos. Ele marca algumas sessões com ela e a ajuda a perceber que suas preocupações são excessivas. Ela sabe que tem um problema e decide lidar com ele de cabeça erguida.

Após ajudá-la a compreender que suas preocupações vão além da conta, o psicólogo sugere que Chloe converse com outros pais na igreja que frequenta para verificar qual é a realidade. Ela descobre que a maioria dos pais permite que seus filhos de 16 anos frequentem atividades noturnas supervisionadas, tenham aulas de condução e até dirijam, se tirarem notas boas.

Chloe elabora sua lista de exposição, começando pelo item menos temível até o mais assustador. Ela classifica as dificuldades de baixas (1) a altas (10). Isto é o que ela elabora:

- » Deixar meus filhos irem sozinhos a um evento esportivo (3).
- » Permitir que meus filhos vão a um baile da escola desacompanhados (3).
- » Inscrevê-los em aulas de condução (5).
- » Deixar os meninos praticarem direção com o pai (6).
- » Praticar direção sozinha com os meninos (8).
- » Deixar meus filhos fazerem um teste de direção (8).
- » Permitir que os garotos dirijam sozinhos até a casa de um amigo nas proximidades (9).

Após Chloe elaborar sua lista de exposição, está pronta para pôr a mão na massa. Ela pega a primeira tarefa e completa as orientações de exposição na Tabela 9-3.

TABELA 9-3   Procedimentos de Exposição de Chloe

Orientações	Resposta
Anotar a tarefa de exposição que escolhi.	Deixei meus filhos irem a um evento esportivo sozinhos.
Pensamentos que tive antes de iniciar de fato a exposição.	Eles ficarão bem? Não sei o que eu faria se eles se machucassem. Outros garotos podem convencê-los a serem imprudentes!
De 0 a 10, até que ponto acho que isso será difícil?	No início, parecia que seria 2 ou 3. Mas agora, acho que é um 9. Darei uma chance, de qualquer modo.
Fazer a tarefa.	Consegui! Eles foram sozinhos a um jogo de futebol e sobreviveram.
Classificar a dificuldade da tarefa, em uma escala de 0–10.	Eu daria um 5.
Anotar pensamentos, sentimentos e comportamentos durante minha exposição.	Eu estava preocupada, mais ainda quando os deixei lá, mas sosseguei. Meu coração acelerou um pouco por alguns minutos, e dei a volta pelo quarteirão algumas vezes.
Meus pensamentos, sentimentos e comportamentos após finalizar a tarefa.	Consigo ver que, para mim, é realmente bom fazer isso. Os meninos precisam ficar mais independentes. Posso fazer isso.

Se você tem preocupações em excesso, escolha uma das várias questões que o incomodam. Em seguida, elabore sua própria lista de exposição pessoal para abordar essa preocupação específica. De posse da lista, comece com uma tarefa bem fácil e se exponha.

LEMBRE-SE

Elabore sua lista com itens suficientes, para que tenha múltiplas oportunidades de vivenciar níveis crescentes de dificuldades. Complete procedimentos de exposição para cada item em sua lista. Se descobrir que uma etapa é intransponível, tente um passo meio-termo. Se não conseguir fazer isso, tente dar o passo complicado por meio de várias exposições imaginárias antes de lidar com ele na vida real. E, como sempre, não hesite em buscar ajuda profissional se a exposição for demais para suportar.

Lutando contra fobias

Você luta contra todos os tipos de fobias de maneira bem semelhante. Pegue a situação, objeto, animal, pessoas etc. temidos e aproxime-se deles em etapas graduais. Mais uma vez, elabore uma lista de exposição consistindo de uma série de pequenos passos. A história de Ruben é um bom exemplo de como uma lista de exposição ajudou uma pessoa com fobia — neste caso, fobia de lugares altos.

Ruben conhece Diane por um app de encontros. Eles trocam mensagens por várias semanas. Finalmente, decidem se encontrar para um café. Várias horas se passam e, para eles, parece que foram minutos, e Ruben se oferece para acompanhar Diane até sua casa.

Quando ele segura a porta do restaurante para ela, seu corpo esbarra no dele. Seus olhares se cruzam, e Ruben quase a beija ali mesmo, na entrada. Enquanto vão andando até o apartamento dela, Diane pergunta: "Você acredita em amor à primeira vista?" Ruben não hesita. "Sim", responde, envolvendo-a nos braços. O beijo é tão intenso, que Ruben acha que terá um colapso bem ali.

"Nunca fiz isso em um primeiro encontro, mas acho que gostaria que você subisse para meu apartamento", diz Diane, ao apertar o braço dele. "Minha cobertura tem uma vista maravilhosa da cidade inteira."

Ruben olha para cima, para um prédio de 25 andares. Seu desejo diminui. "Ah, bem, preciso buscar minha mãe, quero dizer, o gato no veterinário", balbucia ele. Diane, obviamente magoada e surpresa, dispara: "Certo. Preciso mesmo lavar minhas meias."

Ruben decide lutar contra sua fobia. Ele elabora uma lista de exposição de passos que começam da base e vão até o passo mais temível, no topo.

Confessar seu problema a Diane é um passo que parece não estar relacionado ao medo de Ruben. Porém, não admitir o medo é evitação, o que só estimula o medo. Incluir qualquer passo conectado com seu medo é bom. Ruben também incluiu na lista passos que exigiam imaginação para encarar o medo. É bom fazer isso. Às vezes, etapas imaginárias podem ajudá-lo a dar o próximo passo comportamental. A lista a seguir começa com itens relativamente fáceis e termina com o mais difícil. Ruben acredita que ir à cobertura de Diane valerá a dificuldade.

» Ligar para Diane e contar a ela sobre minha fobia, e que realmente gostaria de vê-la de novo (4).

» Imaginar subir de elevador para visitar Diane em sua cobertura (4).

» Atravessar uma ponte de pedestres que tenha uma cerca ao redor (5).

» Subir três lances de escada e olhar para baixo (6).

» Pegar um elevador de vidro com Diane em um hotel no centro da cidade e ter uma vista panorâmica da cidade (7).

» Fazer a mesma coisa sozinho (8).

» Visitar Diane em sua cobertura e ver o que acontece (10).

AGORAFOBIA E A PANDEMIA

Agorafobia é um tipo comum de ansiedade. Pessoas com agorafobia morrem de medo de se encontrar em situações que poderiam impedi-las de escapar ou obter a ajuda necessária. Elas também se sentem com vergonha ou humilhadas fora de casa. Por causa desse medo avassalador, agorafóbicos ficam em casa sempre que podem. Eles passam aperto executando atividades normais, como fazer compras em supermercados ou ir ao cinema. Portanto, quando os países fizeram lockdown durante a pandemia de COVID-19, agorafóbicos estavam acostumados a ficar em casa, mas se tornaram ainda mais paralisados pelo medo. Ao fazer o que deviam fazer (ficar em casa), infelizmente eles também evitaram se expor ao seu medo de sair de casa. Isso piora sua condição. Ajuda profissional é necessária para esse problema, e pode-se utilizar procedimentos de telessaúde para começar.

Por outro lado, muitas pessoas sem agorafobia agora também temem sair de casa. Isso porque têm medo de ser infectadas pela COVID-19. Uma certa quantidade desse medo é perfeitamente normal, e, enquanto houver riscos, as pessoas devem agir com cuidado. Porém, conforme as diretrizes afrouxam mais cedo ou mais tarde e os casos diminuem, é provável que a maioria das pessoas conseguirá retomar um estilo de vida mais normal. Se você se sente paralisado e incapaz de se ajustar à mudança de circunstâncias, busque apoio e ajuda profissional.

Imaginar as etapas da vida real antes de fazê-las de fato é útil e provavelmente ajudará você a se preparar para a realidade. E não se esqueça, tudo bem tentar algo com um amigo, contanto que você aja sozinho mais tarde.

Atravessando o pânico

Algumas pessoas vivenciam períodos de tempo que rotulam como pânico. Em geral, um ataque de pânico envolve ímpetos de adrenalina, coração disparado, respiração curta e uma sensação de pavor ou catástrofe. (Veja o Capítulo 2 para mais informações sobre ataques de pânico.) A história de Tanya ilustra como uma pessoa que experiencia ataques de pânico elabora uma lista de exposição.

> **Tanya** vivencia seu primeiro ataque de pânico logo após o nascimento de seu bebê. Sempre meio tímida, ela começa a se preocupar que aconteça algo com ela quando sai com o bebê. Ela teme que possa desmaiar ou perder o controle, deixando o bebê vulnerável ao perigo.
>
> Seus ataques de pânico começam com uma sensação de nervosismo e suor nas palmas das mãos, e então progridem para respiração curta e rápida, coração acelerado, atordoamento e uma sensação de pavor

e catástrofe. Sair de casa é um gatilho para seus ataques, e quanto mais gente houver no local de destino, mais propensa ela fica a ter pânico. Seis meses depois do primeiro ataque, raramente ela sai de casa sem o marido.

Um dia, a menininha de Tanya desenvolve uma febre grave, e ela precisa levá-la ao pronto-socorro. O pânico toma conta dela; freneticamente, Tanya liga para o marido, mas ele está em uma chamada de negócios. Desesperada, liga para o 192 para que eles enviem uma ambulância.

Tanya sabe que precisa fazer alguma coisa em relação a suas crises de pânico. Ela elabora uma lista de exposição com um conjunto de etapas, começando pela menos problemática e progredindo até o objetivo mais difícil.

Tanya precisa deixar cada passo bem gradual para ter coragem de prosseguir. Ela poderia deixá-los ainda menores, se necessário. Estes são alguns dos itens que ela reuniu para as tarefas da exposição:

>> Colocarei a bebê no carrinho e darei uma volta no quarteirão (2).

>> Levarei a bebê à casa de minha mãe, que fica a 8km (3).

>> Levarei a bebê para passear (5).

>> Levarei sozinha a bebê ao pediatra (7).

>> Deixarei a bebê com meu marido e irei ao supermercado sozinha (8).

Você pode dividir sua escada do medo em tantos degraus pequenos quanto precisar, para evitar se sentir sobrecarregado por dar um único passo. Mas dar passos um pouco maiores também é bom; a escolha é sua.

Outro tipo de exposição que mira especificamente ataques de pânico envolve vivenciar as sensações dos ataques em si. Como fazer isso? Repetida e intencionalmente, você as traz à tona por meio de várias estratégias, como as seguintes:

>> **Correr sem sair do lugar:** Isso acelera as batidas de seu coração, assim como muitos ataques de pânico. Corra pelo menos de três a cinco minutos.

>> **Girar em círculos até se sentir tonto:** Muitas vezes, ataques de pânico incluem sensações de tontura e atordoamento.

>> **Respirar por um canudinho:** Essa estratégia induz a sensação de não obter ar o suficiente, que também imita o pânico. Tente-a por uns sessenta segundos de cada vez.

>> **Colocar a cabeça entre os joelhos e levantar-se de repente:** Você pode se sentir atordoado ou tonto.

Após experienciar repetidas vezes essas sensações físicas, você descobre que elas não lhe causam mal. Você não ficará louco, não terá um infarto nem perderá o controle. Exposições frequentes, prolongadas dizem à sua mente que sensações não passam de sensações.

CUIDADO

Não provoque essas sensações físicas se você tem uma cardiopatia grave ou qualquer outro problema físico que poderia ser exacerbado pelo exercício. Por exemplo, se você tem asma ou uma lesão nas costas, algumas dessas estratégias são contraindicadas. Verifique com seu médico se tiver qualquer pergunta ou preocupação.

Na Expectativa do Impossível

Vez ou outra, pessoas vêm nos pedir uma solução rápida para seus problemas de ansiedade. É como se elas achassem que temos alguma varinha mágica que podemos passar por cima de suas cabeças para deixar tudo melhor. Seria muito bom, mas não é essa a realidade.

Outras esperam que, com ajuda, elas se livrarão de toda a ansiedade — outro equívoco. Uma certa ansiedade o ajuda a se preparar para a ação, o alertam sobre perigos e mobilizam recursos (veja o Capítulo 3).

LEMBRE-SE

As únicas pessoas completamente livres de ansiedade estão inconscientes ou mortas.

Superar a ansiedade exige esforço e certo desconforto. Não há como contornar isso. Nem varinha mágica. Mas sabemos que quem aceita o desafio, faz esforços e sofre o desconforto é recompensado com a redução da ansiedade e o aumento da autoconfiança.

Capítulo **10**

Remédios e Outras Opções Biológicas

As últimas décadas testemunharam uma explosão de novos conhecimentos sobre emoções, transtornos mentais e a química cerebral. Cientistas reconhecem mudanças no cérebro que acompanham muitos transtornos psicológicos. Medicamentos novos e antigos tentam tratar esses desequilíbrios químicos, e o uso desses medicamentos tem vantagens e desvantagens. Não obstante, você precisa saber que, hoje, a maioria dos profissionais da saúde mental considera a psicoterapia como opção de tratamento para as pessoas que sofrem de ansiedade excessiva.

Este capítulo o ajuda a tomar uma decisão fundamentada sobre usar ou não remédios para ansiedade. Damos informações sobre os tipos de medicamentos mais amplamente prescritos e alguns dos efeitos colaterais mais comuns. Só você, ao se consultar com seu profissional da saúde, pode definir o que é melhor para ajudá-lo. Em seguida, contamos a você sobre os suplementos contra a ansiedade sem receita médica. Acima de tudo, compartilhamos as informações mais recentes sobre sua eficácia e o alertamos sobre possíveis perigos e desvantagens. Finalmente, alertamos você para alguns métodos que envolvem estimulação cerebral a pessoas cuja ansiedade é grave e resistente a remédios padrões.

Remédios: Tomar ou Não Tomar, Eis a Questão

Decidir tratar ou não sua ansiedade com remédios traz à tona um sem-número de perguntas em que pensar. Não é possível considerar levianamente essa decisão. Você deve se consultar com seu terapeuta, se tiver um, e também com seu médico. Antes de decidir tomar remédio, pergunte-se o que você fez para aliviar a ansiedade. Enfrentou seus pensamentos e crenças ansiosas (veja os Capítulos 5, 6 e 7)? Tentou aceitar conscientemente a ansiedade (veja o Capítulo 8)? Encarou os medos de cabeça erguida (veja o Capítulo 9)?

DICA

Com poucas exceções importantes, que analisamos neste capítulo, recomendamos que você tente várias abordagens da psicologia antes de acrescentar o remédio. Por quê? Considere o seguinte:

» Remédios miram apenas os sintomas, enquanto a psicoterapia adota uma abordagem holística. A psicoterapia contribui para o crescimento, o enfrentamento e a independência.

» Algumas pesquisas sugerem que certos remédios podem, na verdade, interferir na eficácia em longo prazo dos tratamentos mais bem-sucedidos contra a ansiedade. Isso vale sobretudo para as técnicas elaboradas para confrontar diretamente fobias e medos por meio da exposição.

» Se você tentar primeiro as estratégias da psicologia, pode descobrir que não precisa de remédios. Muitas de nossas vertentes recomendadas contra a ansiedade têm o potencial de cimentar a mudança em longo prazo e também afetar de maneira positiva sua vida inteira.

» Estudos revelam que variações da terapia cognitivo-comportamental (o tipo de estratégias que discutimos ao longo deste livro) ajudam a evitar recaídas. Muitas pessoas que só tomam remédios vivenciam um novo e rápido reaparecimento de sintomas quando interrompem a medicação por determinado motivo.

O lado ruim dos remédios

Você precisa refletir sobre ambos os lados de uma decisão importante. Remédios têm vantagens e desvantagens. O lado negativo do debate inclui as considerações a seguir:

» **Dependência:** Alguns remédios levam à dependência física e/ou mental. Largar esses remédios pode ser difícil, ou mesmo perigoso, se isso não for feito adequadamente. (Porém, ao contrário do que algumas pessoas pensam, há muitos medicamentos disponíveis que *não* têm potencial viciante.)

» **Efeitos de longo prazo:** Alguns remédios podem gerar problemas sérios, como diabetes e tremores.

» **Aversões filosóficas:** Algumas pessoas simplesmente acham que não gostam de tomar remédio. E tudo bem, mas até certo ponto.

» **Gravidez e amamentação:** Apenas alguns medicamentos são recomendados para mulheres grávidas ou amamentando. Os efeitos potenciais sobre o bebê ou o feto são muito arriscados na maioria das situações.

» **Efeitos colaterais:** A maioria dos remédios tem vários efeitos colaterais, como desconforto gastrointestinal, cefaleias, tontura, boca seca e disfunções sexuais. Agir em conjunto com seu médico para encontrar o remédio certo — um medicamento que alivie sua ansiedade e não lhe cause um excesso de efeitos colaterais problemáticos — pode levar algum tempo.

O lado bom dos remédios

Às vezes, tomar remédio faz sentido. Ao pesar os prós e os contras, sugerimos que você dê uma boa olhada nos benefícios que os remédios podem proporcionar:

» Quando a depressão grave acompanha a ansiedade, às vezes o remédio pode oferecer um alívio mais rápido, sobretudo quando uma pessoa se sente sem esperanças, indefesa ou com tendências suicidas.

» Algumas pessoas não conseguem se beneficiar da psicoterapia por causa da falta de acesso a este serviço. No curto prazo, remédios geralmente são mais baratos.

» Certas pessoas têm capacidade cognitiva limitada, o que pode restringir sua capacidade de se beneficiar da psicoterapia (embora haja modificações que com frequência podem ser feitas).

>> Quando a ansiedade interfere de forma grave em sua vida, às vezes o remédio oferece alívio mais rápido que a terapia ou mudanças no estilo de vida. Essas interferências incluem:

- Ataques de pânico que ocorrem com frequência e causam idas caras ao pronto-socorro.

- Ansiedade tão grave que você para de ir ao trabalho ou perde acontecimentos importantes da vida.

>> Quando você tentou as recomendações neste livro, consultou um terapeuta qualificado e ainda sofre de ansiedade excessiva, o remédio pode proporcionar alívio.

>> Se seu médico diz que seu nível de estresse deve ser controlado depressa para que sua pressão arterial seja controlada, esse remédio para pressão arterial também pode, em alguns casos, reduzir seu estresse, além de lhe acrescentar uns anos de vida.

>> Quando você vivencia um evento repentino traumático, um tratamento com o remédio certo pode ajudá-lo a passar por isso. Ao usar medicamento para traumas, deve-se manter o uso limitado em termos de duração para evitar dependência. Traumas, ao menos um dos que acontecem vez ou outra à maioria das pessoas, incluem:

- A morte repentina de um ente querido.

- Um acidente inesperado.

- Doença grave.

- Um desastre financeiro inesperado.

- Um desastre natural, como furacão ou terremoto.

- Ser vítima de um crime grave.

- Ser vítima de terrorismo.

PAPO DE ESPECIALISTA

Além de aumentar a ansiedade, às vezes o trauma leva a uma condição conhecida como *transtorno de estresse pós-traumático* (TEPT). O TEPT é uma condição séria que exige tratamento psicológico especializado e, às vezes, remédios. Entretanto, o TEPT não é mais considerado um transtorno de ansiedade, embora ela geralmente faça parte do quadro.

Entendendo as Opções de Remédios

Hoje em dia, médicos contam com um amplo leque de remédios para tratar transtornos de ansiedade. Medicamentos e aplicações novas surgem o tempo todo. Nossa lista fornece uma breve visão geral dos principais tipos de remédios usados para problemas relacionados à ansiedade. Não discutimos cada remédio específico porque novos são acrescentados o tempo todo, e diferenças entre eles podem desorientar. Nossa análise não pretende substituir orientações médicas profissionais.

CUIDADO

Se decidir perguntar a seu médico sobre remédios, não se esqueça de abordar os seguintes pontos críticos, se eles se aplicarem a você. Conversar com o médico sobre essas considerações pode ajudar a evitar más consequências. Certifique-se de informar ao seu médico se você:

» Está grávida ou planeja engravidar.

» Está amamentando.

» Bebe álcool.

» Toma qualquer outro medicamento com receita.

» Toma qualquer outro medicamento sem receita.

» Usa maconha ou suplementos.

» Tem condições de saúde sérias.

» Teve quaisquer reações ruins a remédios no passado.

» Tem algum tipo de alergia.

» Toma pílulas anticoncepcionais (alguns remédios para a ansiedade reduzem sua eficácia).

A maioria dos medicamentos prescritos para ansiedade pertence a uma das seguintes categorias:

» Antidepressivos.

» Benzodiazepínicos (calmantes secundários).

» Calmantes variados.

» Betabloqueadores.

» Antipsicóticos atípicos.

» Estabilizadores de humor.

Talvez você note que algumas dessas categorias soam meio estranhas. Por exemplo, antidepressivos (usados tipicamente para tratar depressão) e betabloqueadores (geralmente prescritos para hipertensão) não parecem grupos de remédios para tratamento de ansiedade. Mas mostramos a você que eles desempenham uma função importante em certos tipos de ansiedade.

Antidepressivos

Remédios antidepressivos têm sido usados há décadas para tratar ansiedade. Isso é interessante, porque ansiedade e depressão muitas vezes aparecem juntas. E ambos os problemas parecem ter certa semelhança em termos de aparatos biológicos. Antidepressivos aumentam a disponibilidade de neurotransmissores diferentes ou mensageiros químicos no cérebro. Os antidepressivos prescritos com mais frequência aumentam os níveis de serotonina, o que ajuda a regular o humor, a ansiedade e a habilidade de controlar impulsos.

Inibidores seletivos da recaptação de serotonina (ISRSs)

Médicos prescrevem ISRSs para todos os tipos de transtorno de ansiedade. Os ISRSs aumentam os níveis do neurotransmissor crucial serotonina nas sinapses nervosas, inibindo a reabsorção de serotonina nas células nervosas. A serotonina ajuda a estabilizar o humor. É bom você saber que ISRSs ainda têm efeitos colaterais significativos, embora tendam a ser mais suaves que os tipos mais antigos de antidepressivos, e alguns amenizam com o tempo.

CUIDADO

Efeitos colaterais de ISRSs podem incluir sedação, dor de estômago, cefaleias, tontura, ganho de peso, insônia, inquietação, irritabilidade, problemas sexuais, comportamentos incomuns e até pensamentos suicidas. Converse com o profissional responsável por suas prescrições sobre todo e qualquer efeito colateral, e busque ajuda imediatamente se sentir tendências suicidas.

ISRSs podem interagir com outros medicamentos e, em casos raros, causar interações fatais. Certifique-se de informar ao médico sobre todos os remédios ou suplementos sem receita que você esteja tomando.

Antidepressivos unicíclicos

Essa classe de antidepressivos mira a serotonina e outros neurotransmissores, sobretudo a noradrenalina, que tem efeitos mais diferentes do que os ISRSs mais comumente prescritos. Alguns desses neurotransmissores estimulam a energia e o estado de alerta, enquanto outros afetam as experiências de prazer, motivação e atenção. Efeitos colaterais comuns dos variados remédios antidepressivos unicíclicos incluem aumento de sedação, insônia, náusea e ansiedade.

Antidepressivos tricíclicos

Em geral, médicos tentam tratar a ansiedade com os mais novos remédios antidepressivos abordados nas duas seções anteriores. Porém, quando esses remédios não cumprem o prometido, algumas vezes os antidepressivos tricíclicos funcionam. Antidepressivos tricíclicos podem levar de duas a doze semanas para exercer a eficácia máxima.

Algumas pessoas vivenciam temporariamente um *aumento* de ansiedade com remédios tricíclicos. Em boa parte, por conta dos efeitos colaterais que podem aumentar a ansiedade e a agitação, quase 30% dos pacientes deixam de tomar antidepressivos tricíclicos.

É por isso que muitos médicos prescrevem remédios para transtornos de ansiedade começando com uma dose baixa e aumentando-a conforme necessário. Em outras palavras, no início, eles prescrevem uma dose muito baixa, para seu corpo se ajustar a ela com efeitos colaterais mínimos. Aos poucos eles aumentam a dosagem, a fim de minimizar reações negativas. Pode levar um tempo para atingir uma dose eficaz dessa maneira, mas é provável que você se descubra capaz de tolerar o remédio com mais facilidade.

Mesmo com cuidado nas dosagens, remédios tricíclicos podem causar efeitos colaterais consideráveis, incluindo tontura, ganho de peso, boca seca, visão embaçada e constipação. Alguns desses efeitos se resolvem com o tempo, mas muitos deles persistem mesmo após várias semanas. Os tricíclicos perderam um pouco da popularidade para os novos ISRSs anteriormente descritos, já que esses últimos têm menos efeitos colaterais inconvenientes.

Inibidores IMAO

Inibidores IMAO são o tipo mais antigo de remédios antidepressivos. Esses inibidores funcionam permitindo que neurotransmissores cruciais permaneçam disponíveis no cérebro para regular o humor com eficácia. Inibidores IMAO são usados com pouca frequência, porque têm efeitos colaterais graves.

ANTIPSICÓTICOS ATÍPICOS

Remédios denominados *antipsicóticos atípicos* geralmente não são prescritos para transtornos de ansiedade. Eles são atípicos no sentido de que, ao contrário de remédios mais antigos, apresentam menor risco de causar efeitos colaterais sérios e podem ser usados para tratar um leque mais amplo de problemas de *psicose*, uma distorção da capacidade de perceber corretamente a realidade. Os antipsicóticos atípicos miram um neurotransmissor diferente que os ISRSs e, às vezes, são usados em combinação com esses últimos. Quando usados para tratar problemas relacionados à ansiedade, esses remédios geralmente são prescritos em doses bem menores do que quando usados para transtornos psicóticos.

Esses remédios são prescritos sobretudo para pessoas que têm ansiedade grave e difícil de tratar, ou que sofrem de outros transtornos mentais além da ansiedade. Em geral, eles não são prescritos, a menos que outras formas de tratamento não tenham sido bem-sucedidas. Eles têm alguns efeitos colaterais particularmente perturbadores. Possivelmente, os mais temidos são conhecidos como efeitos colaterais extrapiramidais, que podem incluir uma vasta gama de problemas, como:

- **Movimentos musculares anormais, incontroláveis e irregulares na face, boca e, às vezes, outras partes do corpo.**
- **Sensação intensa de agitação.**
- **Rigidez muscular.**
- **Espasmos prolongados ou contrações musculares.**
- **Andar arrastado.**

Esses efeitos colaterais extrapiramidais parecem ocorrer com menos frequência com os novos remédios antipsicóticos atípicos em comparação com medicamentos antipsicóticos tradicionais mais antigos. Porém, porque o risco existe, é provável que pessoas com problemas de ansiedade relativamente amenos tendam a evitá-los.

Cuidado: Outro efeito colateral perturbador de muitos desses antipsicóticos atípicos é uma mudança no metabolismo que aumenta o risco de ganho de peso e, mais cedo ou mais tarde, pode causar diabetes. Como em relação à maioria dos remédios para ansiedade, em geral esses também devem ser evitados por grávidas ou lactantes. Consulte seu médico para melhores alternativas.

CUIDADO

Tomar inibidores IMAO e consumir alimentos com tiramina pode causar um aumento perigoso na pressão arterial, provocando AVC ou morte. Infelizmente, muitos alimentos, como abacate, cerveja, queijos, salame, soja, vinho e tomate, contêm tiramina.

Não obstante, inibidores IMAO podem ser eficazes quando outros antidepressivos não funcionaram. Se seu médico prescrever um deles a você, provavelmente tem um bom motivo para fazê-lo. No entanto, preste atenção ao que come e peça ao médico uma lista completa de alimentos a evitar, incluindo os da lista anterior.

Benzodiazepínicos

Mais conhecidos como calmantes, os benzodiazepínicos surgiram nos anos 1960. À primeira vista, pareciam remédios perfeitos para uma série de problemas de ansiedade. Ao contrário dos antidepressivos, eles funcionam rápido, muitas vezes reduzindo os sintomas em 15 a 20 minutos. Como se não bastasse, eles podem ser tomados meramente quando necessário, ao ter que lidar com uma situação específica que gera ansiedade, como confrontar uma fobia, fazer uma palestra ou comparecer a uma entrevista de emprego. Os efeitos colaterais também tendem a ser menos incômodos que os associados aos antidepressivos. E, durante muitos anos após sua introdução, eles foram considerados relativamente seguros, com risco baixo de overdose. Rapidamente eles se tornaram o tratamento padrão para a maioria dos transtornos de ansiedade. Aparentemente, eles funcionam reforçando uma substância no cérebro que bloqueia a excitabilidade dos neurônios. O que poderia ser melhor?

CUIDADO

Bem, acontece que os benzodiazepínicos têm lá seus problemas. Afinal, nada é perfeito. Dependência ou abuso são riscos particularmente significativos. Assim como em relação a várias dependências de outras drogas, largar os benzodiazepínicos pode ser difícil e até perigoso. Além disso, se você parar de tomá-los, quase sempre sua ansiedade volta. A ansiedade de rebote, mais grave que a experienciada antes de tomar o medicamento, é possível com a retirada dele.

Benzodiazepínicos também são associados ao aumento do risco de quedas durante a velhice, e com muita frequência esse tipo de queda resulta em fraturas da bacia. Além disso, uma reportagem recente sugeriu que os benzodiazepínicos podem dobrar o risco de se envolver em um acidente de trânsito.

Esse risco aumenta depressa quando benzodiazepínicos são tomados junto com álcool. Na verdade, benzodiazepínicos são especialmente problemáticos para pessoas com histórico de abuso de substâncias. Quem é viciado em drogas recreativas ou álcool fica rapidamente viciado nesses remédios e tem risco maior de usar combinações perigosas de drogas e álcool que podem resultar em uma overdose.

PAPO DE ESPECIALISTA

Prescrever benzodiazepínicos a pessoas que sofreram um trauma recente parece sensível e humano, e, de fato, esses remédios têm potencial para melhorar o sono e reduzir a excitação e a ansiedade. Porém, algumas evidências sugeriram que, na verdade, a administração precoce e prolongada de benzodiazepínicos após um trauma aparentemente aumentou, mais tarde, a taxa de transtorno de estresse pós-traumático (TEPT) desenvolvido.

Parece lógico presumir que a associação de benzodiazepínicos a algumas das várias mudanças de comportamento, pensamento e aceitação que podem reduzir a ansiedade (veja os Capítulos 5-9) seria uma combinação útil que poderia gerar um resultado melhor que usar cada uma das abordagens sozinhas. Entretanto, estudos descobriram que o risco de recaída aumenta quando esses remédios são combinados com mudanças comportamentais e de pensamento. Em longo prazo, parece que, para a maioria das pessoas, aprender estratégias de enfrentamento para lidar com a ansiedade tem resultados melhores do que buscar soluções na farmácia — sobretudo no que diz respeito a benzodiazepínicos.

Não obstante, os benzodiazepínicos continuam sendo uma das abordagens mais populares para o tratamento de transtornos de ansiedade, sobretudo entre clínicos gerais que não têm treinamento especial em psiquiatria. Em parte, talvez isso se deva ao perfil de baixos efeitos colaterais dos medicamentos. E, às vezes, esses remédios podem desempenhar um papel importante, especialmente para estresses de curto prazo, agudos e ansiedade, bem como para pessoas a quem outros remédios não ajudaram. Simplesmente recomendamos um cuidado considerável com o uso desses medicamentos prescritos.

Calmantes variados

Alguns calmantes variados não são quimicamente relacionados aos benzodiazepínicos e, portanto, parecem funcionar de forma um pouco diferente. Esses medicamentos podem causar menos vícios e são menos propensos a causar quedas. Porém, às vezes podem levar a fadiga diurna, tontura e, ocasionalmente, ansiedade.

PAPO DE ESPECIALISTA

Embora não listemos a miríade de medicamentos específicos neste capítulo, um deles tem vantagens específicas para certos tipos de ansiedade, e vale a pena mencioná-lo. O Buspar (buspirona) pertence a uma classe de compostos químicos conhecidos como *azaspirodecanedionas* (que, na verdade, são muito menos intimidantes que o nome). Ele foi mais estudado para o tratamento do transtorno de ansiedade generalizada (TAG), mas pode valer para tratar vários outros problemas relacionados à ansiedade, como fobia social e TEPT, entre outros, mas pode não ser tão útil para ataques de pânico quanto outros remédios. Os principais benefícios do Buspar é o fato de que ele não tende a ser viciante e causa menos sedação que os benzodiazepínicos. Embora sejam necessárias evidências exaustivas para definir o potencial aditivo, a crença atual é a de que a probabilidade de o Buspar causar dependência é bem baixa.

Betabloqueadores

Pelo fato de a ansiedade poder causar aumento da pressão arterial, talvez não surpreenda que poucos remédios para tratar hipertensão também reduzem a ansiedade. Os principais deles são os chamados betabloqueadores, que bloqueiam os efeitos da norepinefrina (uma substância química que dá ao corpo energia extra para lidar com o estresse). Assim, eles controlam vários dos sintomas físicos da ansiedade, como agitação, tremores, taquicardia e vermelhidão. Para tratar a ansiedade, sua utilidade é limitada principalmente a fobias específicas, como ansiedade social e de apresentação. Eles são altamente populares entre músicos profissionais, que muitas vezes os usam para reduzir sua ansiedade de apresentação antes de um concerto ou audição importante.

Estabilizadores de humor

Estabilizadores de humor em geral são prescritos para outras condições. Porém, quando tratamentos padrões não funcionaram, às vezes os médicos os acham úteis para tratar a ansiedade dos pacientes. Pessoas que sofrem de oscilações de humor, como transtorno bipolar, muitas vezes se beneficiam dessa classe particular de medicamentos.

Maconha medicinal

Atualmente, a maconha para uso medicinal é legalizada em vários estados norte-americanos, e o uso recreativo também vem se tornando legal em cada vez mais estados nos EUA. Há evidências substanciais de que a maconha ajuda a aliviar dores crônicas, diminui a espasticidade em pessoas com esclerose múltipla (EM) e reduz náuseas induzidas por quimioterapia. Há evidências científicas limitadas de que a maconha reduz a ansiedade e melhora sintomas de TEPT. Mais pesquisas são necessárias.

Em Busca de Vitaminas e Suplementos

Suplementos dietéticos incluem vitaminas, aminoácidos, minerais, enzimas, metabólitos e substâncias vegetais que supostamente melhoram a saúde e/ou as funções do corpo. Eles vêm em vários formatos diferentes — cápsulas, em pó, tabletes, chás, líquidos e grãos. Você pode comprar suplementos na internet, na farmácia local, no mercado ou em uma loja de alimentos saudáveis. Supostos benefícios dos suplementos incluem melhorias no sistema imunológico e no sono, ossos mais fortes, reação sexual acelerada, curas para o câncer e superação da ansiedade.

CUIDADO

Muitas vezes, as pessoas buscam suplementos porque presumem que são mais seguros que medicamentos prescritos, mas isso não é necessariamente verdade. Nos Estados Unidos, suplementos não são considerados medicamentos e, portanto, não estão sujeitos ao mesmo nível de fiscalização que a maioria dos remédios. Antes que um medicamento prescrito possa vir ao mercado, o fabricante deve conduzir estudos clínicos para confirmar a segurança, eficácia, dosagem e possíveis interações nocivas com outros medicamentos. A Food and Drug Administration (FDA) nos Estados Unidos não exige testes clínicos para confirmar a segurança de ervas. Em vez disso, depois que um suplemento chega ao mercado, a única forma de ele ser retirado é se uma quantia considerável de consumidores tiver efeitos colaterais graves e se queixar com as agências, o que pode gerar uma investigação da FDA e uma possível decisão de retirar a erva das prateleiras das lojas.

No Brasil, a agência responsável por fiscalizar suplementos alimentares, antes que eles cheguem ao consumidor, é a Anvisa.

Outros problemas potenciais com suplementos incluem:

>> Reações adversas não registradas pela FDA.

>> Contaminantes.

>> Potência variável, desconhecida.

>> Falta de estudos controlados para verificar sua eficácia.

Outro problema sério dos suplementos é que vendedores sem treinamento muitas vezes recomendam seu uso. Felizmente, profissionais da saúde que também são interessados e têm treinamento no uso seguro e eficaz dos suplementos podem ajudar. Por outro lado, vendedores variam muito em termos de conselhos úteis. A história de Dolores não é nem um pouco incomum.

Um vendedor jovem e em forma sorri para **Dolores** quando ela entra na loja de alimentos saudáveis. Dolores diz a ele que gostaria de um remédio natural para ajudar a acalmá-la. Relata dificuldade de concentração, sono ruim e sensação de estar sempre no limite. O jovem meneia a cabeça e sugere uma dieta de vitaminas e şuplementos para fortalecer a resistência dela ao estresse, melhorar a concentração e aliviar os sintomas de ansiedade.

Tirando frascos das prateleiras, ele afirma a ela: "Um pouco de vitamina B para fortalecê-la; C para combater infecções. Aqui estão alguns aminoácidos — L-lisina e tirosina — e um composto, 5-HTP. Melatonina para dormir. Ah, sim, talvez um pouco de SAMe para melhorar o humor. Além disso, considere lúpulo, maracujá, valeriana, erva-cidreira, camomila e raiz de ginseng. Agora, tome estes pelo menos uma hora antes de comer."

A conta dá US$314, e Dolores vai para casa se sentindo um pouco sobrecarregada. Um dia no trabalho, após ingerir uma dezena de pílulas, ela corre ao banheiro para vomitar. Preocupada, uma amiga pergunta a ela o que está lhe causando essas náuseas. Dolores conta sobre os suplementos que está tomando. A amiga sugere que Dolores busque orientações de um enfermeiro especialista em medicina holística.

Dolores faz uma visita ao enfermeiro, que a aconselha a largar a maioria das coisas que ela comprou e tomar um só multivitamínico e um suplemento de ervas. Ele também fala sobre psicoterapia, rotina de exercícios e livros de autoajuda. Dentro de poucas semanas, Dolores se sente uma nova pessoa.

O exemplo de Dolores pode parecer extremo. Entretanto, o mercado de suplementos é altamente lucrativo. Vendedores bem-intencionados raramente têm treinamento médico.

Na verdade, Dolores teve sorte, se comparada a Hector, cuja história vemos a seguir. Hector não somente experimenta suplementos de ervas, mas os mistura com um medicamento prescrito e álcool, resultando em um cenário muito perigoso.

É dia de pagamento, e os amigos de **Hector** o convidam para tomar umas cervejas. "Claro", diz ele. "Não posso ficar muito tempo, mas uma cerveja posso tomar; foi uma semana difícil." Mastigando uma mistura de grãos apimentados, Hector termina sua cerveja em uma hora. Ele dá um pequeno tropeção ao se levantar da banqueta, e o bartender lhe pergunta se está bem. Hector garante ao bartender que está sóbrio, afinal, ele só bebeu uma cerveja.

Dirigindo de volta para casa, Hector escorrega para a faixa da esquerda por um momento, mas volta a andar em linha reta. Logo em seguida, ouve um carro atrás dele, buzinando. Poucos momentos depois, vê luzes de uma viatura piscando. Confuso, ele encosta. Hector não passa no teste de sobriedade, mas um teste do bafômetro registra um nível de .02 de álcool em seu sangue, bem abaixo do limite legal. O que está acontecendo?

Recentemente, Hector se queixou ao médico de que se sentia estressado no trabalho. O médico prescreveu uma dose baixa de ansiolíticos e alertou Hector a não tomar demais, porque poderia viciar se ele não tomasse cuidado. Hector achou útil o remédio, e este o acalmou um pouco, mas não resolveu o problema. Um amigo recomendou que ele experimentasse duas ervas. Hector imaginou que essa seria uma ótima forma natural de reforçar o remédio prescrito e que ervas certamente não lhe causariam mal. Para completar o placar de Hector, ele havia combinado duas ervas para aliviar ansiedade, um medicamento prescrito e álcool — e teve sorte que a polícia o parou. Ele poderia ter acabado em um acidente grave, ferindo a si ou a outras pessoas.

À CAÇA DE ERVAS ÚTEIS

As pessoas vêm usando ervas medicinais há milhares de anos. Algumas funcionam. De fato, uma quantidade significativa de remédios prescritos é derivada de ervas. Talvez você queira testar uma ou duas ervas para sua ansiedade. Recomendamos que leia com cuidado a literatura sobre cada uma delas para escolher com propriedade antes de comprá-las de um fornecedor confiável. E sempre avise seu médico sobre ervas ou suplementos que você esteja tomando.

- **Erva-de-são-joão:** Esta planta vem sendo usada desde tempos ancestrais para fins medicinais. Pesquisas sobre a erva-de-são-joão são insuficientes para recomendá-la como um tratamento contra ansiedade. Cuidado: ela pode intensificar os efeitos do sol e causar queimaduras. Além disso, pode afetar o fígado e tem potencial para causar interações perigosas com outros medicamentos prescritos ou álcool.

- **Kava-kava:** Ilhéus do Pacífico Sul consumiam kava-kava por prazer e para cura. Tipicamente, eles a usavam para tratar uma série de males, incluindo obesidade, sífilis e gonorreia. Os ilhéus também a usavam para relaxamento, contra insônia e para reduzir a ansiedade. A kava-kava tem sido extensivamente usada na Europa contra a ansiedade, embora o uso varie de região para região. Estudos sugerem que ela, de fato, tem um efeito positivo sobre a ansiedade, embora modesto. Entretanto, alguns países baniram a kava-kava devido a relatos sobre potenciais problemas hepáticos.

- **Valeriana:** A valeriana é uma erva nativa da Europa e da Ásia. A palavra vem do termo em latim que significa "bem-estar". A valeriana tem sido sugerida para problemas digestivos, insônia e ansiedade. Como muitas ervas, ela é usada extensivamente na Europa, mas está ganhando popularidade nos Estados Unidos. Porém, pesquisas sobre sua eficácia contra a ansiedade são limitadas.

- **CBD (canabidiol):** O CBD é um componente ativo encontrado em plantas de cannabis. É extremamente popular nos Estados Unidos. Pode ser encontrado em várias formas e concentrações em produtos como balas, refrigerantes, canetas vaporizadoras e pílulas. A FDA aprovou o CBD para epilepsia de difícil controle. O CBD tem sido recomendado como auxílio contra ansiedade, depressão, inflamações, dores crônicas, insônia, mal de Parkinson, problemas de pele etc. Em sua maioria, esses benefícios vêm sendo relatados por pessoas e não foram bem estudados.

> Muitos outros remédios para a ansiedade à base de ervas são promovidos como métodos seguros e eficazes. Mas cuidado, a maioria dessas ervas não foi submetida a fiscalização para verificar sua eficácia ou segurança. Sugerimos evitá-las, já que tantos outros agentes e estratégias redutores de ansiedade funcionam sem efeitos colaterais perigosos. Por outro lado, não acreditamos que você deva ficar alarmado além da conta em beber um chazinho de ervas de vez em quando. A maioria dessas bebidas contém quantidades relativamente pequenas dos ingredientes ativos e, provavelmente, oferecem pouca ameaça.

CUIDADO

Não se esqueça de que mesmo o consumo baixo a moderado de álcool aliado a agentes ansiolíticos pode intensificar efeitos sedativos a ponto de causar prejuízos substanciais e até a morte. *Cuidado!*

Viva as vitaminas!

O estresse crônico sobrecarrega o corpo. Resultados de vários estudos conectam transtornos de humor a deficiência de vitaminas, e deficiências especialmente graves podem piorar a ansiedade. Portanto, alguns especialistas recomendam um bom suplemento multivitamínico; porém, essa recomendação está cada vez mais incomum. Pesquisas simplesmente não conseguiram mais descobrir muitos benefícios à saúde no consumo frequente de vitaminas para a maioria das pessoas que as tomam. Vitaminas e minerais podem curar a ansiedade? Não é provável.

CUIDADO

O mercado de vitaminas e suplementos é um setor multibilionário. Mais da metade dos norte-americanos toma um ou mais suplementos ou vitaminas com regularidade. Em geral, cientistas acreditam que os consumidores estão jogando dinheiro fora.

Peneirando a vasta gama de suplementos

Se você pesquisar na internet e em lojas locais de alimentos saudáveis, provavelmente conseguirá encontrar uma centena de suplementos anunciados como antídotos para a ansiedade. Mas eles funcionam? Até onde sabemos, só alguns. Os itens a seguir reuniram pelo menos algumas evidências que respaldam seu valor como possíveis eixos de ansiedade:

>> **Melatonina:** Atingindo o ápice à meia-noite, este hormônio ajuda a regular os ciclos do sono no corpo. Em particular, ele aborda o problema de ficar com sono na hora certa (conhecido como adormecimento), em oposição ao problema de acordar de manhã bem cedo e não conseguir voltar a dormir. A melatonina sintética, tomada no início da noite algumas horas antes de dormir, pode aliviar esse tipo particular de insônia, um problema comum entre pessoas com ansiedade excessiva.

Efeitos colaterais como tontura, irritabilidade, fadiga, dor de cabeça e depressão leve são possíveis, mas os efeitos colaterais de longo prazo não são de fato conhecidos neste momento. Evite dirigir ou beber álcool ao tomar melatonina.

Se você tem uma doença autoimune ou depressão, é bom evitar a melatonina.

CUIDADO

» **SAMe:** Com fama de aliviar a dor e a rigidez da osteoartrite e da fibromialgia, este aminoácido ocorre naturalmente no corpo. Também pode ajudar a tratar depressão e ansiedade. Entretanto, as pesquisas sobre esse suplemento continuam limitadas. O SAMe parece aumentar os níveis de serotonina e dopamina no cérebro, o que, teoricamente, pode aliviar a ansiedade.

Possíveis efeitos colaterais, como incômodo gastrointestinal, nervosismo, insônia, dor de cabeça e agitação, podem aparecer, mas, repito, pouco se sabe sobre os possíveis efeitos colaterais de longo prazo.

Não tome SAMe se tiver transtorno bipolar ou depressão grave. O SAMe pode contribuir para a mania, um estado perigoso de euforia que muitas vezes inclui discernimento fraco e comportamentos de risco.

CUIDADO

» **5-HTP:** Esse suplemento popular é um composto que aumenta os níveis de serotonina no cérebro. A serotonina desempenha um papel crucial na regulação do humor e da ansiedade. Também há algumas evidências de que o 5-HTP pode aumentar os analgésicos naturais do cérebro, as *endorfinas.* Infelizmente, apenas poucas pesquisas foram feitas sobre esse suplemento. Esses estudos sugerem que o 5-HTP pode reduzir a ansiedade, e alguns relatam melhoria no sono.

Não tome 5-HTP se estiver tomando outro antidepressivo. Também o evite se tiver tumores ou doenças cardiovasculares.

CUIDADO

» **Ácidos graxos ômega-3:** Encontrados em sementes de linhaça, abacate, soja e peixes, foi comprovado que esses ácidos melhoram o humor de pessoas com depressão. Evidências de sua eficácia contra a ansiedade são menos sólidas, mas há certa evidência de que consumir ácidos graxos ômega-3 melhora a saúde cardiovascular. Logo, se você tomar ômega-3, garanta que esteja purificado para eliminar toxinas como o mercúrio.

CUIDADO

A maioria dos suplementos fitoterápicos não é amplamente respaldada por pesquisas controladas. Grandes empresas farmacêuticas não são habilitadas para obter patentes para o uso de suplementos encontrados na natureza, portanto, não querem gastar milhões para fazer pesquisas controladas necessárias a fim de fundamentar afirmações de eficácia. É bom você ficar cético em relação a testemunhos e afirmações promovendo a última palavra em "cura".

Estimulando o Cérebro

Pessoas com casos graves de ansiedade muitas vezes tentam vários tratamentos diferentes. Infelizmente, alguns casos não se resolvem, nem mesmo melhoram, com tratamentos padrões como psicoterapia ou medicamentos. Para essas pessoas, progressos científicos e tecnológicos podem oferecer uma esperança de melhoria ou mesmo a cura para seu sofrimento.

Técnicas de estímulo cerebral, desde terapia de choque a novas e sofisticadas técnicas neuroestimulantes, vêm proporcionando um pouco de esperança a pessoas com problemas crônicos de ansiedade. É bom você estar ciente de que a eficácia de alguns desses novos métodos foi razoavelmente confirmada, embora sem dúvida seja preciso mais pesquisa. Embora essas técnicas tenham sido avaliadas e estudadas por décadas, o respaldo empírico à sua eficácia continua modesto. Evidentemente, a psicoterapia deveria ser experimentada antes de se recorrer ao estímulo cerebral.

Estimulação magnética transcraniana (EMT)

A EMT envolve a introdução de um campo magnético no topo da cabeça através do envio de uma pequena corrente elétrica dentro de uma bobina. Esse tratamento não requer implantação cirúrgica, portanto, os efeitos colaterais são menos perigosos que aqueles de tratamentos envolvendo cirurgia.

A EMT tem sido usada sobretudo para tratar depressão. Vários problemas de ansiedade também receberam certa observação com esse método. O tratamento é popular porque causa pouquíssimos efeitos colaterais preocupantes. São necessários muito mais estudos para recomendar a EMT como tratamento de vanguarda para pessoas com ansiedade. Porém, se você tem ansiedade há muito tempo e tentou tratamentos sem obter sucesso (incluindo psicoterapia), a EMT pode ser algo a se considerar.

Estimulação do nervo vago (VNS)

O nervo vago envia informações do sistema digestório, do coração e dos pulmões para todo o cérebro. Em geral, a ansiedade é vivenciada em todos esses sistemas, com sintomas que variam de dor de estômago e respiração acelerada a sensações de medo por pensar que algo ruim pode acontecer. A VNS foi desenvolvida como tratamento para pessoas com epilepsia. Um dispositivo é implantado no peito e envia impulsos elétricos ao nervo vago.

Descobriu-se que o tratamento ajuda pessoas com depressão grave, e muitas das que sentiram alívio de ataques epiléticos e depressão também notaram redução de ansiedade. Portanto, foram conduzidos alguns estudos usando VNS em casos de ansiedades resistentes a tratamentos. Os resultados são minimamente esperançosos, mas é necessário muito mais pesquisa. Por ora, a VNS permanece como alternativa sobretudo para pessoas que tiveram muitos insucessos ao tratar casos graves de ansiedade.

CUIDADO

Embora efeitos colaterais graves sejam raros, a VNS pode causar dor no lado da incisão, rouquidão, dor de garganta e fraqueza nos músculos da face.

Libertando-se da Batalha

NESTA PARTE...

Abrace familiares e amigos.

Aprofunde-se na atitude de delegar.

Expanda-se com exercícios.

Tenha uma boa noite de sono.

Elabore uma dieta saudável.

Capítulo **11**

Considerando o Estilo de Vida

Você leva uma vida atribulada, com muita coisa para fazer e pouco tempo? Você pega o jantar no drive-through mais próximo para você e seus filhos ao voltar para casa depois do futebol? Fica acordado de madrugada pensando em tudo o que tem para fazer? Provavelmente, seu estilo de vida frenético o leva a dormir mal, a fazer pouco exercício e a se alimentar incorretamente. Você sabe que deveria estar se cuidando melhor, o que o faz se sentir estressado e ansioso, aumentando o problema.

Neste capítulo, descrevemos três estratégias saudáveis para acalmar sua vida: manter-se conectado com as outras pessoas, delegar e dizer "não". Também o ajudamos a encontrar motivação para levar exercícios à sua vida. Mostramos como descansar o melhor possível e atividades para as horas antes de dormir que podem ajudar seu sono. Finalmente, damos uma olhada em algumas dicas para melhorar os hábitos alimentares para suprimir sentimentos ansiosos.

Amigos e Familiares — Ruim com Eles, Pior sem Eles

Certos dias, as pessoas que fazem parte de sua vida proporcionam todo o amor e o apoio que você poderia querer. Elas se oferecem para fazer coisas para você, ouvem suas queixas e o consolam quando tudo dá errado. Outros dias, essas mesmas pessoas o fazem desejar se mudar para uma ilha deserta por algumas semanas. Elas fazem exigências irracionais e se escoram excessivamente em você — reclamando de problemas que elas mesmas criaram, deixando-o estressado e esgotado. As três seções a seguir abordam os prós e os contras das pessoas que fazem parte de sua vida e oferecem sugestões sobre como extrair o melhor de seus relacionamentos.

Mantendo-se conectado com os outros

Apesar do potencial que familiares e amigos têm de causar estresse e aborrecimento, vários estudos demonstraram que relacionamentos bons e íntimos aumentam muito a sensação de bem-estar das pessoas. Manter-se conectado com os outros compensa, em termos de melhora substancial na saúde física e mental. Conexões, inclusive, parecem proporcionar certa proteção contra declínios mentais que muitas vezes acompanham a velhice.

DICA

Portanto, recomendamos fortemente que você foque amizades, a comunidade e laços familiares — mesmo quando imperfeitos. Aqui vão algumas ideias para fazer isso:

» Certifique-se de arranjar tempo para contato presencial com seus amigos — não se conecte com eles só por mídias sociais.

» Faça refeições em família sempre que possível — não precisa ser nada mais caro que pedir pizza.

» Faça trabalho voluntário em uma sociedade protetora dos animais, hospital ou escola.

» Ligue para um amigo com quem não fala há um tempo.

» Faça caminhadas pelo bairro e se apresente às pessoas que encontrar.

» Ofereça-se para ajudar seus familiares em uma venda de garagem ou algum outro projeto.

Você captou a mensagem. Manter-se conectado não precisa consumir muito tempo ou custar dinheiro, mas exige esforço. Esse esforço compensa não apenas para você, mas também para seus amigos, familiares e sua comunidade.

DICA

Se sua comunidade está no meio de uma pandemia e há restrições a encontros, há modificações que você pode fazer nas atividades anteriores. Use máscara, mantenha distanciamento social e lave as mãos com frequência. Por exemplo, encontrem-se em um parque, leve sua própria comida e bebida, mantenham o distanciamento social e façam um piquenique.

LEMBRE-SE

Uma conexão envolve você e pelo menos mais uma pessoa. Então, quando você procura alguém, pode estar fazendo tão bem a essa pessoa quanto a si mesmo.

Como é? Está dizendo que não tem tempo para se conectar com amigos e familiares? Nas duas seções a seguir, temos soluções para esse problema.

Delegando tempo livre

Muitas pessoas com ansiedade sentem que sempre precisam assumir responsabilidades pelo próprio trabalho, o cuidado com a família e a casa. Se não puserem as mãos em tudo, elas se preocupam com que as coisas possam não ser feitas. E, se outra pessoa assume a tarefa, temem que o resultado não corresponderá a seus padrões.

No entanto, se a vida se tornou exaustiva e estressante demais, aprender a delegar pode ser sua única opção. Forçar-se demais pode colocá-lo sob o risco de doenças, mau humor e ansiedade crescente. E delegar uma coisa ou outra geralmente funciona muito melhor do que você pensa.

DICA

Aqui estão algumas sugestões para sua lista de coisas a delegar:

» Assuma o risco de pedir ao parceiro ou parceira para fazer o trabalho doméstico ou alguma outra tarefa que ele ou ela normalmente não faz.

» Duas vezes por ano, contrate um serviço de limpeza para a faxina de outono e de primavera. É uma delícia. Faça isso com mais frequência se puder pagar.

» Passe um domingo em família preparando quantidades grandes de refeições, que podem ser congeladas e consumidas ao longo da semana seguinte e bem depois.

» Escale a família para passar uma hora por semana em um trabalho frenético de limpeza coletiva. Ouçam música em alto volume enquanto limpam.

» Contrate um serviço mensal de jardinagem.

» Faça com que cada membro da família planeje e cozinhe uma refeição toda semana.

Sabemos que algumas dessas ideias custam dinheiro. Não tanto quanto você talvez pense, mas, ainda assim, elas têm um custo. Em parte, é uma questão de até que ponto o dinheiro está no topo de sua lista de prioridades. Equilibre dinheiro e tempo para as coisas que você valoriza.

Mesmo assim, nem todas as famílias podem considerar tais opções. Talvez você note que nem todas elas pesam nas finanças. Seja criativo. Peça a amigos, colegas de trabalho e familiares ideias sobre como delegar. Isso mudará sua vida.

DICA

Pense em duas tarefas que você pode delegar a outras pessoas. Elas não precisam custar dinheiro — é só aliviar um ou outro peso das suas costas de forma a poupar seu tempo.

Apenas diga "não"

Temos mais uma ideia. Diga "não". Se você é ansioso, talvez tenha dificuldade para defender os próprios direitos. Muitas vezes, a ansiedade faz com que as pessoas não consigam expressar os próprios sentimentos e as próprias necessidades. Quando isso acontece, o ressentimento se junta à ansiedade e leva a frustração e raiva. Além disso, se não consegue dizer "não", outras pessoas, de propósito ou sem querer, podem tirar vantagem de você, que passa a não ser mais dono do próprio tempo e da própria vida.

Primeiro, observe em quais situações você se pega concordando quando, na verdade, não quer fazer isso. Acontece principalmente no trabalho, em família, com amigos ou com estranhos? Quando as pessoas pedirem a você que faça algo, tente o seguinte:

» **Valide o pedido ou o desejo da pessoa.** Por exemplo, se alguém lhe pergunta se você não se importaria de deixar uma coisa no correio a caminho de sua casa ao voltar do trabalho, diga: "Entendo que seria mais conveniente para você se eu deixasse isso lá." Isso lhe dará mais tempo para pensar se quer ou não deixar.

» **Após decidir dizer "não", olhe nos olhos da pessoa que fez o pedido.** Não precisa ter pressa para responder.

» **Dê uma explicação breve, sobretudo se for um amigo ou um familiar.** Porém, lembre-se de que não deve explicação a ninguém por recusar o pedido; é uma questão de educação, simples assim. Você pode dizer que gostaria de ajudar, mas não é possível, ou pode simplesmente afirmar que preferia não fazer isso.

» **Deixe claro que você não pode ou não fará o que lhe pediram.** Dizer "não" é um direito humano fundamental.

Ao dizer "não" a chefes ou familiares, eles podem ficar temporariamente tristes com você. Se você se pegar reagindo com exagero ao descontentamento deles, talvez seja por conta de uma suposição ansiosa. Veja o Capítulo 7 para mais informações sobre suposições ansiosas.

Exorcismo em 3, 2, 1... Já!

Desculpe a brincadeira: não estamos aconselhando você a tentar exorcizar demônios ou fazer magia, mas, assim como uma boa faxina, exercícios podem limpar as teias de aranha e expulsar pensamentos turvos e a inércia que podem acompanhar a ansiedade.

Exercícios reduzem a ansiedade. Quanto mais você aplicar esforço e tempo nisso — seja nadando, seja correndo, seja caminhando, seja trabalhando no quintal ou em casa, seja jogando squash ou tênis, seja subindo escadas —, menos ansioso ficará. Exercícios infundem uma sensação recém-descoberta de confiança, ao mesmo tempo que dissipam a nuvem de ansiedade. Exercitando-se o suficiente, você sentirá uma mudança de atitude de negativa para positiva.

Adultos precisam de cerca de 150 minutos por semana de exercícios moderados para obter benefícios. Isso é menos que trinta minutos por dia. Moderado significa caminhadas rápidas, corridas lentas, natação ou faxina intensa na casa. Você pode dividir esse tempo em períodos de dez ou quinze minutos. Não importa. A questão é levantar e se mexer — com frequência.

Algumas pessoas com ansiedade ficam meio agitadas e compulsivas. Não exagere ao seguir nosso conselho sobre exercícios! Sim, quanto mais, melhor, mas só até certo ponto. Se seu exercício começar a tirar o tempo de outras atividades importantes, talvez você esteja exagerando.

Exercícios reduzem a ansiedade de várias maneiras:

» Ajudam a livrar seu corpo do excesso de adrenalina, que aumenta a ansiedade e a excitação.

» Aumentam a produção de *endorfinas* em seu organismo — substâncias que reduzem a dor e criam uma sensação agradável e natural de bem-estar.

» Auxiliam a aliviar tensão muscular e frustrações.

EXERCÍCIOS E PÂNICO: QUE TAL?

Certas pessoas temem que exercícios despertem ataques de pânico. Em parte porque eles produzem alguns sintomas físicos, como batimentos cardíacos acelerados, que são semelhantes aos sintomas de crises de pânico, e pessoas com transtornos de pânico às vezes reagem a tais sintomas entrando em pânico. Porém, se você se exercitar aos poucos, isso pode servir como uma tarefa gradual de exposição, conforme abordamos no Capítulo 9. Trocando em miúdos, pode ser um método de tratamento eficaz contra o pânico.

Embora o risco real seja uma coisa controversa, exercícios podem causar acúmulo de ácido lático, que parece ativar ataques de pânico em algumas pessoas. No entanto, em longo prazo, o exercício também melhora a capacidade de seu corpo de se livrar desse ácido. Portanto, mais uma vez, recomendamos que, se você teme crises de pânico resultantes da prática de exercícios, vá devagar, simples assim. Se achar totalmente insuportável, pare por um tempo de se exercitar ou use outras estratégias deste livro para reduzir a frequência dos ataques de pânico antes de voltar para os exercícios.

Naturalmente, todo mundo já sentiu que deveria se exercitar mais. A maioria das pessoas percebe que os exercícios trazem algum tipo de benefício à saúde, mas nem todo mundo sabe até que ponto esses benefícios podem se estender. Pesquisadores descobriram que exercícios diminuem a ansiedade, o colesterol ruim, a pressão arterial, a depressão e dores crônicas. Também reduz o risco de várias doenças, como cardiopatias e alguns tipos de câncer. Por fim, exercitar-se fortalece os ossos e melhora seu sistema imunológico, os músculos e a função articular, o equilíbrio, a flexibilidade, a acuidade mental, a memória e a sensação de bem-estar.

Uau! Com tantos efeitos positivos sobre a ansiedade, a saúde e o bem--estar, por que nem todos se exercitam? Milhões de pessoas o fazem. Infelizmente, milhões de pessoas não o fazem. Os motivos são simples e complexos ao mesmo tempo. Na maioria dos casos, as pessoas chegam a um impasse quando se trata de encontrar a motivação para se exercitar e, sobretudo, para mantê-la. Elas se queixam de não ter tempo e ter vergonha demais, serem velhas demais, estarem gordas demais e cansadas demais para fazer exercícios.

Porém, se nossa lista de benefícios o atrai, a próxima seção, "Não espere ter força de vontade — Vá lá e faça!" pode ajudá-lo a criar motivação. Depois, por sabermos o que você pensará em seguida — "Não tenho tempo para me exercitar!" —, disponibilizamos uma lista de maneiras de dar cabo das desculpas para encaixar exercícios físicos na sua agenda.

CUIDADO

Antes de iniciar um programa de exercícios, você precisa consultar o médico. Isso vale sobretudo se você tiver mais de 40 anos, sobrepeso ou quaisquer problemas de saúde conhecidos. Seu médico pode informá-lo de cuidados, limitações ou restrições que deve considerar. Da mesma forma, se após se exercitar brevemente você sentir dor no peito, respiração muito curta, náuseas ou tontura, veja seu médico imediatamente.

Não espere ter força de vontade — Vá lá e faça!

Você já pensou que não tem força de vontade para começar um programa de exercícios? Talvez se surpreenda ao descobrir que não acreditamos em força de vontade. Isso mesmo. *Força de vontade* não passa de um termo, uma ideia; ela não é real.

Seu cérebro não tem uma estrutura especial que contém a tal da força de vontade. Não é algo do qual você tenha uma quantidade definida e sobre o qual não pode fazer nada. O motivo por que as pessoas acreditam que não têm força de vontade é tão somente porque não fazem o que pensam que deveriam fazer.

Não obstante, força de vontade é um conceito ou ideia sólida em que quase todo mundo acredita. E, se você mudar o significado desse conceito para se referir à disposição em aplicar esforço em alguma coisa, talvez faça algum sentido. Mas, na verdade, outros motivos além da força de vontade explicam essa falta de esforço: a saber, pensamentos distorcidos e falta de êxito em incluir recompensas suficientes. Portanto, lidar com pensamentos distorcidos e elaborar recompensas funciona melhor que esperar pela força de vontade.

Pensamentos distorcidos

Talvez sua mente lhe diga coisas como "Simplesmente não tenho tempo", "Estou cansado demais", "Não vale a pena o esforço" ou "Vou parecer estúpido em comparação com outras pessoas que estão em melhor forma do que eu".

Se tiver pensamentos como esses, primeiro perceba que são apenas pensamentos. Apenas pensar em uma coisa não a torna verdadeira. Enfrente esses pensamentos com algo mais incentivador. Veja o Capítulo 6 para muito mais informações sobre como enfrentar pensamentos distorcidos. Você não vai querer que esse tipo de pensamento comande sua vida.

Se está esperando a motivação bater à sua porta, pode esperar sentado. Pouca gente acorda com uma explosão de entusiasmo renovado para começar um programa de exercícios. Como diz o slogan da Nike: "Just do it [Apenas faça]." Isso porque, muitas vezes, a motivação *vem depois* da ação; se você pensa que é o contrário, está colocando o carro na frente dos bois.

Falta de recompensa

Outro problema que justifica a falta de motivação acontece quando você não consegue definir um plano para recompensar novos esforços. Talvez você acredite que se exercitar lhe custará alguma coisa em termos de tempo para lazer, descanso ou mais trabalho lucrativo. Sob certos aspectos, é verdade. É por isso que você precisa elaborar um plano para estimular seus esforços.

Há décadas os psicólogos sabem que, sempre que possível, as pessoas geralmente fazem mais o que consideram gratificante e menos o que acham desagradável. Esse fato pode parecer elementar para você. Não obstante, ignorar a importância da recompensa é fácil ao tentar dar início a um programa de exercícios.

DICA

Estabeleça seu próprio sistema de recompensas pessoal para se exercitar. Por exemplo, dê a si mesmo dez pontos a cada vez que se exercitar durante quinze minutos ou mais. Após acumular cem pontos, permita-se um mimo — comprar uma roupa nova, sair para jantar em um restaurante bacana, planejar um fim de semana especial ou reservar um dia inteiro para seu passatempo favorito. Com o tempo, conforme o exercício for ficando mais prazeroso (e ficará!), aumente a oferta — defina 200 pontos antes de se mimar.

Mais cedo ou mais tarde, você descobrirá que o exercício é a própria recompensa, e não precisará se recompensar como um modo de instilar a motivação necessária. À medida que a dor de um corpo fora de forma diminui e a resistência aumenta, você descobrirá outras recompensas do exercício:

» Pode ser um excelente momento para pensar em soluções para problemas.

» Você pode planejar o dia ou a semana enquanto se exercita.

» Algumas pessoas relatam aumento de pensamentos criativos durante os exercícios.

» Você terá uma ótima sensação diante do sentimento de realização.

» Ao melhorar sua forma, você se sentirá melhor física e emocionalmente.

Pelo fato de os exercícios muitas vezes não causarem uma boa sensação no início, definir um sistema de autorrecompensa às vezes pode ajudar muito; mais tarde, outras recompensas darão as caras.

Trabalhando no treino

Hoje em dia, as pessoas trabalham mais horas do que nunca, logo, é tentador pensar que o dia não disponibiliza tempo suficiente para exercícios. Porém, tudo é questão de prioridade; você não encontrará tempo se não se planejar.

Certo; você precisa examinar seriamente a agenda e incluir exercícios em sua vida. Talvez seu trabalho tenha horários flexíveis, em que você pode escolher entrar uma hora depois e ficar até mais tarde duas ou três vezes por semana para ter tempo de se exercitar de manhã, ou talvez possa se exercitar duas vezes aos fins de semana e encontrar só um horário depois do trabalho durante a semana. E não é tão difícil acrescentar um pouco de atividade em seus períodos regulares de exercícios. Por exemplo:

>> **Estacione um pouco mais longe:** Uma ou duas vezes por semana, estacione o carro a uma distância de vinte minutos de caminhada rápida de seu local de trabalho.

>> **Vá pelas escadas:** Se costuma subir cinco ou seis andares de elevador para trabalhar, experimente, em vez disso, uma subida rápida pelas escadas várias vezes por dia.

>> **Exercite-se durante os intervalos:** Se você tem de dez a quinze minutos de intervalo no trabalho, tente fazer uma caminhada rápida, em vez de ficar em pé perto do bebedouro. Dois ou três ciclos de exercícios de dez minutos fazem tão bem quanto um ciclo de vinte ou trinta minutos.

>> **Considere o treino intervalado de alta intensidade (HIIT).** Na internet, você pode encontrar treinos de sete minutos que podem ajudá-lo a queimar calorias, aumentar o metabolismo e aprimorar a saúde cardiovascular.

Vários estudos respaldam o valor do exercício em ajudar as pessoas a gerenciar a própria ansiedade. Quando você se exercita com vigor, é difícil ficar ruminando o que o está incomodando. Como dissemos, vá lá e faça.

Dormindo com os AnjoZZZzzz

Em geral, as pessoas precisam de cerca de oito horas de sono por noite. Idosos talvez precisem de um pouco menos, e há exceções particulares. A medida real para verificar se você está dormindo o suficiente é como se sente durante o dia, não o número exato de horas que dorme. Em todo caso, muitas vezes a ansiedade perturba o sono, e a falta dele pode deixá-lo mais ansioso.

Muitas pessoas têm dificuldades para dormir à noite. Como se dormir já não fosse complicado o bastante, muita gente acorda antes do horário desejado, em estado de alerta máximo enquanto pensamentos ansiosos percorrem sua consciência.

Existem algumas provas práticas de que não dormir o bastante causa ansiedade. Pessoas com privação crônica de sono tendem a ser pessimistas, têm a memória falha, rompantes emocionais, ganham peso e têm sistema imunológico suprimido.

CUIDADO

A tendência de acordar de manhã cedo sem conseguir voltar a dormir pode ser sinal de depressão e também de ansiedade. Se seu apetite muda, sua energia diminui, seu humor oscila para pior, sua capacidade de concentração se reduz e você perdeu interesse por atividades que antes achava prazerosas, talvez esteja clinicamente deprimido. Para descobrir, seria bom você se consultar com um profissional da saúde mental ou um médico.

Dormir é mais do que apenas se deitar e fechar os olhos. Fatores que afetam o sono incluem as atividades que você faz antes de ir para a cama, o ambiente onde dorme e saber o que fazer quando o sono foge. Abordamos esses tópicos nas seções a seguir.

Criando um refúgio para o sono

O ambiente em que você dorme é importante. É claro, algumas raridades conseguem dormir em praticamente qualquer lugar — no sofá, em uma cadeira, no chão, no carro ou até na escrivaninha do trabalho. Por outro lado, a maioria das pessoas precisa do conforto de uma cama e das condições certas. Especialistas do sono relatam que, para um sono reparador, você precisa dormir em um quarto que seja:

DICA

» **Escuro:** Há um relógio no seu cérebro que lhe informa quando é hora de dormir. A escuridão ajuda a configurar o relógio, fazendo o cérebro liberar melatonina, hormônio que ajuda a induzir o sono. Considere instalar cortinas que bloqueiam boa parte do sol se você se pegar acordando com a luz da manhã ou se precisar dormir durante o dia. Certas pessoas usam máscara para se protegerem da luz.

>> **Fresco:** As pessoas dormem melhor em um quarto fresco. Se você sentir frio, colocar mais cobertores geralmente é preferível a ligar o aquecedor.

>> **Silencioso:** Se você mora perto de uma rua movimentada ou tem vizinhos barulhentos, considere comprar um ventilador ou usar um app de ruído branco no celular para bloquear ruídos incômodos. O pior tipo de barulho é o intermitente e imprevisível. Se o ruído perturba, os tipos variados de barulhos que podem ser bloqueados por um simples ventilador de chão podem surpreender você.

>> **Mobiliado com uma cama confortável:** O colchão é importante. Compre travesseiros de que goste. Se você dorme com outra pessoa ou um cachorro, garanta que todos tenham espaço suficiente.

Em outras palavras, faça de seu quarto um refúgio que pareça convidativo e aconchegante. Mime-se com lençóis e fronhas de vários fios. Talvez queira experimentar a aromaterapia. Ninguém sabe ao certo como funciona, mas muitas pessoas afirmam que a fragrância de lavanda as ajuda a dormir.

Desligue as notificações do celular, e, por favor, não fique tentado a olhar para a tela mais uma vez depois de ir para a cama. A luz do celular pode perturbar seu ritmo circadiano.

Seguindo algumas rotinas relaxantes

O sono revitaliza seus recursos físicos e mentais. Estudos revelam que a privação de sono leva as pessoas a dirigirem como se estivessem sob efeito de drogas ou álcool. Médicos que não dormem o suficiente cometem mais erros. A privação de sono o deixa mais irritadiço, rabugento, ansioso e abatido.

Logo, você precisa reservar uma quantidade razoável de horas para o sono — pelo menos sete ou oito horas. Nada de varar madrugadas. Não nos importamos com a quantidade de trabalho que você tem na pilha; ficar sem dormir só o deixa menos produtivo e menos agradável de estar por perto.

Então, em primeiríssimo lugar, reserve tempo suficiente para o sono. Mas não será suficiente se você tiver problemas para dormir, logo, sugerimos que você dê uma olhada nas ideias das seções a seguir para melhorar a qualidade do sono.

Sempre que possível, vá para a cama mais ou menos no mesmo horário todas as noites. Muita gente gosta de ficar acordada até tarde aos fins de semana, e tudo bem se você não tiver problema para dormir; mas, se tiver, recomendamos manter o mesmo horário que segue durante a semana. Você precisa de uma rotina regular para preparar a mente para dormir.

Associando o sono à sua cama

Um dos princípios mais importantes do sono é ensinar seu cérebro a associar o sono à sua cama. Ou seja, ao ir para a cama, não leve o trabalho junto. Algumas pessoas acham que ler antes de dormir as deixa relaxadas, e outras gostam de assistir a um pouco de TV antes de ir para a cama. Tudo bem se essas atividades funcionam para você, mas, em geral, evite fazê-las na cama.

Se você for para a cama e ficar mais de vinte a trinta minutos sem cair no sono, levante-se. Mais uma vez, a questão é treinar seu cérebro a conectar sua cama ao sono. Você pode treiná-lo a não gostar de se levantar fazendo alguma tarefa desagradável (bastante passiva ou, até mesmo, entediante) enquanto está acordado. Outras pessoas descobrem que levantar e tomar um gole de leite ou água funciona para elas. A questão é se levantar para conseguir associar sua cama a algo que induz o sono, em vez de algo que não induz. Se você fizer isso várias vezes, seu cérebro achará mais fácil começar a se sentir sonolento quando estiver na cama.

Relaxe e ronque

Algumas pessoas descobrem que tomar um banho quente com óleos aromáticos ou sais de banho cerca de uma hora antes de dormir é relaxante. Você pode descobrir que mergulhar em um banho perfumado em um banheiro à meia-luz enquanto ouve música relaxante antes de ir para a cama é a passagem certeira para os braços de Morfeu. Outras pessoas podem descobrir que ler, meditar ou organizar a cozinha é relaxante. Estudos revelam que a indução a um estado calmante pode melhorar o sono.

CUIDADO

Você precisa relaxar com atividades passivas antes de ir dormir, portanto, não faça exercícios pesados poucas horas antes de ir para a cama. Quase toda atividade estimulante pode interferir no sono, inclusive exercícios mentais. Por exemplo, muita gente descobre que assistir ao noticiário, envolver-se na maioria dos tipos de trabalhos, ler um livro emocionalmente intenso ou assistir a um filme ou séries de TV extremamente envolventes prejudica sua capacidade de cair no sono.

Você é o que você come... e bebe

Obviamente, não é bom você se entupir de bebidas à base de cafeína algumas horas antes de dormir. Não se esqueça de que muitas fontes além do café — refrigerantes de cola, certos chás, chocolate e certos analgésicos — contêm cafeína. Naturalmente, algumas pessoas parecem imunes aos efeitos da cafeína, enquanto para outras é melhor não consumir nem um pouco depois do almoço. Mesmo que no passado a cafeína não o tenha incomodado, você pode desenvolver sensibilidade a ela conforme vai ficando mais velho. Considere os efeitos da cafeína sobre você se estiver tendo problemas para dormir.

A nicotina também desperta o organismo. Tente evitar fumar logo antes de dormir. Obviamente, é preferível largar o cigarro de vez, mas, se você ainda não conseguiu parar, ao menos observe o quanto fuma antes da hora de dormir. Se precisa de ajuda com um hábito arraigado de fumar, considere adquirir um exemplar de Quitting Smoking & Vaping For Dummies [sem tradução no Brasil], destes autores que vos falam (Wiley).

CUIDADO

O álcool relaxa o corpo e seria uma excelente forma de ajudar a dormir, mas não é. Isso porque o álcool atrapalha os ciclos do sono. Você não obtém o suficiente do sono REM, que é importante, e talvez se pegue acordando muito cedo de manhã. No entanto, algumas pessoas acham que beber uma taça de vinho à noite é relaxante. Tudo bem, mas cuidado com a quantidade.

Refeições pesadas antes de ir para a cama também não são uma ótima ideia; muita gente acha que comer demais antes de dormir causa um ligeiro desconforto. Além disso, é bom evitar alimentos muito apimentados ou gordurosos antes de ir dormir. Porém, ir para a cama com fome também é má ideia; a chave é o equilíbrio.

DICA

Então, o que comer ou beber antes de dormir? Chás de ervas, como de camomila ou valeriana, têm muitos defensores. Não temos muitos dados sobre até que ponto eles funcionam, mas chás não tendem a interferir no sono e são bons de tomar. Algumas evidências respaldam que comer um pequeno lanche à base de carboidratos antes de ir para a cama ajuda a induzir o sono.

Um remédio para acalmar

Algumas pessoas tentam tratar seus problemas de sono com remédios sem receita, muitos dos quais contêm anti-histamínicos, que de fato ajudam, mas podem causar sonolência no dia seguinte. O uso eventual desses remédios é relativamente seguro para a maioria. Fórmulas com ervas, como melatonina ou valeriana, também podem ajudar.

Se você tem problemas crônicos para dormir, é bom consultar o médico. Um remédio que você já esteja tomando pode estar interferindo no sono. Seu médico pode prescrever medicamentos para ajudar a induzir o sono. Com o tempo, muitos remédios para dormir se tornam menos eficazes, e alguns podem causar dependência. Esses remédios com potencial para causar dependências são usados apenas por um período curto de tempo. Por outro lado, alguns medicamentos para dormir funcionam como auxiliares do sono por mais tempo, sem causar dependência. Converse com seu médico sobre problemas para dormir, em busca de mais informações e auxílio.

Entrando em ação quando o sono simplesmente não vem

Se você vem colocando em prática as sugestões das seções anteriores e ainda não resolveu seus problemas de sono, temos mais algumas sugestões. A história de Becky ilustra alguns dos pensamentos problemáticos que mantêm as pessoas acordadas. Portanto, dizemos a você o que fazer com eles.

> Quando o relógio sinaliza as horas, **Becky** suspira, percebendo que são 2h e ela ainda não caiu no sono. Ela vira para o lado e tenta não se mexer, para não acordar o marido. Ela pensa: "Com tudo o que tenho para fazer amanhã, se eu não dormir, estarei um caco. Odeio não dormir." Ela sai da cama, vai ao banheiro, encontra o frasco de melatonina e enfia três na boca. Ela a vem tomando de forma rotineira há meses, e simplesmente parece não ter o mesmo efeito de antes.
>
> Ela volta para a cama, tenta se acalmar e se preocupa com as olheiras e com o que as pessoas pensarão. Sua pele seca começa a coçar. Ela não suporta a sensação de ficar deitada na cama por uma eternidade sem dormir.

Na mente de Becky, sua falta de sono se transforma em uma catástrofe, e suas ruminações de fato dificultam ainda mais que ela consiga dormir.

Quando não conseguir dormir, tente tornar o problema menos catastrófico:

» **Lembrando a si mesmo de que, sempre que não conseguiu dormir no passado, de alguma forma você conseguiu dar conta do dia seguinte, apesar da falta de sono na noite anterior.** Pode não ter sido uma maravilha, mas você conseguiu.

» **Percebendo que perder o sono uma vez ou outra acontece com todo mundo.** Preocupar-se excessivamente só agrava o problema.

» **Levantando-se e distraindo-se com outra coisa.** Isso impede sua mente de aumentar o problema e também pode impedi-lo de associar sua cama com a falta de sono.

» **Concentrando-se somente em sua respiração.** Fique um tempo contando suas respirações — funciona melhor que contar carneirinhos.

Muitas pessoas tentam tirar cochilos durante o dia quando não conseguem dormir continuamente à noite. Parece uma ótima solução, mas infelizmente só agrava o problema. Cochilos frequentes ou prolongados atrapalham o relógio natural de seu organismo. Se precisa cochilar, que seja um cochilo curto e breve — não superior a vinte minutos.

É claro que algumas pessoas incomuns descobrem que conseguem cochilar por apenas três ou quatro minutos sempre que quiserem durante o dia; elas acordam renovadas e dormem bem à noite. Se você é dessas, vá em frente e cochile. A maioria das pessoas simplesmente não consegue fazer isso.

Se nada parece funcionar para você, considere buscar um profissional capacitado no uso de terapia cognitivo-comportamental para tratar insônia. Dormir o suficiente é importante para todo mundo, sobretudo para quem está tentando trabalhar a própria ansiedade. Você precisa da energia e da estamina que o sono proporciona.

Elaborando Dietas que Acalmam

Emoções desconfortáveis levam certas pessoas a comer demais, outras, a buscar as chamadas comfort food (cheias de gordura e açúcar), e outras, ainda, a perder o apetite. Infelizmente, a alimentação emocional só funciona em um prazo muito curto — talvez de alguns minutos a uma hora, ou mais. Em longo prazo, hábitos alimentares ruins aumentam o risco de ganho de peso ou impactam negativamente o organismo por conta dos picos ou irregularidade dos níveis de açúcar no sangue. Logo, recomendamos que você siga alguns princípios simples e conhecidos da boa alimentação para estabilizar corpo e mente.

Coma porções pequenas e frequentes

O tamanho das porções aumentou de forma quase tão drástica quanto o das cinturas das pessoas ao longo do século passado. A prataria de sua bisavó parece feita para bonecas conforme os padrões atuais. De fato, alguns vendedores de antiguidades têm dificuldade para convencer os clientes de que os pratos de jantar da vovó são realmente para jantar, e não para o pão ou a salada.

Em geral, hoje em dia, a maioria das pessoas simplesmente come demais de uma só vez. Aqui estão algumas formas de controlar as porções:

>> **Use pratos menores:** Isso cria uma ilusão de ótica, e você acha que está comendo mais do que de fato está.

>> **Coma devagar:** Isso dá a seu estômago tempo para dizer ao cérebro que você está satisfeito e deve parar de comer.

» **Monte seu prato de uma vez e guarde as sobras antes de começar a comer:** Isso reduz a tentação de voltar para pegar um segundo prato.

» **Quando estiver em um restaurante, divida uma refeição com um amigo ou mande embalar metade antes de começar a comer:** Em geral, refeições de restaurantes contêm o dobro do tamanho ideal para uma única refeição. Comer apenas metade dela fornece a quantidade certa de calorias.

Trocando em miúdos, planeje o que quer comer e reduza a velocidade com que come. Prepare vários lanches pequenos e saudáveis para lidar com os desejos de comida durante o dia.

Seguindo o bom-senso nutricional

Para muitas pessoas, a sensação de ansiedade é similar à de fome. Quando estressadas, uma taça de sorvete ou batatas fritas com muito ketchup parecem deliciosas, e esses alimentos melhoram o humor momentaneamente. O motivo é porque contêm quantidades grandes de carboidratos simples. O corpo transforma esses carboidratos em açúcar e os queima como combustível de foguete — à velocidade da luz. Essa queima rápida, então, leva a uma queda acelerada nos níveis de açúcar no sangue, muitas vezes gerando mau humor, irritabilidade e mais vontade de comer doce.

Substituir esses carboidratos simples por alimentos que contenham carboidratos complexos e fibras mantém estáveis os níveis de açúcar no sangue e o humor. Carboidratos complexos são encontrados em alimentos não processados, frutas, vegetais, grãos integrais e legumes.

DICA

É bem fácil encontrar dietas saudáveis na internet. A dieta mediterrânea é considerada uma das mais saudáveis. O bom senso diz a você o que fazer — consumir alimentos integrais em abundância e ficar longe de porcarias. A mensagem a levar para casa é não tornar a comida uma fonte extra de estresse em sua vida.

Capítulo 12

Meditação como Parte de uma Vida Saudável

Meditação é um conceito difícil de definir. O motivo é porque há muitas modalidades de meditação, e os procedimentos variam mesmo dentro de um determinado tipo. *Em geral*, a meditação envolve atenção focada, um lugar silencioso sem distrações, uma postura ereta e mente aberta. Só alguns problemas: certas meditações são feitas enquanto se caminha, as pessoas podem meditar em um aeroporto barulhento, às vezes a atenção vagueia, e pensamentos invadem prontamente. Até o ceticismo pode dar as caras. Logo, a meditação é diferente para pessoas diferentes. Não há definição específica, de acordo universal, ou um conjunto de estratégias para meditar.

Apesar de todas essas diferenças, a área da saúde mental testemunhou um aumento considerável no interesse profissional e científico pela meditação. Descobertas científicas respaldaram vários benefícios significativos dessa prática. Neste capítulo, damos a você um breve panorama do que a meditação faz e no que ela é útil. Apresentamos você a alguns dos principais tipos de meditação. Por fim, damos dicas para dominar técnicas e alguns cuidados em relação a coisas a evitar.

PAPO DE ESPECIALISTA

Como observamos neste capítulo, confirmou-se que a meditação é eficaz para vários propósitos de saúde e bem-estar. No entanto, uma limitação dessas pesquisas foi a dificuldade em comparar estratégias meditativas diferentes. Isso porque algumas técnicas envolvem canto, outras, contagem, algumas duram dez minutos, e outras, trinta minutos ou mais. Portanto, é como comparar maçãs e laranjas. Não obstante, foram feitas pesquisas suficientes para respaldar os benefícios de várias estratégias de meditação para a saúde física e mental.

O Básico da Meditação

Nosso primeiro encontro com o treinamento formal para meditação começou nos anos 1990. As aulas eram ministradas em uma antiga casa de adobe ao lado de uma acequia (vala de irrigação) em uma cidadezinha em Novo México. O instrutor era um mestre das artes marciais e yogi cujo jeito calmo e seguro proporcionava a confiança tão necessária para a turma de novatos. Ficávamos sentados em pequenos colchonetes em pisos de madeira encerados, em frente a uma lareira agradável.

Durante a primeira sessão, aprendemos como nos sentar — de pernas cruzadas, com as mãos levemente apoiadas sobre os joelhos. Após alguns minutos, deu cãibra em algumas partes do corpo. O mestre nos disse para esperarmos algum desconforto inicial, mas que o transpassássemos. Não tínhamos certeza de como fazer isso, mas ficávamos em silêncio. Aprendemos a fazer respirações de limpeza e focar a atenção na respiração. Depois de algumas sessões, começamos a usar mantras.

Nós dois, autores, ainda nos lembramos da sala quente e da voz pujante, profunda e vibrante de nosso mestre entoando "om, ah, hum". Enquanto nos sentávamos tentando imitar, também vivenciávamos um crescendo de pensamentos intrusos. Eles eram sobretudo deste tipo:

» Meu pé está com cãibra.

» Isto é desconfortável.

» Meu nariz está coçando.

» Eu não deveria estar pensando em tudo isso.

» Então, com oito pessoas pagando US$50 cada uma, com certeza ele faz muito dinheiro dando estas aulas.

- » Que horas serão?

- » Temos mesmo que fazer isto por 45 minutos todos os dias?

- » Preciso pegar a roupa na lavanderia e levar o cachorro ao veterinário antes que feche.

- » Não estou ficando melhor nisto.

- » O que estou fazendo de errado?

- » Isso realmente vale US$50 por hora?

- » Quanto tempo até terminarmos hoje? Não quero olhar no relógio.

As aulas aconteceram duas vezes por semana durante seis semanas. Não conseguimos considerar uma nova inscrição. Abortar missão-meditação. Que triste.

Já que éramos psicólogos clínicos profissionais, não conversávamos muito sobre nossa experiência com meditação. Em parte porque meditar estava apenas começando a chamar a atenção de profissionais da saúde mental como possível tratamento padrão para problemas como ansiedade e dores crônicas. Logo, nosso abandono da prática não era grande coisa, mas também nada do que se gabar.

Porém, os tempos mudaram durante os anos intermediários desde nossa incursão na meditação. Hoje, a meditação é uma ferramenta comum usada para autoajuda e como suplemento à psicoterapia, e é frequentemente sugerida como parte de uma vida saudável.

Aliás, desde a década de 1990 nós nos reconectamos com a prática meditativa por meio de workshops, treinamento e prática pessoal. Temos aprendido muito, e hoje a meditação é parte regular de nossa vida.

O que Há de Tão Bom na Meditação?

A meditação existe há séculos. Com um poder de permanência desses, é praticamente forçoso descobrir que há algo de bom nela. Mas somos cientistas céticos, então gostamos quando pesquisas coincidem com a opinião popular. A ciência realmente respalda o valor da meditação. Pesquisas revelaram que é muito provável alguém se beneficiar de algumas das seguintes maneiras se incorporar a meditação à própria vida:

- **Ansiedade:** Análises de vários estudos demonstraram que, com meditação regular, é possível esperar uma melhora moderada nos sintomas.

- **Estresse:** Está comprovado que a meditação melhora a capacidade de enfrentamento.

- **Depressão:** Algumas evidências sugerem que meditar ajuda a reduzir os níveis de depressão e é útil sobretudo para evitar recaídas.

- **Saúde física:** Estudos revelaram, de maneira geral, que meditar baixa a pressão arterial, reduz reações inflamatórias, melhora a capacidade de lidar com dores crônicas e diminui a gravidade de sintomas gastrointestinais.

- **Memória:** Novas pesquisas mostraram uma promessa inicial na facilitação da memória.

- **Pensamentos:** Aparentemente, meditar melhora a atenção e reduz a tendência de revolver e ruminar pensamentos perturbadores.

- **Insônia:** Meditar melhora o sono (incluindo o início e o despertar noturno).

Com uma lista de benefícios como esta, sugerimos que você faça um teste. Não é preciso pagar um guru para dar início a uma prática meditativa.

Métodos de Meditação

Todas as pessoas que meditam trazem algo de si à prática. E a própria meditação tem vários tipos e formatos. Antes de descrevermos alguns desses tipos, temos algumas sugestões gerais que achamos úteis:

- Encontre um lugar relativamente silencioso, mas perceba que os sons podem ser grandes invasores, e tudo bem. Obviamente, é uma boa ideia desligar aparelhos eletrônicos.

- Use roupas confortáveis que permitam uma respiração e movimentos livres.

- Encontre uma postura confortável e descanse as mãos no colo ou nos joelhos.

- Perceba que alguns pensamentos podem flutuar. Aceite-os como meros pensamentos se movendo em sua mente.

- » Abandone o desejo de avaliar até que ponto você está indo bem. A mera prática meditativa já é um sucesso e tanto.

- » Foque a experiência do momento presente, em vez de avaliar o passado ou o futuro.

- » Se sentir desconforto, você pode praticar aceitando-o ou simplesmente reajustando a postura, coçando o nariz ou qualquer coisa que deseje fazer.

- » Perceba que não há certo ou errado na maioria das formas de meditação.

Note que suas tentativas iniciais para meditar podem ser mais fáceis se você encontrar uma pessoa ou gravação que oriente sua prática. Certas pessoas preferem meditações guiadas, enquanto outras gostam de fazê-las do próprio jeito.

DICA

Descobrimos que muitos novatos ficam bem surpresos ao descobrir como a meditação pode ser permissiva. Eles imaginam regras e estruturas rígidas as quais é preciso seguir com exatidão.

Meditação da respiração

Meditação da respiração é uma forma de meditação que foca a respiração, e isso também faz parte de muitas outras formas importantes de meditação. Aqui nós abordamos isso separadamente, para que você possa experienciar sua sensação. Veja uma amostra de como praticar a meditação da respiração:

1. Faça várias respirações rápidas e profundas.

2. Feche os olhos devagar.

Fique consciente da experiência da respiração. Sinta o ar entrando em seu nariz ou em sua boca. Observe o movimento do tórax e da barriga. Repare no ar ao exalá-lo.

3. Preste atenção à respiração.

Se tiver pensamentos, deixe-os ir embora como se fossem folhas flutuando por um rio ou nuvens se movendo pelo céu.

4. Inspire e expire devagar.

Se estiver desconfortável, traga sua atenção para isso sem fazer mudanças. Se quiser mudar de postura, tudo bem também.

5. Inspire e expire no seu próprio ritmo.

Observe sua respiração. Não é preciso mudar nada. Aceite pensamentos, sons, sensações e outras distrações como eles são.

6. Volte à respiração — inspirando e expirando.

Não é preciso julgar nada. Apenas sinta e vivencie sua respiração.

Você pode praticar a meditação da respiração durante cinco ou dez minutos, ou mesmo por uma hora ou mais. Muitas pessoas contam as respirações como forma de ajudar a focar. Quando perceber seus pensamentos à deriva, volte à respiração quando puder.

Meditação de escaneamento corporal

A meditação de escaneamento corporal tem sido frequentemente usada de maneira eficaz para pessoas com dores crônicas. Você pode praticar o escaneamento corporal sentado ou deitado. Veja os procedimentos de escaneamento corporal a seguir:

1. Faça algumas respirações lentas e profundas e feche os olhos devagar.

2. Observe seu corpo. Sinta o peso de seu corpo no chão ou no assento da cadeira.

3. Faça mais algumas respirações profundas.

Inspire mais oxigênio para reavivar o corpo. Ao exalar, solte devagar profundamente.

4. Mova sua atenção para os pés.

Observe o peso, a pressão, a temperatura. Eles estão quentes ou frios?

5. Agora, lentamente, mova sua atenção para as pernas e os joelhos.

Observe a sensação nos joelhos. Se sentir dor ou desconforto, respire e aceite as sensações. Você pode mudar de posição se parecer a coisa certa a fazer.

6. Mova sua atenção para as coxas e o ventre.

Deixe soltos os músculos do ventre e volte o foco para a respiração.

7. Observe suas costas pressionadas contra o chão ou a cadeira. Note os ombros.

8. Sinta as mãos. Perceba as sensações nos braços.

9. Mova sua atenção para o pescoço e a cabeça.

Sinta as sensações no pescoço e em todo o rosto.

10. Escaneie o corpo todo e aceite quaisquer sensações que tiver.

Inspire e expire. Inspire e expire. Quando estiver pronto, abra os olhos devagar.

Essa é uma amostra relativamente breve de escaneamento corporal. A maioria é consideravelmente mais longa, mas mantém a essência do que apresentamos aqui. Você pode obter orientações para meditação de escaneamento corporal pesquisando por "orientações para escaneamento corporal" na internet ou no livro Mindfulness Para Leigos.

Comer consciente

Quantas vezes você comeu uma refeição e mal a saboreou? É claro que, se ela tem gosto de papelão de micro-ondas, talvez isso seja uma boa. No entanto, a maioria dos alimentos que comemos tem um gosto bastante bom. É uma vergonha deixar passar a experiência completa.

Escolha um horário para praticar comer consciente. Certifique-se de não ser um almoço de dez minutos, mas isso também não exige horas. Às vezes, pensamentos preocupantes podem distraí-lo. Tudo bem, é normal. Porém, tente apenas não os notar. Em vez de julgar esses pensamentos ou a si mesmo, volte o foco à alimentação quando puder. Siga estes passos:

1. Desacelere e foque antes de dar uma mordida.

2. Olhe para sua comida.

Observe como ela está disposta no prato ou na tigela. Repare nas cores, na textura e no formato da comida.

3. Reserve um tempo para sentir o aroma.

Coloque uma porção pequena no garfo ou na faca. Antes de morder, mantenha-a um pouco sob o nariz.

4. Coloque rapidamente a comida nos lábios e, em seguida, na ponta da língua.

5. Ponha a comida na boca, mas não a morda por uns instantes.

6. Mastigue bem devagar.

Observe como o sabor e a textura mudam a cada mordida e como é o gosto do alimento em partes diferentes da língua.

7. Engula a porção e repare na sensação enquanto ela escorrega por sua garganta.

8. Siga esse procedimento ao longo da refeição.

9. Fique sentado à mesa com a comida durante pelo menos vinte minutos.

Se você terminar de comer antes de vinte minutos, continue sentado até que esses vinte minutos tenham passado e repare no ambiente e nas sensações de seu corpo.

Considere tornar a comer consciente uma parte regular de sua vida. Você se sentirá mais calmo, desfrutará mais a comida e, possivelmente, até perderá um pouco de peso. Muitos programas de perda de peso sugerem comer mais devagar, porém, esta abordagem faz mais coisas: ela o capacita a experimentar por inteiro seu alimento. Quando sua mente foca por completo o prazer presente em comer, a ansiedade some.

Caminhada meditativa

Olhe ao redor as pessoas caminhando a seus destinos variados. Com muita frequência, elas correm feito hamsters em uma roda, sequer cientes do ambiente que as rodeia. Pessoas apressadas, ao contrário dos hamsters, não aproveitam o exercício — em vez disso, a cabeça delas se enche de antecipações e preocupações ansiosas. Pouco surpreende que, hoje em dia, tenhamos uma epidemia de pressão arterial alta.

Temos uma alternativa para você considerar — a caminhada meditativa. É quase certo que você já tentou dar uma volta quando se sentiu bastante estressado, e isso provavelmente o ajudou. No entanto, a caminhada consciente pode ajudá-lo mais.

Pratique a meditação a seguir ao caminhar por cinco minutos, cinco dias seguidos, e então considere se quer torná-la uma parte constante de sua vida.

LEMBRE-SE

Se pensamentos incômodos invadirem, simplesmente repare neles. Observe-os como nuvens flutuando no céu. Não os julgue. Quando puder, volte para o presente.

Comece sua caminhada desta forma:

1. **Faça uma pausa antes de começar.**

2. **Observe a sensação do ar entrando e saindo de seu nariz e de seus pulmões. Faça cinco respirações suaves.**

3. **Comece a caminhar.**

4. **Note as sensações nos músculos das pernas — tornozelos, panturrilhas e coxas.**

   Passe um minuto ou dois focando apenas esses músculos e suas sensações.

5. **Agora, sinta a base de seus pés conforme eles tocam o chão.**

   Tente observar como o calcanhar toca primeiro, em seguida, como o pé anda e, então, empurra com a planta dos pés e os dedos. Concentre-se na base de seus pés durante um ou dois minutos.

6. **Agora, foque o ritmo da caminhada.**

   Sinta o ritmo de suas pernas e o balanço de seus braços. Fique nesse ritmo por um ou dois minutos e aproveite-o.

7. **Sinta o ar fluindo para dentro de seu nariz e de seus pulmões. Sinta-se exalando o ar. Repare no ritmo de sua respiração.**

   Não foque mais nada durante um ou dois minutos.

8. **Continue prestando atenção a seus pés, músculos, ritmo e respiração, mudando sua atenção de um para o outro como desejar.**

Entusiastas enaltecem as virtudes da caminhada com meditação. Eles afirmam que ela ajuda a reduzir o estresse e que ficam mais serenos. Você pode fazer uma experiência com esse tipo de meditação de várias formas. Por exemplo, tente focar paisagens e sons ou aromas, quando encontrá-los. Brinque com essa estratégia e desenvolva seu próprio método. Não existe forma certa ou errada de meditar.

Mais métodos meditativos

Em geral, métodos meditativos focam alguma coisa, seja movimento, seja respiração, sejam sabores, sejam aromas, e assim por diante. Os itens a seguir destacam alguns dos alvos ou focos mais comuns:

>> **Meditação com foco em mantras:** Mantras consistem de palavras, frases ou sons que são repetidos ao longo da sessão de meditação. Alguns mantras têm significado, enquanto outros não têm nenhum.

>> **Meditação da bondade amorosa:** A meditação da bondade amorosa foca sentimentos de generosidade, cuidado, bondade e boa vontade para consigo que você projeta em outras pessoas.

>> **Meditação com foco em sons:** A meditação com foco em sons pode concentrar a atenção em sons da natureza, ondas do oceano, um timbre ou um sino.

>> **Yoga ou Tai Chi:** São formas antigas de meditação, embora muitas pessoas as considerem aulas de ginástica. Para meditação, elas exigem prática e, geralmente, aulas com um especialista.

Essa lista consiste de alguns métodos meditativos que você provavelmente encontrará. Existem muitos outros. Considere fazer uma experiência com alguns tipos para descobrir um ou mais de que goste. Gostaríamos de dizer a você que pesquisas apoiam fortemente um tipo em detrimento de outro. O que é sobretudo importante é escolher um método e usá-lo, simples assim.

Descobrindo Outros Recursos para Meditar

Este capítulo deu a você várias ideias. Esperamos tê-lo convencido a dar uma chance à meditação. Se ficou curioso e quer saber mais, pode fazê-lo de inúmeras maneiras. Considere as fontes a seguir:

>> **Aplicativos:** São simples de usar, geralmente baratos e convenientes. Leia com atenção as avaliações. A maioria tem algum tipo de opção de teste gratuito.

>> **Sites:** Sugerimos buscar informações gratuitas. Você encontrará várias pessoas querendo cobrar por serviços variados. Não é preciso gastar dinheiro para aprender o básico da meditação.

>> **Aulas:** Geralmente oferecidas a um custo baixo em academias, centros comunitários e de bem-estar. Podem ser uma ótima forma de começar.

>> **Livros:** Há um sem-número de livros por aí. Gostamos de *Meditação Para Leigos*, de Stephen Bodian, e de Mindfulness Para Leigos.

Por Sua Conta e Risco, Comprador: Os Mitos da Meditação

Infelizmente, por mais útil e saudável que acreditemos que a meditação pode ser, há vários tipos inescrupulosos, vigaristas, divulgadores mal orientados e mesmo alguns crédulos sinceros que defendem benefícios insustentáveis da meditação. É improvável que meditar cure radicalmente todas as dores, o torne rico ou lhe conceda poderes mágicos — embora você possa facilmente encontrar essas afirmações. Estes são alguns sinais de alerta para tomar cuidado:

>> Promessas ilógicas ou irreais.

>> Custos excessivos que aumentam sutilmente com o tempo.

>> Apoio de celebridades.

>> Necessidade de treinamentos frequentes e extensos que consumam grande quantidade de tempo.

>> Referências constantes a um líder espiritual que, aparentemente, tem poderes mágicos.

LEMBRE-SE

A meditação é uma habilidade relativamente simples e direta. Não precisa ser difícil de aprender e não deve consumir sua vida. Uma quantidade realista de prática é útil. Se algo não parece certo em relação a uma promoção, treinamento ou produto, investigue.

4

Mirando Preocupações Específicas

Capítulo **13**

O Preparo Emocional em uma Pandemia

Em 2010, escrevemos o precursor deste livro. Em um capítulo intitulado "Permanecendo Saudável", incluímos o parágrafo a seguir:

> "Algumas pessoas descobrem que suas preocupações com a saúde ficam fora de controle. Elas evitam lugares lotados. Ao arriscarem sair, usam máscaras cirúrgicas e carregam desinfetantes. O medo as leva a restringir severamente as próprias atividades e interfere em sua capacidade de aproveitar a vida por inteiro. Essas pessoas têm ansiedade sanitária."

Uau, o mundo virou de cabeça para baixo ou o quê? Apenas uma década atrás, essas atitudes pareciam exageradas, extremas, até mesmo patológicas. Hoje, usar máscara, carregar um desinfetante e manter distanciamento social são reações totalmente racionais e sensatas a uma pandemia. É interessante notar que os mesmos comportamentos em circunstâncias diferentes podem ser considerados mentalmente saudáveis ou 100% neuróticos.

DICA

Um componente especialmente importante de ser mentalmente saudável envolve a capacidade de modificar comportamentos quando as condições mudam. E sem dúvida as condições mudaram!

Neste capítulo, falamos sobre se adaptar à ansiedade de viver durante uma crise sanitária mundial. Desde o início da pandemia de Covid-19, o aumento da ansiedade disparou no mundo todo, portanto, fornecemos várias estratégias para lidar com a ansiedade compreensível, o isolamento e o medo relacionado a questões pandêmicas reais.

Compartilhamos ideias sobre o que você precisa armazenar na despensa e o que é excessivo. Ajudamos você a elaborar planos para decifrar mensagens conflitantes e saber no que acreditar e do que desconfiar. Damos ideias para aceitar a incerteza e avaliar riscos. Por fim, abordamos o conflito entre a tolerância ao risco e prioridades com base em valores para definir o que fazer.

Atravessando a Ansiedade e o Estresse Relacionados à Pandemia

Uma pandemia ocorre quando uma ampla região do globo e uma quantidade grande de pessoas são infectadas por uma doença contagiosa. Assustador. A simples ideia de uma pandemia faz a maioria das pessoas tremer, quer elas já sofram ou não de ansiedade excessiva. Porém, para quem tende a ser ansioso, não somente a ideia, mas viver de fato no meio de uma pandemia, pode ser bastante devastador.

Se uma pandemia não o deixa estressado ou ansioso, talvez você esteja em negação. Os fatos são convincentes: milhões foram infectados pelo vírus da Covid-19, e ao menos centenas de milhares já morreram, e provavelmente muitos mais morrerão. Notícias da mídia estão cheias de formas preocupantes pelas quais, teoricamente, é possível contrair o vírus, inclusive por aerossol em spray liberado pela descarga em banheiros públicos, ao respirar gotículas liberadas por um espirro ou tosse de pessoas estranhas, ou coçar o rosto após pegar em uma maçaneta ou uma bancada contaminada. Não é de admirar que preocupações saiam do controle e as pessoas insistam em perguntas como:

» O que posso fazer para ficar em segurança?

» Do que preciso para continuar vivo e bem?

» Onde posso encontrar desinfetante de mãos?

» Como posso lidar com todo este medo avassalador?

» O que acontecerá comigo?

- » Como encarar o dia?

- » Como suportar a solidão?

- » Como permanecer 100% seguro?

- » Quem está falando a verdade?

- » Minha vida voltará ao normal?

É bem fácil deixar a imaginação correr solta com todos os possíveis riscos. Embora não haja respostas definitivas à maioria dessas perguntas, as seções a seguir ajudam você a lidar com a ansiedade e a incerteza.

Aceitando as emoções

Um tema que aparece em vários capítulos deste livro é que evitar as emoções só torna o enfrentamento mais difícil. Quanto mais você tenta evitar a ansiedade a qualquer custo, mais ela tende a florescer. Durante uma pandemia, é bastante normal as pessoas se perguntarem "e se?"

Há riscos reais. Contrair a doença pode mudar a vida ou ameaçá-la. As pessoas estão isoladas, perdendo o emprego e cancelando férias. Academias ficaram vazias, e muitos restaurantes deixaram de funcionar. Logo, como sobreviver quando o cotidiano foi suspenso? Percebemos três maneiras principais de enfrentar os grandes estressores associados a pandemias. Negar e entregar os pontos piora as coisas, e aceitar melhora o desempenho diário. As seções a seguir descrevem essas formas de enfrentamento.

Negar

Pessoas que negam os riscos reais de uma pandemia (ou de qualquer outra calamidade) tentam fingir que nada mudou. Talvez busquem validar a própria negação procurando, nas mídias sociais, quem pense do mesmo jeito. Negacionistas podem ficar ressentidos com restrições e diretivas de saúde pública. Se tiverem sorte, sua negação não é desafiada pela realidade de contrair uma doença ou ver um ente querido sofrer. Porém, a maioria das pessoas que usam a negação como mecanismo de enfrentamento aumenta, sem querer, o risco da exposição. Elas também sentem a necessidade de defender emocionalmente sua negação para os outros, e essa defesa pode gerar sentimentos de raiva e fúria.

Quando a defesa da negação é destruída pela realidade, negacionistas podem acabar sentindo inadequação, vergonha e derrota. De outra forma, alguns negacionistas podem se curvar quando a realidade os desafia e trabalhar ainda mais duro a fim de encontrar respaldo para suas visões distorcidas. Esse respaldo pode vir na forma de insanas teorias da conspiração e/ou opiniões baseadas em ideias totalmente irracionais.

Entregar os pontos

Essa reação consiste em pensar em todas as ameaças possíveis e reais, inconveniências, perdas, luto e mudanças drásticas no estilo de vida. Pessoas que reagem dessa forma têm seus motivos, e mesmo quem é mentalmente saudável provavelmente passa pelo menos um tempo entregando os pontos. Nenhum problema. É uma fase bem terrível para muitas pessoas, e todos sofrem de estresse e preocupação.

Portanto, passe um tempo entregando os pontos, sim. Mas, no longo prazo, fazer isso aumenta a ansiedade e a depressão. Logo, depois de um período, é hora de seguir em frente e descobrir um meio de aceitar as coisas como são.

Aceitar

Depois de um pouco de negação e entrega, é melhor, para sua adaptação emocional, seguir em frente e aceitar a realidade. Os que a aceitam dão uma boa olhada nos fatos da própria vida e nos de suas comunidades. De posse dos fatos, descobrem as melhores estratégias para lidar com a resolução de problemas, solicitar ajuda e adaptar estilos de vida durante fases conturbadas.

Diferenciando a ansiedade útil e a inútil relacionadas à pandemia

Ficar preocupado durante uma pandemia é perfeitamente natural. Na verdade, a preocupação pode ser bem útil — ela pode impedi-lo de fazer algo não seguro ou prepará-lo para entrar em ação. Porém, certas preocupações podem ser inúteis e improdutivas. A Tabela 13-1 mostra a você alguns exemplos de preocupações úteis e ações que elas podem gerar.

TABELA 13-1 ## Preocupações e Ações Úteis

Ansiedades Úteis	Ações Produtivas
O supermercado fica muito lotado e arriscado nas manhãs de sábado, quando gosto de ir até lá.	Preciso parar de ir nas manhãs de sábado e descobrir um horário que esteja menos lotado.
Ainda estou trabalhando, mas posso perder o emprego se isso continuar por muito tempo.	Posso aproveitar esse tempo sem trabalhar para aprender uma habilidade nova, como contabilidade ou programação. Enquanto isso, cortarei todos os custos que puder no meu orçamento — ficarei só com o básico!

Ansiedades Úteis	Ações Produtivas
Fico preocupado em inalar o vírus quando preciso fazer algumas tarefas rápidas.	Posso usar uma máscara de três camadas e manter distância. Eu poderia, inclusive, acrescentar um protetor facial para ficar mais protegido se estiver particularmente preocupado com um lugar específico.
Estou ganhando muito peso durante esse período de isolamento. Como posso perdê-lo e me manter saudável?	Preciso encontrar outras coisas para fazer: sempre gostei de ler e de correr, então retomarei esses prazeres. E posso ceder um pouco vez ou outra. Um cardápio diário também pode ajudar.

Como a Tabela 13-1 deixa claro, é fácil perceber como certas preocupações levam a uma resolução de problemas eficaz. Nesses casos, as preocupações funcionam a seu favor. No entanto, outras preocupações não são tão boas para você. Elas não geram ações produtivas com tanta facilidade. Exemplos de preocupações inúteis incluem:

» Morrerei disso?

» Quando tudo isso acabará?

» Meus amigos ou familiares pegarão o vírus?

» O que acontecerá com meus fundos de aposentadoria?

» E se... (o que leva a infinitas possibilidades de outras preocupações)?

Essa lista de preocupações não leva diretamente a ações úteis. Em vez disso, as perguntas geram ainda mais preocupação e lamentações. Isso porque não há resposta real a nenhuma delas. Mas existem algumas atitudes que talvez você queira tomar mesmo diante dessas preocupações aparentemente sem saída. Considere:

» Tomar precauções racionais para proteger a si e seus familiares seguindo diretrizes sanitárias atualizadas.

» Focar viver a vida da melhor e mais significativa forma que conseguir.

» Perceber que a incerteza é a condição da vida e abraçá-la o melhor que puder.

Reunindo suprimentos de emergência

Uma forma de lidar com a ansiedade relacionada à pandemia é todos os lares considerarem ter um estoque razoável de suprimentos que excedam as necessidades cotidianas. Embora seja impossível prever quando virá o próximo desastre, pode ter certeza de que, algum dia, algo acontecerá. A Cruz Vermelha e o governo recomendam que você tenha pelo menos um suprimento de água e comida para três dias (um galão por pessoa por dia, para beber e fazer a higiene). Além disso, os itens a seguir constam da maioria das listas de preparativos para emergências de curto prazo:

» Coberturas faciais para todas as pessoas acima de dois anos da família.

» Remédios com e sem receita (antidiarreia, antiácidos, analgésicos, incluindo aspirina e ibuprofeno), óculos ou lentes de contato extras e soluções.

» Álcool em gel, sabonete, lenços desinfetantes.

» Kit de primeiros socorros com ataduras, pinças, fita adesiva, lenços antissépticos, termômetro, luvas de látex e gaze.

» Lanterna com bateria extra, rádio portátil com canais meteorológicos (Climatempo).

» Fita adesiva, sacos plásticos para lixo, abridor de latas, chave inglesa ou alicate, apito, extintor de incêndio, ferramenta multifuncional.

» Fósforos ou acendedores.

» Comida para pets.

» Dinheiro e documentos importantes.

» Utensílios, xícaras.

» Papel e lápis.

» Cobertores, roupas, itens de higiene pessoal.

» Oh, sim, e papel higiênico, é claro!

Você pode acrescentar outros itens. Considere as necessidades específicas de sua família. O importante é considerar ter esses suprimentos a um acesso fácil e em boas condições.

LEMBRE-SE

Observe que nenhuma lista mudará a realidade essencial de que a vida é incerta e que não se pode estar preparado para toda e qualquer emergência imaginável. Faça o melhor que puder.

POR QUE AS PESSOAS ESTOCARAM PAPEL HIGIÊNICO

Talvez você tenha notado que, durante boa parte dos desastres, o papel higiênico desaparece depressa das prateleiras, surrupiado por fregueses ansiosos. Você vê a cobertura de notícias sobre pessoas empurrando carrinhos de compras com estoque de papel higiênico suficiente para durar meses. Esse comportamento parece meio estranho quando se considera que não se pode comer papel higiênico; que ele pode ser substituído por lenços de papel, papel-toalha e, em uma emergência, até por toalhas de pano. É um tanto nojento refletir sobre isso, mas provavelmente papel higiênico não é o item mais crucial em uma lista de emergência. É provável que seja mais importante ter um estoque adequado de comida, água e remédios, e não de papel higiênico.

Mas as pessoas estocam papel higiênico. Por quê? Parte do motivo é que o uso do item é associado à limpeza básica e condições salubres. Condições insalubres são associadas ao risco de contrair doenças. Além disso, limpar-se é um dos primeiros comportamentos que crianças pequenas são estimuladas a dominar. Cuidadores rasgam elogios quando a criança finalmente consegue usar, de maneira consistente, a privada para fazer cocô!

Não estamos sugerindo que pessoas desesperadas para comprar papel higiênico estão preocupadas com o próprio treinamento para usar a privada. Isso é tão somente um vínculo potente para as primeiras experiências de aprendizagem do controle de funções corporais importantes. Logo, quando a vida parece insustentável, há um impulso natural para encontrar algo, qualquer coisa, que trará de volta alguma sensação de controle. Assim, ter um estoque amplo de papel higiênico torna-se um método de restringir a ansiedade que sobrevém quando o mundo parece fora de controle.

Se quiser comprar alguns rolos extras de papel higiênico, mande ver. Porém, se você se sente impelido e quase obcecado por "ter o suficiente", recue um minuto antes que se torne parte do problema. Pense no que o está impelindo a acumular. Talvez não seja, de fato, o medo de ficar sem papel higiênico, mas de perder o controle. Foque aquilo que você pode fazer e compre o que é de fato necessário.

Definindo metas diárias

Pessoas do mundo todo tiveram a vida modificada pela pandemia. Quer você viva em uma cidade grande, pequena, no subúrbio ou em uma fazenda familiar, sua vida foi tumultuada de várias maneiras. Muitos negócios fecharam as portas, pessoas foram orientadas a ficar em casa, e viagens foram altamente restringidas.

Quem conseguiu trabalhou em casa. Muitos outros foram demitidos. Essa enorme mudança fez milhões de pessoas passarem a maior parte do tempo em casa, trabalhando ou não. E, naturalmente, essa situação levou a uma série de sentimentos marcantes, positivos e negativos. Do lado positivo, algumas pessoas relataram redução do estresse, porque a locomoção estava fora de questão. Outras afirmaram que redescobriram o prazer de ler, cozinhar, praticar jardinagem ou assistir a filmes.

Do lado negativo da equação, muitos relataram sentimentos de tédio, prisão e apatia. Uma grande porcentagem de pessoas no mundo todo vivenciou aumento da ansiedade por causa de dinheiro, saúde própria ou da família, carreiras e relacionamentos. O combo apatia + ansiedade é particularmente problemático. Isso porque a ansiedade faz as pessoas se sentirem péssimas, mas a apatia lhes rouba a motivação necessária para fazer algo a respeito. Quanto mais passivo e à parte você se sente, mais propenso fica a ter ansiedade.

Assim, uma das melhores maneiras de enfrentar a ansiedade é se envolver ativamente em ações produtivas. É difícil fazer isso quando você se sente apático, portanto, recomendamos começar com pequenos passos. Uma "Lista de Afazeres" diária é um início prático e viável. Aqui estão algumas sugestões:

» **Exercícios:** Exercitar-se é uma estratégia eficaz contra a ansiedade. Todo mundo pode se exercitar em casa; não é preciso uma sala de ginástica, por melhor que pareça. Nenhum equipamento de ponta é necessário para fazer agachamentos, abdominais, flexões ou pranchas. Você pode correr ou andar no lugar. Coloque música. Pesquise na internet várias rotinas de exercícios curtas para praticar em casa. Observe que rastreadores de atividades são uma ótima forma de motivá-lo e monitorar seu progresso. Veja o Capítulo 11 para mais informações sobre exercícios.

» **Tarefas domésticas:** Manter a casa organizada e limpa elevará seu ânimo. Algumas pessoas gostam de agendar limpezas semanais; outras preferem dividi-las em pequenas partes todos os dias. Se há várias pessoas morando em sua casa, envolva-as também.

» **Manutenção:** A maioria das casas exige um pouco de manutenção de vez em quando, além da limpeza. Se possível, escolha algo pequeno, como lavar algumas janelas, pintar um banheiro, arrancar ervas daninhas por trinta minutos, aparar um arbusto ou tapar alguns buracos na parede.

- **»** **Vida saudável:** Já que está preso em casa cozinhando, considere desenvolver um novo hábito de planejamento e preparação de refeições saudáveis. Se mudar de dieta é ambicioso demais, comece com uma refeição por semana — então, aos poucos, acrescente outra. Além disso, certifique-se de reservar um tempo suficiente para dormir.

- **»** **Hora da preocupação:** Hein? Sim, se você se pegar ruminando pensamentos preocupantes ao longo do dia, reserve uma quantidade de tempo, cerca de quinze minutos ou mais, para não fazer nada além de se preocupar! Parece contraintuitivo, mas não é. Quando pensamentos preocupantes invadirem, você sempre pode lhes dizer que reservou uma parcela de tempo para eles mais tarde durante o dia.

- **»** **Lazer:** Só porque está trancado em casa não significa que você não pode fazer nada para se divertir. Por mais chato que pareça não ter acesso a filmes em cinemas, restaurantes, boliche, bares, galerias e teatros, há um leque de opções disponíveis no celular e no computador. Jogos online, jogos de palavras, séries de TV (para maratonar), livros, filmes e mais estão a um clique de distância.

CUIDADO

Se você é viciado em notícias, ótimo. Você precisa se manter atualizado com o que está acontecendo e com as últimas orientações. No entanto, limite seu tempo nas mídias. Muita exposição a elas tende a aumentar a ansiedade.

Permanecendo conectado

Um sem-número de estudos nos informam que transtornos emocionais pioram se nos isolamos de outras pessoas. E manter contato com os outros ajuda a melhorar o funcionamento das emoções. Apesar dos desafios óbvios, ainda é possível se conectar com outras pessoas durante um período de distanciamento social. Encontros online são um começo. Telefone também funciona. Considere montar um pequeno grupo para discutir livros, compartilhar receitas, eventos ou filmes atuais. Existem várias plataformas online gratuitas para fazer reuniões por vídeo.

DICA

Se estiver entediado (ou mesmo se não estiver), considere contatar velhos amigos, parentes com quem você perdeu o contato ou vizinhos que talvez estejam tão entediados ou sozinhos quanto você! Não é necessário conversar por muito tempo para que a conexão seja significativa. Você pode dizer somente que está pensando nessas pessoas e quer garantir que elas estejam bem. Não é preciso muito para demonstrar cuidado.

Descobrindo o que É Fato e o que É Ficção

Nos últimos anos, a expressão "fake news" tornou-se lugar comum no vocabulário nacional. Historicamente, o termo foi relegado à promoção de várias agendas políticas. Porém, durante a pandemia da Covid-19, fake news também vêm sendo usadas para influenciar o comportamento sanitário em público. Isso é um problema — sobretudo quando as pessoas são orientadas a agir de formas que podem aumentar o risco de infecção para si ou para os outros.

O que torna as pessoas suscetíveis a fake news? Há vários princípios psicológicos que ajudam a explicar essa vulnerabilidade em acreditar em informações falsas. As pessoas são prontamente influenciadas a chegar a conclusões incorretas por conta da variedade de *vieses cognitivos*. Vieses cognitivos referem-se a pensamentos equivocados que ocorrem para simplificar a informação que chega. Aqui estão alguns que comumente ocorrem no discurso sobre decisões relacionadas à saúde pública:

» **Viés de confirmação:** Este viés envolve a tendência cerebral de prestar atenção a informações que confirmem ou validem aquilo em que já se acredita. Esse viés também permite ao cérebro ignorar coisas em que ele não acredita. Por exemplo, se alguém está decidido a enviar os filhos de volta para a escola, é provável que essa pessoa tenda a buscar informações sobre os benefícios e a segurança da abertura de salas de aula. Ao mesmo tempo, ela desprezará ou ignorará informações contrárias que aconselhem mais cautela.

» **Viés de repetição:** Um tipo surpreendentemente potente de viés de pensamento é conhecido como viés de repetição. Esse viés frequentemente aparece nas propagandas. Já se perguntou por que profissionais do marketing repetem o mesmo anúncio infinitas vezes? É porque, quanto mais você se expõe a informações, mais o cérebro acha que elas são dignas de crédito. Estudos demonstraram que esse efeito ocorre mesmo quando os destinatários não acreditam na informação inicial. Em relação à Covid-19, sem dúvida você viu um bombardeamento de mensagens repetitivas em torno da ideia de que "está tudo sob controle". O viés da repetição é primitivo e simplista, mas surpreendentemente eficaz em distorcer a realidade.

» **Viés da narrativa:** O cérebro gosta de histórias, e elas são fáceis de lembrar. Quase toda mensagem que você quiser transmitir será mais fácil de vender se envolvida em uma história interessante ou comovente. Por exemplo, quando você ouve que 200 mil pessoas morreram de Covid-19, é provável que se sinta mal. Porém, se ouve falar de uma jovem mãe que morre deixando quatro filhos para trás ou um médico querido no pronto-socorro que morreu de Covid, que contraiu cuidando dos pacientes, você tenderá a sentir emoções muito mais fortes. Também se lembrará desses exemplos com mais facilidade e nitidez.

» **Dissonância cognitiva:** A dissonância cognitiva ocorre quando as pessoas têm uma crença e um comportamento contraditórios entre si. Por exemplo, imagine que um formando planejou uma grande festa de formatura, mas que também acredite que grandes multidões aumentam os riscos de infecções. O estudante se motivará a reconciliar o comportamento e o pensamento mudando um deles. Assim, esse aluno pode justificar a festa adotando uma opinião menos radical sobre os riscos envolvidos, ou, como alternativa, pode decidir cancelar a festa. Repare que a motivação é simplificar uma aparente contradição em oposição à reflexão cautelosa de evidências e fatos.

» **Correlação como viés de causalidade:** Este viés envolve a tendência de ligar causalmente dois eventos sequenciais. Trocando em miúdos, quando A ocorre primeiro, seguido por B, é fácil presumir que A causou B. Por exemplo, imagine que alguém vai ao mercado usando máscara e use álcool em gel com frequência. No dia seguinte, ele tem febre e faz um teste — com resultado positivo para Covid-19. Ele conclui que foi no mercado que apanhou a infecção. Porém, também teve vários contatos com familiares em um churrasco no quintal uma semana antes. A reação enviesada é presumir que o mercado foi a fonte, enquanto a realidade é que a fonte é bastante desconhecida.

É importante perceber como vieses cognitivos exercem influência marcante sobre os processos de pensamentos das pessoas. Não é fácil reservar um tempo para classificar as evidências e suspender julgamentos até que os dados sejam considerados e peneirados. A seguir, algumas perguntas para fazer a si mesmo quando deparar com informações equivocadas ou possivelmente exageradas:

» Em que evidências essa história se baseia?

» Posso pensar em algum contraexemplo?

» Enxergo inconsistências nessa mensagem?

» Estou apenas ouvindo o que espero ouvir?

» Há peças faltando nesse quebra-cabeça?

» Estou desprezando a mensagem porque eu teria que mudar de opinião?

» Estou tentado a acreditar nisso porque ouvi com muita frequência?

» Há provas de que A causou B, ou outra coisa poderia ser responsável? Se sim, qual é mais provável?

- » Minhas emoções estão sendo provocadas por uma história envolvente?
- » Há fatos para respaldar o que está sendo dito?
- » O que, se é que existe algo, poderia me convencer de que essa mensagem é falsa?

Vieses cognitivos afetam o pensamento e o julgamento de qualquer pessoa. Na verdade, eles ajudam você a tomar decisões mais depressa, embora com algum prejuízo para a precisão. Entretanto, quando se trata de questões de saúde pública e pandemia, é bom minimizar a influência dos vieses e se ater o máximo possível a fatos, evidências e ciência.

É o apocalipse?

O mundo, o futuro e a própria vida estão repletos de incerteza. Esse fato é inegável. Porém, o cérebro humano é configurado para preferir mil vezes a certeza à incerteza. As pessoas se preparam prontamente para o certo. O futuro incerto é desconhecido e, portanto, fornece terreno fértil para a ansiedade florescer.

Por exemplo, quando pacientes com doenças terminais têm uma ideia de quando podem morrer, muitas vezes relatam uma sensação de alívio. Eles fazem planos, despedem-se de entes queridos e se preparam emocional-mente. Todo mundo sabe que existe uma data final para a vida, mas não saber quando provoca uma ansiedade crescente.

Os riscos desconhecidos de uma pandemia aumentam os medos de qual-quer pessoa em particular. Você sabe que há perigos, mas não sabe quando ou se irá encontrá-los. A incerteza gera angústia.

Entretanto, paradoxalmente, você precisa confrontar a realidade da incer-teza da vida a fim de combater a angústia do desconhecido. Essa aceitação radical do inaceitável ajuda você a descobrir sua força interior. A alterna-tiva é evitar a aceitação da incerteza continuando a combater o invencível. Abandonar a necessidade de controle e de encontrar a certeza lhe permite abandonar a preocupação.

É seguro sair de casa?

Quando ocorrem eventos como uma pandemia, há muitas decisões particulares a se tomar. Por exemplo:

- » É seguro frequentar o interior de um restaurante?
- » É seguro fazer compras de supermercado, e, se sim, até que ponto?
- » Quando posso ver meus amigos?
- » Posso sair de férias?
- » Posso visitar minha família?
- » É seguro viajar de avião, e o que preciso fazer para me proteger?
- » Devo enviar meus filhos de volta para a escola?

Não há respostas absolutas a essas perguntas e nenhuma certeza positiva. A vida não é um poço de segurança, e crises na saúde pública aumentam os riscos. As melhores fontes para você tomar decisões são profissionais da saúde pública, especialistas em doenças e cientistas. Eles são aptos a lhe dar as melhores previsões gerais com base nas evidências. No entanto, os riscos permanecem, e valores pessoais também entram na equação.

Por exemplo, talvez você não esteja disposto a entrar em um restaurante quando for considerado razoavelmente seguro fazê-lo. É provável que jantar em um restaurante não seja tão importante para você. Mas pode decidir ir a um protesto em que haja muita gente, mesmo que isso ofereça riscos semelhantes. Isso porque seu sistema de valores o ajuda a definir que o risco de uma possível infecção vale a pena por causa do forte comprometimento com a causa.

De forma similar, você pode decidir que viajar para visitar um familiar próximo é importante o suficiente para considerar tomar um voo quando os riscos diminuírem um pouco. Essas decisões individuais se baseiam na tensão inevitável entre ciência e valores pessoais profundamente arraigados.

Infelizmente, há quem se esqueça de considerar o valor de não prejudicar os outros ao fazer o que quer em termos pessoais. Por exemplo, algumas pessoas escolhem não usar máscara por conta da crença na "liberdade pessoal"; outras fazem aglomerações grandes e descontroladas, que aumentam os riscos de um surto. Essas decisões aparentemente pessoais prejudicam socorristas, profissionais da saúde e espectadores inocentes.

É difícil equilibrar conceitos como liberdade versus responsabilidade. Quando se tem liberdade pessoal, é importante respeitar o direito de outras pessoas levarem uma vida saudável. Fazer escolhas durante uma crise de saúde pública que coloquem os outros em risco inevitavelmente exclui essa liberdade.

NESTE CAPÍTULO

» Encarando preocupações
de trabalho

» Criando um balanço de
seus recursos

» Definindo metas para um
futuro brilhante

Capítulo **14**

Enfrentando uma Crise na Carreira e Problemas Financeiros

As pessoas se preocupam com dinheiro — demais. Elas ficam obcecadas por suas aposentadorias, poupanças, salários, o valor de suas casas e promoções. Há necessidades mais básicas por trás dessas questões — preocupações com perda de emprego, hipotecas e a capacidade de dar conta de necessidades básicas vitais, como comida, vestuário, cuidados com a saúde e abrigo. Embora pessoas sejam claramente mais importantes do que dinheiro, todos precisam de uma certa renda para sobreviver.

Neste capítulo, enfrentamos as preocupações com dinheiro de cabeça erguida. Fazemos isso com plena consciência da seriedade das preocupações financeiras. Em outras palavras, não abordamos essas questões de um jeito fútil, *don't worry, be happy*.[1] E não nos intitulamos especialistas em finanças; afinal, somos psicólogos. Portanto, este capítulo não é uma receita para ficar rico depressa e se aposentar cedo. É um guia sobre quais passos você pode dar para lidar melhor com sua ansiedade e suas preocupações relacionadas à carreira e a desafios financeiros.

---

1 "Não se preocupe, seja feliz". Trecho de canção de Bobby McFerrin, de mesmo título. [N. da T.]

Em primeiro lugar, examinamos obstinadamente as preocupações com o trabalho. Em seguida, ajudamos você a fazer uma análise realista do que tem e do que não tem. Também o orientamos por meio de um exercício que explora suas verdadeiras necessidades, distinguindo-as de meros desejos e vontades. Por fim, pedimos a você que se comprometa com uma estratégia financeira de longo prazo, elaborada para minimizar suas preocupações financeiras.

Enfrentando Preocupações com o Trabalho de Cabeça Erguida

Se você se preocupa em perder o emprego, bem-vindo ao clube. Querendo ou não, recessões econômicas acontecem a cada vários anos e, muitas vezes, resultam na perda de emprego para milhões de pessoas. E nunca se pode saber ao certo quais carreiras se tornarão mais vulneráveis na próxima recessão. No passado, trabalhar para uma fábrica grande de carros era visto como um dos empregos mais seguros que se poderia ter.

A tecnologia gerou uma quantidade imensa de empregos em algumas áreas, enquanto eliminou ou esgotou as oportunidades para tantos outros, como agentes de viagem, operadores de telefonia e caixas de banco. Futuramente, é provável que avanços tecnológicos causem um impacto enorme nos empregos de pessoas que ganham a vida como motoristas, já que o uso de veículos autônomos se amplia cada vez mais. Mais cedo ou mais tarde, compras online poderão eliminar a maioria das lojas físicas, bem como os empregos de balconistas que cuidam de caixas registradoras.

A pandemia recente causou a perda de milhões de empregos. E, para a maioria que permaneceu empregada, o aumento salarial congelou e oportunidades de ascensão desapareceram, ao menos no curto prazo. Se você está enfrentando uma possível perda de emprego, a ansiedade é uma emoção perfeitamente compreensível. Claro, você fica preocupado! Esta seção lhe dá algumas ferramentas para lidar com essas preocupações.

Dando um tapa no currículo

Uma forma de reduzir a preocupação com empregos é maximizar seu valor comercial. Mesmo que atualmente você esteja trabalhando, é uma boa ideia ter um currículo de primeira linha. Na internet, você pode encontrar facilmente amostras de currículos e dicas para elaborá-los. Ou considere ler *Resumes For Dummies*, de Laura DeCarlo (Wiley, sem tradução no Brasil).

Manter seu currículo atualizado parece simples, não é? Não necessaria-mente. Muitas pessoas descobrem que elaborar um currículo gera muita ansiedade. E, quando se sentem ansiosas, elas tendem a evitar o que as deixa assim. Então, se você é como tantas pessoas, talvez se pegue pro-crastinando ou evitando a tarefa.

Temos algumas sugestões:

> **Busque ajuda.** Se você perdeu o emprego, escritórios estaduais para desempregados e faculdades comunitárias locais oferecem treinamento para a elaboração de currículos.

> **Divida a tarefa em pequenas etapas.** Por exemplo, comprometa-se a escrever sua formação educacional durante a primeira sessão. No dia seguinte, escreva as descrições de seus empregos.

> **Mostre seu currículo a alguns amigos ou colegas para que lhe deem feedback.** Ou, se estiver trabalhando em uma agência de empregos, é provável que alguém de lá possa lhe dar dicas.

> **Saiba que evitar a tarefa provavelmente aumentará sua ansiedade, em vez de fazer você se sentir melhor.** A única maneira de superar essa ansiedade é encarar seu medo indo diretamente até ele e lidando com a tarefa, apesar de se sentir ansioso.

Com frequência, os empregadores não passam mais de dez segundos anali-sando cada currículo individual. Garanta que o seu seja curto, visualmente atraente e que destaque seus pontos fortes. Você não está em condições de cometer erros ortográficos ou gramaticais.

Se a análise de seu currículo revela falta de habilidades, talvez você queira considerar aprender novas habilidades, ou por conta própria ou por meio de um centro de treinamento local, uma faculdade comunitária ou uma univer-sidade. Mais adiante neste capítulo, veja, na seção "Considerando carreiras estáveis", áreas que em geral oferecem empregos relativamente estáveis.

Encontrando flexibilidade em sua perspectiva de carreira

Independentemente de você não ter emprego por demissão, não estar conseguindo encontrar um trabalho na sua área ou, simplesmente, ter optado por deixar o anterior, uma característica psicológica conhecida como flexibilidade pode aprimorar sua habilidade de lidar com o desafio da mudança. Pessoas flexíveis se adaptam a situações novas. Quando tra-vam, elas buscam alternativas. Elas tomam uma atitude para melhorar a própria situação.

Então, por que a flexibilidade é tão importante para lidar com preocupações com trabalho? De acordo com o Ministério do Trabalho nos EUA, um funcionário médio tem 11,7 empregos entre os 18 e os 48 anos. Obviamente, a variedade é ampla — certas pessoas nunca têm mais de 1 ou 2 empregos, outras têm 20. A mensagem é que muito pouca gente fica em uma só empresa durante toda a vida laboral. Além disso, muitas pessoas mudam de carreira — algumas por escolha (como após obter treinamento adicional), e outras por acidente (como perder o emprego em uma área e conseguir outro em uma área diferente).

Pessoas inflexíveis frequentemente ficam com raiva quando encaram frustrações no trabalho. Em vez de agir, reagem com fúria em relação ao modo como a vida foi injusta com elas. Pessoas inflexíveis se atêm a velhas escolhas, não tiram vantagem de novas oportunidades e parecem teimosas e empacadas.

Para melhorar a flexibilidade *física*, você começa com pequenos alongamentos e, aos poucos, vai se dobrando mais. Se um movimento é doloroso demais, você recua. Você tenta atingir o equilíbrio alongando os lados direito e esquerdo do corpo. Gradualmente, sua flexibilidade melhora.

LEMBRE-SE

A flexibilidade *mental* envolve os mesmos princípios — passos graduais, equilíbrio e recuo quando as coisas se tornam dolorosas demais. Flexibilidade mental envolve ser capaz de enxergar a realidade a partir de perspectivas diferentes. Por exemplo, em uma entrevista de emprego, uma pessoa com flexibilidade mental tentaria se colocar no lugar do entrevistador. Ou, em negociações, uma pessoa flexível reservaria um tempo para considerar os pontos de vista de todos os envolvidos.

A flexibilidade mental aceita a mudança como algo inevitável e esperado. Tal flexibilidade exige abertura a novas experiências e a compreensão de que, na maioria das vezes, não se conhece a verdade. Por fim, pessoas flexíveis entendem que, para aprender, é preciso ouvir.

De posse de uma atitude mais flexível, você pode lidar com o estresse e a ansiedade de perder o emprego e outras mudanças considerando todas as suas opções e alternativas. Essa atitude pode capacitá-lo a enxergar possibilidades que, de outra forma, você não veria. E é mais provável que seus esforços sejam bem-sucedidos.

DICA

Ao elaborar seu currículo (veja a seção anterior), pense de maneira flexível. Analise seus empregos antecedentes e considere com quais habilidades, atributos e características você contribuiu acima e além das que são óbvias para seus cargos — destaque essas habilidades em seu currículo. E, quando for entrevistado, mencione a conexão entre as habilidades que adquiriu e como você pode usá-las para beneficiar a nova empresa, em vez de focar o passado.

Considerando carreiras estáveis

Você ficará menos preocupado se sua trajetória profissional tiver uma base concreta, e não areia. Se estiver subempregado ou desempregado, considere atualizar suas habilidades ou mudar para uma carreira que tenha mais estabilidade. Obtenha mais treinamento e formação. Se descobrir que pagar por aulas é uma preocupação, a maioria das universidades e cursos técnicos tem empréstimos para estudantes, bolsas ou outras formas de ajudar a pagar por seus programas. Melhor ainda, considere um programa de trabalho-estudo, se disponível. Você obterá uma experiência valiosa e, possivelmente, desenvolverá conexões que compensarão com uma oferta de emprego ao finalizar os estudos.

LEMBRE-SE

Nunca é tarde demais para voltar a estudar. Considere fazer uma aula de cada vez. Busque também cursos virtuais de escolas credenciadas. Essas aulas podem vir bem a calhar para algumas pessoas.

Pense em quantos anos de trabalho você ainda tem. Não preferiria fazer algo de que gosta? Aqui estão algumas áreas consideradas *relativamente* estáveis em épocas instáveis:

» **Saúde:** Quase todas as áreas da saúde viram crescimento ao longo das últimas décadas. Além de profissionais como enfermeiros, médicos, farmacêuticos, fisioterapeutas, terapeutas ocupacionais e dentistas, outros, como profissionais de saúde domiciliar, médicos tecnólogos e gestores de assistência médica, terão maior demanda.

» **Empregos técnicos:** À medida que a vida migra para o ambiente virtual, engenheiros técnicos, analistas de segurança da informação, codificadores de computador, administradores de bases de dados e pesquisadores de mercado serão necessários.

» **Educação:** Conforme os professores baby boomers se aposentam, o sistema educacional verá muitas aberturas. Áreas de necessidade continuam a existir na matemática, ciências e educação bilíngue. Instrutores e professores universitários também serão necessários em maior quantidade.

» **Aplicação da lei e segurança:** A necessidade de policiais, agentes penitenciários e equipes de segurança tende a crescer nos anos futuros. A aposentadoria de muitos desses profissionais que trabalham nessas áreas está programada para acontecer da próxima década em diante.

» **Empregos verdes:** Presumindo que você tenha ouvido ou lido notícias nos últimos anos, você sabe que tem havido um apelo para aumentar a independência energética e minimizar o impacto nocivo causado no ambiente pelos seres humanos. Assim, essa ênfase exigirá um amplo grupo de trabalhadores treinados em áreas como engenharia, química, física, hidrologia e ecologia, bem como especialistas em tecnologia em quase todos os tipos imagináveis de energia alternativa. Esses empregos estarão disponíveis tanto para graduados quanto para quem tem habilidades técnicas e de manufatura. Muitos colégios comunitários oferecem treinamento nesses setores emergentes.

CUIDADO

Nenhuma carreira vem com certificado de estabilidade. Aceite que o que é estável em uma época pode se tornar menos estável posteriormente. Lembre-se, você precisa ser flexível.

DICA

Tradicionalmente usado por orientadores escolares e conselheiros vocacionais, o *Occupational Outlook Handbook* está disponível gratuitamente em `www.bls.gov/ooh/` [conteúdo em inglês]. Ele contém uma lista abrangente de empregos, requisitos educacionais, condições de trabalho e salários. O Bureau of Labor Statistics norte-americano atualiza com frequência esse livro. Além disso, verifique o Dictionary of Occupational Titles, disponível em `www.occupationalinfo.org` [conteúdo em inglês], para mais ideias. Use-o para ampliar sua lista de possibilidades. Novamente, seja flexível!

Em português, veja a Classificação Brasileira de Ocupações (CBO), disponível em sites como o do IBGE (`www.ibge.gov.br`) e o do Ministério do Trabalho (`www.gov.br/pt-br`).

Mantendo o foco certo

Ansiedade, medo e pavor podem ser imensos opressores, se você permitir. Quando enfrentam a possibilidade de perder o emprego ou a renda, as pessoas enchem a cabeça de imagens que as mostram morando nas ruas ou morrendo de fome. Um cenário desses é realmente assustador, e vez ou outra acontece. Mas você pode fazer muita coisa para evitar esse fim, que ocorre em uma fração de tempo muito menor, se comparado à quantidade de tempo que as pessoas passam ruminando essa preocupação.

Se você se preocupa com a perda do emprego ou se encontra desempregado, você tem um novo trabalho. Esse novo trabalho é cortar as despesas ao máximo (nós lhe damos algumas orientações sobre como fazer esses cortes na seção "Calculando seu balanço financeiro", mais adiante neste capítulo). Cortar despesas é útil mesmo que você ainda não tenha perdido o emprego, porque o ajuda a apertar o cinto por mais tempo se realmente perder sua fonte de renda. Após reduzir a quantidade de dinheiro que está gastando, o próximo passo é maximizar sua capacidade de achar um novo emprego (mais sobre isso na seção "A par dos ativos e passivos pessoais").

Outras estratégias, como solicitar seguro-desemprego, obter ajuda de familiares e se inscrever para vales-refeição devem ser consideradas. Mas veja a agência do trabalhador de seu estado para os trâmites detalhados desse tipo de aconselhamento. De uma perspectiva da psicologia, sugerimos o seguinte:

» Concentre-se no presente, vivendo um dia de cada vez.

» Cuide da saúde física alimentando-se corretamente e se exercitando para ajudar a mente.

» Permaneça em contato com amigos e familiares — apoio ajuda!

» Considere frequentar um grupo de apoio para quem procura emprego — encontre um na internet ou no jornal local.

» Perceba que suposições negativas e preocupação com possíveis calamidades futuras nunca evitaram uma única catástrofe.

Fazendo um Balanço de Seus Recursos

Recursos pessoais incluem ativos e passivos financeiros e psicológicos. *Ativos* são o dinheiro ou habilidades que você tem e que têm valor considerável; *passivos* são o dinheiro que você deve ou as habilidades que precisa adquirir. Ambos desempenham papel fundamental em sua adaptação a contratempos e estresse. As seções a seguir destacam algumas das coisas que podem ajudar a maximizar seus ativos e minimizar seus passivos.

Calculando seu balanço financeiro

A maioria dos credores, como empresas hipotecárias, bancos ou concessionárias de veículos, exige que os clientes preencham formulários de empréstimos. Um formulário de empréstimo padrão contém uma descrição do objetivo do empréstimo e informações sobre os devedores. Frequentemente, o formulário faz perguntas sobre o dinheiro que entra a cada mês e despesas mensais. Candidatos também são solicitados a listar todos seus ativos e passivos. Um patrimônio líquido é calculado subtraindo-se os passivos dos ativos.

Você não precisa se candidatar a um empréstimo para organizar seus ativos. Sugerimos analisar sua renda, despesas, ativos e passivos, não importa se você quer ou não pegar dinheiro emprestado. Assim, você pode ver com exatidão o que tem agora. Faça uma lista para cada uma das quatro categorias; o resultado é seu *balanço financeiro*.

Ao pensar em seus ativos, inclua tudo — a prataria da avó, coleções de moedas e outros bens valiosos. Talvez você não queira vendê-los, mas sabe que sempre é possível fazer isso quando as coisas ficam realmente feias.

Após ficar a par de sua renda, despesas, ativos e passivos, reserve um momento para pensar sobre eles. Você consegue encontrar maneiras para melhorar o balanço financeiro? Sugerimos avaliar com cuidado suas despesas. Com muita frequência, as pessoas cometem o erro de presumir que *precisam* de muito mais do que, de fato, precisam. Assim como apelos ambientais para reduzir sua pegada de carbono, considere reduzir sua pegada financeira. Isso fará bem para o meio ambiente (menos coisas para fabricar) e, sobretudo, para sua carteira.

Para começar, reflita sobre respostas a estas perguntas:

» Como eu poderia me divertir sem 150 canais de TV? As pessoas costumavam se virar com um a três canais quando a televisão deu as caras pela primeira vez. Você não precisa fazer uma redução tão grande para economizar dinheiro. Vasculhe seus serviços de assinatura mensal e mantenha apenas os que têm preço justo e que você use com frequência. Muitas pessoas mantêm assinaturas que raramente usam.

» Quantas roupas eu realmente uso com regularidade e até que ponto conseguiria me virar com poucas? Tente usar roupas de boa qualidade com cores sólidas. Compre roupas levemente usadas em brechós — você pode encontrar roupas de marca, se procurar com cuidado. E pode sobreviver com muito menos variedades. É improvável que as pessoas reparem.

» Posso cortar cafés, almoços e jantares desnecessários fora de casa? Aqui você pode fazer cortes substanciais. Experimente fazer refeições especiais uma vez por mês em um restaurante (peça para viagem, se as condições exigirem).

» Posso beber mais água e menos refrigerante e álcool? Compre limões ou limas para acrescentar mais sabor. É mais saudável e mais barato.

» Como posso reduzir o uso do carro andando a pé, de bicicleta ou utilizando transporte público? Você pode conservar o carro por mais tempo — eles duram muito mais do que no passado. Isso lhe poupará milhares de dólares.

» Quanto eu economizaria pegando livros da biblioteca, em vez de comprando? A maioria das bibliotecas tem uma seleção ampla de e-books, além de cópias impressas.

» Como posso reduzir o uso de energia e guardar dinheiro? Se você tem casa própria, faça as contas com cuidado para ver se energia solar compensa — não confie apenas nos vendedores.

- » Consigo parar de fumar? O cigarro queima dinheiro e impacta sua saúde de forma negativa — custando-lhe muito mais. Considere adquirir uma cópia de nosso livro *Quitting Smoking & Vaping For Dummies* (Wiley) [sem tradução no Brasil].

- » Como posso gastar menos com academia? Primeiro, olhe ao redor. Academias oferecem um amplo leque de preços e serviços. E, se pretende economizar bastante, você pode se exercitar de graça caminhando ou correndo no parque. Também pode encontrar rotinas de exercícios curtas e ótimas na internet.

- » Consigo parar de gastar dinheiro para impressionar outras pessoas? Os outros prestam menos atenção a seu carro, à sua casa, às suas roupas e ao seu cabelo cortado no salão do que você pensa. E mesmo que prestem, a opinião deles é realmente importante?

Várias pesquisas descobriram o que a maioria das pessoas tem dificuldades para acreditar: sua renda tem uma relação muito pequena com sua felicidade. Muita gente descobre que, quando começa a cortar despesas, é incrível como conseguem poupar sem sacrificar o próprio bem-estar emocional. Na verdade, muitas vezes elas relatam sentir menos estresse. Algumas até dizem que o processo de economizar parece divertido no início.

A par dos ativos e passivos pessoais

Embora primeiramente você queira analisar seu potencial financeiro ao enfrentar a possibilidade de perder o emprego, também é útil avaliar suas potencialidades e atributos pessoais. Comece fazendo as seguintes perguntas a si mesmo:

- » Estou disposto a aprender novas habilidades?

- » Eu me dou bem com outras pessoas?

- » Sou persistente?

- » Chego ao trabalho a tempo?

- » Finalizo projetos a tempo?

- » Aceito feedback e críticas sem ficar na defensiva?

- » Tenho espírito esportivo?

- » Evito fofocas desnecessárias?

- » Separo minha vida pessoal da vida profissional?

- » Sou motivado?

- » Sou bom em manter a calma sob estresse?

- » Sou criativo e sei pensar fora da caixa?

Em uma entrevista, fique preparado para conversar sobre qualquer uma das questões anteriores a que acha que pode responder na afirmativa; elas representam seus ativos. Se responde negativamente a qualquer uma dessas perguntas, elas podem indicar que você precisa de desenvolvimento pessoal nessas áreas. Busque maneiras de se aprimorar nelas para transformar passivos em ativos.

DICA

Após anotar suas respostas às perguntas da lista anterior, escreva a maior quantidade de pontos fortes pessoais em que conseguir pensar. Considere incluir exemplos de empregos anteriores que ilustrem esses pontos fortes. Em seguida, liste suas áreas mais fracas. O resultado lhe dá uma noção de seu patrimônio líquido psicológico relacionado ao trabalho.

Comprometendo-se com uma Nova Jogada

É possível reduzir a quantidade de energia que você gasta se preocupando com dinheiro e emprego se firmar um compromisso em fazer algumas mudanças. Além das ideias nas seções anteriores, sugerimos desenvolver um planejamento para seu dinheiro e sua carreira. Recomendamos considerar metas de longo e curto prazos. As seções anteriores o prepararam para o que vem a seguir — quando a teoria é posta em prática.

Definindo metas de curto prazo

Você nunca chegará aonde quer se não tiver um mapa. Muita gente passa a vida toda sem sequer pensar no que quer realizar. Olhe para seu dinheiro e sua carreira e reflita sobre o que realmente quer obter nos próximos anos.

CONSIDERANDO METAS DE CARREIRA DE CURTO PRAZO

Faça um teste vocacional em sua faculdade comunitária local. Escreva as habilidades profissionais que você já tem. Faça um brainstorming de possibilidades de empregos que possam usar suas forças e interesses pessoais. Faça uma lista dessas possibilidades e, presumindo que você atualizou seu currículo, prepare-se para vender seu peixe.

DICA

Antes de se inscrever, recomendamos que pratique entrevistas com amigos ou com um conselheiro vocacional ou terapeuta. Pratique até sua ansiedade diminuir — e diminuirá, se você praticar bastante.

Quando seu currículo estiver bem-acabado, e você, pronto para encarar o entrevistador, é necessário procurar um emprego. Não se atenha apenas ao envio de currículos para vagas listadas na internet. Além dessa fonte, considere:

DICA

» Fazer uma lista de empregadores que pareçam interessantes de trabalhar. Investigue as empresas por meio de pesquisas e inscreva-se para atualizações em mecanismos de busca de empregos — muitas vezes gratuitos para candidatos.

» Prepare uma série de perguntas relevantes para a empresa em que você está interessado. Por exemplo, "Há oportunidades para plano de carreira?" "Quais oportunidades de treinamento existem na empresa?" "É possível trabalhar de casa?"

» Telefone para as pessoas com quem você trabalhava ou ia à faculdade — em outras palavras, faça networking.

» Pergunte a familiares e amigos — mais networking.

» Trabalhe para uma agência temporária — muitas vezes, esses trabalhos se tornam permanentes.

DICA

Se tudo o mais falhar e você realmente precisar de alguma renda, considere um emprego de economia de gig (um mercado de contratos de curto prazo e trabalho autônomo), como serviços de motorista ou entregas. A vantagem é que esses trabalhos são fáceis de conseguir e o dinheiro é rapidamente transferido para sua conta. Note que desvantagens relevantes incluem ausência de benefícios e o fato de que as despesas geralmente recaem sobre o trabalhador. Muitas vezes, o pagamento parece melhor se você calcular os custos com cautela. No entanto, às vezes você precisa do dinheiro que esses trabalhos proporcionam.

COMEÇANDO O PLANEJAMENTO FINANCEIRO EM 3, 2, 1...

Dinheiro na mão é vendaval. Se você para de gastar com determinada coisa, ele sai dela só para ser gasto com outra. A única maneira de poupá-lo é canalizar cuidadosamente o dinheiro para um reservatório ou tanque de contenção. Sim, estamos falando de poupança.

Por esta não ser uma obra sobre investir, não vamos sugerir tipos específicos de investimentos. Em vez disso, o propósito deste livro é ajudar você a compreender e a lidar com a ansiedade. Portanto, se você é ansioso em relação a dinheiro, terá menos ansiedade se tiver mais dinheiro guardado. E o lugar onde você o coloca não é tão importante — o dinheiro rende mesmo em uma conta poupança com 0% de juros.

Portanto, comece agora. Inicie com o que já tem e vá construindo devagar. Assim que possível, aumente continuamente a quantia contribuída na poupança. Talvez você se surpreenda.

Planos para o longo prazo

Não muitos anos atrás, as pessoas trabalhavam a vida toda para a mesma empresa e ansiavam pela aposentadoria para pescar e jogar bocha. Com muita frequência, hoje em dia esse sonho não passa disso — um sonho que jamais será realizado, ao menos não como inicialmente imaginado. Muitos empregos evaporaram, uma quantidade surpreendente de planos de pensão faliu, e alguns tipos de contas IRA e 401(k) não conseguiram cumprir as expectativas.

Essa situação é motivo para desespero e falta de esperança? Acreditamos que não. Claro, você tem o direito de se sentir preocupado e mesmo decepcionado por talvez não conseguir se aposentar quando quiser ou viver a vida de aposentado que já esperou. Mas o traço da flexibilidade sobre o qual falamos anteriormente neste capítulo se aplica aqui também. É bom você saber que uma pesquisa relatada no *Journal of Occupational Health Psychology* revelou que, na verdade, pessoas que trabalham meio período em vez de se aposentarem em definitivo são mais saudáveis física e mentalmente. Essa descoberta se manteve mesmo quando se controlavam variáveis como idade, educação e patrimônio.

Logo, considere que o objetivo da aposentadoria integral pode não ser particularmente bom para você! Não é necessário fazer todas as coisas que fazia antes de semiaposentado ou trabalhar tantas horas. Isso porque o trabalho de meio período pode ajudar muito a encompridar o dinheiro da conta de aposentadoria que você já tem. Considere buscar uma carreira que lhe proporcione mais satisfação e sentido que apenas dinheiro. Ou tente algo 100% novo, que tenha menos estresse mas o conecte com as pessoas. É extremamente mais fácil ir trabalhar se você se diverte. A esta altura da vida, seu trabalho não precisa massagear o ego ou impressionar outras pessoas.

LEMBRE-SE

Por fim, tente perceber que uma certa quantidade de incerteza é garantida! Trocando em miúdos, a vida e os investimentos sempre tomarão desvios inesperados. Você não pode evitar contratempos, mas pode se recuperar. Em longo prazo, mercados, economias e pessoas inevitavelmente sobem e descem.

Capítulo **15**

Calmo como um Terremoto

T alvez você se ache uma pessoa racional. Se sim, provavelmente acredita que os medos que o deixam mais ansioso são de coisas que lhe oferecem mais risco — afinal, essa seria a perspectiva mais racional, não? Mas não é assim que a mente funciona. As pessoas focam e ruminam as preocupações que lhe prendem a atenção, não as que são mais propensas a acontecer.

A mídia, sem querer ou de propósito, muitas vezes piora o problema. Quando ocorrem desastres naturais, helicópteros de notícias decolam como um bando de gansos assustados com um tiro. As telas de TV se enchem de imagens de horror, dor, sofrimento e morte. Repórteres aparentemente fazem entrevistas com vítimas enlutadas e contam suas histórias tristes repetidas vezes por dias a fio. Não é de admirar que muita gente passe tanto tempo preocupada com desastres naturais.

Por outro lado, talvez você tenha várias ansiedades e preocupações, mas desastres naturais não sejam algo que o incomodem. Se isso é verdade, sinta-se à vontade para pular este capítulo — a menos que esteja curioso sobre o assunto.

Neste capítulo, ajudamos você a classificar esses medos e preocupações. Nós o auxiliamos a ver que talvez esteja perdendo tempo demais com questões de baixo risco e/ou coisas sobre as quais não pode fazer muita coisa de fato. Também abordamos como avaliar seus riscos pessoais. Às vezes, a preocupação com desastres naturais é realista se você mora em determinadas regiões de risco elevado. Nesses casos, sugerimos maneiras de gerenciar tais riscos de uma perspectiva prática e emocional. Concluímos com ideias sobre o que você pode fazer para enfrentar de maneira ativa, e não passiva, trabalhando para melhorar o mundo e a vida de outras pessoas quando elas se deparam com desastres naturais.

Avaliando Seus Riscos

Pelo fato de imagens de desastres naturais serem nitidamente transmitidas nas telas depois de minutos que ocorreram, muitas vezes é difícil ter uma perspectiva realista em relação a quanto risco eles, de fato, oferecem. Nas próximas seções, analisamos brevemente os tipos de desastres naturais mundiais e a frequência com que ocorrem. Também ajudamos você a compreender seus riscos reais de se deparar com um desastre natural.

Examinando a probabilidade de morrer de um desastre natural

Certamente você já ouviu a eterna pergunta sobre uma árvore que cai em uma floresta — se ninguém está lá para ouvir, será que ela produz som? Desastres naturais são mais ou menos como essa árvore. Eventos catastróficos são catastróficos de verdade se não tem ninguém por perto quando eles ocorrem? Talvez não.

No entanto, muitos desastres ferem pessoas — muitas vezes, em números significativos — quando acontecem. Desastres também podem levar a angústias ou perdas financeiras, ambientais e emocionais. A lista a seguir representa alguns dos desastres naturais mais comuns com que as pessoas se preocupam:

>> **Avalanches** são deslizamentos de neve repentinos que se soltam e atingem ou soterram tudo o que está pelo caminho. Elas matam cerca de 150 pessoas por ano. A maioria das avalanches ocorre após uma tempestade de inverno. O risco de morrer em uma avalanche pode ser medido ao saber que a população mundial atualmente é de cerca de 7,8 bilhões, e o número aumenta.

» **Terremotos** ocorrem milhares de vezes todos os dias. A imensa maioria desses tremores é pequena e indistinguível na superfície terrestre. De vez em quando, porém, terremotos liberam uma explosão potente de energia acumulada, enviando enormes ondas sísmicas de destruição ao redor de uma área ampla. Em média, cerca de 10 mil pessoas morrem em terremotos todos os anos. A maioria morre entre prédios que desmoronam, mas deslizamentos de terra, incêndios e enchentes causadas por terremotos também levam vidas.

» **Incêndios,** seja em florestas, seja em casas, seja em prédios, matam mais gente que desastres naturais. A Fire Administration dos EUA afirma que a taxa de mortes no país está entre as mais elevadas no mundo industrializado, com cerca de 3.500 mortes por ano. No mundo todo, a Organização Mundial da Saúde reporta cerca de 180 mil mortes por incêndio por ano.

» **Enchentes** ocorrem quando volumes grandes de água submergem terras, casas, prédios e pessoas. Muitas vezes, elas resultam de condições climáticas extremas, como furacões ou chuvas torrenciais. Enchentes também ocorrem quando diques e outras barreiras se rompem. Em geral, o risco de morrer por enchentes diminuiu por conta de sistemas de alerta aprimorados e informações sobre onde elas tendem a ocorrer. Há questões sobre o risco crescente de enchentes devido ao aquecimento global, porém, a quantidade de pessoas que morrem por causa de enchentes nos Estados Unidos é de cerca de cem por ano.

» **Furacões** emergem de certas tempestades tropicais e geram ventos com velocidade de 119 a mais de 250km por hora. A maioria das pessoas que morre por furacões é por causa das enchentes (confira o item anterior da lista).

CORONAVÍRUS E POLUIÇÃO DO AR

A poluição do ar, mesmo em pequenas quantidades, aumenta o risco de morte por Covid-19. Um estudo da Harvard University analisou mais de 3 mil cidades nos EUA e descobriu que o aumento da poluição resultava em mais mortes. Além disso, estudos anteriores descobriram que a poluição do ar aumenta os riscos de uma pessoa ter câncer de pulmão, AVC e doença pulmonar obstrutiva crônica (COPD). Infelizmente, uma porcentagem desproporcional de negros e pessoas não brancas vivem em regiões com altas taxas de poluição do ar, o que pode contribuir para um risco mais elevado de morrerem de Covid-19.

Deixamos você preocupado? Considere esta lista "fichinha" em comparação a todos os desastres naturais possíveis. Talvez você não consiga pensar imediatamente em outros desastres, mas aqui está uma lista parcial com que se preocupar:

» Asteroides.

» Nevascas e frio extremo.

» Tempestades de areia.

» Objetos caindo do espaço sideral.

» Tornados de fogo.

» Explosões de raios gama (enormes explosões eletromagnéticas em galáxias, supostamente com potencial de causar, um dia, extinções em massa na Terra!).

» Tempestades de granizo.

» Ondas de calor.

» Relâmpagos.

» Erupções límnicas (grande erupção de dióxido de carbono do fundo de lagos que pode sufocar o gado e as pessoas da região).

» Deslizamentos de terra.

» Tornados.

» Tsunamis.

» Erupções vulcânicas.

Você captou a mensagem. As possibilidades são inúmeras. Mas seu risco geral de morrer por um desastre natural específico é bem mais baixo que o de morrer pelas próprias mãos ou por acidente — com os quais a *maioria* das pessoas se preocupa bem menos que com desastres naturais. Por outro lado, seu risco de morrer por desastres naturais talvez seja bem maior que o da maior parte das pessoas. A seguir, informamos a você como avaliar esse risco.

Classificando riscos pessoais

As listas na seção anterior incluem os desastres naturais mais comuns (e, obviamente, alguns não tão comuns assim). Mas é provável que você não tenha que se preocupar demais com que aconteçam, a menos que more em uma área assolada por eles. No entanto, nunca se sabe quando algo pode irromper. Portanto, faça uma lista de seus fatores de risco pessoais. Você mora, trabalha, viaja ou frequenta regiões sujeitas a desastres naturais?

Por exemplo, pessoas que moram em certas regiões da Califórnia põem o clima maravilhoso acima do risco de viver em zonas de risco de terremotos, incêndios e deslizamentos. E, se você vai esquiar de helicóptero com frequência, sabe muito bem o que desencadeia avalanches. Logo, pessoas específicas podem ter um risco muito maior de serem feridas ou mortas por desastres naturais do que a média. Se esse risco se aplica a você, é bom tomar precauções extras.

Se não sabe quais são seus riscos, tente pesquisar na internet para descobrir. Afinal, você não quer viver em negação mais do que quer ficar obcecado pelos riscos, que são maiores em sua mente que na realidade.

Nós, por exemplo, moramos no Novo México, que não tem litoral, e geralmente sequer pensamos em desastres naturais. De vez em quando, um sistema meteorológico no Pacífico faz chover loucamente aqui, e o resultado são algumas ruas inundadas e arroyos (pode chamá-los de valas de drenagem). Em alguns trechos do estado, incêndios florestais apresentam certo risco. Além disso, se você olhar pela janela de nossa casa, pode ver alguns vulcões extintos que estavam ativos cerca de 100 mil anos atrás. Também não nos preocupamos demais com eles.

Porém, só para garantir, digitamos "Novo México e vulcões" no navegador e, para nossa surpresa, descobrimos que o estado é conhecido como o "estado dos vulcões". Além disso, estamos em uma grande fenda continental e moramos no topo de amplos veios de lava quente. O intervalo de tempo definido para outra erupção foi listado como "geologicamente em breve". Oh, não! O que faríamos? Melhor lermos sobre preparativos de emergência para vulcões. Ou não.

Avaliando riscos da mudança climática

A mudança climática não é exatamente um desastre natural, pois é amplamente causada por seres humanos. Porém, mudanças notáveis no clima estão causando mudanças ambientais perturbadoras, muitas das quais, por sua vez, aumentam os riscos de outros desastres. A mudança climática global causou um aumento de temperatura que resultou em derretimento rápido de geleiras, redução na umidade do solo, erosões e aumento do nível dos mares. O aumento de temperatura já trouxe consequências devastadoras em regiões carentes de ares-condicionados adequados. Outras preocupações têm sido o aumento de pragas de insetos, secas e incêndios florestais.

Furacões também se tornaram mais frequentes e destrutivos. O clima se tornou mais imprevisível, com maior incidência de chuvas fortes e inundações. Custos econômicos incluem taxas crescentes de seguro residencial, contra enchentes e incêndios. Em algumas áreas de risco mais elevado, seguradoras se recusam a emitir apólices.

DESCOBRINDO O LADO BOM DA ADVERSIDADE

Coisas inesperadas acontecem mesmo que você tome precaução. O seguinte relato de um casal em lua de mel ilustra um encontro inesperado com um desastre natural.

Sandy e Brice partem para uma lua de mel tropical em novembro, evitando cuidadosamente o pico da temporada de vulcões. Os recém-casados estão exaustos pela festa e loucos por umas férias relaxantes na praia. Como prometido, o resort é lindo, e as praias, impecáveis. Após o primeiro dia passeando na praia, eles voltam para o quarto. Ficam surpresos ao ver um bilhete em cima da cama.

"A gerência lamenta informá-los de que haverá uma forte tempestade tropical na região. Avisamos que os senhores serão solicitados a sair de ônibus para uma área segura. Favor trazerem seus pertences, um cobertor e um travesseiro. Sairemos do saguão do hotel daqui a duas horas."

Os ônibus levam cerca de cinquenta hóspedes e funcionários do hotel para uma escola decadente a cerca de trinta minutos de distância. A umidade é alta, e a escola cheira a mofo. A equipe diz aos hóspedes que o ar-condicionado da escola não funciona muito bem, mas que tentará manter todo mundo confortável. Camas são montadas em uma sala grande que serve de lanchonete e ginásio.

Sandy e Brice tentam manter uma atitude positiva, e a equipe do hotel parece bem organizada. A primeira refeição consiste em salada fria de frango, salsa e batata-palha. O hotel oferece cerveja e refrigerante em lata. Alguns hóspedes começam a cantar músicas de acampamento, e o grupo continua animado. Porém, após algumas horas, começa a chover. Em seguida, acaba a luz. Com o céu carregado, o humor dos abrigados também piora. Horas se passam, e o som do vento, da chuva e dos trovões é interrompido por estrondos barulhentos. As pessoas se aconchegam; algumas choram; outras rezam. Exaustas, algumas crianças dormem.

De manhã, a intensidade da tempestade diminui, mas as pessoas são informadas de que ainda não é seguro voltar à região praiana e que os aeroportos estão fechados. Brice diz a um funcionário que precisa contatar sua família. O funcionário o informa de que é impossível se comunicar. Como café da manhã, são servidos pães duros e suco em lata. A equipe informa que a água está escasseando e que precisam racioná-la. Conforme o dia passa, a raiva e a irritabilidade dão as caras. Algumas pessoas ficam doentes. O cheiro piora cada vez mais. O terceiro e o quarto dias proporcionam desafios quase insuportáveis pela falta de eletricidade, comida, água e condições salubres.

> Finalmente, os ônibus voltam e os turistas retornam ao hotel destruído. As janelas estão quebradas, e os corredores, inundados. Sandy e Brice mal conseguem andar por conta da intoxicação alimentar, mas se sentem com sorte por estarem vivos.
>
> Sandy e Brice percebem que, mesmo quando se faz o melhor para evitar riscos, coisas ruins acontecem. Em retrospecto, acreditam que a adversidade lhes conferiu maturidade e intimidade. Seu casamento vai de vento em popa, e eles encaram os próximos anos aceitando mais a incerteza e apreciando cada dia de suas vidas.

Como você pode adivinhar, calcular seu risco pessoal com a mudança climática é bem complicado, mas é provável que a população do mundo todo será negativamente afetada.

Elaborando um Plano para Preocupações Reais

Nunca se está preparado para qualquer crise possível e imaginável. Não obstante, é importante avaliar quais riscos têm chance *real* de acontecer. Logo, prepare-se o melhor que puder em proporção compatível com os perigos que representam.

DICA

Provavelmente, o conselho mais importante que podemos dar a você é este: durante períodos de crise, ouça pronunciamentos e diretivas de serviços públicos — e os siga. Além disso, sugerimos que reflita sobre as seguintes perguntas antes de *qualquer* calamidade:

» Eu me informei sobre riscos específicos da minha região?

» Se moro em um lugar onde ocorrem desastres naturais, fiz preparativos razoáveis?

» Conheço a rota de evacuação de emergência de minha região?

» Se um desastre parecer iminente, tenho um tanque cheio de combustível?

» Tenho suprimentos à mão, como lanternas, roupas de frio, baterias extras, um estoque de comida e água para pelo menos três dias e um rádio a bateria?

» Tenho um kit de primeiros socorros?

» Tenho um plano se uma emergência ocorrer?

- » Tenho um lastro emergencial de dinheiro?

- » Meus documentos importantes estão guardados em um cofre ou um local à prova d'água?

- » Sei usar um extintor de incêndio e tenho um totalmente carregado?

- » Sei como desligar eletrodomésticos no caso de um desastre?

- » Sei o que levaria comigo se precisasse sair?

- » Tenho um plano para me comunicar com minha família?

- » Tenho como proteger meus animais de estimação?

DICA

Após percorrer essa lista de perguntas, tome quaisquer atitudes que pareçam necessárias e razoáveis. Então, pare de se preocupar; você fez tudo o que podia.

Observe que a primeira pergunta da lista é: *Eu me informei sobre riscos específicos da minha região?* Dessa forma, pesquisamos na internet para descobrir o que fazer no caso de uma erupção vulcânica. Bem, a primeira ideia é cair fora. Se acontecer de ficarmos presos em casa, devemos fechar as portas, janelas e tampar as chaminés para manter as cinzas longe. Se sairmos para observar, devemos segurar um pano úmido sobre a boca para ajudar a respirar. Também descobrimos que lava quente e cinzas são pesadas e devem ser varridas do telhado, se em grande quantidade. Por outro lado, às vezes vulcões expelem blocos de lava do tamanho de uma casa, portanto, varrê-los pode ser difícil. Droga!

Não obstante, não pretendemos passar muito tempo nos preparando para essa eventualidade, nem queremos nos preocupar demais com isso. Mas, após escrever este capítulo, percebemos que não seria má ideia verificar a condição de nosso extintor de incêndio no caso de uma lava daquelas cair no quintal ou na casa.

LEMBRE-SE

Não importa o quanto você se prepare bem, não é possível evitar todas as calamidades. Faça esforços *razoáveis* e bola pra frente. Não se pode eliminar toda a incerteza da vida.

Mesmo assim, se você ainda se pegar preocupado após ter feito tudo o que podia para se preparar contra desastres, leia a próxima seção.

Imaginando e Lidando com o Pior

Com sorte, você viu como suas preocupações sobre desastres naturais são realistas e fez o que pôde para se planejar. Não obstante, talvez você se pegue mais preocupado do que gostaria.

Nossa primeira recomendação é ler com atenção os Capítulos 5, 6 e 7 para compreender como seus sentimentos, pensamentos e crenças influenciam sua ansiedade. Em seguida, você pode usar essas informações para suas preocupações sobre desastres naturais. As seções a seguir mostram a você como usá-las para essas questões.

DICA

Se você ou algum ente querido tiver uma vivência real de um desastre natural, provavelmente sentirá mais ansiedade e estresse. Se sua angústia é leve, os Capítulos 5, 6 e 7 podem ajudá-lo a lidar com ela. Se a angústia for grave e persistente, considere consultar um profissional da saúde mental.

Repensando a incerteza e a ansiedade

A mente ansiosa tenta, em vão, eliminar toda a incerteza da vida. Infelizmente, levar uma vida sem uma quantidade razoável de incerteza resultaria em mais tristeza do que você pensa. Considere a seguinte lista de riscos, muitos dos quais você provavelmente corre todos os dias. Imagine tentar viver sem nenhum deles.

>> Sair de casa.

>> Dirigir seu carro.

>> Respirar sem máscara (a menos que haja uma pandemia atual).

>> Consumir alimentos que não foram fervidos.

>> Abrir sua caixa de correio (poderia haver antraz dentro dela).

>> Fazer compras.

>> Atravessar a rua.

>> Andar de bicicleta.

>> Tomar banho (oferece risco significativo de quedas).

É claro que sabemos que, se você sofre de ansiedade significativa, provavelmente tenta evitar pelo menos alguns desses riscos. Mas você arrisca bastante a sorte, e com regularidade.

Mesmo que use máscara e descontamine toda superfície em que toca, não pode evitar o contato com todos os germes, desastres naturais ou acidentes. Ainda que pense diferente, *aceitar* o risco e a incerteza paradoxalmente ajuda a aplacar a ansiedade.

Repensando sua capacidade de enfrentamento

A maioria das pessoas com transtornos de ansiedade subestima imensamente sua capacidade de enfrentamento diante de desafios inesperados. Elas se veem facilmente sobrecarregadas e sem vontade, habilidades ou recursos para lidar com a adversidade. Por exemplo, elas dizem a si mesmas: "Não consegui aguentar", "Não posso suportar" ou "Eu sucumbiria se isso acontecesse comigo!" No entanto, quando de fato dão de cara com aquilo que temem, elas inevitavelmente o enfrentam.

No Capítulo 6, disponibilizamos uma lista de cinco perguntas para ajudar você a lidar com algumas hipóteses bem difíceis. Sugerimos responder a essas perguntas para seu medo de desastres naturais. Primeiro, nós lhe mostramos as perguntas, em seguida, ilustramos o uso delas com um exemplo.

>> Já lidei com algo parecido com isto no passado?

>> Até que ponto isto afetará minha vida daqui a um ano?

>> Conheço pessoas que lidaram com algo semelhante e a maneira como procederam?

>> Conheço alguém a quem eu poderia recorrer pedindo ajuda ou apoio?

>> Consigo pensar em uma nova possibilidade que resultaria deste desafio?

No exemplo a seguir, uma moradora do sul da Califórnia tenta responder às perguntas de enfrentamento para ajudá-la a lidar com o medo de terremotos.

> **Lynne** se mudou de Londres para San Diego para assumir um cargo acadêmico na University of California. Ela adora seu novo emprego e a luz do sol. Lynne aluga um pequeno apartamento a uma distância curta de bicicleta de seu escritório. Um dia, ao caminhar pelo campus, ela é surpreendida por uma sensação repentina de desconforto. Ela sente como se estivesse pisando em um barco balançando. A

sensação passa depressa. Ao chegar ao escritório, repara que alguns dos quadros estão ligeiramente inclinados. Pergunta a um aluno lá por perto se ela acabou de vivenciar seu primeiro terremoto. O aluno ri e diz: "Oh, aquela ondinha foi só um tremor, nada como um terremoto *de verdade*. Espere só até estar no meio de um dos grandes; é irado."

"Irado? Está brincando?" Lynne treme, seu coração acelera, e ela começa a transpirar. Ela não havia considerado a realidade dos terremotos na Califórnia. Ela se pergunta se conseguiria enfrentá-los. Lembra-se de ter usado perguntas de enfrentamento para lidar com sua ansiedade a respeito da mudança. Agora ela volta a essas perguntas para ajudar a acalmar seus medos recém-ampliados de terremotos.

Já lidei com algo parecido com isto no passado?

Não, não lidei. Não acho que consigo passar por isso. Talvez tenha de pedir demissão e voltar à sombria Londres.

Até que ponto isto afetará minha vida daqui a um ano?

Bem, se eu sobreviver a um terremoto, acho que posso ficar bem. Se não, estarei morta.

Conheço pessoas que lidaram com algo semelhante e a maneira como procederam?

Acredito que cerca de 40 milhões ou mais de californianos passaram por alguns terremotos e não se mudaram. Eles devem ter aceitado o risco e aprendido a viver com isso.

Conheço alguém a quem eu poderia recorrer pedindo ajuda ou apoio?

Posso perguntar a pessoas que conheço sobre segurança em terremotos e me envolver mais com os vizinhos para conhecer alguns deles.

Consigo pensar em uma nova possibilidade que resultaria deste desafio?

Percebo que muita gente vem para a University of California de muitos países do mundo. Talvez eu possa começar um grupo para novos residentes. Podemos socializar um pouco e convidar pessoas para dar palestras sobre como se adaptar aos Estados Unidos, inclusive sobre segurança em terremotos. Será uma excelente forma de conhecer pessoas novas e interessantes e arranjar um meio para eu me expor ao meu medo.

Lynne aprende a aceitar o risco de terremotos, e as perguntas a ajudam a parar de se sentir indefesa e ansiosa. Veja, no Capítulo 6, exemplos de como essas perguntas o ajudam a ponderar e enfrentar até mesmo a possibilidade de um evento inesperado que resulte em morte.

Dando cabo das preocupações

A exposição — encarar gradualmente seus medos com o passar do tempo — é provavelmente o método mais potente para lidar com o medo e a ansiedade. (O Capítulo 9 abrange com detalhes a exposição.) Sugerimos a você aplicar essa técnica em seu medo de desastres naturais. Não se preocupe — obviamente, não recomendaremos que você cace tornados de verdade ou ateie fogo às florestas e caminhe no meio dele.

DICA

Ao lidar com o medo de desastres naturais, a melhor estratégia de exposição se chama *exposição imaginária*, que consiste em imaginar a pior das hipóteses (veja o Capítulo 9). Você pode usar a exposição imaginária como uma abordagem alternativa a utilizar as perguntas de estratégias de enfrentamento (veja a seção anterior). A história de Alejandro demonstra como alguém pode aplicar a exposição imaginária em um medo intenso de terremotos.

> **Alejandro** mora em São Francisco. Ele se preocupa com terremotos. Com razão, pois São Francisco fica em uma zona de alto risco de terremotos intensos. Alejandro tomou todas as precauções usuais e apropriadas, como saber de que forma desligar os eletrodomésticos, proteger tanques de aquecimento de água, ter extintores de incêndio, conhecer as rotas de evacuação, manter suprimentos de emergência e coisas do tipo.
>
> Mesmo assim, ele se preocupa demais com terremotos. Fica sobressaltado sempre que ouve barulho de trovão ou um ruído inesperado. Sua mente começa a ruminar imagens horríveis de morte e destruição, e então ele rapidamente tenta pensar em outra coisa.
>
> Por querer muito continuar morando em São Francisco, Alejandro decide consultar um psicólogo. O profissional sugere usar a exposição imaginária. No início, parece que a estratégia que o psicólogo está recomendando aumenta o que já assusta Alejandro — imaginar cenas de horror e destruição. Mas o psicólogo explica que a exposição imaginária tem uma diferença crucial. A técnica sugere que se divida o medo em etapas e, aos poucos, que se confronte cada uma delas na própria mente.

Ele diz que Alejandro congelará a imagem de cada etapa na mente até a ansiedade reduzir um pouco. Eles começam pelo passo mais fácil e trabalham a partir daí. Primeiro, Alejandro e o psicólogo passam uma parte da seção conversando sobre terremotos. Só de falar, Alejandro fica nervoso. Em seguida, ele encontra um filme sobre terremotos e o assiste várias vezes até começar a ficar entediado. Na sessão seguinte, Alejandro está pronto para imaginar como seria experienciar um terremoto. Ele imagina uma série de cenas cada vez piores de destruição e morte, incluindo a sua própria. Seu psicólogo facilitou a exposição descrevendo um terremoto com detalhes vívidos.

Observe que algumas das etapas de Alejandro ocorrem apenas em sua imaginação, e poucas envolvem uma ação direta. No momento em que Alejandro passou por múltiplas sessões de exposição imaginária, sua ansiedade em relação a terremotos diminuiu. Ele quase, isso mesmo, *quase*, está disposto a enfrentar o próximo terremoto de verdade.

Fazendo Sua Parte para Melhorar o Mundo

Várias pesquisas revelaram que, quando as pessoas enfrentam desafios e fazem algo de maneira ativa, o enfrentamento ativo é melhor que o passivo. *Enfrentadores passivos* geralmente fazem pouco mais que tentar não pensar no que os preocupa — na verdade, esse método torna as coisas piores para eles.

Por outro lado, *enfrentadores ativos* buscam atitudes diretas que podem tomar para se sentirem empoderados. Não, você não pode fazer nada para evitar a maioria dos desastres naturais, como terremotos, tsunamis e erupções vulcânicas, mas pode influenciar o ambiente para melhor e/ou melhorar a vida de outras pessoas ameaçadas pelo desastre. Fazer uma dessas duas coisas tende a fazer você se sentir menos uma vítima indefesa e mais dono de suas preocupações.

CUIDADO

Se você optar por ser voluntário para ajudar o ambiente ou as vítimas de desastres (veja as duas seções a seguir), talvez se depare com certa dificuldade ou decepções no início. Às vezes, organizações voluntárias consistem majoritariamente de pessoas que já estão na organização há muito tempo e que podem não acolher novos membros logo de cara. Pode levar algum tempo para ganhar a confiança delas. Em outros casos, você pode descobrir que suas habilidades não se encaixam bem no grupo. Ou, ainda, descobre que sua própria timidez inibe seus esforços no começo. Portanto, recomendamos que se esforce pelo tempo necessário para superar essas questões. Você também pode dar uma olhada até encontrar algo que lhe sirva.

Ajudando o ambiente

Talvez você esteja pensando que, por ser um só, não pode fazer muito para alterar o ambiente e evitar desastres naturais. Porém, quando milhões de pessoas dão passos para reduzir o esgotamento de nosso planeta, aí se vê vantagem. Logo, entrar em ação pode ajudar a reduzir sua ansiedade em relação a desastres naturais. Você se torna parte da solução, e não do problema.

Primeiro, reflita sobre todas as maneiras pelas quais você pode diminuir a própria pegada de carbono. Reduza um pouco a temperatura do termostato no inverno e aumente um pouco no verão. Use a lava-louças só quando estiver totalmente cheia. Use pagamento de contas eletrônicas, em vez de papel. Coma menos carne. Busque na internet muito mais formas de reduzir sua pegada de carbono.

Além disso, considere ser voluntário para ajudar o meio ambiente. Junte--se a uma iniciativa de coleta de lixo no bairro. Voluntarie-se em um projeto de preservação. Ajude a manter uma calçada pública para caminhadas. Seja criativo; você descobrirá outras possibilidades.

Trabalhando como voluntário em desastres

Uma forma de se sentir mais empoderado é se envolver no planejamento e no oferecimento de serviços diante de desastres naturais. A Cruz Vermelha de sua região tem muitas oportunidades para voluntários. Você pode se oferecer para atender o telefone, arquivar papéis ou fornecer auxílio direto para pessoas afetadas por desastres. A Cruz Vermelha oferece treinamento e formação para ajudar as pessoas a adquirirem as habilidades necessárias para ajudar os outros. O voluntariado compensa. Ajudar outras pessoas o faz se sentir mais poderoso e menos ansioso.

Capítulo **16**

Racismo e Ansiedade

Pessoas vêm sofrendo opressões desde antes dos registros históricos. Exemplos incluem a escravidão dos tempos bíblicos, a opressão dos servos na época do feudalismo, a escravidão no Novo Mundo, o confinamento de norte-americanos japoneses durante a Segunda Guerra Mundial e a perseguição a vários povos indígenas ao longo da história. Pessoas vêm sendo oprimidas com base em diferenças de raça, gênero, orientação sexual, deficiência, etnia, geografia, classe social ou religião. O foco principal deste capítulo é a opressão racial, mas os conceitos se aplicam perfeitamente a outros grupos de pessoas.

CUIDADO

Nós dois, os autores, somos brancos. Como tal, não podemos fingir que entendemos por inteiro as experiências de pessoas não brancas. Também não podemos afirmar que somos totalmente desprovidos de preconceitos e racismo. Por mais que gostaríamos de nos considerar antirracistas por conta de nossas origens, entendemos o preconceito implícito que permeia mesmo os mais bem-intencionados. Ainda assim, temos esperança. Protestos recentes representam a continuação da luta por direitos iguais que começou décadas atrás. Obviamente, é preciso que muito mais seja feito.

Neste capítulo, descrevemos a relação entre racismo e ansiedade. O racismo pode ocorrer em instituições como escolas, serviços policiais, partidos políticos, governos, empresas e esportes profissionais. O racismo pode ser expresso de um indivíduo para outro. Vítimas de racismo às vezes acreditam e, inclusive, reforçam mensagens racistas por meio de um processo conhecido como racismo internalizado.

Abordamos a frequência com que o racismo pode gerar ansiedade e outros problemas emocionais. Curiosamente, índices relatados de ansiedade são ligeiramente mais baixos entre pessoas não brancas. Porém, é provável que esses índices sejam imensamente subnotificados por conta da falta de acesso a cuidados com a saúde mental, culturalmente influenciado pelo estigma de expressar preocupações com a saúde mental ou pelo medo de não ser levado a sério pelo sistema de saúde.

Oferecemos dicas para alvos do racismo e para lidar com o fardo emocional. Aos que querem ajudar a melhorar o mundo, damos algumas ideias. Em um único capítulo, só conseguimos lhe apresentar alguns conceitos-chave sobre racismo e ansiedade. No entanto, incentivamos você a se aprofundar no assunto — o mundo de hoje clama por mais atenção e consciência sobre essa questão crucial. Veja o Apêndice para obter recursos extras para incrementar sua compreensão não somente do papel do racismo sobre a ansiedade, mas também da forma como as pessoas se relacionam pelo mundo.

CUIDADO

Escrevemos sobre negros, pessoas não brancas e pessoas brancas quase como se fossem a mesma coisa. Obviamente, esse não é o caso, já que pessoas têm experiências e ambientes únicos que moldam suas atitudes e seus comportamentos. Categorizar pessoas em grupos com base na cor de sua pele é muito perigoso. Nossa intenção ao usar essas categorias gerais é resumir experiências típicas de membros de um grupo, não fazer generalizações excessivas ou descrever diferenças individuais.

PAPO DE
ESPECIALISTA

Antigamente, as pessoas não eram categorizadas por diferenças físicas. Não há diferença genética que diferencie com clareza uma raça de outra. O conceito de raça é, sobretudo, socialmente definido.

Racismo: O Elefante na Sala e a Cobra no Gramado

O racismo envolve a crença equivocada de que pertencer a grupos étnicos e raciais específicos indica inferioridade ou superioridade em habilidades e atributos variados. O grupo dominante discrimina, explora, rivaliza e nega ao grupo oprimido direitos iguais e acesso a poderes e privilégios.

O racismo pode ser explícito. É difícil interpretar erroneamente insultos, bandeiras ou monumentos dos confederados, símbolos nazistas, placas cheias de ódio, cruzes em chamas e forcas como algo além de exemplos de racismo. No entanto, muita gente acha que pensar ou falar sobre racismo é desconfortável. Assim, com muita frequência, ignoram essas mensagens, como a um elefante na sala, que todo mundo vê, mas finge que não está lá.

RACISMO NO REINO UNIDO: O ESCÂNDALO WINDRUSH

O Reino Unido perdeu 38.400 soldados e quase 70 mil civis durante a Segunda Guerra Mundial. Prédios londrinos foram devastados pela Blitz alemã. Com pouca gente capacitada para reconstruir, os britânicos convocaram imigrantes de suas colônias para ajudar a reconstruir a Grã-Bretanha. Um grupo de imigrantes caribenhos chegou em 1948 a bordo do navio Windrush. Eram pedreiros, motoristas, carpinteiros, trabalhadores da manutenção e enfermeiras que forneciam a tão necessária ajuda. Também eram negros, em sua maioria.

Mais força de trabalho foi necessária nos primeiros anos da reconstrução. As pessoas das colônias que chegaram entre 1948 e 1971 foram chamadas de Geração Windrush, por conta do navio original. A Lei da Imigração de 1971 deu à geração Windrush permissão para ficar por tempo indeterminado. Porém, não receberam a documentação adequada de sua condição, e muitos registros antigos foram destruídos.

O escândalo Windrush ocorreu conforme o governo britânico foi se tornando mais conservador e restritivo com suas políticas de imigração. Por volta de 2013, solicitaram a pessoas mais velhas nascidas no Caribe que apresentassem documentos que não tinham. Algumas foram deportadas; outras, detidas. Membros da geração Windrush perderam empregos, casas e contas bancárias, e também lhes negavam atendimento médico. De seus filhos, que cresceram acreditando que eram cidadãos (conforme prometido a seus pais), solicitaram documentos comprobatórios de que os pais haviam morado no país antes de 1971. Isso era impossível para a maioria, e os críticos notaram que eles eram "culpados até que se provassem inocentes".

Por volta de 2017, os jornais começaram a reportar o escândalo, e uma ou outra indenização foi paga às vítimas. No entanto, a crítica insiste que muito mais precisa ser feito para resolver a situação dessas pessoas que foram recrutadas para ajudar a reconstruir a Grã-Bretanha. Muitos acreditam que o racismo estrutural foi responsável pela maior parte dos maus-tratos não merecidos.

Outras mensagens racistas, como uma cobra no gramado, são implícitas e mais difíceis de detectar. Exemplos desse tipo de racismo incluem não entrevistar candidatos a empregos que tenham nomes que pareçam de pessoas negras ou não chamar de volta candidatos não brancos após uma entrevista positiva. Corretores de imóveis podem não mostrar a compradores negros casas em determinados bairros. Outros preconceitos sutis incluem expectativas mais baixas oriundas de uma crença racista de que pessoas não brancas podem ser menos inteligentes que seus colegas brancos. O racismo surge em várias áreas, conforme analisado nas próximas três seções.

LEMBRE-SE

Tanto cobras como elefantes criam condições de estresse crônico e ansiedade. A sobrecarga física desse estresse crônico pode ser vista no aumento das taxas de vários problemas de saúde vivenciados por pessoas que sofrem discriminação.

Racismo estrutural

O racismo estrutural ocorre em uma série de políticas, normas, leis, instituições, governos e crenças que geram desigualdade e oportunidades reduzidas para grupos raciais específicos enquanto privilegia outros grupos. Alguns exemplos de racismo estrutural incluem:

» Oportunidades educacionais reduzidas por conta de investimentos desiguais em escolas localizadas em bairros diversos.

» Dissuasão eleitoral por meio de acesso reduzido a locais de votação, filas excessivamente longas — sobretudo em diversas comunidades, eliminação de listas de eleitores e exigência de documento com foto para votar.

» Segregação pela qual certos grupos raciais permanecem separados em escolas e bairros.

» Discriminação trabalhista, resultando frequentemente em salários mais baixos e menos perspectivas para desenvolvimento e avanço na carreira.

» Salários mais baixos, resultado direto de desigualdades educacionais e empregatícias.

» Menos bens e dinheiro guardado, o que leva a graves dificuldades financeiras quando ocorrem emergências ou outros contratempos não previstos.

» Desertos alimentares, porque a maioria dos supermercados não está situada em bairros pobres, o que leva a custos maiores e falta de opções nutritivas, trazendo como consequência uma saúde debilitada.

» Falta de assistência médica adequada e serviços de saúde.

» Nos Estados Unidos, mesmo quando há um plano de saúde, muitas vezes é o Medicaid, que proporciona acessos e benefícios mais restritos que planos de saúde privados ou mesmo o Medicare.

» Oportunidades reduzidas para compra de imóveis e, assim, de acumular bens.

» Políticas imigratórias nos EUA que favorecem europeus brancos sobre imigrantes não brancos.

>> Políticas fiscais que hipertaxam proporcionalmente famílias de baixa renda, sobretudo por meio de impostos sobre vendas regressivos.

>> O sistema judicial, que impõe rotineiramente fianças inviáveis, distribui sentenças mais longas e aplica sentenças mais duras a pessoas não brancas.

>> A cultura policial, que para, revista, prende, mira, vigia e, com frequência angustiante, ataca cidadãos não brancos mais que cidadãos brancos.

Fatores como esses aumentam a desigualdade e interagem para produzir mais sofrimento. Eles geram grandes obstáculos para pessoas não brancas que tentam ser bem-sucedidas e prosperar. O racismo estrutural envolve as pessoas do nascimento até a morte, causando, assim, estresse crônico, ansiedade e frustração.

CUIDADO

Mais uma vez, é importante perceber que todos os indivíduos têm experiências diferentes. Pessoas de todas as raças variam amplamente em termos de como e em que nível experienciam ou mesmo perpetuam o racismo.

Racismo interpessoal

Racismo interpessoal é o racismo que ocorre entre indivíduos em particular ou pessoas de pequenos grupos. Ele se manifesta em várias situações e ambientes. Estudos revelaram que o racismo interpessoal é um aspecto do cotidiano da maioria das pessoas não brancas. Imagine viver em um mundo em que há poucos dias sem que se depare com algum tipo de atitude ou comentário racista. Existem dois tipos principais de racismo interpessoal: latente e velado.

Racismo latente

O racismo interpessoal latente é óbvio, explícito, sem escrúpulos, discriminatório, odioso e deliberado. A intenção do racismo latente é intimidar os que são alvos dele. Pode envolver ameaça, abuso verbal, símbolos, ostracismo ou agressão física. Essas ideias e atitudes racistas visam discriminar, humilhar, repudiar e rebaixar. Não surpreende que vítimas de racismo latente sofram de ansiedade, raiva, desilusão, medo e impotência. Crimes de ódio são a forma mais flagrante de racismo latente. Crimes de ódio, que vêm aumentando na última década, envolvem ofensas contra pessoas ou propriedades, motivadas por preconceitos contra raças, religiões, etnias, identidades de gênero ou outras diferenças perceptíveis específicas.

A bandeira dos confederados é um exemplo de racismo latente, o que é bem óbvio para a maioria dos observadores. Porém, alguns dos que a exibem ou carregam afirmam que não há nenhum intento racial. Alegam que a bandeira é um símbolo de sua herança, e nada mais. Fica a dúvida se eles acreditam na própria negação. Entretanto, a mensagem simbólica da bandeira aos descendentes de ex-escravizados é bem clara.

UMA MÉDICA DE FAMÍLIA ENFRENTA ESTRESSE E RACISMO

Conversamos um pouco com LaTasha Seliby Perkins, médica de família e professora-assistente do Departamento de Medicina Familiar da Faculdade de Medicina da Georgetown University. A Dra. Perkins tem grande interesse pelas consequências negativas que o racismo inflige sobre a saúde física e emocional de seus pacientes negros. Ela afirmou que o estresse aumenta o cortisol (o hormônio do estresse no organismo), o que pode levar a maior pressão arterial, inflamações e transtornos psiquiátricos. A Dra. Perkins enfatizou que pacientes negros precisam se abrir e conversar com seus médicos de família sobre suas experiências de estresse e racismo. Médicos de família podem oferecer orientações e recursos a seus pacientes em relação a essas questões.

Ela disponibilizou recomendações específicas para seus pacientes negros que vivenciam estresse e racismo:

- Faça exercícios físicos que incluam de quinze a vinte minutos de alongamento, para ajudar na redução dos efeitos negativos dos hormônios do estresse.

- Pratique mindfulness de uma forma que você se sinta à vontade, como meditação, exercícios de respiração, ioga, afirmações ou orações.

- Considere interações sociais ou amizades com as quais você possa compartilhar, crescer e se curar em um ambiente comunitário, e não isolado.

- Se atividades diárias forem significativamente impactadas por estresse ou ansiedade, considere buscar ajuda extra de um profissional da saúde mental.

A Dra. Perkins também destacou a importância de os pais ficarem atentos aos comportamentos, emoções e humores dos adolescentes. Se perceberem problemas de sono, preocupações excessivas, falta de interesse por coisas que no passado eram agradáveis, queda nas notas escolares, isolamento ou rebeldia, isso pode sugerir a necessidade de conversar com o médico da família ou um profissional da saúde mental. Por fim, ela sugeriu que adolescentes não brancos poderiam se beneficiar de um confidente fiável e culturalmente ciente.

Racismo velado

Ao contrário do racismo latente, o racismo velado é sutil e menos óbvio. Quando um segurança segue um adolescente negro fazendo compras em um shopping, ele pode negar que está seguindo-o por ele ser negro. Porém, o preconceito profundamente arraigado provavelmente contribui para essa tendência de perseguir certos compradores mais que outros. O racismo velado pode envolver estereótipos e atitudes inconscientes sobre diferenças raciais, como pressuposições sutis de criminalidade ou inferioridade.

Uma área particularmente impactante para o racismo velado é o sistema de saúde. Nos Estados Unidos, negros têm vida mais curta e sofrem de mais problemas de saúde que seus equivalentes brancos. Apesar de profissionais da saúde negarem o preconceito racial, vários estudos concluíram que pacientes negros recebem menos intervenções (como raios X, operações de pontes de safena, hemodiálise, e assim por diante), altas mais precoces e mais conservadoras, em oposição aos tratamentos de primeira linha. Essas disparidades ocorrem mesmo quando se controlam influências de planos de saúde privados, renda, idade e gravidade da doença.

Microagressão é um termo frequentemente usado para descrever um tipo de racismo velado. Microagressões são definidas como insultos ou ofensas corriqueiras e cotidianas, às vezes intencionais, mas outras vezes, não, dirigidas a pessoas ou grupos marginalizados.

Racismo internalizado

Quando uma pessoa foi exposta ao racismo durante a vida toda, não surpreende que às vezes as crenças racistas se incorporem na autoimagem de seu alvo. Mensagens frequentes de menosprezo levam a sentimentos de insegurança, inferioridade ou inconveniência. Uma forma trágica de racismo internalizado ocorre quando pessoas não brancas se convencem de que não podem vencer porque não têm capacidade. Isso leva à sensação de impotência e pode reduzir a ambição. Outro exemplo de racismo internalizado inclui tentativas de parecer "mais branco" com produtos clareadores para a pele ou alisadores capilares. (Veja o quadro "Colorismo" para mais informações.)

Outros exemplos são encontrados em pessoas não brancas que respaldam estereótipos raciais, como acreditar que todos os negros têm habilidades atléticas ou que, de alguma forma, são menos inteligentes que brancos. O racismo internalizado é associado a níveis elevados de angústia psicológica e ansiedade.

COLORISMO

Racismo não é um problema só nos Estados Unidos. Na Índia, no sul da Ásia e na África, muitas mulheres usam cosméticos para clarear a pele. Tons mais claros de pele têm sido associados a um ideal de beleza estimulado pela indústria bilionária de "embranquecimento ou clareamento" da pele. Algumas grandes empresas de cosméticos cederam à pressão social e mudaram os nomes e o marketing desses produtos. Porém, ainda não deram o passo mais significativo de interromper sua fabricação.

Mulheres de pele escura relataram ostracismo e trauma por conta do preconceito social associado à cor de sua pele. A influência terrível e onipresente desse preconceito dá as caras em alguns sites de encontro na internet, que permitiram que futuros encontros fossem filtrados de acordo com o tom de pele. Um desses sites aboliu esse filtro, em consequência do assassinato de George Floyd e protestos subsequentes. Na Índia, Bollywood (o apelido da indústria cinematográfica da Índia) mostrou preferência por astros de pele clara. Essa preferência respalda o preconceito contra a beleza da pele escura.

Como o Racismo Leva à Ansiedade

O estresse crônico leva à ansiedade. Experiências diárias de racismo causam estresse. Essas experiências são contínuas, crônicas e cumulativas. Pessoas não brancas muitas vezes estão sujeitas ao racismo enquanto vivem suas rotinas normais. Alguns dos exemplos mais conhecidos de racismo público acontecem nas situações a seguir:

» **Ser negro e dirigir:** Homens afro-americanos são mais detidos por policiais por infrações pequenas de trânsito — como ultrapassar um sinal vermelho, uma lanterna quebrada ou uma carteira vencida — que norte-americanos brancos. Muitos também são parados por comportamento suspeito (como dirigir um carro bacana em um bairro bonito). Esses relatos são comprovados por estatísticas policiais. Infelizmente, às vezes essas infrações menores têm resultado em violência, prisões e, vez ou outra, morte.

» **Ser negro e dormir:** Depois de estudar, uma aluna de faculdade tirou um cochilo em seu dormitório compartilhado. Ao vê-la dormindo, um colega a acordou e lhe disse que ela não deveria estar lá. Então, ela chamou a polícia do campus. Um incidente em Atlanta, Geórgia, envolveu um homem negro dormindo no próprio carro. Esse incidente sem importância degringolou em um confronto violento em que o homem foi baleado nas costas e morto ao tentar fugir.

» **Ser negro e caminhar:** Na cidade de Nova York, era rotina parar e revistar cidadãos negros e não brancos que estavam cometendo o crime de caminhar na calçada. Embora a polícia oficial tenha sido suspensa, muitas pessoas não brancas relatam ter sido paradas por atividades suspeitas, revistadas e questionadas, às vezes sendo presas depois ou mesmo sofrendo um confronto violento.

» **Ser negro e tomar café:** Dois homens negros entraram em uma cafeteria para passar um tempo antes de uma reunião na empresa. Eles foram solicitados a sair e se recusaram a fazê-lo. Chamaram a polícia, que veio e cercou os homens. Eles foram presos sob acusação de invasão de propriedade. A cafeteria se desculpou e se recusou a cobrar dos homens.

» **Ser negro e observar pássaros:** Um homem negro observando pássaros no Central Park pediu a uma mulher branca que colocasse uma coleira em seu cachorro (que é lei na cidade de Nova York). Ela respondeu ligando para o 911 e dizendo a eles que um homem afro-americano estava ameaçando-a e a seu cão. Decidiu-se que o comportamento dele era apropriado porque ele havia feito uma gravação de todo o incidente pelo celular. No entanto, esse incidente reflete o estresse diário que pessoas não brancas enfrentam.

» **Ser negro e se deparar com a polícia:** Estatísticas do governo mostram que homens e mulheres afro-americanos, homens e mulheres indígenas e homens latinos enfrentam maior risco de serem mortos por policiais que homens ou mulheres brancos e mulheres latinas. Homens afro-americanos correm o maior risco de violência policial. Minneapolis tem cerca de 430 mil habitantes, e 20% das pessoas em Minneapolis são afro-americanas. Porém, 60% da violência física policial para com os cidadãos mira afro-americanos.

Esses são somente alguns de uma série de incidentes conhecidos que ocorrem com frequência na vida de pessoas não brancas. Assédios incontáveis e diários e tratamento tendencioso se acumulam e incitam a sensação de estar sob ataque e necessidade de vigilância constante para o próximo incidente. Essa hipervigilância leva a níveis atrozes de estresse e ansiedade, que pessoas da cultura dominante não conseguem perceber ou compreender.

Entretanto, muitas pessoas não brancas não buscam ajuda para a ansiedade. Em geral, muitas vezes essas pessoas preferem lidar sozinhas com questões emocionais, ou buscando ajuda de familiares, amigos ou líderes espirituais. Isso deve estar relacionado ao estigma de admitir problemas emocionais.

Também se especula que evitar se cuidar pode vir de uma falta de confiança no sistema de saúde e na quantidade escassa de terapeutas de ambiente étnico semelhante. Além disso, a ausência de recursos financeiros ou de plano de saúde limita ainda mais o uso de recursos da saúde mental. Outros obstáculos para buscar tratamento para questões de saúde mental incluem falta de licença remunerada para doenças, problema para encontrar creches, serviços reduzidos de saúde mental em muitas áreas onde moram minorias e falta de transporte adequado.

Não buscar ajuda para a ansiedade também pode levar a um agravamento de problemas físicos subjacentes. Pessoas com ansiedade crônica e não tratada relatam maior pressão arterial, batimentos cardíacos acelerados, dificuldade de concentração, cefaleias tensionais, tensão muscular, incômodos estomacais, fadiga, insônia e problemas de apetite. Além disso, seja por conta do estresse, seja pela genética, seja pela experiência do racismo, seja por outras causas, pessoas não brancas vivenciam mais desigualdade sanitária, que leva a mais doenças crônicas e, em muitos casos, a uma vida mais curta.

DICA

Quando falamos sobre ansiedade, especialmente a de pessoas sujeitas ao racismo, preferimos não usar a expressão "transtorno de ansiedade". Isso porque a ansiedade parece uma reação perfeitamente racional ao estresse constante e à ameaça causados pelo racismo. O mesmo princípio se aplica a muitas doenças mentais, que são produto de indivíduos conforme eles interagem com um mundo desafiador.

RACISMO CONTRA POVOS PRIMITIVOS

Os primeiros exploradores do Novo Mundo trouxeram morte, doenças e fome aos indígenas da região. Exploradores recebiam permissão para conquistar povos indígenas por meio de uma declaração papal que promovia a conquista, a colonização e a conversão em massa de todos os não cristãos no mundo todo. Estima-se que, antes da invasão dos colonos europeus, ao menos de 10 a 12 milhões de indígenas viviam na América do Norte. Na época em que os europeus reivindicaram a posse dos EUA, eles deslocaram e massacraram milhões. *Por volta de 1890, a população indígena fora reduzida a cerca de 300 mil.*

Esses genocídios foram e são pavorosamente comuns pelo mundo, conforme um grupo conquista outro. Terras e recursos naturais são roubados e nunca devolvidos. Alguns grupos nativos conseguiram negociar reparações parciais, mas raramente a compensação é maior que uma soma simbólica.

Considere os povos originais da ilha de Manhattan. Eles entregaram suas terras e se mudaram para a Pensilvânia. Mais tarde, foram para o oeste, em Ohio, e então a oeste até Indiana, estabelecendo-se, por fim, no Kansas. Quando o governo norte-americano decidiu que a terra no Kansas era valiosa demais, eles se mudaram para uma região rural de Oklahoma. Esse é um padrão típico de forçar povos indígenas a se mudar de terras preciosas para outras com pouco valor. Um doce para quem adivinhar se eles foram bem compensados pelo setor imobiliário da cidade de Nova York.

Enfrentando o Racismo

Racismo e discriminação são onipresentes nos Estados Unidos e pelo mundo. Não deveria existir racismo. E é injusto que pessoas que sofrem racismo sejam solicitadas a enfrentá-lo. Acreditamos que, para uma mudança real, o racismo deve ser combatido nas instituições que o perpetuam e entre as pessoas, comunidades e nações que o apoiam. Porém, até que essas mudanças surtam efeito, alvos do racismo precisam encontrar meios para enfrentá-lo.

Embora os alvos do racismo possam ser diferentes, o impacto sobre as vítimas é profundo. Pessoas que vivenciam o racismo se sentem isoladas, intimidadas, ansiosas, nervosas e enraivecidas. Embora o fardo da mudança devesse recair sobre os opressores, os oprimidos geralmente carregam mais responsabilidades em seu próprio enfrentamento individual. Eles também ficam com a maior parte do ônus de mudar amplamente a sociedade e incentivar os outros a se tornarem verdadeiros aliados da mudança. Não obstante, enfrentar o racismo de maneira envolvida e empoderada tende a reduzir a frustração e melhorar a saúde mental em termos gerais.

Encontrando empoderamento

Empoderamento significa viver na expectativa de que todas as pessoas são criadas de forma igualitária e *deveriam* ter certos direitos. Pessoas empoderadas têm orgulho de seu grupo cultural e buscam conhecer a própria experiência racial/étnica. Elas se identificam com a própria raça e com seus papéis dentro da cultura. Consideram-se indivíduos complexos com múltiplas perspectivas. Em outras palavras, as pessoas não são simplesmente membros de um único grupo (racial, étnico, religioso, e assim por diante); também são mães, pais, filhos, filhas e trabalhadores. Logo, têm identidades e opiniões múltiplas.

Pessoas não brancas empoderadas compreendem o impacto do racismo e arregaçam as mangas para desafiar desigualdades. Elas se envolvem ativamente com indivíduos, instituições e a cultura para garantir seu direito à igualdade. Empoderamento é o oposto da sensação de ser vitimizado. O empoderamento pode ser aprimorado por meio do envolvimento, de maior participação política, protestos e participação em grupos ativistas.

CUIDADO

Pessoas não brancas têm muitos motivos positivos para se envolver em protestos massivos. Os riscos exatos de protestar durante pandemias não são precisos. Porém, sabe-se que riscos de doença são maiores para pessoas negras e não brancas. Elas devem conhecer a própria tolerância ao risco ao tomar a decisão de protestar.

O empoderamento pode acontecer em termos individuais, ao se levantar contra uma afirmação ofensiva ou mostrar opiniões divergentes. Uma pessoa empoderada pode escolher deixar uma situação ou um grupo em que ocorra discriminação e em que demandas frequentes por mudança passem batido.

Instruir-se é uma parte importante do empoderamento. Pessoas empoderadas buscam conhecimento sobre grupos ativistas e o processo político. Organizar e procurar pessoas que pensam igual aumenta a sensação de empoderamento para todos os envolvidos.

A persistência é a base do empoderamento. Não importa o quanto um assunto é crucial, alterar sistemas exige esforços extraordinários e constantes para que ocorra a mudança significativa. E inúmeros reveses são a norma. Por exemplo, a luta sul-africana contra o Apartheid levou mais de quarenta anos, e ainda resta muito a ser feito depois que o sistema formal segregacionista caiu, no início dos anos 1990.

Mantendo conexões

Os efeitos do racismo sobre quem o vivencia incluem ansiedade, pessimismo e depressão. Amigos, familiares, mentores ou outras pessoas que compartilham experiências semelhantes podem oferecer apoio social, o que melhora o enfrentamento. Quem enfrenta se cerca de pessoas que os valorizam e sabem seu valor. Quer o apoio envolva discussão em torno da mesa da cozinha, café com os amigos ou um grupo de discussão política feito para discutir racismo, expressar sentimentos e pensamentos com outras pessoas muitas vezes facilita a cura.

Além de conversar sobre racismo, muitas pessoas querem fazer alguma coisa direta para expressar sua frustração e trabalhar por mudanças. Protestos têm sido catalisadores de mudanças ao longo da história. O ato de se fazer alguma coisa com um grupo grande de pessoas proporciona uma sensação de empoderamento e camaradagem. Envolver-se em uma campanha política ou grupo de ação social também proporciona interações significativas com os outros, bem como um senso de propósito.

Quase 80% dos afro-americanos se identificam como cristãos. A igreja apoia a ideia de igualdade e paz entre todas as pessoas. Muitos cristãos negros encontram alívio na mensagem da igreja. Reuniões da igreja ou aconselhamento espiritual oferecem uma fonte crucial de apoio social a quem experiencia a frustração, angústia e tristeza da discriminação. Muitas vezes, igrejas compostas de negros oferecem oportunidades únicas para se expressar emocionalmente e conexões para suas congregações.

Aceitando as emoções

Pesquisas sobre suprimir emoções revelaram, em geral, que o ato de as suprimir leva a maiores agravos à saúde, como pressão alta, imunidade reduzida e risco mais elevado de problemas cardiovasculares. Além disso, evitar emoções tende a ser uma solução temporária. Após a supressão inicial, é provável que a emoção volte com tudo.

Algumas décadas atrás, um tratamento popular contra a raiva mirava a ideia da expressão emocional como importante para a saúde mental. Muita gente gritava com o rosto enfiado no travesseiro, jogava coisas em uma sala atapetada ou gritava o mais alto que conseguia. A terapia primal, ou terapia do grito, como ela era conhecida, parecia não funcionar. De fato, expressar a raiva dessa forma na verdade aumenta a raiva sem foco. Então, por que a contradição? Você expressa suas emoções ou as inibe?

A resposta reside no fato de você conseguir expressar sua raiva de maneira produtiva, com uma meta ou um propósito. Gritar de raiva com a cara enfiada no travesseiro não faz muita coisa para compreender ou mudar a causa original. Porém, marchar em protesto, boicotar ou se expressar pode fazer muito para colocar sua raiva para trabalhar.

LEMBRE-SE

Outras emoções, como ansiedade, depressão e tristeza, também precisam ser reconhecidas, expressas e aceitas. Veja o Capítulo 8 para informações sobre aceitar e tolerar emoções.

Cuidando de si mesmo

Apoio social, empoderamento e aceitação das emoções são três formas de lidar com o racismo. No entanto, às vezes o estresse de ser alvo de discriminação e preconceito torna-se avassalador. É normal sentir tristeza ou raiva em consequência de experiências dolorosas de racismo. Pessoas mais bem resolvidas emocionalmente aceitam seus sentimentos, porque eles são apropriados.

Existem formas saudáveis de enfrentamento. Por outro lado, seria tentador largar mão e evitar a dor consumindo drogas ou álcool — ou se isolando e se afastando. Porém, em longo prazo, essas fugas pouco fazem para lidar com os sentimentos subjacentes. Descobrir atividades que aumentam a força, a resiliência e a serenidade funciona melhor. Para certas pessoas, encontrar força, resiliência e serenidade significa uma prática espiritual; para outras, envolve caridade; outras, ainda, encontram a paz ao praticar jogging. Outros encontram alívio com a prática do perdão quando ele os liberta, e agradecem por aquilo que têm.

DICA

Se, apesar de se esforçar ao máximo, você se encontrar sobrecarregado por emoções (por mais sentido que elas possam fazer), pode ser útil se consultar com um profissional da saúde mental. Isso é válido sobretudo se suas emoções estão interferindo no desempenho diário em casa ou no trabalho. O ideal é considerar buscar um profissional treinado em questões multiculturais. Se disponível, talvez queira um terapeuta do mesmo ambiente que você.

Combatendo o Racismo

Silenciar-se sobre racismo é aceitá-lo. Lidar com o racismo é extremamente desconfortável, mas o silêncio é um apoio indireto a ele. Um sem--número de pessoas da cultura majoritária acredita que pode ignorar com segurança a discriminação, o preconceito e o racismo explícitos e se considerar não racistas porque, pessoalmente, não se envolvem nessas ações. Na cabeça delas, com efeito, elas não "veem cor". Entretanto, não reconhecem que injustiça, discriminação e exploração levam ao apoio social e institucional do status quo. E o status quo é racialmente tóxico para uma enorme porcentagem de nossos concidadãos.

Tornando-se um aliado

Muitas pessoas brancas sentem que, por não apoiarem conscientemente ideias racistas, são aliadas de pessoas não brancas. Para se tornarem aliadas, pessoas brancas devem considerar reconhecer sua condição privilegiada. Isso significa que pessoas brancas têm vantagens inerentes. Essas vantagens, na maior parte das vezes, incluem escolas melhores, bairros mais seguros, abordagem policial justa e ausência de discriminações frequentes.

O primeiro passo para se tornar um aliado é entender que, mesmo que você não participe de maneira direta na criação do racismo histórico, ainda assim é possível tomar uma atitude. Você pode se pronunciar contra a injustiça inerente que tem sido imposta há séculos sobre seus concidadãos.

Além disso, há vantagens para quem defende transformar as relações raciais. Para começar, a inclusão permite uma gama mais ampla de perspectivas, que podem facilitar a resolução de problemas e aumentar a criatividade. Ademais, uma sociedade mais igualitária provavelmente aumentará a estabilidade, aumentará a adaptação individual, reduzirá a inquietação social e aumentará a produtividade. Resultado: mais justiça racial criará, sem dúvida, um mundo melhor para todos nós.

Instruindo-se

Para combater o racismo, é importante se instruir sobre experiências históricas e atuais de pessoas não brancas. Ao ler, assistir a documentários, envolver-se e refletir sobre o racismo, você pode começar a compreendê-lo com mais profundidade. (Veja no Apêndice fontes de consulta sobre o racismo.)

Você pode, inclusive, descobrir que tem crenças que pareçam racistas, embora suas intenções não o sejam. Abra sua mente à possibilidade de que suas próprias ações ou inações podem ter contribuído para a opressão. Não estamos dizendo isso para incitar culpa e vergonha, mas para incentivar a todos nós rumo a uma sociedade mais justa e igualitária. O importante não é onde você começou, mas onde terminará. Todos nós podemos fazer melhor.

Pronunciando-se

Pronunciar-se contra o racismo exige coragem. Equívocos são inevitáveis. Defina o que você quer expressar e pratique fazendo-o mentalmente. Não ataque a pessoa, mas comente o que acha ofensivo. Não se pode esperar um acordo instantâneo, e você pode, inclusive, sofrer um contra-ataque. Perceba que mudar é difícil e leva tempo. Você não receberá recompensas instantâneas com muita frequência.

Defina limites sobre o que está disposto a aceitar. Por exemplo, é perfeitamente aceitável dizer a familiares ou amigos que você não quer piadas ou comentários racistas em sua presença. Você pode lembrar-lhes uma ou duas vezes disso e, por fim, também pode ter que deixar a pessoa ou a situação com quem/em que se encontre.

Quando possível, fale sobre os valores da pessoa. Por exemplo, se alguém categoriza um grupo de indivíduos de forma depreciativa (como preguiçosos), você pode dizer: "Em geral, você tenta ter a mente aberta, então estou confuso sobre por que está rotulando todo um grupo étnico como preguiçoso. Acho ofensivo e preferiria não ouvir isso."

Ao mesmo tempo, muitas vezes é perda de tempo discutir com alguém que faz afirmações explicitamente racistas. Em geral, discussões acabam com ambas as partes na defensiva e de volta à estaca zero. É melhor afirmar sua opinião, ser direto, rotular o comportamento como ofensivo, definir limites apropriados e seguir em frente.

Às vezes, pessoas tentando ser antirracistas podem dizer, involuntariamente, algo racista. Pode ser uma frase da infância ou um lapso por descuido. Se disser alguma coisa ofensiva, assuma e peça desculpas. Evite ficar na defensiva. Aprenda com o erro e tente fazer melhor.

Educando bem os filhos

Converse desde cedo com seus filhos sobre raças. Tente adquirir livros infantis com personagens diversificados. Por conta da segregação ainda existente, muitas crianças pequenas têm pouca ou nenhuma exposição a pessoas de raças ou etnias diferentes. Considere enviar crianças pequenas a creches e escolas que tenham diversidade de pessoas.

Converse com seus filhos sobre questões como justiça, igualdade e inclusão. Ao se deparar com discriminação, seja pela mídia, seja pessoalmente, reserve um tempo para abordar as implicações com seus filhos. Faça perguntas sobre como pessoas vítimas de maus tratos podem se sentir. Mesmo crianças pequenas entendem o conceito de justiça.

Explorando o desconhecido

Não limite sua exposição a povos diversos simplesmente frequentando festivais ou restaurantes étnicos (mas, de qualquer modo, vá, divirta-se e aproveite-os)! Expor-se significa muito mais. Tente frequentar empresas de propriedade de pessoas não brancas. Viaje para lugares em que salte aos olhos que você é minoria. Considere entrar em um clube ou grupo de interesse que tenha diversidade de membros. Faça aulas sobre temas como política de minorias, história urbana, história da escravidão ou literatura afro-americana. Amplie seus horizontes.

LEMBRE-SE

O estresse proveniente do racismo impacta todo mundo. Quer você se depare com discriminação direta ou observe seus efeitos em outras pessoas, o racismo degrada demais a saúde emocional e física da sociedade.

Capítulo **17**

Ficando Fora de Perigo

D e tempos em tempos, acontecimentos inesperados assustam a maioria das pessoas. Já esteve em um voo em que a turbulência causou uma queda repentina do avião e fez seu estômago embrulhar? Ou observou em câmera lenta enquanto outro carro passou pela estrada deslizando em sua direção? E que tal reparar em alguém usando roupas pretas, olhando nervosamente em volta, transpirando e carregando uma sacola grande em uma bilheteria? Você fica meio tenso em uma cidade estranha à noite, sem saber direito aonde ir? Em um metrô lotado, quando alguém começa a tossir e espirrar, você se sente pouco à vontade, tenso e quer saltar imediatamente na próxima estação?

Este capítulo discorre sobre a ansiedade relacionada a perigos de violência, acidentes, crimes, doenças e as consequências emocionais de temer o pior. Primeiro, analisamos seus riscos pessoais — até que ponto você está seguro e como pode melhorar as probabilidades. Em seguida, abordamos métodos para se preparar ou se ajudar caso algo traumático aconteça. Por fim, falamos sobre aceitação, um caminho para a calma e a serenidade perante um mundo incerto.

Avaliando Seus Riscos Verdadeiros e Pessoais

O risco de vivenciar desastres naturais é bem baixo para a maioria das pessoas. Mas, mesmo assim, muita gente se preocupa com eles. Curiosamente, o mesmo pode ser dito sobre riscos de terrorismo. Bilhões de dólares são gastos a cada ano na tentativa de combatê-lo. Também são gastos bilhões de dólares todos os anos na prevenção de crimes. E mais pessoas se preocupam com ficar feridas ou morrer por consequência de crimes, desastres naturais ou terrorismo do que com as causas principais de morte. As verdadeiras causas principais de morte incluem:

» Doenças cardiovasculares (cerca de 32% de todas as causas de morte).

» Câncer (cerca de 20%).

» Doenças e infecções respiratórias (por volta de 12%, com exceção de pandemias).

De fato, doenças são responsáveis por cerca de 85% de todas as mortes. Em contraste, terrorismo, crimes violentos e desastres naturais correspondem a menos de 1% das mortes no mundo todo em um ano típico. Então, por que as pessoas se preocupam muito mais com essas formas violentas de morrer do que com as causas reais e comuns de morte? A resposta está nos recônditos do cérebro humano. O cérebro processa uma quantidade impressionante de informações. A fim de lidar com os dados de forma eficiente, ele tenta dividir essas informações por prioridades. A primeira prioridade do cérebro é evitar o perigo e a dor.

Portanto, qualquer informação relacionada a essas questões é destacada e processada com rapidez e eficiência. Acontecimentos drásticos (como ataques terroristas, crimes violentos ou desastres naturais) chamam mais a atenção que o longo e lento processo das doenças que tipicamente levam à morte. Veja no Capítulo 13 esclarecimentos sobre distorções cognitivas que são grandes impeditivos à habilidade de peneirar informações com precisão.

O ponto principal é que seu próprio risco de morte depende de vários fatores, incluindo:

» **Genética:** Algumas famílias passam adiante genes relacionados a taxas elevadas de câncer, diabetes, doenças cardiovasculares ou outras condições sanitárias menos comuns. Se você carrega esses riscos genéticos, muitas vezes pode fazer ajustes no estilo de vida para mitigá-los.

- » **Estilo de vida:** Inclui sua dieta, exercícios, gerenciamento do estresse, escolha de carreira e qualidade dos relacionamentos.

- » **Influências ambientais e culturais:** Esse componente inclui qualidade do ar e da água, riscos de desastres naturais, clima, oportunidades educacionais, crimes, condições políticas e discriminação ou racismo.

Evitando Riscos Desnecessários

Acidentes acontecem, e pessoas ficam doentes. E, mais cedo ou mais tarde, até onde sabemos, todo mundo morre. Quaisquer que sejam suas crenças pessoais sobre o que acontece após a morte, a maioria das pessoas não tem pressa para morrer. Há quem acredite que as pessoas têm uma certa quantidade de tempo neste planeta, e o que elas fazem com o cotidiano não importa muito.

Mas a maneira como você leva a vida influi imensamente em sua saúde e em seu conforto, não importa o que acontece no final, enquanto a preocupação nunca manteve ninguém saudável. Portanto, recomendamos que você analise com cuidado seu estilo de vida, dê os passos de que precisa para minimizar os riscos e, então, faça o melhor que puder a cada dia.

LEMBRE-SE

Até agora, ninguém foi capaz de prever o futuro. Viva cada dia por inteiro e o melhor de suas habilidades. Preocupação e arrependimento não levam a uma saúde melhor.

Atitudes para manter baixos os riscos à saúde

Decida quais passos você pode dar para melhorar suas chances de ter uma vida longa e saudável. Não tente lidar com todos de uma vez. Os exemplos a seguir podem orientá-lo:

- » Se você é sedentário, não faça planos de correr a próxima maratona; comece caminhando quinze minutos por dia, vários dias da semana.

- » Se tem histórico familiar de colesterol, marque uma consulta com um(a) nutricionista para conversar sobre formas de melhorar a dieta.

- » Compre filtro solar e use-o todos os dias. O uso diário de filtro solar tem o benefício extra de manter jovem a aparência da pele.

- » Passe fio dental; isso contribuiu mais para a saúde do que você pensa!

- » Continue tentando parar de fumar. Pode exigir um esforço tremendo, mas milhões de pessoas, por fim, param; você também consegue.

- » Acrescente uma porção a mais de frutas e vegetais à dieta.

- » Não deixe os exames médicos para depois — sobretudo mamografias e colonoscopias.

- » Siga orientações de saúde pública, especialmente durante uma crise sanitária mundial.

- » Se ficar doente, seja esperançoso e otimista.

- » Permaneça conectado com amigos e familiares.

- » Aceite o fato de que vida e morte fazem parte deste mundo.

Atitudes para manter baixos os riscos do cotidiano

Independentemente dos riscos que você corre de experimentar violência, aconselhamos tomar precauções plausíveis para se manter seguro. Em geral, um pouco de preparação não custa muito tempo ou dinheiro. A dica é tomar atitudes ativas sobre o que parecer prudente e, então, tentar deixar de lado as preocupações, porque você fez o mais sensato. Se em vez disso você der ouvidos à parte mais ansiosa e obsessiva de sua mente, nunca parará de gastar tempo se preparando — e perturbando sua vida no processo, sem necessidade.

Sugerimos o seguinte, 100% cientes de que alguns itens talvez pareçam meio óbvios. No entanto, pelo fato de as pessoas muitas vezes não seguirem estas sugestões, aí vão elas:

- » Use cinto de segurança; é preciso dizer mais?

- » Se tiver uma carteira, carregue-a no bolso da frente. Segure firme bolsas e sacolas.

- » Se for viajar, pesquise os riscos conhecidos na região. O Departamento de Estado dos EUA tem uma lista de regiões consideradas não seguras para viajar, por causa do terrorismo ou outros riscos conhecidos, em `http://travel.state.gov` [conteúdo em inglês].

- » Dirija com cuidado e siga todas as regras de trânsito. Não dirija se estiver cansado ou impossibilitado de qualquer outra maneira.

- » Faça cópias de seu passaporte; deixe uma com alguém antes de viajar e coloque outra na mala, separada da bolsa que você carregar.

- » Ao viajar, não use joias caras.

- » Não dirija sob condições climáticas muito ruins.

- » Considere carregar um apito barulhento na bolsa ou no bolso.

- **»** Preste atenção aos conselhos frequentemente dados para reportar qualquer bagagem abandonada em aeroportos, estações de trem ou saguões de hotéis.

- **»** Tenha cautela com redes Wi-Fi abertas; não insira informações confidenciais, financeiras ou pessoais. Tome cuidado com postagens de atividades de férias nas mídias sociais até voltar para casa.

- **»** Se estiver em um quarto de hotel, não atenda a porta se não souber quem é. Se não tiver certeza, ligue para a recepção.

- **»** Se realmente precisar andar em uma área não segura, caminhe depressa e preste atenção.

- **»** Esteja com a chave à mão ao chegar perto de seu carro e dê uma olhada antes de entrar.

- **»** Tente não andar em lugares escuros e isolados.

LEMBRE-SE

Não restrinja sua capacidade de aproveitar a vida. Perceba que alguns riscos são inevitáveis. Considere viajar para outros lugares além de seu quintal! Conheça pessoas de outras culturas e países. Veja paisagens interessantes. Trocando em miúdos, não se isole do mundo.

Lidando com Traumas Relacionados à Ansiedade

Esperamos que você nunca seja vítima ou testemunha de violência grave, mas sabemos que essa é uma possibilidade real. A violência ocorre nas guerras, na rua e até no ambiente de trabalho. Portanto, se recentemente você foi vítima, talvez esteja vivenciando sinais sérios de ansiedade ou angústia. Essa reação é bastante normal. E a primeira coisa que vamos lhe dizer é que, *a não ser que os sintomas sejam graves* e estejam interferindo demais em sua vida, não busque imediatamente tratamento para saúde mental! Isso porque, em muitos casos, o próprio processo de cura natural de sua mente será o bastante.

CUIDADO

Além disso, é bem fácil interferir na recuperação natural. Por exemplo, uma única *sessão de debriefing psicológico* muitas vezes ocorre após a exposição a um acontecimento traumático. Em tais sessões, as pessoas recebem informações básicas sobre traumas e seus efeitos potenciais e são incentivadas a falar sobre como estão lidando com eles. Mas, na verdade, essas sessões podem aumentar o risco de que os sintomas emocionais ocorram ou continuem. Se alguém lhe sugerir uma intervenção de uma sessão única, sugerimos pular essa parte, a não ser que seja obrigatória. É perfeitamente aceitável não querer conversar sobre o trauma logo de cara.

Portanto, aqui estão nossas recomendações sobre o que você pode fazer se, infelizmente, testemunhar ou vivenciar um acontecimento muito traumático:

» Perceba que é normal sentir medo e angústia.

» Fale com pessoas com quem você se sente à vontade para conversar sobre o trauma, mas não se sinta pressionado a falar com ninguém.

» Pergunte-se o que você já fez para superar tempos difíceis e veja se isso o ajuda a superar este. Por exemplo, algumas pessoas se valem de aconselhamento espiritual, orações, contato com amigos ou mais exercícios.

» Se você estiver com sintomas graves, como flashbacks, insônia séria, irritabilidade significativa ou ansiedade depois de alguns meses (ou menos, se os sintomas forem extremamente perturbadores), considere visitar um profissional de saúde mental. Certifique-se de perguntar se seu terapeuta usa tratamento *com base em evidências*. Esses tratamentos se referem a terapias que contêm respaldo de pesquisas empíricas, científicas.

CUIDADO

As seções a seguir abordam estratégias para lidar com a ansiedade resultante da exposição a algum tipo de trauma. Às vezes, essa ansiedade evolui para uma condição mais séria chamada transtorno do estresse pós-traumático (TEPT). O TEPT exige intervenção profissional. Logo, se sua ansiedade é excepcionalmente intensa e/ou interfere demais no andamento de sua vida, busque diagnóstico e tratamento profissional.

Pensando no que aconteceu

Quando as pessoas são expostas a traumas, algumas vezes a experiência perdura. No entanto, com tempo e esforço, a ansiedade pode diminuir, e a satisfação com a vida fica bem melhor.

Olhe bem para trás e pense no significado que o acontecimento traumático tem para sua vida. Em outras palavras, descreva como você pensa que sua vida mudou para pior ou para melhor:

» Você se sente responsável pelo trauma?

» Sente-se inseguro aonde quer que vá?

» Conseguiu adquirir novo valor e/ou propósito em sua vida?

» A maneira como você se sente como pessoa mudou?

» Você está triste, com raiva ou envergonhado?

Explore seus sentimentos e a maneira como seus pensamentos podem estar contribuindo para piorar ainda mais as coisas para você. Entre outras coisas, pergunte-se:

» Como esse acontecimento afeta a maneira como você enxerga o mundo e a si mesmo?

» O que diria a um amigo ou amiga sobre o significado desse acontecimento para ele ou ela como pessoa? Consegue aceitar dizer o mesmo para você?

» Conhece alguém que passou por algo parecido? Se sim, como essa pessoa procedeu?

» Você acredita que está mais desprotegido que as outras pessoas? Se sim, quais são as evidências de que está?

» Você *quis* que esse acontecimento traumático acontecesse? Se não, consegue parar de se culpar?

» Existe algo vergonhoso em ter sido vítima de trauma ou violência?

» Consegue pensar em alguma nova possibilidade criativa que poderia resultar desse desafio? Por exemplo, você poderia se voluntariar para ajudar outras pessoas em situações parecidas?

Expondo-se ao incidente

A terapia de exposição, conforme descrevemos no Capítulo 9, foi respaldada por mais pesquisas do que qualquer outro método para tratar ansiedade. Resumidamente, a *terapia de exposição* envolve contato prolongado com o acontecimento temido ou traumático, às vezes por meio de imagens.

O principal problema desse método reside no fato de que muitas vítimas de trauma não querem revisitá-lo. Logo, a própria ideia de se expor desperta sensações de extrema angústia. Para algumas pessoas, expor-se parece acrescentar mais sofrimento à vida já traumatizada. Por esse motivo, entre outros, muitas vítimas de traumas não conseguem se tratar.

DICA

Se achar que a possibilidade da terapia de exposição parece totalmente avassaladora para você, considere buscar ajuda profissional.

Aceitando um Certo Nível de Incerteza

O sofrimento emocional decorrente de traumas, seja por acidentes, seja por crises de saúde, seja por violência, apresenta um desafio, mas isso é bastante normal. É importante perceber que as pessoas não podem controlar as emoções que surgem dessas causas. Quanto mais você aceitar o fato, com mais facilidade conseguirá enfrentar a vida e o que quer que ela lhe apresente. As próximas duas seções analisam a aceitação da incerteza e dos riscos.

Escolhendo se colocar em situações de risco elevado

Certas pessoas, como policiais, paramédicos, soldados e bombeiros, escolhem se expor ao melhor e ao pior da vida. Suas motivações são positivas. Talvez tenham um forte desejo de ajudar os outros, um senso profundo de patriotismo ou queiram fazer uma diferença positiva no mundo. Com frequência essas pessoas ficam ansiosas ou mesmo traumatizadas pelos acontecimentos e desastres horríveis com que precisam lidar.

Os que entendem e aceitam por inteiro os riscos do trabalho e o fato de que podem vivenciar angústia emocional pela exposição a traumas talvez sejam um pouco menos vulneráveis a acontecimentos traumáticos do que quem se vê como invencível. Paradoxalmente, quanto mais você aceita as reações que tem, mais facilmente lida com elas.

No entanto, quem se vê como indestrutível, na verdade, pode escolher entrar em campo com um senso inflado de invulnerabilidade. Essas pessoas são mais propensas a ter dores emocionais de suas experiências e a recusar ou evitar ajuda. Elas acreditam que parte de seu trabalho é lidar com o que quer que lhes aconteça. Infelizmente, elas não são imunes ao horror e ao trauma, e mesmo assim acham que deveriam ser.

LEMBRE-SE

Se você ou algum ente querido trabalha na linha de frente como médico, policial ou militar, está correndo riscos, assim como todo mundo, de ter transtornos de estresse por se expor a eventos terríveis. Isso não o torna fraco ou menos competente. Você deve encarar com coragem suas dores emocionais e buscar ajuda. Negar essas dores enfraquece sua habilidade de continuar ajudando outras pessoas.

Vivenciando o perigo em lugares cotidianos

Muitas pessoas levam a vida tentando ficar longe do perigo. Mas a vida também acontece para elas. As pessoas estão expostas a violência em locais que no passado eram considerados seguros: escolas, igrejas, sinagogas, mesquitas, parques e no trabalho. Além disso, ameaças inesperadas à saúde, acidentes e desastres naturais fazem parte da vida. *A incerteza neste mundo é certa.*

A única alternativa para aceitar o risco e a incerteza é dedicar sua vida toda a antecipá-los e evitá-los. O problema aqui é que, ainda assim, seus esforços serão em vão. Mesmo que você passe o tempo todo evitando riscos, isso não funcionará. Até agora, sabemos que ninguém conseguiu evitar o risco derradeiro da morte.

A história a seguir ilustra sintomas típicos de estresse e ansiedade em consequência de um acidente de carro.

> **Lew** sempre presumiu, como a maioria das pessoas, que é seguro prosseguir em um cruzamento quando o sinal fica verde. Durante vinte anos, ele dirigiu com essa suposição sem contratempos. Um dia, a caminho do trabalho, Lew passa por um cruzamento que atravessou com segurança centenas de vezes antes. De repente, uma SUV atravessa o sinal vermelho e colide contra o sedã de Lew, que sofre ferimentos graves. Após várias semanas no hospital, ele passa meses fazendo fisioterapia.
>
> Quando Lew volta a dirigir, ele se pega esgueirando-se por cruzamentos com sensações intensas de ansiedade. A cada dia, mal consegue ir e voltar do trabalho dirigindo e evita fazê-lo sempre que possível. Sente dores tensionais no corpo. Está irritadiço e mal-humorado.
>
> O médico de Lew afirma que ele está com pressão alta e precisa reduzir o estresse. Lew fica preocupado com sua preocupação, mas não sabe o que pode fazer a respeito. Ele acha que precisa tirar licença do trabalho. Seu supervisor está perdendo a paciência com ele. Desesperado, Lew marca outra consulta com o médico. Desta vez, o médico reserva um tempo para perguntar a Lew sobre o que ele está sentindo. Para avaliação e tratamento, ele menciona a Lew um psicoterapeuta especialista em trabalhar com pessoas com ansiedade e trauma.
>
> O terapeuta recomenda terapia de exposição (veja a seção anterior "Expondo-se ao incidente"), envolvendo uma série de passos que começam com uma conversa sobre o acidente e, aos poucos, aumenta em dificuldade até dirigir por cruzamentos cheios.
>
> Em seguida, o terapeuta trabalha o desenvolvimento da aceitação em Lew. Ele faz Lew ver que sentimentos são apenas sentimentos, não algo a ser evitado. Ele ensina como permanecer em contato com as emoções sem julgá-las. Aos poucos, Lew aprende a aceitar suas emoções como são. Quanto mais aceita sua ansiedade, menos ela o incomoda. Agora ele consegue dirigir razoavelmente à vontade em quase todos os cruzamentos.

FINS INCOMUNS E IMPREVISÍVEIS

Considere perguntar a si mesmo como evitar esses acontecimentos trágicos, mas impossíveis de prever. Tenha em mente que não estamos tentando brincar ou fazer pouco de eventos trágicos, violentos e terríveis. A questão é que nunca se sabe como prever e evitar o imprevisível, simples assim. Como dissemos, viver é arriscado.

- Um casal de férias foi deixado na Grande Barreira de Corais na costa da Austrália quando um membro da tripulação do barco se esqueceu deles ao contar as pessoas quando voltou para a embarcação — seus corpos nunca foram resgatados.

- Em Houston, um cirurgião foi decapitado pela porta de um elevador que se fechou em sua cabeça.

- Uma mulher de 28 morreu por beber água demais em um concurso de uma estação de rádio.

- Um funcionário caiu em um caldeirão grande de chocolate quente derretido e morreu depois que uma das pás de mistura o derrubou, inconsciente.

- Na China, um chef morreu depois que uma cabeça de cobra o mordeu. Ele havia acabado de decapitar a cobra para fazer sopa.

- Um advogado se jogou contra uma janela de vidro para provar que o material era inquebrável; infelizmente, ele descobriu que as vidraças haviam se quebrado sozinhas e caiu do 24º andar do prédio.

- Todos os jogadores de um time de futebol na África foram mortos instantaneamente por um raio bifurcado.

- Um rapaz de 24 anos estava tentando aquecer sua luminária de lava no forno da cozinha; ela explodiu com tanta força que um caco de vidro perfurou seu coração e o matou.

- Nove pessoas morreram quando mais de 1 milhão de litros de cerveja romperam um tanque imenso, causando uma reação em cadeia que arrebentou os tanques ao redor e inundou as ruas. A inundação de cerveja encheu as ruas e pubs ao redor, afogando os que estavam no caminho. A BBC se referiu a esse evento como o tsunami de cerveja; ele é mais comumente conhecido como o Dilúvio de Cerveja de Londres de 1814.

E, se você acha que o Dilúvio de Cerveja de Londres parece ruim, há a Inundação de Melaço de Boston. Em 1919, 2,3 milhões de litros de melaço arrebentaram um tanque de armazenagem, e a consequência foi uma parede de melaço de cerca de 4m a 6m de altura, destruindo casas e prédios e prendendo pessoas na gosma doce. Vinte pessoas morreram e cerca de 150 ficaram feridas. Meses depois, ainda havia grumos de melaço em portas, calçadas e ruas.

5

Ajudando Outros Ansiosos

NESTA PARTE...

Reconheça a ansiedade em amigos e familiares.

Ajude sem controlar.

Reconheça a ansiedade normal *versus* a problemática.

Reduza o risco de picos de ansiedade.

Saiba quando buscar ajuda para as crianças.

NESTE CAPÍTULO

» Descobrindo se o parceiro ou um amigo tem ansiedade

» Falando sobre ansiedade

» Orientando seu conhecido ansioso

» Trabalhando em conjunto para combater a ansiedade

» Aceitando o amigo ou o familiar ansioso

Capítulo **18**

Quando um Familiar ou um Amigo Sofre de Ansiedade

Talvez seu amigo, parceiro ou parente se irrite com facilidade, evite sair com você ou pareça frequentemente distante e preocupado. É possível que ele se preocupe em excesso com doenças, dinheiro ou segurança. Talvez evite intimidade física. Ou, ainda, saia cedo de festas, shows ou eventos esportivos sem nenhum motivo aparente.

Você poderia facilmente levar esse comportamento para o lado pessoal. Talvez pense que ele não o ame, não se importe ou esteja zangado com você. E, se esses comportamentos indicam uma mudança recente, é difícil saber com precisão o que está acontecendo. Mas a verdade é que seu amigo ou parceiro pode estar sofrendo de ansiedade.

Este capítulo o ajuda a descobrir se alguém com quem você se importa sofre de ansiedade. Também o auxiliamos a se comunicar de forma eficaz com um ente querido que tenha o transtorno. Com a comunicação certa, em vez de provocar sentimentos de raiva e mágoa, você pode conseguir um novo papel — o de guia prestativo. Vocês também podem se unir para enfrentar a ansiedade descobrindo maneiras de simplificar a vida, divertindo-se e relaxando juntos. Por fim, explicamos como a simples aceitação da ansiedade e das limitações do(a) parceiro(a) leva a um relacionamento melhor e, surpreendentemente, menos ansiedade.

Para fins de conveniência e clareza, neste capítulo usamos na maior parte das vezes a expressão "ente querido" referente a qualquer parceiro, amigo ou parente com quem você esteja preocupado.

Quando um Ente Querido Sofre de Ansiedade

Às vezes, pessoas que moram juntas não se conhecem tão bem quanto pensam. Muita gente tenta parecer e agir da maneira mais bem ajustada que consegue, porque revelar fraquezas, limitações e vulnerabilidades não é fácil. Por que as pessoas escondem sentimentos ansiosos? Dois grandes motivos para ocultá-los são:

» **Medo:** Revelar sentimentos negativos é embaraçoso, sobretudo para quem tem transtorno de ansiedade. Com frequência, as pessoas temem a rejeição ou o ridículo, embora o fato de se abrir geralmente as aproxime mais.

» **Criação:** As crianças podem ter sido ensinadas pelos pais a reprimir ou negar sentimentos. Talvez tenham dito a elas "Não seja um bebê", ou "Meninos não choram". Quando ensinadas a esconder sentimentos, as pessoas crescem guardando as preocupações para si.

Portanto, como saber de fato se um ente querido tem problema de ansiedade? E você saber ou não é importante? Acreditamos que sim. Saber se o parceiro está vivenciando ansiedade promove uma comunicação melhor e facilita a proximidade.

A lista de sinais a seguir pode ajudar você a discernir se seu parceiro sofre de ansiedade. Pergunte a si mesmo se ele(a):

- » Parece agitado e exaltado.
- » Evita situações por motivos aparentemente bobos.
- » Rumina sobre catástrofes futuras.
- » Reluta em sair de casa.
- » Tem problemas para pegar no sono ou dormir.
- » Tem problema de concentração.
- » É atormentado por inseguranças.
- » Tem episódios perceptíveis de tremores e estresse.
- » Está sempre em alerta para perigos.
- » Parece anormalmente sensível a críticas.
- » Preocupa-se em excesso com doenças.
- » Parece particularmente preocupado com a saúde.
- » Tem crises frequentes e inexplicáveis de náusea, tontura, ou dores e desconfortos.
- » Está constantemente preocupado com tudo.
- » Parece ter pavor de alguma coisa específica, como insetos, cães, dirigir, tempestades, e assim por diante.
- » Reage com irritação quando forçado a ir a eventos sociais, como festas, casamentos, reuniões, atividades no bairro ou qualquer lugar onde possa encontrar estranhos (a resistência poderia estar relacionada ao mero fato de a pessoa não gostar da atividade, mas considere com cuidado se a ansiedade pode estar na raiz do problema).

CUIDADO

Alguns dos sintomas da lista anterior (sobretudo irritabilidade, baixa concentração, sono ruim e inseguranças) também podem indicar depressão. A depressão é uma condição séria que, em geral, inclui perda de interesse em atividades anteriormente consideradas prazerosas, mudanças no apetite e humor depressivo. Se seu ente querido parece deprimido, converse com ele e sugira que consulte um profissional de saúde mental ou o médico da família.

Agora, se você respondeu sim para qualquer uma das questões da lista anterior, não recomendamos que você se aproxime de seu ente querido e diga: "Olhe esta lista — você é doido de pedra! Eu sabia." Seria uma péssima ideia.

Em vez disso, considere fazer a seu ente querido algumas perguntas — o que, definitivamente, não deve ocorrer logo depois de uma briga ou discussão. Possíveis perguntas a fazer incluem:

» Qual é o maior estresse em sua vida ultimamente?

» O que o deixa mais preocupado?

» Às vezes, quando vou a eventos como este, eu me sinto ansioso. Como você se sente por ir?

» Como você estava se sentindo quando saímos da festa?

» Como está se sentindo em relação a esse problema?

» Notei que ultimamente você tem tido problemas para dormir. O que se passa na sua cabeça?

Tente deixar suas perguntas o menos ameaçadoras e mais seguras possível de responder. Além disso, tente perguntar coisas que não exijam simplesmente sim ou não como resposta. Por exemplo, se você pergunta ao parceiro se ele está ansioso, ele pode responder com um simples "Não", e a conversa está encerrada. Porém, se pergunta com o que ele está preocupado, pode conseguir uma resposta mais completa. Por fim, perguntar "o que" ou "como" funciona melhor que perguntar "por que" alguém se sente ansioso — muitas vezes, as pessoas não conseguem responder "por que" se sentem como se sentem.

Nossa lista de perguntas sobre a ansiedade de seu ente querido e a lista de perguntas para fazer a quem você ama abrem as portas para conversar sobre ansiedade. Após abordar o assunto e confirmar que seu ente querido está lutando contra a ansiedade, você pode elaborar um plano a partir daí. Mas precisa saber como manter a conversa fluindo.

Não é bom bancar o terapeuta de seu ente querido. Mesmo que seja um terapeuta com prática, encarar isso é uma ideia terrível. Seu papel deve ser o de apoiá-lo. Se a ansiedade ou outras questões emocionais estiverem interferindo na felicidade ou nas atividades cotidianas de quem você ama, sugira gentilmente ajuda profissional.

Conversando Juntos sobre Ansiedade

Nem sempre é fácil falar sobre a vulnerabilidade de um ente querido. Ter algumas ideias em mente é útil. Por exemplo, se descobrir que a conversa está virando discussão, ela não está ajudando. Recue. Talvez seu ente querido não esteja pronto para encarar o problema. Se for isso, talvez você queira verificar a seção "Aceitando a Ansiedade com Amor", mais adiante neste capítulo.

CUIDADO

Nem todo casal se comunica com facilidade sobre assuntos difíceis sem discutir. Se esse é o caso de vocês dois, sugerimos terapia de casal — ler algumas páginas sobre conversar juntos não resolverá problemas basilares de comunicação. Mas, se vocês conseguem conversar sobre ansiedade sem vivenciar um colapso na comunicação, temos algumas orientações gerais nas seções a seguir.

CUIDADO

Se a pessoa que você ama tem problemas de ansiedade, talvez você se sinta estranhamente ambivalente em relação a ajudá-la. Às vezes, esses sentimentos confusos provêm do fato de que ver a melhora de um dos parceiros pode perturbar o equilíbrio de poder no relacionamento. Se você prefere ser o chefe da relação, talvez se sinta pouco à vontade ao ver seu parceiro melhorar e ficar igual a você. Se percebe essa batalha em si mesmo, sugerimos buscar terapia de casal. É provável que você descubra que uma relação igualitária é melhor do que sua mente inconsciente pensa que é.

Ajudando sem tomar o fardo para si

A prioridade em uma discussão sobre a ansiedade de seu parceiro é demonstrar preocupação empática. Isso significa se colocar no lugar dele e ver o mundo de acordo com sua ótica. Em seguida, você pode tentar compreender a fonte da preocupação.

Porém, expressar empatia e preocupação não significa que você tem de resolver o problema. Não tem. Você pode ajudar, como mostramos na seção "Indicando o Caminho", mais adiante neste capítulo, mas não controlar as emoções das outras pessoas — elas é que devem fazer isso.

LEMBRE-SE

É importante saber que as pessoas que ajudam não são responsáveis por fazer a mudança acontecer, senão você tende a ficar frustrado e com raiva se, e quando, os esforços para mudar empacam. Frustração e raiva só dificultam a superação da ansiedade.

Evitando a culpa

Assim como não é bom você assumir a culpa pelo problema quando seu parceiro fica ansioso, também é importante evitar culpá-lo. Seu ente querido desenvolveu ansiedade por todos os motivos que listamos nos Capítulos 3 e 4. Ninguém pede para ter transtornos de ansiedade. Ninguém quer um, e mudar é difícil.

DICA

Às vezes, as pessoas ficam chateadas quando tentam ajudar, e a reação consiste de resistência e falta de gratidão. Mas talvez seu ente querido esteja resistindo à ajuda porque a ansiedade é como um velho hábito. A sensação pode não ser boa, mas pelo menos é familiar. Quando você se esforça para reduzir a ansiedade, em geral ela aumenta antes de melhorar.

Portanto, faça o máximo para evitar a culpa e tenha paciência. O sucesso e o fracasso não dependem de você. Você quer ajudar, mas, se a mudança não acontecer, isso não tem nada a ver com você.

Dando garantias: Quando a ajuda atrapalha

Pessoas com ansiedade buscam desesperadamente formas de aliviar sua angústia. Um modo comum é pedir garantias. Se seu parceiro tem ansiedade, é claro que você quer ajudá-lo dando essa garantia. Por exemplo, pessoas que têm muito medo de ficar doentes muitas vezes perguntam aos cônjuges se elas parecem bem ou se estão com a temperatura elevada. Infelizmente, dar garantias ao parceiro faz a ansiedade crescer conforme o tempo passa.

DICA

De que maneira uma coisa feita para aliviar a ansiedade pode gerar mais ansiedade? Quando se garante a uma pessoa ansiosa que tudo está bem, a sensação de redução da ansiedade é muito boa por um tempo. Essa redução imediata da ansiedade reforça ou recompensa o ato de buscar ajuda. Assim, dar garantias ensina quem a recebe a querer mais garantias. Em vez de se ater ao próprio bom senso, a pessoa ansiosa busca ajuda de outros. Dessa forma, tanto a dependência como a ansiedade aumentam.

O pedido por garantias pode vir em vários formatos. Às vezes é difícil identificar. Na Tabela 18-1, damos a você alguns exemplos de pedidos de garantia e alternativas para lidar com eles. A primeira coluna disponibiliza uma breve descrição da base do medo ou da ansiedade, bem como do pedido de garantia, e a segunda lhe oferece uma resposta alternativa para proporcionar garantia.

TABELA 18-1 # Respondendo a Pedidos de Garantia

Como Seu Ente Querido Pode Buscar Garantias	Novas Formas de Responder
Alguém que se preocupa demais e morre de medo de se atrasar pergunta: "Acha que chegaremos a tempo?", "Quando estaremos lá?" ou "Acha que deixamos tempo suficiente para o trânsito?"	"Nunca se sabe" ou "Não tenho bola de cristal".
Um ente querido que se preocupa demais com o futuro financeiro pergunta: "Como viveremos bem se o mercado de ações quebrar daqui a cinco ou dez anos?"	"Já conversamos sobre o fato de eu não saber responder a perguntas como essa."
Um ente querido que tem medo de lugares cheios pergunta: "Acha que conseguirei ir ao jogo com você?"	"Não sei; acho que teremos de tentar e descobrir."
Alguém com medo de voar de avião pergunta: "Acha que o clima estará bom para esse voo?"	"Minha nossa, é bem difícil prever o clima."
Uma pessoa com ansiedade social pergunta: "Você me garante que saberei o nome de todo mundo lá?"	"Bem, posso não saber todos os nomes e nem sempre me lembrar deles. Sempre é possível dizer às pessoas que você se esqueceu do nome delas."
Um ente querido que se preocupa com doenças pergunta: "Acha que posso estar ficando doente?"	"Realmente, não sei. Conversamos sobre deixar essa preocupação nas suas mãos."

CUIDADO

Se você tem o hábito de dar doses frequentes e grandes de garantia a seu parceiro, não pare de repente sem conversar primeiro sobre o assunto. Do contrário, é provável que seu parceiro pense que você parou de se preocupar. Você precisa avisá-lo e chegar a um acordo de que eliminar garantias desnecessárias é uma boa ideia. Então, combine que você dará uma única garantia sobre determinado assunto, mas, se ele(a) lhe fizer perguntas repetidas, você simplesmente sorrirá e dirá: "Nosso acordo foi o de que não tenho respostas para isso."

DICA

Se seu ente querido faz terapia, certifique-se de que tudo o que você faz para ajudar esteja combinado e alinhado com o terapeuta. A maioria dos profissionais fica feliz ao ver os parceiros em parte ou em toda a sessão para alinhar os planos.

A história a seguir demonstra como a garantia pode agravar a ansiedade e como respostas alternativas podem ajudar. No início, James induz Roberto a se sentir excessivamente responsável por sua insegurança e ansiedade. Roberto oferece cada vez mais garantias, e James continua piorando. Um psicólogo sugere outra resposta.

James e Roberto moram juntos há três anos. Como alunos de graduação, a vida deles é atribulada. Ultimamente, porém, James parou de frequentar eventos sociais, queixando-se de cansaço. Roberto começa a ir sozinho e sente falta da companhia de James.

Roberto recebe a informação de que, este ano, ele é o ganhador do Departmental Dissertation of the Year Award. Evidentemente, ele quer que James vá junto ao evento, mas James tem medo de se sentar sozinho e se sentir aprisionado. Roberto garante a ele que o auditório é seguro e que ele pode sair se precisar se sentar na coxia. James ainda resiste, então Roberto sugere que eles peçam a Brenda, uma boa amiga em comum, que o acompanhe.

Finalmente, após bajulação e garantia consideráveis, James concorda em ir ao evento. Na plateia, fica o tempo todo grudado em Brenda. Por um momento, ele se sente confortável com a presença da amiga e com as garantias de que tudo ficará bem, mas acredita que não teria conseguido assistir à cerimônia de premiação até o fim se ela não estivesse lá para segurar sua mão.

À medida que novos passeios surgem, a impressão é a de que James necessita de mais garantias e atenção. Ele se afasta, isolando-se mais, e sua ansiedade aumenta.

Então ele finalmente se consulta com um psicólogo, que sugere convocar os amigos de James para ajudar. O profissional pede a eles que deem a James respostas novas e alternativas à sua busca por garantias. No evento seguinte, Roberto insiste que James vá sozinho. Quando James pergunta a Roberto "Acha que vou ter uma crise?", Roberto lhe diz: "Você terá que tentar e descobrir."

No início, Roberto caiu na armadilha de não estar sendo empático e tomar para si o problema de James. Sua "ajuda" só serviu para aumentar a dependência de James. Mais cedo ou mais tarde, James aprende a se ater aos próprios recursos e se sente empoderado ao fazer isso.

Infelizmente, quando você toma para si o problema do parceiro, dando-lhe muitas garantias e ajuda excessiva, em geral isso piora as coisas. A dependência, a evitação e a angústia se aprofundam. É uma questão de equilíbrio. Dê a ajuda realmente necessária e demonstre que se preocupa de verdade, mas evite ir longe demais.

Indicando o Caminho

Presumindo que você teve uma conversa saudável com seu parceiro sobre o problema de ansiedade, você pode conseguir ajudar mais. No entanto, primeiro olhe para si. Se também sofre de ansiedade, faça tudo o que puder por si antes de tentar ajudar a ansiedade do parceiro.

Após cuidar da própria ansiedade, talvez você queira considerar orientar seu parceiro a superar a dele. Um orientador é um guia que incentiva, corrige a apoia. Parte do trabalho de um orientador é definir como lidar com estresse e preocupações. Você não pode fazer um bom trabalho de definição se estiver tremendo nas bases.

Orientadores podem ajudar a realizar uma das formas mais eficazes de superar a ansiedade: a exposição gradual. A *exposição* envolve dividir um determinado medo em pequenas etapas e enfrentar esse medo em uma etapa de cada vez. Se alguma etapa causar muita ansiedade, o orientador pode ajudar a elaborar maneiras de separar a tarefa em partes menores. As seções a seguir oferecem itens para ter em mente quando se está ajudando um ente querido a lidar com a ansiedade.

CUIDADO

Em todos os casos de ansiedade, com exceção dos mais leves, um profissional deve supervisionar esse processo de orientação. Certifique-se de ler o Capítulo 9 para detalhes importantes sobre exposição antes de tentar ajudar o parceiro a levar a cabo um plano de exposição. Se seu parceiro resistir ou brigar com você, consulte um profissional. É evidente que você quer ajudar, mas não vale a pena prejudicar sua relação fazendo isso.

CUIDADO

Orientadores profissionais surgiram aos montes na última década. Essas pessoas variam muito em termos de treinamento e experiência. Talvez você queira usar os serviços de alguém assim para executar um plano de exposição, mas não quer que uma dessas pessoas diagnostique um transtorno de ansiedade ou elabore um plano de tratamento do início ao fim. A única exceção a essa regra de ouro é um orientador que também seja profissional de saúde mental.

Orientando da maneira correta

Então, como exatamente um orientador ajuda um ente querido que tenha problemas de ansiedade? Na maioria dos casos, orientadores ajudam pessoas queridas a executar as tarefas de exposição. Em outros, simplesmente dão incentivo e apoio moral. O foco de nossa discussão é o primeiro caso.

Em termos gerais, seu papel como orientador viria primeiro como sugestão do terapeuta que atende seu ente querido. No entanto, você mesmo pode mencionar a possibilidade. Em todo caso, só será bom você ajudar como orientador se seu parceiro demonstrar interesse claro por isso e desejar seu auxílio.

CUIDADO

A orientação não funcionará se seu parceiro não se sentir pronto para enfrentar a ansiedade, e também não dará certo se o ente querido não quiser seu envolvimento. Na verdade, a tentativa poderia facilmente prejudicar o relacionamento se você forçar demais a ajuda.

LEMBRE-SE

Nem todo mundo foi feito para orientar. Orientações exigem paciência, compaixão e tempo significativos. Se você não tem essas coisas para dar e vender, não concorde em ser orientador. Talvez você possa ajudar o ente querido de outras maneiras, como assumindo mais tarefas domésticas ou simplesmente sendo um apoiador interessado e incentivador.

Se você optar por assumir a função de orientador, será necessário tomar as seguintes atitudes para desempenhá-la o melhor que puder:

» **Defina seu papel:** Entenda com clareza o tipo de opinião que seu ente querido e o terapeuta querem, e até que ponto. Eles querem que você se envolva no planejamento? De que maneira? Pergunte se eles desejam que você se limite a observar as atividades de exposição ou dê incentivo direto, executando as tarefas envolvidas no processo. Certifique-se de que eles sejam específicos em relação ao que desejam que você faça. Por exemplo, pergunte se você deve ficar perto do parceiro, segurar a mão ou ficar alguns metros de distância durante as tarefas de exposição.

» **Incentive e, ao mesmo tempo, mantenha as emoções sob controle:** Por se importar demais, é bem fácil deixar as emoções guiarem seu comportamento enquanto você orienta. Você quer incentivar, mas faça isso devagar e com calma. Cuidado para não:

- Forçar demais. Se seu parceiro disser "chega", é até aí e nem mais um passo.

- Ficar entusiasmado demais com progressos. Seu parceiro pode sentir isso como uma pressão.

- Ficar nervoso ou brigar. Lembre-se de aceitar o que seu parceiro conseguir fazer.

- Chorar ou ficar desanimado.

- Sentir-se exageradamente envolvido no processo.

- Começar a perder o sono.

CUIDADO

Se o processo de orientação deixar você emotivo ou incomodado demais, pare. Talvez você não seja a pessoa certa para a função. Isso não significa que não se importe; na verdade, talvez você simplesmente se importe demais para ser um bom orientador.

» **Evite o excesso de responsabilidades:** Seu ente querido precisa elaborar um plano de exposição, geralmente em conjunto com um terapeuta. Você pode ajudar a pessoa a quem ama a desenvolver alguns detalhes do plano, mas não assuma toda a responsabilidade por elaborar uma lista de exposição. Pessoas com problemas de ansiedade sentem insegurança frequente e pedem ajuda e garantias em excesso.

» **Atenha-se ao plano:** Resista à tentação de improvisar. Após a elaboração do plano, atenha-se a ele. Se mudanças precisarem ser feitas, consulte seu ente querido ou faça com que ele converse com o terapeuta. Nada de surpresas.

» **Permaneça positivo:** Orientadores devem evitar críticas e julgamentos. Seu ente querido não será incentivado por comentários negativos de sua parte. As pessoas se esforçam muito para serem elogiadas e ficam imobilizadas e na defensiva como reação a críticas. Evite dizer coisas do tipo "Você *deveria* conseguir fazer isso" ou "Você não está se esforçando o bastante".

» **Tenha expectativas realistas:** Após elaborar o plano, espere que seu parceiro tenha altos e baixos. Alguns dias serão melhores que outros. Pequenos passos acabam por percorrer um longo caminho. Mas você sempre precisa se lembrar de que definir o desenrolar do plano não depende de você.

» **Execute o plano da jogada:** Depois que o plano de exposição foi elaborado, o próximo passo é começar com tarefas relativamente fáceis. Um bom orientador oferece apoio e feedback. Além disso, ele pode servir de modelo, recompensar e focar a atenção. Aqui estão mais algumas dicas:

- Antes de pedir ao ente querido que execute uma etapa, verifique se antes ele não quer que você sirva como modelo para a tarefa. Ao servir de modelo, tudo bem se demonstrar um pouco de ansiedade.

- Defina algumas recompensas para o sucesso em alguns intervalos ao longo da lista de exposição. Façam algo que possam curtir juntos. Você também pode fazer elogios sinceros ao êxito; apenas garanta não parecer paternalista ou condescendente.

- Se, em alguma etapa, a pessoa com quem você se importa parecer ansiosa, mas não sobrecarregada, incentive que permaneça nessa etapa até a ansiedade diminuir. Obviamente, não insista de forma alguma, apenas incentive. Lembre o parceiro de que a ansiedade se reduz com o tempo suficiente. E não é essencial que ela diminua para o trabalho de exposição surtir efeito.

Analisando um orientador em ação

Orientar alguém com quem você se importa pode parecer um fardo. O exemplo de Doug e Rosie, a seguir, ajuda você a ver como um casal trabalhou em conjunto em um caso leve de ansiedade com a ajuda de um bom plano.

Doug e Rosie namoram há um ano. Durante todo esse tempo, eles nunca foram juntos a um cinema, porque Rosie sofre de um caso leve de agorafobia (medo de ficar aprisionada ou não conseguir escapar). Embora ela consiga ir à maioria dos lugares e fazer o que precisa no dia a dia, tem medo de ir a qualquer local que a faça se sentir aprisionada, sobretudo salas de cinema. Ela imagina que precisará sair, mas que não encontrará a saída por conta da multidão e do escuro. Ela fantasia que tropeçará nas pessoas, cairá de cara no chão e se arrastará em desespero pela sala escura.

Doug percebe que Rosie dá uma desculpa após a outra para evitar ir ao cinema, embora goste de assistir à TV. Com delicadeza, ele pergunta a Rosie: "Certas coisas me deixam meio ansioso — trânsito lotado ou grandes multidões. O que deixa você ansiosa?" Rosie confessa que salas de cinema cheias a fazem se sentir trancada e aprisionada.

Doug e Rosie têm uma conversa produtiva sobre as preocupações dela e decidem encará-las. Doug conhece a ideia de exposição e tenta aplicar os conceitos da exposição gradual ao medo de Rosie de ir ao cinema. Eles discutem o fato de que, se a exposição não funcionar, interromperão o processo e buscarão a opinião de um profissional de saúde mental.

Primeiro, eles apresentam uma lista, que divide a situação temida em passos pequenos. A lista fica assim:

- Ir com Doug a uma sessão curta que não seja muito popular ou lotada durante o início da tarde e escolher um assento no corredor.
- Ir com Doug a uma sessão mais longa, não lotada, no início da tarde, e se sentar no corredor.
- Mesmo cenário; assentos do meio.
- Ir a uma sessão moderadamente cheia no início da noite, sentar-se no corredor com Doug.
- Mesmo cenário; assentos do meio.
- Ir à estreia de uma mostra popular com Doug, chegar cedo e escolher um assento no corredor.
- Mesmo cenário; escolher assentos no meio com Doug.

Em alguns casos, uma lista de exposição incluiria ir sozinho(a) a um filme popular e lotado. Porém, Rosie decide que não está exatamente interessada em conseguir assistir a um filme sozinha. Logo, ela opta por finalizar os exercícios de exposição indo com Doug a uma sessão lotada à noite.

Doug não apenas acompanha Rosie ao cinema, como também comemora seus êxitos e a estimula quando ela começa a vacilar. Ele a segura pela mão nos itens mais fáceis e lhe dá menos apoio perto do fim. Aos poucos, Rosie sente menos ansiedade ao assistir a filmes com Doug.

Eles começam a gostar das noites de cinema e descobrem que adoram conversar sobre as próprias experiências depois, tomando café e comendo sobremesa. Ela se sente bem com sua conquista, e os dois se tornam mais próximos.

O medo que Rosie tinha de ir ao cinema ainda não havia chegado ao nível de interferir seriamente em sua vida, portanto, foi uma boa escolha para um plano de exposição relativamente simples. Se Rosie não tivesse lidado com o medo nessa etapa inicial, provavelmente ele teria se transformado de medo de ir ao cinema em medo de outros lugares cheios.

A maioria das pessoas com medos e ansiedades precisa desenvolver um plano com ajuda de um terapeuta, entretanto, o exemplo de Rosie e Doug serve para ilustrar como um plano simples pode ser levado a cabo sem um terapeuta.

LEMBRE-SE

Unindo-se Contra a Ansiedade

Uma forma de ajudar seu parceiro a superar a ansiedade é colaborar com maneiras de reduzir o estresse em sua vida. Com um pouco de criatividade, você pode explorar várias soluções que provavelmente o farão se sentir bem, mesmo que pessoalmente não sofra de ansiedade. Por exemplo:

DICA

>> **Faça uma aula sobre gerenciamento de estresse pela internet ou em um centro local de educação contínua para adultos.** Essas aulas ajudam as pessoas a fazerem mudanças no estilo de vida e definir metas. Muitas das ideias tornam a vida mais divertida e interessante, além de reduzir o estresse.

>> **Faça caminhadas regulares com seu parceiro.** É uma excelente forma de reduzir o estresse, mas, mesmo que você não esteja muito estressado, passear juntos sob o céu é um momento maravilhoso para conversar e faz muito bem à saúde.

- **»** **Façam aulas de ioga, pilates ou tai chi juntos.** Mais uma vez, mesmo que você não tenha ansiedade, essas aulas são incríveis para proporcionar equilíbrio, força muscular, flexibilidade e saúde geral.

- **»** **Explorem a espiritualidade juntos.** Você pode optar por frequentar uma igreja, sinagoga ou mesquita, ou descobrir um método menos tradicional para se comunicar com um poder maior, como uma imersão na natureza. Pensar em algo maior que vocês mesmos ou os acontecimentos mundanos oferece uma perspectiva de paz.

- **»** **Busquem formas criativas de simplificar a vida em conjunto.** Considerem buscar ajuda para as tarefas domésticas, se ambos trabalham. Analisem com cuidado a maneira como vocês passam o tempo. Garantam que o tempo reflita suas prioridades.

- **»** **Façam o bem.** Considerem ser voluntários por uma causa nobre ou em uma instituição de caridade. Muitas pessoas sentem que trabalhos assim aumentam o sentido e o propósito da vida. Como possibilidades, analise abrigos de animais, bancos de alimentos, hospitais e escolas. Mesmo uma hora por semana faz uma diferença positiva.

- **»** **Vão para longe.** Tire férias. Não precisa gastar muito dinheiro. E, se não tiver tempo para férias longas, passe de vez em quando uma noite em um hotel local. Ficar longe de mensagens de texto, celulares, e-mails, campainhas e outras tarefas e demandas sem fim, mesmo por uma noite, pode ajudar ambos a ficarem mais renovados.

Aceitando a Ansiedade com Amor

Pode ser bem contraintuitivo, mas aceitar a batalha de seu ente querido contra a ansiedade é uma das atitudes mais úteis que você pode tomar. Paradoxalmente, a aceitação constitui a base para a mudança. Em outras palavras, sempre que você aborda a ansiedade do ente querido ou faz algum esforço para ajudar, você aprecia e ama todos os pontos fortes e fracos de seu parceiro.

Você se apaixonou pelo pacote completo — não só pelas coisas boas. Afinal, você não é perfeito, nem seu ente querido. Você não desejaria a perfeição se a tivesse. Se pessoas perfeitas existissem, só conseguimos imaginar que elas seriam um tédio. Além disso, estudos revelam que pessoas que tentam ser perfeitas frequentemente ficam deprimidas, ansiosas e angustiadas.

DICA

Portanto, em vez de esperar perfeição, aceite seu ente querido como ele é. Você precisa aceitar e abraçar a possibilidade de mudanças produtivas e também a chance de seu parceiro permanecer no mesmo lugar. Aceitar o parceiro é sobretudo importante quando seus esforços para ajudar:

» Resultam em brigas.

» Parecem não surtir efeito.

» Não são bem recebidos pelo parceiro.

» Parecem só aumentar a ansiedade do parceiro mesmo após várias tentativas de exposição.

Do que a aceitação é capaz? De mais coisas do que você pensa. A aceitação permite a você e seu ente querido que se unam e se aproximem mais, porque evita pressionar a pessoa com quem você se importa. O excesso de expectativas só serve para aumentar a ansiedade e a resistência a mudanças.

A aceitação transmite a mensagem de que você amará seu parceiro independentemente do que aconteça. Você continuará se importando se seu parceiro permanecer o mesmo ou for bem-sucedido em fazer mudanças. Essa mensagem deixa seu ente querido livre para:

» Correr riscos.

» Cometer erros.

» Sentir-se vulnerável.

» Sentir-se amado.

LEMBRE-SE

Mudar exige correr riscos, ser vulnerável e cometer erros. Quando sentem segurança para fazer besteira, parecer tolas, chorar ou fracassar miseravelmente, as pessoas podem correr esses riscos. Pense nisso. Quando você se arrisca ou experimenta coisas novas? Provavelmente, não perto de um público ótimo para criticá-lo.

Desistir da ansiedade e do medo exige uma coragem tremenda para encarar os riscos envolvidos. Deixar de lado a necessidade de ver o parceiro mudar ajuda a promover a coragem necessária. Deixar de lado sua própria necessidade inclui abandonar o ego. Trocando em miúdos, não se trata de você.

Quando você assume o papel de colaborador, não significa que seu valor esteja em jogo. É claro que você quer fazer o melhor possível, mas não se pode forçar os outros a mudar. No fim das contas, seu ente querido precisa tomar a responsabilidade para si.

» Verificando o que deixa as crianças tão assustadas

» Sabendo quando se preocupar com a ansiedade de seus filhos

» Reconhecendo as ansiedades típicas da infância

» Analisando as preocupações mais comuns das crianças

Capítulo **19**

Reconhecendo a Ansiedade em Crianças

M uitos adultos se lembram da infância como uma época de liberdade, exploração e diversão. Poucos anos atrás, crianças andavam de bicicleta nas ruas e brincavam lá até escurecer. Elas iam a pé à escola — com outras crianças.

Hoje, pais ansiosos esperam com os filhos nas paradas de ônibus até eles embarcarem com segurança. Raramente pais e mães deixam as crianças saírem de casa sem supervisão de um adulto. Eles se preocupam com pedófilos, sequestradores, pandemias e violência. Compreensivelmente, se sentem protetores. Porém, a ansiedade passa de pai para filho. Não surpreende que tantas crianças vivenciem a ansiedade.

Um pouco de ansiedade é comum em certas idades. Neste capítulo você descobre a diferença entre a ansiedade infantil normal e a problemática. Explicamos que alguns medos na infância são 100% normais, enquanto outros necessitam de intervenção, e em seguida, analisamos os sintomas de ansiedade que muitas vezes andam juntos. (Dedicamos o Capítulo 20 a formas de amenizar a ansiedade do seu filho. Se estiver preocupado com uma criança em particular, recomendamos buscar diagnóstico e tratamento profissionais.)

Distinguindo o Normal do Anormal

A ansiedade infantil atingiu proporções epidêmicas durante os últimos 40 a 50 anos. Estatísticas recentes do governo dos EUA indicam que mais de 7% das crianças entre 3 a 17 anos foram formalmente diagnosticadas com algum tipo de transtorno de ansiedade. Muitas outras sofrem de ansiedade, mas não foram identificadas ou tratadas. Cerca de um terço das crianças com ansiedade também sofre de depressão, e outro terço tem problemas comportamentais significativos. Esses problemas continuam a crescer conforme as crianças são expostas às realidades do mundo moderno por meio dos vários formatos de mídia. É muito provável que a pandemia recente aumente muito as taxas de ansiedade, depressão e problemas de comportamento em crianças no mundo todo.

Então, o que está acontecendo? Por que nossos filhos estão tendo crises emocionais? Evidentemente, todos nós conhecemos as complexidades e tensões do mundo atual — mais horas de trabalho, desenvolvimento acelerado de tecnologias, estresse econômico, violência, agitação social, ameaças globais por conta das mudanças climáticas e pandemias. Também suspeitamos que certos tipos de cuidados paternos e maternos têm responsabilidade parcial nisso, conforme abordamos no Capítulo 20.

Por ora, o que você precisa saber como pai ou mãe é como distinguir as ansiedades normais da infância do sofrimento anormal. Perceba que a grande maioria das crianças se sente ansiosa várias vezes, em um nível ou em outro, afinal, uma das primeiras tarefas da infância é descobrir como superar os medos que a vida cria para todo mundo. Em geral, a solução bem-sucedida desses medos resulta em bons ajustes emocionais. Você só precisa saber se os medos de seus filhos representam um desenvolvimento normal ou uma estrutura mental mais estranha que necessita de ajuda. Veja a Tabela 19-1 para ter uma ideia da ansiedade que você pode esperar que seus filhos vivenciem durante uma ou outra época da infância.

TABELA 19-1   ## Seu Filho Tem Problema de Ansiedade?

Problema de Ansiedade	Quando a Ansiedade É Normal	Quando a Ansiedade Deve Ir Embora
Medo de ficar longe da mãe, do pai ou do(a) cuidador(a)	Comum entre 6 e 24 meses. Não se preocupe!	Se isso não melhorar depois dos 4 anos, você tem alguns motivos para se preocupar.
Medo de adultos desconhecidos	Comum dos 6 aos 10 meses.	Não se preocupe tanto, a não ser que verifique isso acontecendo após os 2 ou 3 anos. E não se preocupe com um pouco de timidez ou desconfiança depois dessa idade.

Problema de Ansiedade	Quando a Ansiedade É Normal	Quando a Ansiedade Deve Ir Embora
Medo de crianças desconhecidas	Comum dos 2 aos 3 anos.	Se isso continuar sem mostrar sinais de redução após os 3 anos, você tem motivos para se preocupar.
Medo de animais, do escuro e criaturas imaginárias	Comum entre 2 e 6 anos.	Se esses medos não começarem a diminuir por volta dos 6 anos, há motivos para se preocupar. Muitas crianças gostam de dormir com a luz acesa por um período; não se preocupe, a não ser que isso aconteça em excesso.
Medo de ir à escola	O medo leve a moderado da escola ou creche é comum dos 3 aos 6 anos; pode reaparecer brevemente quando se muda do ensino básico para o secundário.	Isso deve diminuir e não causar nada além de problemas mínimos depois dos 6 anos. Um breve ressurgimento no ensino secundário é comum, mas deve ser rápido. Se não for, é um motivo para preocupação.
Medo da avaliação alheia	Esse medo é praticamente a definição da adolescência. A maioria dos adolescentes se preocupa demais com o que os outros pensam a seu respeito.	Deve reduzir aos poucos, conforme o passar da adolescência, mas não é incomum que dure até o fim dessa fase.

A Tabela 19-1 dá a você algumas orientações gerais sobre o que se chama de medos normais da infância. Porém, independentemente da idade, se o medo parece especialmente sério e/ou interfere de forma significativa no cotidiano ou na vida escolar de seu filho, talvez ele seja problemático e necessite de atenção. Além disso, outros problemas de ansiedade, que descrevemos na seção "Analisando as Ansiedades Mais Comuns em Crianças", mais adiante neste capítulo, não são exatamente normais.

CUIDADO

Se você tem dúvidas sobre a gravidade da ansiedade de seus filhos, considere se consultar com um profissional. Um orientador da área de saúde mental ou seu pediatra deve ser bem treinado para lidar com perguntas, possivelmente em uma única visita. Às vezes, problemas de ansiedade antecedem outras dificuldades emocionais, logo, você não deve esperar para examiná-las.

TERROR NOTURNO EM CRIANÇAS

Distúrbios do sono em crianças, uma das queixas mais comuns aos pediatras, podem desestruturar a família toda. Em geral, crianças superam transtornos do sono como micção noturna, acordar com frequência e problemas para ir dormir.

O terror noturno, especialmente estranho e assustador para os pais, é relativamente comum, ocorrendo entre 1% e 6% das crianças; a incidência entre adultos é de menos de 1%. O terror noturno tende a se apresentar por volta de uma hora e meia após ir para a cama. Em geral, a criança se senta de repente e fica gritando por até meia hora. Durante o episódio, ela, na verdade, está dormindo, e é difícil acordá-la e lhe dar conforto. De manhã, as crianças não se lembram de que tiveram terror noturno. O transtorno ocorre com maior frequência dos 4 aos 10 anos. Quando a criança se torna adolescente, geralmente ele desaparece.

Ainda não há tratamentos diretos para o terror noturno. Mas, mais uma vez, por conta de as crianças não se lembrarem dele, o transtorno geralmente não lhes causa problemas durante o dia. Dormir muito pouco pode aumentar a probabilidade do terror noturno, portanto, os pais devem garantir que os filhos durmam o suficiente. E o estresse também pode contribuir para o terror noturno, então pais e mães devem tentar atenuar o estresse e outras ansiedades dos filhos.

Analisando as Ansiedades Mais Comuns em Crianças

É normal crianças terem um pouco de medo e ansiedade. Provavelmente você consegue se lembrar de ter medo do escuro, monstros ou fantasmas. No entanto, outros tipos de ansiedade, embora nem sempre raros, indicam um problema que você deveria abordar. Nas seções a seguir, analisamos brevemente os tipos mais comuns de ansiedade problemática em crianças.

DE VOLTA À ESCOLA

O medo de ir à escola é uma ansiedade de separação relativamente comum na infância. O tratamento para esse medo envolve levar a criança de volta para a escola o mais cedo possível. Crianças com medo de escola muitas vezes têm pais que também são ligeiramente ansiosos e se preocupam demais com os filhos. O primeiro passo é convencer os pais de que eles precisam ser firmes no compromisso de levar a criança de volta para a escola.

Uma boa maneira para acalmar a criança e levá-la à escola é possibilitar um contato breve entre pai/mãe e filho todos os dias durante algumas semanas. O pai ou mãe fica com um celular à mão. Com autorização do professor da criança, ela recebe um passe para sair da sala de aula (utilizável somente uma vez por dia) que lhe permite telefonar ao pai ou à mãe. Então ele ou ela falam com o filho por um período de tempo combinado, de até dois minutos. A criança é incentivada a poupar o passe para momentos de muita angústia e elogiada quando não o usa durante o dia todo.

Esse passe, que autoriza uma chamada telefônica para um dos pais, aos poucos se transforma em uma ligação a cada dois dias, uma por semana, e assim por diante. Após os primeiros dias, se os pais e professores continuarem apoiadores e firmes, o problema costuma ir embora. Se a estratégia falhar, há muitas outras técnicas para superar o medo de ir à escola. Consulte um profissional da saúde mental especialista em ansiedade infantil.

Ansiedade de separação

Conforme mostramos na Tabela 19-1, muitas vezes as crianças se preocupam em se separar dos pais quando têm de 6 meses a, talvez, 4 anos. Porém, um medo marcante de separação após os 4 anos, acompanhado das questões a seguir, precisa de intervenção:

- » Angústia excessiva quando se separam dos cuidadores ou antecipam essa separação.

- » Preocupação extrema que os pais ou cuidadores sofram alguma coisa.

- » Evitação constante da escola ou de outras atividades por conta de preocupações com a separação.

- » Recusa de ir para a cama sem estar perto de um dos pais ou cuidador.

- » Pesadelos frequentes sobre separação.

- » Queixas físicas frequentes, como dores de cabeça, de estômago, e assim por diante, quando se separam dos pais.

ANSIEDADE E TRANSTORNO OBSESSIVO-COMPULSIVO (TOC)

É comum o TOC envolver um pouco de ansiedade. De fato, durante muitos anos o TOC foi considerado um transtorno de ansiedade. Muitas crianças com problemas de ansiedade também têm alguns sintomas desse transtorno. Com início frequente na infância, o TOC se desenvolve, em média, por volta dos 10 anos. No entanto, ele pode ocorrer aos 4 ou 5 anos; meninos tendem a tê-lo mais cedo que meninas.

Obsessões são pensamentos indesejados e recorrentes, que seu filho não consegue interromper. Algumas das obsessões mais comuns entre crianças são:

- **Medo excessivo de invasores.**
- **Medo de germes.**
- **Medo de doenças.**
- **Fixação por certos números.**

Compulsões envolvem rituais ou comportamentos variados que seu filho se sente impelido a repetir várias vezes. Compulsões infantis comuns incluem:

- **Organizar objetos de maneira precisa.**
- **Lavar as mãos em excesso (exceto durante pandemias, quando isso é uma boa ideia).**
- **Acumular coisas de pequeno valor.**
- **Contar várias vezes estrelas, azulejos e passos ao caminhar.**

Alerta: Muitas crianças fazem rituais inofensivos que envolvem pensamentos mágicos, como não pisar em rachaduras de calçadas. Porém, qualquer criança que demonstre sinais graves de TOC deve ser avaliada. Não importa a idade em que isso apareça, porque o TOC não tende a melhorar sem tratamento. A boa notícia é que tratamentos realmente funcionam!

Entre os vários problemas de ansiedade, a ansiedade de separação é relativamente comum em crianças, mas não significa que seja normal. A idade média em que isso parece piorar é por volta dos 7 aos 8 anos. A boa notícia é que uma porcentagem grande de quem tem ansiedade de separação se beneficia com uma ajudazinha (de um professor, orientador ou pediatra) ou simplesmente a supera após 3 ou 4 anos.

CUIDADO

A notícia ruim é que algumas dessas crianças desenvolvem outros problemas, sobretudo depressão. Por esse motivo, sugerimos intervenção profissional imediata se isso persistir por mais de um ou dois meses e interferir na vida normal.

A história a seguir, sobre Tyler e sua mãe, Julie, ilustra um exemplo típico de ansiedade de separação em forma de medo de escola. Observe que o medo de ir à escola muitas vezes anda de mãos dadas com um elemento de fobia social (veja, mais adiante neste capítulo, a seção "Problemas de conexão com outras pessoas").

> **Julie** não sabe o que fazer com o filho de 7 anos, **Tyler.** Todos os dias, ela briga com ele para que o menino vá à escola. No início, ela de fato pensa que o filho está doente, então o leva ao pediatra. Após um exame físico completo, o médico garante a ela que Tyler está saudável. O profissional incentiva Julie a mandar Tyler à escola, alertando-a de que, se não o fizer, é provável que o comportamento do menino piore.
>
> "Meu estômago dói", choraminga Tyler. "Não quero ir à escola."
>
> "Ora, querido, você faltou tantos dias", Julie o acalma. "Você realmente precisa ir hoje; não está tão doente assim."
>
> "Mas meu estômago está doendo demais; demais mesmo, mamãe." Tyler começa a soluçar. "Além disso, as outras crianças não gostam de mim."
>
> "Você vai à escola hoje", diz Julie, com firmeza, pegando Tyler pela mão. Tyler teima e se afasta, gritando. Julie não acredita no que ele está fazendo. Ele parece assustado de verdade; ela nunca o viu se comportar assim. Em desespero, Tyler corre para seu quarto e se esconde no armário. Julie o encontra encolhido, soluçando.
>
> Tyler sofre de medo de ir à escola, uma ansiedade infantil comum, mas séria, que envolve ansiedade de separação dos pais e preocupações sociais.

Sabiamente, Julie decide buscar mais ajuda profissional. A maioria dos orientadores escolares tem muita experiência em lidar com medo de ir à escola. Veja no box "De volta à escola" uma estratégia típica de tratamento.

CUIDADO

Às vezes, o que parece medo de ir à escola é, na verdade, consequência de bullying que a criança está sofrendo no ambiente escolar. Orientadores escolares e professores podem ajudar você a descobrir. Certifique-se de pedir a eles que verifiquem essa possibilidade.

TRANSTORNO DE ESTRESSE PÓS-
-TRAUMÁTICO ENTRE CRIANÇAS

O *transtorno de estresse pós-traumático* (TEPT) já foi considerado um transtorno de ansiedade. De fato, crianças com TEPT muitas vezes sofrem de ansiedade considerável. Embora felizmente sejam raros em crianças, sintomas de TEPT são ligeiramente diferentes entre crianças e adultos. Assim como os adultos, crianças podem adquirir TEPT por abuso, outros traumas diretamente vivenciados ou por terem sido expostas a representações excessivas de traumas na mídia. (Entre crianças nova-iorquinas, o TEPT disparou após o ataque terrorista do 11 de Setembro. Sobretudo crianças do quarto e quinto anos foram afetadas.) Igualmente, assim como os adultos, crianças podem desenvolver TEPT por testemunharem outras pessoas sofrendo traumas, como um pai/mãe ou outro ente querido ser gravemente ferido.

Muitas crianças que passaram por desastres naturais e traumas, como incêndios, furacões ou terremotos, desenvolvem um transtorno de estresse agudo também conhecido como *síndrome do estresse pós-traumático*. Os sintomas são semelhantes aos do TEPT, mas geralmente desaparecem sem tratamento. Para crianças, perder a casa parece especialmente traumático.

Crianças com TEPT se tornam inquietas, agitadas, irritadiças e sem foco. Em vez de terem pesadelos e pensamentos intrusivos, elas podem expor seu medo ao brincar. Talvez tenham sonhos ruins, mas, em geral, eles não têm conteúdo especificamente relevante para o trauma. Como os adultos, elas ficam ansiosas e alertas a qualquer sinal possível de perigo. Também tendem a reagir com exagero a incidentes triviais, como quando alguém esbarra nelas ou as critica.

Preocupações constantes

Com base no que sabemos hoje, a *ansiedade generalizada* é bastante comum entre crianças e mais comum entre as mais velhas do que entre as mais novas. Ela se desenvolve com mais frequência no início da puberdade ou logo depois, e se caracteriza por:

> » Ansiedade e preocupações excessivas com a escola, amizades ou problemas familiares.

> » Sintomas físicos, como dores de estômago, de cabeça ou perda de apetite.

> » Dificuldade de concentração e/ou irritabilidade.

> » Problemas para dormir, inquietação ou agitação.

Crianças com esse problema tendem a pensar demais em quase tudo. Elas são assoladas com pensamentos do tipo "e se?" Muitas vezes, seria bom ajuda profissional.

Fobias

A maioria das crianças pequenas, em uma época ou outra, demonstra ter medo de escuro ou de monstros no armário, então não se preocupe se seu filho tiver esses medos, a não ser que eles se tornem tão intensos que perturbem o cotidiano de forma significativa. A idade típica do início de uma fobia *real* (ao contrário dos medos anteriores, menores) é por volta dos 8 ou 9 anos.

Quando um medo específico se torna intenso ou exagerado, a criança evita o objeto ou a situação em particular. Quando o medo traz poucas consequências à vida da criança, não há necessidade de se preocupar. Por exemplo, se seu filho de 8 anos tem pavor de tubarões, e vocês moram no deserto, provavelmente não é preciso se preocupar demais com esse medo. Entretanto, se a criança morre de medo de ônibus e precisa pegar o ônibus escolar todos os dias, isso seria um problema que precisaria de solução.

Outro medo comum entre crianças é o de ir ao dentista e de injeções. Isso é um problema e tanto quando as crianças precisam de cuidados rotineiros. Se a criança é particularmente barulhenta, chorona e medrosa, isso pode levar os pais a evitar tratamentos necessários. Felizmente, essa é uma condição bem tratável, em geral com terapia comportamental, abordada no Capítulo 9.

Problemas de conexão com outras pessoas

Algumas crianças são apenas tímidas. Elas nasceram assim, e muitas vezes os parentes fazem comentários do tipo: "Ele é igual ao pai quando tinha essa idade." Às vezes, a timidez diminui com o tempo, porém, quando essa característica aumenta e faz a criança evitar encontros sociais no cotidiano, talvez seu pequeno esteja com um problema.

Medos sociais extremos geralmente não são notados até os 10 anos. Em geral, os sinais aparecem mais cedo, mas muitas vezes os pais têm dificuldades para distingui-los de timidez até então. Você pode identificá-los mais cedo se observar com cuidado seus filhos. Se o medo de crianças ou adultos desconhecidos não apresentar melhora por volta dos 4 anos ou mais e estiver atrapalhando o desenvolvimento diário da criança, é bom consultar um profissional para verificar se o problema é sério.

Ansiedade silenciosa

Algumas crianças extremamente tímidas também têm dificuldades para se comunicar com outras pessoas. Em geral, elas conseguem falar com os pais ou cuidadores. Porém, na escola ou em outro ambiente social, podem se tornar quase completamente incapazes de falar. Algumas crianças podem ficar totalmente paralisadas de medo, incapazes de se mexer ou se comunicar. Outras podem falar aos sussurros com algumas pessoas conhecidas. Em geral, elas ficam extremamente isoladas em termos sociais e precisam ser avaliadas por um profissional.

DICA

Se está preocupado com as habilidades comunicativas de seu filho, converse com seu pediatra a respeito. Eles têm prática em desenvolvimento infantil. Se houver um problema, peça indicações de um fonoaudiólogo ou um especialista em desenvolvimento infantil.

NESTE CAPÍTULO

» Criando filhos tranquilos

» Ajudando crianças ansiosas a mudar

» Encontrando ajuda profissional se precisar dela

Capítulo **20**

Ajudando as Crianças a Vencerem a Ansiedade

Em nossa opinião, é muito difícil ser criança atualmente. Fomos buscar nossa neta na escola outro dia. Antes de sairmos, escrevemos o nome dela em um cartaz grande e o colocamos no painel. Esperamos mais de trinta minutos em uma fila de minivans e utilitários, enquanto os professores caminhavam com megafones chamando as crianças pelos nomes, para que os motoristas pudessem identificar. As crianças esperavam feito vacas em uma área cercada e segura. Uau, o mero fato de ser buscado na escola pode despertar ansiedade!

Como os pais e outros adultos envolvidos ajudam as crianças a navegar por este mundo complexo sem desenvolver ansiedade? Neste capítulo, damos aos pais e cuidadores algumas orientações sobre como evitar a ansiedade desde a raiz. Porém, algumas crianças terão ansiedade mesmo que os pais tenham as melhores intenções, portanto, também disponibilizamos dicas sobre como ajudá-las. Por fim, analisamos sinais que indicam a possibilidade de uma criança precisar de ajuda profissional, a quem buscar e o que esperar de profissionais da saúde mental.

Cortando a Ansiedade pela Raiz

Como a ansiedade começa? O risco de desenvolver ansiedade começa na concepção. Isso mesmo; pesquisas com gêmeos demonstraram que quase metade das causas da ansiedade está em seus genes. Porém, isso é só o começo. Muitos outros fatores entram em cena, e, conforme explicamos nesta seção, há muito o que você pode fazer a respeito.

Experiências iniciais de domínio

Quando um bebê com fome ou desconfortável chora e os pais reagem lhe dando comida ou conforto, esse bebê experiencia uma sensação inicial de domínio. Em outras palavras, o que o bebê faz tem um resultado previsível.

Essa oportunidade inicial pode ser repetida milhares de vezes ao longo dos próximos anos de várias formas. Por exemplo, a criança pequena descobre como usar linguagem para fazer pedidos que são atendidos. Se os pais respondem de maneira imprevisível e confusa às tentativas da criança de controlar o ambiente, a ansiedade tende a crescer.

Logo, para diminuir a probabilidade da ansiedade, é crucial reagir a crianças pequenas de forma previsível. Em relação às menores, os pais devem reagir com razoável consistência à maior parte de suas angústias. Mais tarde, a previsibilidade ainda é importante, mas deve ocorrer apenas para pedidos ou angústias adequadas à idade. Trocando em miúdos, não seria bom reforçar os acessos de birra de seu filho de 2 anos cedendo a eles.

DICA

Conforme os filhos vão crescendo, você deve proporcionar o máximo de oportunidades possível para eles vivenciarem a sensação de domínio. É possível fazer isso:

>> Envolvendo-os em esportes.

>> Fazendo com que se interessem por hobbies que exijam certas habilidades.

>> Jogando jogos de habilidade, como quebra-cabeça ou jogos de tabuleiro (tá bom, videogame também, contanto que não em excesso).

>> Garantindo que eles tenham a chance de vivenciar o sucesso na escola e conseguir ajuda imediata se começarem a ter dificuldades nos estudos.

>> Educando-os para ter boas maneiras e traquejo social.

A QUÍMICA CEREBRAL DA ANSIEDADE

Uma pesquisa recente da Columbia University examinou o efeito da substância química cerebral serotonina (um neurotransmissor que, acredita-se, influencia o humor), que é produzida naturalmente no organismo, no desenvolvimento da ansiedade. Pesquisadores criaram ratos sem receptores importantes para a serotonina, o que os deixou incapazes de usar esse importante neurotransmissor. Eles descobriram que ratos de 5 a 20 dias de vida sem capacidade para processar serotonina desenvolveram ansiedade quando adultos. Porém, ao criarem ratos com receptores normais de serotonina e, mais tarde, removerem a serotonina quando eles atingiam a fase adulta, os ratos não desenvolveram ansiedade.

O que essa pesquisa tem a ver com crianças ansiosas? Ela aponta a importância de fatores biológicos no desenvolvimento da ansiedade. Mesmo experiências pré-natais e da primeira infância podem afetar o bem-estar no futuro. Talvez o tratamento precoce da ansiedade infantil possa ajudar a evitar futuros problemas.

É necessário mais pesquisa para compreender como tudo isso funciona, entretanto, sabemos que intervenções biológicas (como medicamentos) afetam os níveis de serotonina, e, ao que parece, estratégias comportamentais, como as descritas neste livro, também alteram a química do cérebro de maneiras produtivas.

Afinando as emoções

Uma das tarefas mais importantes da infância consiste em aprender como controlar as emoções, tolerar frustrações e adiar sentimentos de gratificação. Mais uma vez, crianças pequenas precisam de gratificação imediata. No entanto, conforme elas vão crescendo, o mundo tende a considerar desfavoravelmente as que exigem gratificação instantânea e a rejeitar as que não conseguem manter um controle razoável dos próprios rompantes emocionais.

DICA

Você pode ajudar seu filho a aprender essas habilidades cruciais de controle emocional. Ajudar crianças a expressar emoções sem deixar que se descontrolem envolve algumas etapas básicas:

» **Valide as emoções de seus filhos.** Quando as crianças se sentirem angustiadas, ansiosas ou preocupadas, valide suas emoções. Faça isso dizendo:

- "Vejo que você está com um pouco de medo de..."
- "Você parece chateado com..."
- "Você parece preocupado com..."

Essas afirmações de validação também devem tentar ajudar as crianças a ligar o sentimento ao que está acontecendo. Da mesma forma, é uma boa ideia perguntar ao seu filho se sua observação identificou corretamente o que ele está sentindo.

» **Não negue os sentimentos de seus filhos.** Da melhor maneira possível, não negue o sentimento ou faça pouco dele. Em outras palavras, não é bom dizer "Você não deveria ter medo", ou, pior: "Você não está com medo de verdade."

» **Não superproteja.** Ninguém gosta de ver os filhos sentindo medo ou ansiedade, entretanto, eles precisam descobrir por conta própria como lidar com a maioria dos medos. Se você tentar resolver todos os problemas deles ou afastá-los de toda preocupação e perigo, estará fazendo mais mal do que bem.

» **Ajude seus filhos a aprender a se acalmar.** Você pode ensiná-los a respirar lenta e profundamente ou a contar devagar até dez. Também pode explicar que ansiedade e medo extremos, mais cedo ou mais tarde, diminuem.

» **Converse com os filhos sobre lidar com emoções difíceis.** Quando eles estiverem frustrados, converse sobre as causas da frustração e como lidar com a chateação de maneira construtiva. Evite dar sermões.

» **Elogie seus filhos.** Quando eles se esforçarem para superar ansiedades, elogie-os. Porém, não os castigue se não conseguirem.

» **Dê a seus filhos oportunidades para que aprendam a ser pacientes.** Escolha atividades que exijam espera e revezamento. Quando for preciso esperar em uma fila, converse com as crianças sobre as vantagens de se aprender a ter paciência ao longo da vida.

Vacinando-se contra a ansiedade

Experiências ruins com certas situações, atividades, animais e objetos às vezes se transformam em fobias (medos irracionais e intensos, que resultam em excesso de evitação). Essas experiências podem ser reais, imaginárias ou exibidas em um filme ou programa de televisão. A seguinte lista de medos infantis mostra que crianças adquirem medos muitas vezes semelhantes aos que os adultos experienciam:

- » Avião.
- » Ficar sozinho.
- » Cães.
- » Altura.
- » Roedores.
- » Cobras.
- » Aranhas e insetos.
- » Trovões e relâmpagos.

Se você quer evitar que seus filhos adquiram uma dessas fobias comuns, é possível vaciná-los proporcionando interações seguras com o evento ou o objeto potencialmente temido — antes que qualquer medo se desenvolva. Experimente as atividades a seguir:

- » Leve seus filhos a um museu ou um zoológico que ofereça experiências de pegar cobras e insetos com as mãos.
- » Subam uma montanha juntos.
- » Observe uma tempestade do conforto do sofá da sala. Converse sobre como os raios e trovões funcionam.
- » Se vocês não tiverem gato ou cachorro em casa, vão ao abrigo e visitem filhotes desses animais.

Pesquisas provaram que esse método funciona. Estudos, por exemplo, demonstram que crianças mordidas por cães não desenvolvem uma fobia logo de cara se tiveram experiências anteriores positivas com esses animais. Crianças que voam de avião desde pequenas raramente desenvolvem fobia de voar. Quanto mais experiências você proporcionar a seus filhos, mais chances eles têm de crescer sem fobias.

Se você mesmo tiver certas fobias, tente não fazer caretas ou ficar melindroso demais ao vacinar seus filhos contra elas. Não diga "Aaaaiii, que nojo!" Mesmo que fique nervoso, tente não demonstrar.

Resistindo ao desejo de consolar e tranquilizar

Quando seus filhos estão assustados, é natural sentir vontade de consolá-los. Você quer remover os medos e dizer a eles que tudo ficará bem. Temos um conselho surpreendente: *Na maioria das vezes, insistimos que você resista à tentação de tranquilizar seus filhos quando eles sentirem medo ou ansiedade.*

PAIS-HELICÓPTERO

Pense em um helicóptero voando acima de você, seguindo-o por todos os dias enquanto cuida de seus afazeres. Especificamente, *pais-helicóptero* comandam a vida dos filhos, interferem sempre que podem e tentam protegê-los de todos os sentimentos ruins. Assim, um pai ou mãe-helicóptero reclamará com os professores sobre notas ou tarefas, discutirá com treinadores e confrontará os colegas do filho quando houver um conflito.

Já é ruim o suficiente quando pais-helicóptero voam desse jeito durante o ensino fundamental, mas algumas dessas pessoas nunca param. Elas continuam impedindo adolescentes de vivenciar as consequências do próprio comportamento e dos próprios equívocos. Alguns desses pais e mães chegam a fazer trabalhos de faculdade para os filhos. De fato, algumas faculdades descobriram que o interesse parental é tão intenso que associações de pais e mestres (PTAs, na sigla em inglês) se espalharam pelos *campi* de faculdades.

Muitas vezes, pais-helicóptero têm expectativas elevadas em relação aos filhos, ao contrário de pais permissivos. Porém, eles são semelhantes a esses últimos em termos de não suportar ver os filhos se sentindo frustrados ou incomodados. O problema de ambos os tipos de pais é que eles não conseguem ensinar as crianças a lidar com as dificuldades da vida. Resultado frequente: ansiedade.

Isso porque, quando você os tranquiliza, eles se sentem melhor. Até aqui, tudo bem. Porém, da próxima vez em que se sentirem um pouco ansiosos ou com medo, é provável que peçam por mais calma, em vez de enfrentar isso por conta própria. Infelizmente, quando as crianças buscam e recebem tranquilização imediata, elas perdem a oportunidade de encarar seus medos e desenvolver habilidades de enfrentamento maduras. E se você, pai ou mãe, não estiver por perto para confortá-los, eles podem se tornar extremamente medrosos, incapazes de gerenciar as próprias emoções.

LEMBRE-SE

Não tranquilize seus filhos sem necessidade. Fazer comentários como "Não há nada para ter medo" é desnecessário. Crianças precisam descobrir como lidar por conta própria com uma pitada de estresse e ansiedade. Não as tranquilize constantemente, ou criará um caminho certeiro para a ansiedade.

Tomando precauções de acordo com o estilo de parentalidade

Pais e mães podem levar os filhos a desenvolver transtorno de ansiedade ou podem ajudar a preveni-la, de acordo com o estilo de parentalidade:

» **Pais permissivos** se envolvem com os filhos e demonstram preocupação e cuidado. Mas odeiam confrontos e abominam ver os filhos se sentindo mal, portanto, criam baixas expectativas para os filhos e não os forçam a agir com maturidade ou a experimentar coisas novas.

» **Pais autoritários** representam o extremo oposto. Exigem, comandam e esperam obediência instantânea dos filhos. Controlam cada detalhe da vida das crianças e tendem a ser estruturados e hostis além da conta.

» **Pais democráticos** tomam o caminho do meio. Esses pais definem limites e fronteiras razoáveis. São flexíveis e cientes da etapa de desenvolvimento em que os filhos se encontram. Tentam ajudá-los a compreender os motivos por trás das expectativas por bom comportamento, embora não passem tanto tempo *argumentando* ou debatendo com as crianças.

Continue lendo para saber mais detalhes sobre como cada estilo de parentalidade afeta o nível de ansiedade das crianças.

Parentalidade permissiva e autoritária

Tanto o estilo permissivo quanto o autoritário de parentalidade instilam ansiedade nos filhos. A história a seguir é sobre ambos os tipos. A mãe demonstra parentalidade permissiva e o pai é autoritário.

> **Nancy**, de 6 anos, grita de pavor. Os pais correm até seu quarto para ver o que há de errado. "Tem um homem malvado no meu quarto; eu vi", ela chora.
>
> A mãe de Nancy a abraça, afaga seus cabelos e lhe diz: "Tudo vai ficar bem agora que a mamãe está aqui."
>
> O pai acende a luz. Ele verifica o guarda-roupa da filha, olha embaixo da cama e dispara: "Não tem ninguém aqui. Só fique na cama e vá dormir. Não seja tão infantil."

Quando a cena se repete noite após noite depois de seis semanas, o pai de Nancy fica cada vez mais incomodado e se dirige a ela com dureza sobre o que ele chama de medos bobos. Ao mesmo tempo, a mãe superprotege Nancy. Ela até passa a dormir no quarto da filha para fazê-la se sentir segura. Seus medos só se intensificam. A pobre Nancy recebe mensagens misturadas dos pais, e nenhuma delas ajuda.

Parentalidade democrática

DICA

Um tipo diferente de parentalidade pode ajudar seus filhos a lidar melhor com a ansiedade. Chama-se parentalidade *democrática* (em oposição à autoritária). Pais democráticos criam expectativas claras para os filhos. Eles os encorajam a encarar desafios. Validam os sentimentos ansiosos das crianças, mas as incentivam a lidar com eles. Não são rígidos ou punitivos, mas não superprotegem. Usando novamente a história de Nancy, o exemplo a seguir demonstra como pais democráticos lidariam com as ansiedades da menina.

> **Nancy**, de 6 anos, grita de pavor. Os pais correm até seu quarto para ver o que há de errado. "Tem um homem malvado no meu quarto; eu vi", ela chora.
>
> A mãe de Nancy a abraça rápido e diz: "Você parece amedrontada, querida."
>
> O pai acende a luz, verifica o guarda-roupa e embaixo da cama e diz: "Não tem ninguém, meu amor. Mas, se quiser, podemos deixar uma luz acesa."
>
> Nancy diz: "Por favor, não me deixem sozinha. A mamãe não pode ficar aqui comigo hoje à noite?"
>
> A mãe de Nancy diz a ela: "Não, você precisa lidar com isso sozinha. Sei que está preocupada, mas tudo ficará bem." Eles acendem uma das luzes e dizem a ela: "Aqui está seu ursinho; ele vai fazer companhia para você. Nos vemos de manhã."
>
> Nancy chora baixinho por alguns minutos e volta a dormir.

Os pais de Nancy tiveram sorte por ela ter chorado por pouco tempo. Eles se sentiram meio culpados por deixá-la chorando, mas perceberam que Nancy precisa aprender que pode lidar sozinha com um pouco de ansiedade. Certas crianças não são tão fáceis.

Talvez seu filho continue chorando e não pare. Bem, às vezes acontece. Vez ou outra, talvez você precise segurar as pontas por uma ou duas horas. Em geral, a primeira noite é a pior. Não desista. Mais cedo ou mais tarde, a grande maioria das crianças começa a cair no sono mais cedo. Se isso não acontecer após quatro ou cinco noites seguidas, você pode precisar consultar um profissional.

Ajudando Crianças Já Ansiosas

Se você tem um filho com ansiedade, não fique ansioso culpando-se pelo problema. Provavelmente fatores variados contribuíram para tornar seu filho ansioso (para mais informações, leia o Capítulo 3). E é provável que você não tenha conseguido ler este livro antes de seu filho desenvolver ansiedade, logo, não sabia o que fazer para evitar. E agora, o que fazer? Continue lendo.

Ajudando a si mesmo em primeiro lugar

Se você já pegou um voo comercial, provavelmente ouviu os comissários instruindo as pessoas a lidarem com as máscaras de oxigênio se elas caírem. Eles dizem para você colocar a máscara em si mesmo antes de ajudar seu filho. Isso porque, se você não se ajuda primeiro, não terá condições de auxiliar seu filho.

DICA

O mesmo princípio se aplica quando seus filhos têm ansiedade. Você precisa enfrentar a própria ansiedade antes de tentar ajudar as crianças. Elas aprendem muitas das reações emocionais ao observar os pais; faz sentido que pais ansiosos acabem tendo filhos ansiosos com maior frequência. A parte boa de se livrar primeiro da própria ansiedade é que provavelmente isso ajudará seus filhos, bem como lhe dará recursos para ajudá-los com preocupações.

Você pode fazer isso lendo este livro. Selecione e escolha as estratégias que melhor se encaixem no seu problema e personalidade. Porém, se as ideias que você escolher primeiro não parecerem funcionar, não se desespere. Na imensa maioria das vezes, uma ou mais técnicas que descrevemos ajudam, sim.

CUIDADO

Se você descobrir que ler este livro e tentar nossas recomendações não estão reduzindo sua ansiedade o quanto gostaria, considere consultar um profissional da saúde mental especialista em terapia cognitivo-comportamental.

Dando exemplos mais maduros

Se você não tem problema de ansiedade ou se superou a maior parte das preocupações excessivas, está pronto para dar o exemplo. Crianças aprendem muito observando as pessoas com quem se importam. Talvez você se lembre de momentos em que seu filho o surpreendeu repetindo palavras que você pensou, ou quis, que eles não ouvissem. Acredite em nós, as crianças veem e ouvem tudo.

DICA

Portanto, aproveite cada oportunidade de dar exemplos de comportamentos e pensamentos relativamente tranquilos. Não invalide a ansiedade de seu filho dizendo que o medo é estúpido ou tolo. Além disso, demonstrar tranquilidade total não é tão útil quanto mostrar como você mesmo lida com a questão. A Tabela 20-1 mostra alguns medos infantis comuns e como você pode dar como exemplo uma reação eficaz.

TABELA 20-1   Dando Melhores Exemplos

Medo	Exemplo Parental
Tempestades	"Soube que vai haver uma tempestade hoje à noite. Às vezes fico um pouco nervoso com elas, mas sei que estamos seguros em casa. Sempre tomo cuidado para me abrigar durante uma tempestade. Mas sei que elas não podem machucar ninguém que estiver do lado de dentro."
Insetos	"Costumava pensar que insetos eram nojentos, terríveis e assustadores, mas agora percebo que eles têm mais medo dos seres humanos que nós deles. Os insetos fogem das pessoas quando podem. Às vezes, ficam com tanto medo que paralisam. Admito que ainda uso muito lenço de papel para pegá-los, e tudo bem. Deixe-me mostrar a você como fazer isso."
Altura	"Às vezes, fico um pouco nervoso ao olhar para baixo de lugares altos. Aqui estamos no topo do Washington Monument. Vamos dar as mãos e ir até a janela juntos. Você não pode cair, e isso não pode machucá-lo. Olhar para baixo de lugares altos é até divertido. O medo é quase empolgante depois que você se acostuma."
Ficar sozinho (não diga isso se seu filho não expressar ansiedade sobre se sentir seguro sozinho)	"Seu pai vai viajar amanhã. Eu costumava ficar com medo de ficar só em casa, mas percebi que posso muito bem cuidar de mim e de você. Temos uma porta blindada, e, se alguém tentar entrar, sempre podemos chamar a polícia. Nossos cães também são uma boa proteção. Ainda está assustado? Se sim, podemos conversar a respeito."

Guiando crianças através da ansiedade

Conforme discutimos no Capítulo 9, a exposição gradual a causas da ansiedade é uma das maneiras mais eficazes de superar o medo. Independentemente de a pessoa ansiosa ser uma criança ou um adulto, a estratégia é quase a mesma. Portanto, se você quer ajudar seus filhos que já têm ansiedade, primeiro seja um modelo, conforme descrevemos na Tabela 20-1. Em seguida, considere o uso de *exposição*, que envolve dividir a situação ou o objeto temido em pequenas etapas. Gradualmente, você confronta e permanece em cada uma delas até seu filho se sentir melhor.

Leia o Capítulo 9 para detalhes extras importantes sobre exposição. Porém, lembre-se de algumas coisas ao fazer isso como um guia para seu filho:

» **Divida as etapas nas menores partes que conseguir.** Não espere que seu filho domine um medo da noite para o dia. Isso leva tempo. E crianças precisam de etapas menores que os adultos. Por exemplo, se você está lidando com medo de cachorro, não espere que seu filho saia logo de cara e acaricie um cão na primeira tentativa. Em vez disso, comece com fotos e livros de histórias sobre cachorros. Então, avance até ver cães a certa distância, por trás de uma cerca fechada. Aos poucos, chegue a um contato direto, talvez em uma loja de animais.

» **Espere um pouco de angústia.** Essa é a parte difícil para os pais. Ninguém gosta de ver os filhos chateados, mas você não pode evitar que seus filhos sintam um pouco de angústia se quiser que eles superem a ansiedade. Às vezes, esse item é mais do que alguns pais conseguem enfrentar. Nesses casos, um amigo próximo ou um parente talvez se disponha a participar e ajudar. Ao mesmo tempo, se seu filho demonstrar ansiedade e incômodo extremos, você precisa dividir mais a tarefa ou conseguir ajuda profissional.

» **Elogie seu filho por qualquer sucesso.** Preste atenção a qualquer melhora e elogie a criança. Porém, não pressione seu filho ou filha dizendo que isso mostra como ele ou ela é um(a) menino(a) crescido(a).

» **Demonstre paciência.** Não fique afobado a ponto de suas próprias emoções transbordarem e assustarem ainda mais seu filho. Mais uma vez, se isso começar a acontecer, pare por um tempo, escale um amigo para ajudar ou busque aconselhamento profissional.

A história a seguir mostra como um casal de pais lidou com a ansiedade repentina do filho em relação a água. Com frequência, crianças ficam com medo quando algo inesperado acontece.

> **Penny e Stan** planejam férias no Caribe em um resort pé na areia. O panfleto descreve um clima próprio para famílias. Eles compram um snorkel e máscara de mergulho para o filho de 3 anos, **Benjamin,** que gosta de andar de avião e está louco para mergulhar de snorkel.

> Ao chegarem, o hotel parece tão lindo quanto o prometido. A praia acena e a água do mar promete ser límpida. Penny, Stan e Benjamin desfazem as malas depressa e vão direto para a praia. Eles entram na água devagar, encantados com a temperatura morna. De repente, uma onda grande quebra na frente deles e derruba Benjamin. O menino abre a boca, surpreso, e a água salgada o faz engasgar. Ele chora e corre de volta para a areia, gritando.

Imediatamente Stan puxa Benjamin de volta para a água. Ele continua a gritar e a chutar. Penny e Stan passam o resto das férias suplicando que Benjamin volte a entrar no mar, sem sucesso. Os pais acabam se revezando para cuidar de Benjamin, enquanto suas férias dos sonhos esmorecem.

Em casa, o medo de Benjamin cresce, como muitas vezes acontece com medos não tratados. No banho, ele fica agitado, sem querer que a água respingue em seu rosto. Ele sequer pensa em entrar em uma piscina.

Os pais de Benjamin assumem a dianteira e o guiam por uma exposição. Primeiro, em um dia quente, eles colocam uma piscina inflável de plástico no quintal. Eles a enchem e dão o exemplo entrando nela. Por fim, Benjamin demonstra um certo interesse e se junta a eles na piscina. Depois, os pais brincam um pouco de jogar água um no outro e estimulam Benjamin a fazer isso com eles. Ele não nota que seu próprio rosto fica um pouco molhado.

Em seguida, os pais sugerem a Benjamin que coloque só uma parte do rosto dentro da água. No início, o menino resiste, mas eles o encorajam. Quando ele coloca o queixo na água, eles aplaudem. Stan coloca o rosto inteiro dentro da água e sai, rindo. Diz que Benjamin talvez não esteja pronto para isso. Benjamin prova que o pai está errado. Benjamin e Stan se revezam colocando o rosto na água e jogando-a um no outro. O que começa como medo se transforma em diversão.

Os pais providenciam um amplo leque de etapas gradualmente mais desafiadoras ao longo dos próximos meses, inclusive usar a máscara e o snorkel em piscinas de vários tamanhos. Depois, eles vão a um lago de água doce e fazem o mesmo. Por fim, tiram outras férias na praia e, aos poucos, expõem Benjamin à água de lá também.

Se os pais de Benjamin tivessem permitido que ele brincasse na areia à beira da água, em vez de insistirem que voltasse imediatamente para o mar, teriam sido mais cooperativos. Em seguida, eles poderiam tê-lo incentivado a andar na água enquanto olhava para as ondas. Assim, talvez tivessem conseguido aproveitar as férias. Eles cometeram o erro de transformar um medo em uma disputa de poder, que não funciona lá muito bem com crianças — ou, em todo caso, com adultos.

Exorcizando a ansiedade por meio de exercícios

Exercícios queimam o excesso de adrenalina, que impulsiona a ansiedade. Obviamente, toda criança precisa de exercícios regulares, e estudos mostram que a maioria não se exercita o bastante. Crianças ansiosas podem ficar relutantes em se envolver em atividades físicas intensas, como fazer trilhas, correr, andar de bicicleta ou praticar esportes organizados. Elas podem se sentir inadequadas ou mesmo receosas da avaliação negativa de outras pessoas.

LEMBRE-SE

Mesmo assim, pode ser mais importante para crianças ansiosas participar de esportes ou outras atividades físicas por dois motivos. Primeiro, essas atividades lhes proporcionam experiências importantes de domínio. Embora possam se sentir frustradas e incomodadas no início, em geral elas experienciam um orgulho considerável e um senso de realização conforme suas habilidades se aprimoram. Segundo, atividade aeróbica diminui diretamente a ansiedade.

DICA

O desafio é encontrar uma atividade que dê a seu filho a maior chance possível de, pelo menos, um sucesso moderado. Considere as seguintes:

» **Natação:** Um esporte individual que não envolve bolas jogadas na cabeça ou colisões com outros jogadores. Nadadores competem contra si mesmos, e muitas equipes de natação recompensam a maioria dos participantes com medalhas, mesmo que cheguem em quinto ou sexto lugar.

» **Trilhas:** Podem ser feitas com grupos organizados ou como um passeio em família. O nível de dificuldade pode ser baixo, médio ou intenso. As crianças podem aprender como lidar com imprevistos climáticos e os suprimentos de que necessitam. Elas podem adquirir habilidades de domínio aprendendo sobre plantas e animais perigosos.

» **Atletismo:** Esporte individual que conta com uma ampla variedade de diferentes possíveis habilidades. Algumas crianças são rápidas e conseguem correr distâncias curtas. Outras descobrem que conseguem desenvolver resistência para correr longas distâncias. Outras, ainda, descobrem que podem arremessar pesos.

» **Tênis:** Esporte de baixo contato e relativamente seguro. Instruções corretas podem tornar a maioria das crianças boas jogadoras de tênis.

- **» Artes marciais:** Boas para despertar sensações de competência e confiança. Muitos instrutores de artes marciais têm ótimas habilidades para trabalhar com crianças descoordenadas e medrosas. Quase todas as crianças podem experimentar melhorias e sucesso com artes marciais.

- **» Dança:** Esporte que inclui muitas variações, do balé à dança country. Crianças com tendências musicais muitas vezes se dão bem com aulas de dança.

Trocando em miúdos, encontre algo para seus filhos fazerem que envolva atividade física. Eles podem se beneficiar com a redução da ansiedade, aumento da confiança e maiores conexões com os outros. Não se esqueça de incluir passeios de bicicleta em família, passeios para acampar e caminhadas. Dê o exemplo dos benefícios da atividade e dos exercícios ao longo da vida.

Obtendo Ajuda Alheia

Os objetivos da infância incluem aprender a lidar com outras pessoas, desenvolver autocontrole e se preparar para as responsabilidades da fase adulta. Crianças progridem nesses objetivos ao interagir com amigos e familiares, bem como ao frequentar a escola. Se a ansiedade interfere nessas atividades, podem ser necessários consulta e tratamento profissional. Trocando em miúdos, se uma criança não consegue brincar, aprender ou participar de atividades por causa de preocupações, é hora de buscar ajuda.

A quem pedir ajuda

Recomendamos aos pais que consultem primeiro o pediatra do filho, para garantir que não há nenhuma causa física para a ansiedade da criança. Certos remédios, prescritos para outras condições, podem fazer uma criança se sentir ansiosa. Em primeiro lugar, o médico pode decidir mudar a medicação. Se o culpado é a ansiedade, e não um medicamento ou um problema físico, o médico pode recomendar profissionais da saúde mental. As dicas a seguir podem ajudar sua busca a ser mais eficaz:

- **» Contate seu plano de saúde para ver o tipo de cobertura disponível para cuidados com saúde mental infantil.** Sua companhia deve ter uma lista de profissionais em sua região.

- **» Ligue para os profissionais e pergunte se têm experiência e treinamento para tratar ansiedade infantil.** Para seu filho, a terapia pode parecer brincadeira, mas deve se basear em um método que comprovou ajudar crianças a superar a ansiedade. Em geral, recomendamos profissionais treinados em estratégias cognitivas ou comportamentais, porque sua eficácia foi respaldada de forma mais consistente por pesquisas.

> **»** **Certifique-se de que o profissional de sua escolha tenha horas que possam acomodar várias sessões.** Embora o tratamento possa ser relativamente breve, não espere que ele aconteça em uma ou duas sessões.

> **»** **Pergunte qual formação o profissional tem.** Não busque ajuda de alguém sem licença para dar orientações sobre saúde mental. Em geral, profissionais que tratam crianças podem ser psicólogos clínicos, psicólogos escolares e psiquiatras.

CUIDADO

Psiquiatras também podem se envolver no tratamento de transtornos de ansiedade infantil, porém, geralmente eles prescrevem medicamentos. Recomendamos que tratamentos para ansiedade, sobretudo para crianças, comecem com psicoterapia, em vez de remédios. Procedemos assim por conta dos efeitos colaterais desconhecidos do uso prolongado de medicamentos e do grande potencial de recaída quando se interrompe a medicação. Em comparação, as novas formas de pensamentos e comportamentos aprendidos com a psicoterapia podem durar a vida toda.

LEMBRE-SE

Pesquisas mostram que despesas médicas de crianças ansiosas são muito mais elevadas que despesas de crianças sem ansiedade. Cobrir tratamentos eficazes para crianças ansiosas vale o custo-benefício para companhias de planos de saúde. Seu médico deve ser capaz de falar com o seu plano de saúde, usando esse argumento. O tratamento precoce contra a ansiedade poupa dinheiro e sofrimento consideráveis em longo prazo.

O que esperar na primeira sessão

Em geral, a primeira sessão é um momento para o terapeuta de seu filho descobrir quais problemas a criança está enfrentando. Você pode esperar muitas perguntas. Quase sempre, os pais são convidados para a primeira sessão, a fim de fornecerem informações. Talvez você queira se preparar com antecedência para a primeira reunião fazendo um diário de suas preocupações. Considere, por exemplo, anotar as seguintes perguntas:

> **»** **O que está acontecendo?** Seu filho evita certas situações? A ansiedade está interferindo nas atividades escolares ou nas brincadeiras com outras crianças? Ele está sofrendo bullying na escola?

> **»** **Quando os sintomas de seu filho aparecem?** Ele fica bem em casa, com pessoas conhecidas, e tem medo na escola? Ele piora quando fica preocupado com uma prova ou ao conhecer pessoas novas? Há momentos específicos em que sua ansiedade parece piorar ou melhorar?

> **»** **Há quanto tempo você notou esses sintomas?** Houve algumas mudanças na família, como o nascimento de um bebê, morte ou divórcio? Seu filho vivenciou algum trauma?

» **Outros membros da família têm problemas de ansiedade?** Se sim, que tipo de problema?

» **Seu filho passou por problemas recentes de saúde ou foi hospitalizado?**

LEMBRE-SE

Em geral, o que um dos pais ou a criança diz ao terapeuta é estritamente confidencial, com apenas algumas exceções. Um limite importante à confidencialidade é que os profissionais são obrigados a reportar suspeita de abuso infantil. Outro limite é que eles devem reportar casos envolvendo crianças que pareçam representar uma ameaça iminente a si mesmas ou a outras pessoas.

O que acontece na terapia?

Para crianças pequenas, a maior parte do trabalho tende a focar os pais. Em outras palavras, o terapeuta passa a maior parte do tempo ensinando aos pais coisas que eles podem fazer para facilitar o progresso do filho. Esse foco não quer dizer que os pais causaram o problema, mas, com frequência, eles podem fazer muita coisa para amenizá-lo.

Crianças maiores e adolescentes passam mais tempo conversando com o terapeuta, e o envolvimento dos pais varia muito. Em ambos os casos, você pode esperar que o terapeuta dê tarefas para pais e filhos fazerem entre as sessões. É de se esperar que o terapeuta aborde quais são os objetivos específicos das sessões, bem como planos detalhados para atingi-los. Entretanto, não se pode esperar que os terapeutas revelem detalhes do que é discutido nas sessões com seu filho. As crianças precisam se sentir seguras para confidenciar o que quiserem aos terapeutas, porém, os pais têm direito a atualizações sobre progressos.

Com muita frequência, pode-se esperar que a ansiedade infantil melhore de maneira significativa (não necessariamente que se resolva por inteiro) em seis meses ou mais de tratamento. Se isso não parece estar acontecendo, converse a respeito com o terapeuta e considere ir atrás de uma segunda opinião.

A Parte
dos Dez

NESTA PARTE...

Evite o que não funciona contra a ansiedade.

Descubra algumas formas para lidar com recaídas.

Reconheça quando precisar de ajuda profissional.

Explore alguns recursos interessantes.

Capítulo **21**

Dez Métodos que Simplesmente Não Funcionam

É tentador procurar maneiras fáceis e rápidas de vencer a ansiedade, afinal, ela não parece ser tão grande assim. Porém, certos pensamentos ou comportamentos, na verdade, podem piorá-la, não fazer nada a seu favor ou mesmo desperdiçar seu suado dinheirinho. Este capítulo o afasta de métodos para manejar a ansiedade que simplesmente não funcionam.

Evitar o que O Deixa Ansioso

Evitar o que o amedronta realmente funciona! Mas só por um tempo; depois, isso vira um estímulo para a ansiedade. Ela se intensifica e sai do controle. Por exemplo, digamos que você tenha medo de dirigir durante a hora do rush em um engarrafamento. Logo, embora demore o dobro do tempo, você encontra estradas laterais mais lentas como alternativa. Sua ansiedade diminui.

Porém, quanto mais você evita o que teme, pior ele parece. Você começa a notar mais trânsito e carros mais rápidos nas estradas lentas — na verdade, o trânsito é o mesmo, mas você ficou mais consciente dele. Portanto, procura um trajeto ainda mais lento, que demora ainda mais tempo. Sua ansiedade se reduz, mas em seguida volta a subir. É assim que a evitação funciona — na verdade, é como ela *não* funciona para reduzir a ansiedade.

Choramingar e Reclamar

Não é justo você ter problemas de ansiedade. Você não pediu por isso. E pode cair na tentação de choramingar e reclamar de sua condição. Algumas pessoas acham que chorar ajuda, porque, em curto prazo, expressar sentimentos dá uma sensação de alívio, o que muitas vezes se chama de "desabafo".

No entanto, choramingar e reclamar não resolve nada. Além disso, você não fará muitos amigos tendo pena de si mesmo — após um tempo, as pessoas se cansam de ouvir reclamações sem fim. Manejar a ansiedade exige entrar em ação. Ao longo deste livro, você encontra várias formas de tomar atitudes produtivas.

Buscar Consolo

Todo mundo precisa de um abraço vez ou outra. As pessoas gostam de ser consoladas por amigos e familiares. Aproveite os abraços! Só não use o consolo alheio como forma de lidar com a ansiedade. Infelizmente, os custos de curto prazo de garantias reconfortantes superam de longe os benefícios. Superar a ansiedade exige disposição para abraçar e vivenciar as próprias situações que lhe causam desconforto.

DICA

Quanto mais você permite que a ansiedade entre e fique um pouco, mais fácil fica lidar com os próprios medos.

Procurar uma Solução Rápida

Todos gostam de satisfações instantâneas. Na internet, pode-se encontrar quase tudo o que se quer em questão de segundos, seja bobagem, sejam informações. E a maioria das pessoas está acostumada a receber itens na porta de casa em questão de dias ou até horas. Você pode ficar extremamente irritado com atrasos, falhas ou erros que interrompam essa satisfação instantânea.

Não é de admirar que as pessoas queiram soluções rápidas para perturbações emocionais. É ruim sentir ansiedade, logo, é uma tentação buscar soluções imediatas. É o tipo de conveniência que todos imaginamos de um serviço de entrega de refeições — comidas deliciosas, saudáveis, pré-prontas e que possam ir ao micro-ondas. Entretanto, assim como soluções rápidas para a ansiedade, em geral, a realidade é bem decepcionante.

Beber Chá

Não há nada de errado em tomar uma xícara de chá quando se está ansioso. Segure a xícara entre as mãos, inspire o aroma quente e desfrute o conforto de bebê-la em silêncio. E sua ansiedade até pode diminuir um pouco por alguns minutos.

Se você conseguir administrar a agenda de modo que possa ficar sentado o dia todo bebendo chá, talvez seja um bom plano! Mas a maioria das pessoas não pode se dar ao luxo de ficar sentada o dia todo tomando chá. E ainda há o problema do tédio, que pode ser pior que a ansiedade. Portanto, deguste sua xícara de chá, mas não deixe de trabalhar sua ansiedade.

Afogar as Mágoas

A ansiedade é um fator de risco para o abuso de substâncias. Pessoas que se sentem ansiosas em situações sociais correm um risco especialmente elevado. Isso porque certas substâncias deixam as pessoas menos inibidas, menos ansiosas e mais capazes de conversar livremente com os outros.

No entanto, mais uma vez, o problema dos ganhos de curto prazo *versus* os de longo prazo entra em cena. Substâncias como o álcool podem soltar a língua, entorpecer sentimentos desconfortáveis e dar prazer momentâneo. Mas, em longo prazo, as consequências da dependência e do abuso superam muito os benefícios temporários de um pouco de diversão em uma festa. Se você tem ansiedade social, considere buscar ajuda profissional, sobretudo se estiver usando substâncias para enfrentá-la.

Tentar Demais

Não fique ansioso para se livrar da ansiedade. Estamos contentes por você estar aqui buscando conselhos e sugestões, mas levou um certo tempo para chegar a este ponto, não levou? Apressar o processo torna o progresso mais lento. Desacelere e aproveite o percurso. É mais garantido que você chegue lá se não tentar definir recordes de velocidade.

Ficar Esperando por um Milagre

A esperança é uma coisa boa. Milagres podem acontecer. Porém, você precisa decidir por quanto tempo está disposto a esperar sentado, aguardando um milagre aparecer. Provavelmente, um plano melhor é rezar por um milagre, mas colocar esforços durante a espera.

Você pode se tornar sua própria solução encarando seu problema de ansiedade e seguindo em frente com habilidades de domínio e estratégias de enfrentamento. Aceitar sentimentos, trabalhar pensamentos e tentar novos comportamentos o ajudará a conseguir o próprio milagre.

Tomar Remédio como Solução

Alguns remédios ajudam *algumas* pessoas com *alguns* problemas de ansiedade, por *algum* tempo. Mas muitos ansiolíticos contêm um potencial elevado para abuso e dependência. Tenha uma conversa aprofundada com seu médico antes de tomá-los. Outros medicamentos, como antidepressivos, podem ser úteis para tratar certos tipos de ansiedade com menos potencial para abuso. Veja o Capítulo 10 para mais detalhes e uma análise dos prós e contras de outras opções de remédios.

LEMBRE-SE

As estratégias e terapias descritas neste livro se provaram mais confiáveis e eficazes em longo prazo do que os remédios. Mesmo se seu médico lhe sugerir considerar tomar ansiolíticos, é provável que terapias cognitivo--comportamentais sejam mais vantajosas.

Buscar Ajuda no Divã

Você pode achar estranho termos incluído buscar ajuda no divã na lista de coisas que não funcionam, afinal, sugerimos consistentemente que a psicoterapia é um tratamento eficaz contra a ansiedade. Mas nem todas as psicoterapias são semelhantes.

Esse tipo de terapia em que a pessoa se deita em um divã é conhecido como psicanálise. Embora terapias com base em psicanálise tenham se provado eficazes para certos tipos de problemas, sua eficácia para problemas de ansiedade é mais questionável.

Capítulo **22**

Dez Maneiras para Lidar com Recaídas

Se você está lendo este capítulo, provavelmente fez algum progresso com a ansiedade. Talvez, depois de todo o trabalho árduo, tenha passado por percalços, ou talvez esteja preocupado com um. Não se preocupe. Temos dez ideias para você usar quando a ansiedade reaparecer na sua vida.

À Espera da Ansiedade

Talvez você tenha dado duro para superar a ansiedade, e agora seu trabalho duro compensou. Você a venceu. Parabéns! Mas, infelizmente, um dia você acorda e de repente a ansiedade está lá, encarando-o. Você transforma isso em uma catástrofe e assume que fracassou.

Ah, caia na real. Você nunca aniquilará 100% a ansiedade. Isto é, só depois que parar de respirar. De vez em quando, ela aparecerá. *Espere* pela ansiedade. Procure seus primeiros sinais de alerta. Mas não complique as coisas ficando ansioso com a ansiedade. Se você compreender que ela acontece, pode reduzir seu impacto.

Contar as Andorinhas

O provérbio "Uma andorinha só não faz verão" reflete o fato de que um único sinal não indica, necessariamente, que algo mais é inevitável. A chegada de um único pássaro não quer dizer que todo o bando voltou para passar a estação. A ansiedade tem fluxo e refluxo. Ter um episódio de ansiedade ou dois não significa que você voltou à estaca zero. Você descobriu como lidar com parte da ansiedade, e esse conhecimento ainda pode ajudá-lo. Não precisa começar tudo de novo. O que você precisa é seguir em frente e reaplicar o que praticou. Pensar em pequenos percalços como catástrofes só aumentará sua ansiedade e imobilizará seus esforços. Reagrupe, reorganize e volte atrás!

Verificar por que a Ansiedade Voltou

Recaídas menores são uma ótima oportunidade para descobrir o que o incomoda. Descubra quais eventos precederam sua última crise de ansiedade:

» Você passou por dificuldades recentes no trabalho, como prazos, promoções, problemas com colegas ou contratempos financeiros?

» Você teve problemas recentes em casa, como divórcio, problemas com um filho ou outros fatores de estresse?

Se sim, compreenda que um aumento de ansiedade é uma reação natural e, provavelmente, temporária. Use as novas informações sobre os gatilhos para sua ansiedade para desafiar seus pensamentos ansiosos, ou trabalhe a aceitação de uma pitada de ansiedade em sua vida.

Visitar um Médico

Se você procurou em todos os lados por situações ou eventos que possam ter despertado sua recaída e não lhe ocorre nada, considere marcar uma consulta com seu médico. A ansiedade pode ter várias causas físicas, como efeitos colaterais de remédios prescritos ou de medicamentos e suplementos de uso livre, cafeína em excesso e outros problemas de saúde (abordados no Capítulo 3). Não tente fazer o diagnóstico sozinho. Se está experimentando ansiedade sem nenhuma causa aparente, verifique com seu médico.

Repensar o que Já Funcionou

Se a ansiedade voltar para a sua vida, reavalie as estratégias que funcionaram antes para você. Talvez algumas técnicas tenham de se tornar hábitos para toda a vida. Continue praticando relaxamento. Exercite-se com regularidade.

LEMBRE-SE

A ansiedade não é uma doença que se pode curar com uma única injeção, pílula ou cirurgia. Ela é parte natural da vida. Quando chega a um nível alarmante, você precisa reaplicar as estratégias que funcionaram para você, simples assim.

Mais do Mesmo? Não!

Apresentamos várias estratégias para superar a ansiedade, e muito provavelmente você escolheu algumas que sentiu serem compatíveis com seu estilo de vida. Agora considere analisar algumas ideias que ainda não tentou. Sugerimos que você faça algo diferente. Dê uma olhada na lista a seguir e escolha uma que ainda não tenha experimentado:

>> Repensar sua ansiedade (veja os Capítulos 6 e 7).

>> Encarar o medo de cabeça erguida (veja o Capítulo 9).

>> Aceitar a ansiedade (veja o Capítulo 8).

>> Exercitar-se e ter uma boa noite de sono (veja o Capítulo 11).

Se você simplesmente se interessou por uma ou mais dessas técnicas, vá atrás delas de forma mais assertiva e veja se funciona melhor assim. Vale a pena considerar qualquer coisa neste livro que você não tenha tentado ainda.

Conseguir Apoio

Você não precisa enfrentar recaídas sozinho. Conversar com outras pessoas o ajuda a lidar com angústias emocionais. Uma ótima fonte de apoio é encontrada em grupos de autoajuda listados no jornal de sua cidade. Talvez sua igreja ou templo tenha um grupo para pessoas adultas lidarem com desafios emocionais. Talvez você tenha um amigo especial e de confiança com quem conversar sobre as coisas, mas tome cuidado para não descarregar tudo nas costas dele ou para que a relação não seja de mão única.

DICA

Mas e se você mora em Serra da Saudade, Minas Gerais, com 800 habitantes? Serra da Saudade pode não ter um grupo de apoio a pessoas ansiosas. Mas nem tudo está perdido. Você pode pesquisar na internet por "salas de chat para ansiedade". Você encontrará vários recursos interessantes de apoio. Experimente alguns e veja se consegue encontrar um grupo que pareça compatível. Milhões de pessoas sofrem de ansiedade, e elas têm ótimos conselhos e apoio para oferecer. Você não precisa sofrer sozinho.

LEMBRE-SE

Os melhores grupos de apoio lhe dão ideias de enfrentamento. Cuidado com os que parecem estimular choro e reclamações. Da mesma forma, tome muito cuidado ao compartilhar informações pessoais online.

Considerar Sessões de Reforço

Se você consultou um profissional e mais tarde vivenciou um aumento inesperado de ansiedade, considere solicitar algumas sessões de reforço. Seu terapeuta não pensará que você fracassou. Em geral, uma segunda rodada de terapia ajuda, e não dura tanto tempo quanto a primeira. Além disso, algumas pessoas gostam de dar uma verificada a cada poucas semanas ou meses, como forma de prevenção. Repetimos: a ansiedade não é uma doença que se cure com uma única injeção.

Por outro lado, se você nunca visitou um profissional e teve uma recaída, agora deveria considerar ver um. Se já teve êxito por conta própria, é provável que melhore rápido com um pouco de auxílio.

Dobrar a Exposição

Considere o retorno da ansiedade como uma oportunidade para praticar a exposição. Como informamos no Capítulo 9, a exposição envolve encarar seus medos até que eles se tornem menos intensos. Evitar a ansiedade só garante que ela persista e, em geral, cresça. Logo, ao passar por uma recaída de ansiedade, tente recebê-la como uma lição potencialmente positiva para desenvolver ferramentas sólidas de crescimento.

Ansiedade: Aceita, que Dói Menos

Com esta dica, fechamos o ciclo — de volta ao topo da lista: a ansiedade acontece. Ela voltará. Receba-a de braços abertos. Significa que você ainda está vivo! Aprecie os aspectos positivos. A ansiedade diz a você para prestar atenção ao que está acontecendo ao seu redor. Siga o fluxo.

LEMBRE-SE

Não estamos sugerindo que você precisa sentir uma quantidade pavorosa de ansiedade, mas um pouquinho é inevitável. E, quando não é devastadora, a ansiedade ajuda a mobilizar recursos durante desafios difíceis.

Capítulo **23**

Dez Sinais de que Você Precisa de Ajuda Profissional

Certas pessoas descobrem que a autoajuda é tudo de que precisam. Elas leem sobre boas formas de lidar com a própria ansiedade e, então, aplicam o que descobriram. *Voilà*! Aos poucos, sua ansiedade vai chegando a um nível viável.

No entanto, nenhum livro de autoajuda visa substituir 100% a ajuda profissional. E, às vezes, a ansiedade exige esse tipo de auxílio, assim como questões complicadas relacionadas a impostos demandam um contador público certificado ou a elaboração de um testamento necessita de um advogado. Esperamos que você compreenda que o auxílio de um profissional da saúde mental é uma escolha sensata, não um sinal de fraqueza.

Este capítulo lhe informa como saber se deve considerar ajuda profissional para si ou para algum ente querido. Nem sempre é uma decisão óbvia, portanto, damos a você uma lista de indícios. E, se ainda assim você não tiver certeza, sempre é possível conversar com seu médico, que deve conseguir ajudá-lo a se decidir.

Pensamentos ou Planos Suicidas

Se você se descobre pensando em causar danos a si mesmo, busque ajuda agora. Leve muito a sério esses pensamentos. Ligue para o CVV (Como-VaiVocê, ou Centro de Valorização da Vida) por meio da linha direta 188. Se seus pensamentos forem esmagadores demais, ligue para 190 e vá para uma sala de emergência. Há ajuda disponível. E, quando tiver acesso à ajuda profissional, seja honesto sobre o que está pensando; não esconda nada. Um profissional pode ajudar a reunir outras opções e soluções que parecem fora de alcance quando alguém está se sentindo extremamente ansioso ou deprimido.

Sem Esperanças

De vez em quando, todos se sentem derrotados. Porém, se começar a perder a esperança de melhorar, pensando que o futuro é sombrio e você não pode fazer nada para mudá-lo, consiga ajuda profissional. Sensações de desesperança geram riscos maiores de cometer suicídio. Você precisa saber que pode se sentir melhor. Deixe que outras pessoas o ajudem.

Lidar com Ansiedade e Depressão

Você pode estar vivenciando um misto de depressão e ansiedade se descobrir que está tendo alguns dos sintomas a seguir:

- » Tristeza durante a maior parte do dia.
- » Perda de interesse ou prazer em certas atividades.
- » Ganho ou perda de peso.
- » Mudanças de padrões de sono e hábitos.
- » Queda de interesse por sexo.
- » Sensação de tensão ou lentidão.
- » Sensação de desvalorização.
- » Sensação de culpa em excesso.
- » Baixa concentração.
- » Pensamentos sobre morte.

Se você tem ansiedade e depressão, busque ajuda profissional. A depressão é uma condição tratável. Ter energia para combater ambas é difícil.

Tentar e Morrer na Praia

Talvez você tenha lido este livro e feito o melhor que pôde com as recomendações para superar a ansiedade, mas, por algum motivo, elas simplesmente não funcionaram. Tudo bem. Não fique mais ansioso por não ter conseguido controlar preocupações e estresse. Deve haver outra coisa acontecendo. Consiga um profissional experiente em saúde mental para ajudá-lo a descobrir a próxima etapa.

Problemas em Casa

Você está ansioso. A ansiedade o deixa irritadiço, agitado e incomodado. Você segura as pontas no trabalho e entre desconhecidos, mas a descarrega nas pessoas com quem mais se importa, seus familiares. Então, você se sente culpado, o que aumenta sua ansiedade. Se isso lhe parece familiar, um profissional o ajudará a reduzir a tensão em casa e facilitará o caminho para encontrar a paz.

Lidar com Problemas Importantes no Trabalho

Talvez não haja ninguém na sua casa em quem descarregar a ansiedade, ou talvez seu lar seja o refúgio longe do estresse. Se esse é o caso, o estresse no trabalho pode estar deixando-o sobrecarregado. Se descobrir que sua ansiedade está explodindo no trabalho, considere buscar ajuda profissional.

No início, às vezes a ansiedade causa irritabilidade e alterações de humor com colegas ou chefes, e tais comportamentos podem causar muitos problemas. A ansiedade também pode privá-lo de memória de curto prazo, tornar difícil a concentração ou fazer com que tomar decisões seja um enorme sacrifício. Portanto, se a ansiedade afeta seu desempenho no trabalho, consiga ajuda antes que entre na fila dos desempregados.

Por outro lado, se não está trabalhando, dê uma olhada nas ideias do Capítulo 14.

Sofrer de Obsessões ou Compulsões Graves

Muitas vezes, a ansiedade é um problema que acontece em conjunto com outros transtornos emocionais. O *transtorno obsessivo-compulsivo* (TOC) é um deles. O TOC pode facilmente consumir muito tempo de vida e causar sérios prejuízos à existência de quem sofre com ele. O problema é que pessoas com TOC frequentemente não buscam ajuda até a vida estar assolada por pensamentos não desejados ou ações repetitivas. A maioria das pessoas com TOC precisa de ajuda profissional. Se você ou um ente querido tem mais do que um TOC leve, obtenha ajuda profissional.

Entendendo o Transtorno do Estresse Pós-Traumático

Você se sente agitado e tenso. Você também foi exposto a um evento traumático que teve algumas destas consequências?

>> Na época, você se sentiu indefeso e com medo.

>> Ultimamente, tenta não pensar nisso.

>> Apesar dos esforços para não pensar a respeito, pensamentos e imagens continuam aparecendo.

Se sim, talvez você tenha *transtorno do estresse pós-traumático* (TEPT). O tratamento do TEPT provavelmente fica melhor se feito por um profissional experiente. Muitas pessoas com TEPT, por conta da própria teimosia, tentam resistir e levar a vida com menos plenitude.

Noites Insones

A ansiedade o mantém acordado? Isso é bem comum. Se seu sono não melhora após você trabalhar um pouco a ansiedade, certifique-se de ler o Capítulo 11 sobre o sono. Muitas noites sem dormir tornam mais complicado funcionar e dificultam a ajuda na batalha contra a ansiedade. Se você dorme pouco noite após noite e acorda cansado, visite um profissional. Talvez esteja com depressão e ansiedade. Além disso, a insônia é uma condição tratável por profissionais.

É na Marvada Pinga...

É claro que uma ou duas cervejas podem, aparentemente, acalmar o espírito, mas bebida em excesso ou abuso de drogas são problemas comuns entre pessoas com transtornos de ansiedade. Faz sentido; sensações ansiosas são desconfortáveis. O que começa com uma tentativa inocente de se sentir melhor se torna um problema maior mais adiante. Se você se pegar consumindo álcool em excesso ou outra droga para acalmar os sentimentos, consiga ajuda profissional antes que a muleta se transforme em dependência.

Buscar Ajuda

Em épocas de alto custo de cuidados com a saúde, nem sempre se tem muita liberdade para consultar o profissional desejado. Entretanto, independentemente de você receber ou não uma lista restrita de profissionais de sua empresa de seguros, ainda é uma boa ideia verificar um ou mais dos itens a seguir:

» Solicite à companhia de seguros ou ao órgão estadual de licenciamento uma profissão específica ou licença do referido profissional.

» Pergunte a amigos se eles conhecem alguém com quem tiveram uma boa experiência.

» Pergunte a seu médico de família. Em geral, esses médicos têm boas ideias sobre excelentes referências para vários tipos de problemas.

» Converse com o profissional antes de agendar uma sessão. Pergunte sobre sua experiência em tratar ansiedade e qual método ele usa. Pergunte se você receberá uma abordagem cientificamente comprovada no tratamento da ansiedade.

» Ligue para o departamento de psicologia da faculdade ou universidade local. Às vezes, eles têm listas de indicações.

» Telefone ou use um mecanismo de busca na internet para encontrar a associação de psicólogos e psiquiatras de seu estado. Ou, então, verifique as organizações nacionais de defesa dos consumidores. (Veja o Apêndice no fim deste livro para mais informações.)

Apêndice
Recursos para Você

Neste Apêndice, disponibilizamos livros e sites sobre ansiedade para adultos e crianças (alguns, sem tradução brasileira), bem como algumas obras sobre racismo que adornam nosso capítulo sobre racismo e ansiedade. Estes são somente alguns dos vários excelentes recursos disponíveis para complementar as informações neste livro.

Livros sobre Ansiedade

Anxiety & Depression Workbook For Dummies, de Charles Elliott e Laura Smith (Wiley)

Dominando a Ansiedade Para Leigos, de Charles Elliott e Laura Smith (Alta Books)

The Anxiety and Phobia Workbook, de Edmund Bourne (New Harbinger Publications)

Changing for Good: The Revolutionary Program that Explains the Six Stages of Change and Teaches You How to Free Yourself from Bad Habits, de James Prochaska, John Norcross e Carlo DiClemente (William Morrow & Co., Inc.)

The Feeling Good Handbook, de David Burns (Plume)

Saia da Sua Mente e Entre na Sua Vida: A Nova Terapia de Aceitação e Compromisso, de Steven Hayes (Sinopsys Editora)

Mastery of Your Anxiety and Worry: Workbook (Treatments That Work), de Michelle Craske e David Barlow (Oxford University Press, USA)

A Mente Vencendo o Humor: Mude Como Você Sente, Mudando o Modo como Você Pensa, de Dennis Greenberger e Christine Padesky (Artmed)

Terapia Cognitiva para os Transtornos de Ansiedade: Tratamentos que Funcionam, de David A. Clark e Aaron T. Beck (Artmed)

The Shyness & Social Anxiety Workbook: Proven, Step-by-Step Techniques for Overcoming Your Fear, de Martin Antony e Richard Swinson (New Harbinger Publications)

Como Lidar com as Preocupações: Sete Passos para Impedir que Elas Paralisem Você, de Robert Leahy (Artmed)

Livros sobre Racismo

Begin Again: James Baldwin's America and Its Urgent Lessons for Our Own, de Eddie S. Glaude Jr. (Crown)

Como Ser Antirracista, de Ibram X. Kendi (Alta Books)

Então Você Quer Conversar sobre Raça, de Ijeoma Oluo (BestSeller)

Stamped from the Beginning: The Definitive History of Racist Ideas in America, de Ibram X. Kendi (Bold Type Books)

Tears We Cannot Stop: A Sermon to White America, de Michael Eric Dyson (St. Martin's Press)

The New Jim Crow: Mass Incarceration in the Age of Colorblindness, de Michelle Alexander (The New Press)

White Fragility: Why It's So Hard for White People to Talk About Racism, de Robin DiAngelo (Beacon Press)

Pequeno Manual Antirracista, de Djamila Ribeiro (Companhia das Letras)

Recursos para Ajudar Crianças Ansiosas

Ansiedade: Terapia Cognitivo-comportamental para Crianças e Jovens, de Paul Stallard (Artmed)

Cat's Got Your Tongue? A Story for Children Afraid to Speak, de Charles Schaefer (Magination Press)

Criança Ansiosa: Compreender o Medo do Medo e Devolver a Coragem, de Jean Dumas (Edições Loyola)

My Anxious Mind: A Teen's Guide to Managing Anxiety and Panic, de Michael Tompkins and Katherine Martinez (Magination Press)

Outsmarting Worry: An Older Kid's Guide to Managing Anxiety, de Dawn Huebner (Jessica Kingsley Publishers)

The Worry Workbook for Kids: Helping Children to Overcome Anxiety and the Fear of Uncertainty, de Muniya S. Khanna e Deborah Roth Ledley (New Harbinger Publications)

Wemberly Worried, de Kevin Henkes (Harper Collins)

O que Fazer Quando Você se Preocupa Demais: Um Guia para As Crianças Superarem a Ansiedade, de Dawn Huebner (Artmed)

Sites para Descobrir Mais sobre Ansiedade

CUIDADO

Digite a palavra "ansiedade" em um mecanismo de busca, e milhares de sites aparecem. Tome cuidado. A internet está cheia de armadilhas de venda inescrupulosas e informações equivocadas. Seja cauteloso sobretudo com organizações que parecem oficiais e promovem itens para venda. Não seja enganado por curas instantâneas para a ansiedade.

Muitos fóruns da internet hospedam salas de bate-papo para pessoas com problemas de ansiedade. Sinta-se à vontade para acessá-las em busca de apoio.

CUIDADO

Ao mesmo tempo, perceba que você não conhece quem está sentado do outro lado. As pessoas podem não ter esclarecimentos sobre ansiedade, ou, pior, tentar tirar vantagem de alguém angustiado. Não acredite em tudo o que ler.

Aqui está uma lista de vários sites legítimos, que não vendem gato por lebre:

» A **Associação Brasileira de Psiquiatria** (`www.abp.org.br`) contém informações públicas sobre ansiedade e outros transtornos mentais.

» A **Sociedade Brasileira de Psicologia** (`www.sbponline.org.br`) disponibiliza informações públicas sobre tratamentos e fatos interessantes sobre ansiedade e outros transtornos emocionais, entre outras informações e notícias.

» O **Grupo Creare** (`https://sites.google.com/view/grupocreare/`), que conta com uma rede de psicólogos do Brasil inteiro, disponibiliza atendimentos gratuitos por videoconferências em todo o país.

» A **Association for Behavioral and Cognitive Therapies** (`www.abct.org`, conteúdo em inglês) é uma grande organização profissional que foca abordagens de tratamento validadas por pesquisas para pessoas com transtornos emocionais. Frequentemente recomendamos pessoas de sua extensa lista de terapeutas qualificados.

» A **National Alliance on Mental Illness** (`www.nami.org`, conteúdo em inglês) é uma organização incrível que auxilia pessoas e famílias afetadas por transtornos mentais. Há informações disponíveis sobre causas, prevalência e tratamentos de transtornos para crianças e adultos.

» O National Institute of Mental Health (www.nimh.nih.gov, conteúdo em inglês) relata pesquisas sobre uma ampla variedade de problemas de saúde mental. Também contém vários materiais informativos sobre ansiedade. Fornece recursos para pesquisadores e profissionais da área.

» E, no Brasil, temos a Federação Brasileira de Terapias Cognitivas (FBTC), no site www.fbtc.org.br

Índice

SÍMBOLOS
5-HTP, 178
11 de Setembro, 304

A
abordagem cognitiva, 15
abuso
    infantil, 322
    substâncias, 34
aceitação, 269
    consciente, 129–142
    flexível, 141
ácidos
    graxos ômega-3, 178
    lático, 188
adaptação emocional, 216
adrenalina, 37
agorafobia, 23–28
    e a pandemia de COVID-19, 159
álcool
    e sono, 195
alcoolismo, 74
alimentação, 44
ameaça, 51
amídala, 36
angústia
    grave e persistente, 247
ansiedade
    benefícios, 19
    consequências, 9
    custo, 9
    de rebote, 171
    de separação, 302–303
    ente querido, 282–295
    evento desencadeador da, 79
    fatores contribuintes, 48
    generalizada, 304
    infantil, 298–306
    pandemia, 8
    residual, 51
    social, 24
antidepressivos, 167
    tricíclicos, 169
    unicíclicos, 169
anti-histamínicos, 195
antipsicóticos atípicos, 170
Apartheid, 264
apatia, 220

aquecimento global, 241
aromaterapia, 193
arroyos, 243
atenção focada, 199
atividade física, 320
autoabuso, 52–53
autoaceitação, 52–54
autoajuda, 16
autoconfiança, 51
    aumento da, 161
autoculpabilização, 49
autoestima, 129
autoprofecias realizáveis, 107
autorrepreeensão, 106
avalanches, 240
AVC, 9
azaspirodecanedionas, 172
    transtorno de ansiedade generalizada (TAG), 172

B
baixa concentração, 283
balanço financeiro, 233
bandeira dos confederados, 257
benzodiazepínicos, 167
    abuso de substâncias, 171
betabloqueadores, 172
biofeedback, 43
bullying, 303
busca de sensações, 74

C
cafeína, 194
calamidade
    negação, 215
calma, 145
calmantes, 171
caminhada meditativa, 206
canabidiol, 176
caos, 51
capacidade de enfrentamento, 54
captar os pensamentos, 80
carboidratos
    complexos, 198
    simples, 198
carreira, 227
células T, 61

cérebro, 36–46
ciclo de sentimentos, 82
classe social, 253
colapso
    na comunicação, 285
    nervoso, 18
colorismo, 260
comer consciente, 205
comfort food, 197
comportamento
    adquirido, 18
    ansioso, 11–13
compulsões, 33
condições médicas, 32
confidencialidade, 322
consciência emocional, 69
consolo, 326
controle, 111
    emocional, 309
cortisol, 9
crescimento, 164
crimes
    de ódio, 257
crise
    financeira, 8
    sanitária mundial, 214
cultura majoritária, 266
currículo, 228
CVV, 334

D
debriefing psicológico, 273
delegar, 186
delírio, 34
demissão, 229
dependência, 111
    física e/ou mental, 165
depressão, 33
desabafo, 326
desafios financeiros, 227
desapego, 130
desastres naturais, 239–252
desenvolvimento infantil, 306
diabetes, 170
diagnóstico, 274
diário, 62
dieta mediterrânea, 198
dinheiro, 227–238
    preocupações, 228–238
dissonância cognitiva, 223

distanciamento social, 213
distorções cognitivas, 222
dizer "não", 186
doença, 270
    cardiovasculares, 9–10
DSM-5-TR, 21

E
educação parental, 50–52
ego, 129
emoções
    positivas, 63
    primárias, 70
empatia, 285
empoderamento, 263
empregos verdes, 232
enchentes, 241
endorfinas, 178
energia, 197
    alternativa, 232
enfrentadores
    ativos, 251
    passivos, 251
enfrentamento, 164
entorpecimento, 144
epilepsia, 180
equilíbrio, 195
erva-de-são-joão, 176
espasticidade, 173
espiritualidade, 129
estabilidade, 51
estabilizadores de
    humor, 173
estamina, 197
estilo de vida
    estratégias saudáveis,
    183–198
estimulação
    cerebral, 163
    magnética transcraniana
    (EMT), 179
estratégia
    adaptiva, 144
    financeira, 228
    meditativas, 200
estresse crônico, 177
etapas da mudança, 59
evitação, 144–161
    ciclo de, 147
    crônica, 75
    emocional, 145
    muletas, 155
evitar sentimentos, 75
exaustão, 185

exercícios, 188
    motivação, 188
exigências, 51
exposição, 143–161
    ataques de pânico, 160
    gradual, 289
    imaginária, 250
    plano de, 291
expressão
    emocional, 69

F
fake news, 222
fardo emocional, 254
fibras, 198
fibromialgia, 178
flashbacks, 274
flexibilidade
    aposentadoria, 238
    emprego, 229
    física, 230
    mental, 230
fobia, 12
    social, 303
        abuso de álcool e
        drogas, 25
Food and Drug
    Administration (FDA), 174
força
    de vontade, 189
    interior, 224
frustração, 186
fuga, 144
    induzida pela
    ansiedade, 13
furacões, 241

G
ganho de peso, 170
gatilho, 79
genes, 308
George Floyd, 260
Geração Windrush, 255
glândulas suprarrenais, 39
grupo
    ativistas, 264
    de apoio, 331

H
hipóteses ansiosas, 115

I
identificar sentimentos, 77
imprensa, 8
incêndios, 241
incerteza, 132
inclusão, 266
independência, 164
    energética, 232
infecções, 37
inibidores
    IMAO, 169
    seletivos da recaptação
    de serotonina
    (ISRSs), 168
        efeitos colaterais, 168
inquietude, 147
interação social, 146
invulnerabilidade, 276
irritabilidade, 283
isolamento
    paralisante, 28

K
kava-kava, 176

L
linguagem, 137
    extremista, 105
    hipersimplista, 101
Lista de Afazeres, 220
lobos frontais, 36
lockdown, 159
luta por direitos iguais, 253

M
maconha medicinal, 173
mantras, 200
medicamentos, 163–180
    desvantagens, 165
    efeitos colaterais, 165
        extrapiramidais, 170
    overdose, 171
    potencial viciante, 165
    vantagens, 165
meditação, 199–209
    da bondade
    amorosa, 208
    da respiração, 203
    de escaneamento
    corporal, 204–205
    memória, 202
    respiração, 200

medo, 107
  crianças, 305
  e preocupações
    classificar, 240–252
  mórbido, 115
  níveis incapacitantes, 30
  social, 24
melatonina, 177
mentalidade de vítima, 103
micção noturna, 300
mídias sociais, 8
mindfulness, 141–142
monitoramento, 60
mutismo seletivo, 23

N
necessidade
  básicas vitais, 227
  de aprovação, 111
negação, 74
negacionistas, 215
nervo vago, 180
networking, 237
neurônios, 36
neurotransmissores, 37–38
nicotina, 195
nicroagressão, 259
noradrenalina, 37
norepinefrina, 173

O
obsessões, 32
opressão, 253–268
  racial, 253
Oração da Serenidade, 142
osteoartrite, 178

P
paciência, 133–134
pais
  autoritários, 313
  democráticos, 314
  influentes, 313
  pais-helicóptero, 312
  permissivos, 312–313
palavras
  de preocupação, 104–107
    sociais, 100
  "tudo ou nada", 105–106
pandemia
  de Covid-19, 214–225
pânico, 159–161
  ataque de, 26
papel higiênico, 219
parentalidade, 313

pegada de carbono, 252
pensamentos
  ansiosos, 192
    contestação, 86
    enfrentamento, 85
  distorcidos, 64
  e sentimento, 72
  problemáticos, 18
  sabotadores, 54
perfeccionismo, 111
  distúrbios
    alimentares, 124
    procrastinação, 124
perguntas
  de enfrentamento, 91
    final, 95
  de risco, 89
  sua-mente-não-mente,
    80–81
perigo, 269–278
perseguição, 253
perspectiva
  do amigo, 96
  Poliana, 98–99
  racional, 98
plano
  de exposição, 155
poluição do ar, 241
poupança, 237
preocupação, 132
  útil, 216
preocupado crônico, 21
preservação, 252
pressão arterial alta
  epidemia, 206
previsibilidade, 51
privação
  crônica de sono, 192
  de sono, 193
procrastinação, 147
psicanálise, 328
psicologia positiva, 62
psicose, 34, 170
psicoterapia, 163

Q
química do cérebro, 163
quimioterapia, 173

R
racismo, 253–268
  angústia psicológica, 259
  estresse crônico, 257
  estrutural, 256–257
  explícito, 254
  implícito, 255
  internalizado, 253
  interpessoal, 257
raiva, 186
reação
  de lutar ou fugir, 38–39
  de paralisação, 40
  eficaz, 316
realização, 190
recompensa, 190
recuperação natural, 273
recursos, 233–236
  ativos, 233
  passivos, 233
rejeição, 282
relacionamentos, 184
remédios controlados, 41
repressão, 74
resignação, 142
ritmo circadiano, 193
rotina regular, 193
ruído branco, 193

S
salas de chat para
  ansiedade, 331
SAMe, 178
saúde mental, 199
Segunda Guerra
  Mundial, 255
senso
  de independência, 50
  de vulnerabilidade, 126
sentimentos negativos, 282
serenidade, 129
serotonina, 168
sinais, 283
síndrome
  de Ménière, 46
  do estresse pós-
    traumático
      crianças, 304
  do intestino irritável
    (SII), 43
  do pânico, 23
  metabólica, 44
sintomas, 11–13

sistema
colinérgico, 37
de valores, 225
dopaminérgico, 38
imunológico, 61
suprimido, 192
límbico, 36–37
noradrenérgico, 37
serotoninérgico, 38
sofrimento emocional, 276
sono, 192–197
REM, 195
reparador, 192
status quo, 266
suicídio, 8
suplementos dietéticos,
173–179
benefícios, supostos, 173
suposições ansiosas, 109–128
infância, 115

T
Tai Chi, 208
tálamo, 36
técnicas de estímulo
cerebral, 179
tensão muscular, 187
teoria
da conspiração, 215

terapia
cognitiva, 14
cognitivo-
comportamental
(TCC), 65
insônia, 197
comportamental (TC), 15
crianças, 305
de aceitação e
compromisso (ACT), 64
de casal, 285
de choque, 179
de exposição, 64
metacognitiva (TMC), 64
primal, 265
terremotos, 241
terrorismo, 270
terror noturno, 300
teste vocacional, 236
tiramina, 170
tolerância
à paciência, 134
e flexibilidade, 141
transtorno, 18
bipolar, 33
de ansiedade da
separação, 23
de ansiedade
generalizada (TAG), 23
de estresse pós-
traumático (TEPT), 23
benzodiazepínicos, 171
crianças, 304
obsessivo-compulsivo
(TOC), 23
crianças, 302

tratamento profissional, 8
trauma, 166
treino intervalado de alta
intensidade (HIIT), 191

V
valeriana, 176
validação, 310
vergonha, 114
vício, 165
viés
da narrativa, 222
de causalidade, 223
de confirmação, 222
de repetição, 222
vieses cognitivos, 222
violência grave, 273
visões enviesadas da
realidade, 109
VNS, 180
vulnerabilidade, 107

W
Windrush, 255
escândalo, 255

Y
yoga, 208

Projetos corporativos e edições personalizadas
dentro da sua estratégia de negócio. Já pensou nisso?

Coordenação de Eventos
Viviane Paiva
viviane@altabooks.com.br

Assistente Comercial
Fillipe Amorim
vendas.corporativas@altabooks.com.br

A Alta Books tem criado experiências incríveis no meio corporativo. Com a crescente implementação da educação corporativa nas empresas, o livro entra como uma importante fonte de conhecimento. Com atendimento personalizado, conseguimos identificar as principais necessidades, e criar uma seleção de livros que podem ser utilizados de diversas maneiras, como por exemplo, para fortalecer relacionamento com suas equipes/ seus clientes. Você já utilizou o livro para alguma ação estratégica na sua empresa?

Entre em contato com nosso time para entender melhor as possibilidades de personalização e incentivo ao desenvolvimento pessoal e profissional.

PUBLIQUE
SEU LIVRO

Publique seu livro com a Alta Books. Para mais informações envie um e-mail para: autoria@altabooks.com.br

 /altabooks   /alta-books   /altabooks   /altabooks